HEATH

NUESTRO MUNDO

CURSO PARA HISPANOHABLANTES

McDougal Littell

Evanston, Illinois • Boston • Dallas

Consultores
Dan Battisti
Dr. Teresa Carrera-Hanley
Bill Lionetti
Patty Murguía Bohannan
Lorena Richins Layser

International Standard Book Number: 0-618-08589-0
International Standard Book Number: 978-0-618-08589-7

8 9 10 VJM 10 09 08 07

EXAMINADORES Y CONSULTORES

Maria Pedroso Atkins
Freedom High School
Morganton, NC

Teresa L. Breading
Warsaw Community High School
Warsaw, IN

Dr. Carla Clason-Höök
High School of Science and Technology
Springfield, MA

Dominic Corraro
Notre Dame High School
West Haven, CT

Rubén Elías
Roosevelt High School
Fresno, CA

Marco García
Lincoln Park High School
Chicago, IL

Raquel R. González
Odessa High School
Odessa, TX

Susana Isakson
Fallbrook High School
Fallbrook, CA

Melvy E. Jensen
George C. Marshall High School
Falls Church, VA

Angie Jurado
Dodge City High School
Dodge City, KS

Sandra Martín
Palisades Charter High School
Pacific Palisades, CA

Ana R. Rivera, Ed.D.
High School of Science and Technology
Springfield, MA

Barbara Sabin
Mandeville High School
Mandeville, LA

Dr. Elvia Santamaría
Washington-Lee High School
Arlington, VA

Elena Steele
Clark County School District
Las Vegas, NV

Peter Swanson
Worland High School
Worland, WY

Carmen I. Villalobos
Terry Sanford High School
Fayetteville, NC

Todd Wagner
Upper Darby High School
Drexel Hill, PA

EXAMINADORES Y CONSULTORES DE LA PRIMERA EDICIÓN

ATLAS DEL MUNDO 21

EL MUNDO

Groenlandia

Alaska (E.U.)

Canadá

NORTEAMÉRICA

Estados Unidos

OCÉANO ATLÁNTICO

Trópico de Cáncer

Hawai (E.U.)

OCÉANO PACÍFICO

México

Cuba

Bahamas

República Dominicana

Puerto Rico

Guatemala

Belice

Honduras

Jamaica

Haití

San Cristóbal y Nevis

Dominica

El Salvador

Nicaragua

Costa Rica

Santa Lucía

Granada

Barbados

San Vicente y Granadinas

Panamá

Venezuela

Trinidad y Tobago

Guyana

Surinam

Colombia

Guayana Francesa (Fr.)

Islas Galápagos (Ec.)

Ecuador

Ecuador

Kiribati

SUDAMÉRICA

Perú

Brasil

Samoa Occidental

Bolivia

Tonga

Paraguay

Trópico de Capricornio

Chile

Uruguay

Argentina

Islas Malvinas

Los países de habla española

Escala de kilómetros

0   1000   2000   3000

0   1000   2000   3000

Escala de millas

OCÉANO
ÁRTICO

Islandia

Noruega

Suecia   Finlandia
Estonia
Letonia
Dinamarca   Lituania
Reino   Holanda
Irlanda   Unido   Polonia   Belarús
Bélgica   Alemania
EUROPA   Ucrania
Francia   Suiza
Andorra   Rumanía
Italia   Moldova
Portugal   Cerdeña   Bulgaria
España   Grecia   Georgia
Marruecos   Malta   Turquía   Armenia   Azerbaiyán
Chipre   Siria   Irán
Israel   Líbano   Iraq
Argelia   Libia   Jordania   Kuwait
Egipto   Bahrein   Qatar
Arabia   Emiratos
Saudita   Árabes
Unidos   Omán

① Luxemburgo
② Austria
③ Hungría
④ Eslovenia
⑤ Croacia
⑥ Bosnia & Herzgovina
⑦ Yugoslavia
⑧ Albania
⑨ (República de) Macedonia
⑩ República Checa
⑪ Eslovaquía

Rusia

ASIA

Kazajstán

Mongolia

Uzbekistán
Turkmenistán   Kirguistán
Tayiskistán   China
Afganistán
Corea del
Norte   Japón
Corea
del Sur
Taiwán

as
arios
aña)

Mauritania   Malí   Níger
Gambia   Chad   Sudán
Burkina   Benín   Eritrea
Faso   Nigeria   Yemen
Costa   Camerún   Etiopía   Djibouti
de
Marfil   Togo   República   Somalia
Liberia   Ghana   Centroafricana
Guinea   Congo   Uganda
Ecuatorial   Rwanda   Kenya
Gabón   R.D. de   Burundi
Congo   Tanzanía

ÁFRICA

Pakistán   Nepal   Bhután
India   Bangladesh   Myanmar
Laos
Sri Lanka   Tailandia
Viet Nam
Cambodia   Filipinas

Maldivas

Seychelles

OCÉANO
ÍNDICO

OCÉANO
PACÍFICO

Brunei
Malasia
Singapur   Indonesia

Nauru

Angola   Malawi   Comoras
Zambia   Mozambique
Namibia   Zimbabwe   Madagascar   Mauricio
Botswana
Swazilandia
Lesotho
Sudáfrica

Papua-Nueva
Guinea

Islas
Salomón

Vanuatu

AUSTRALIA

Nueva Zelandia

ANTÁRTIDA

Observa que el español es la lengua oficial de Guinea
Ecuatorial y ha influido las lenguas de las Filipinas.

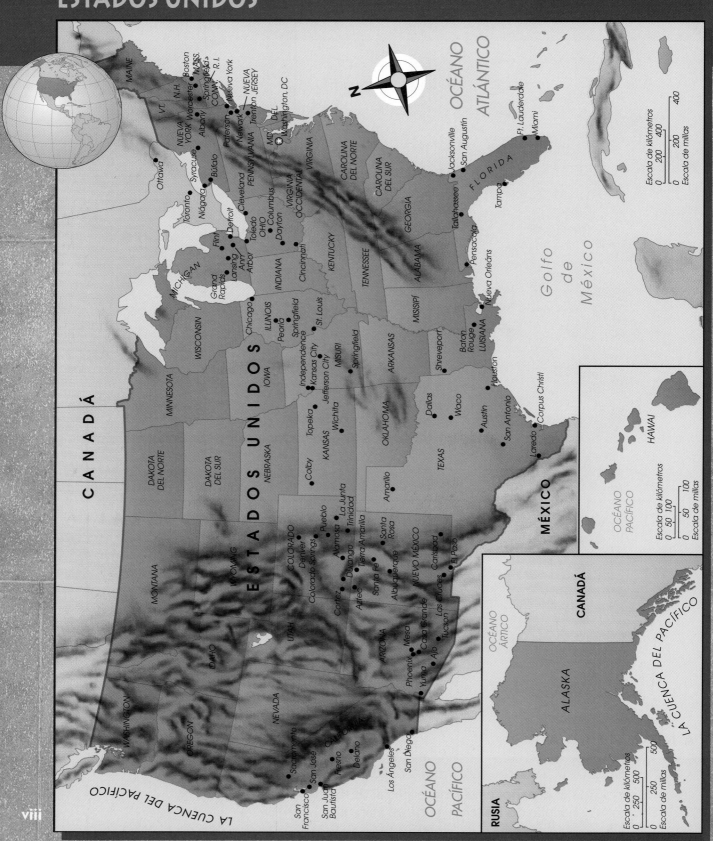

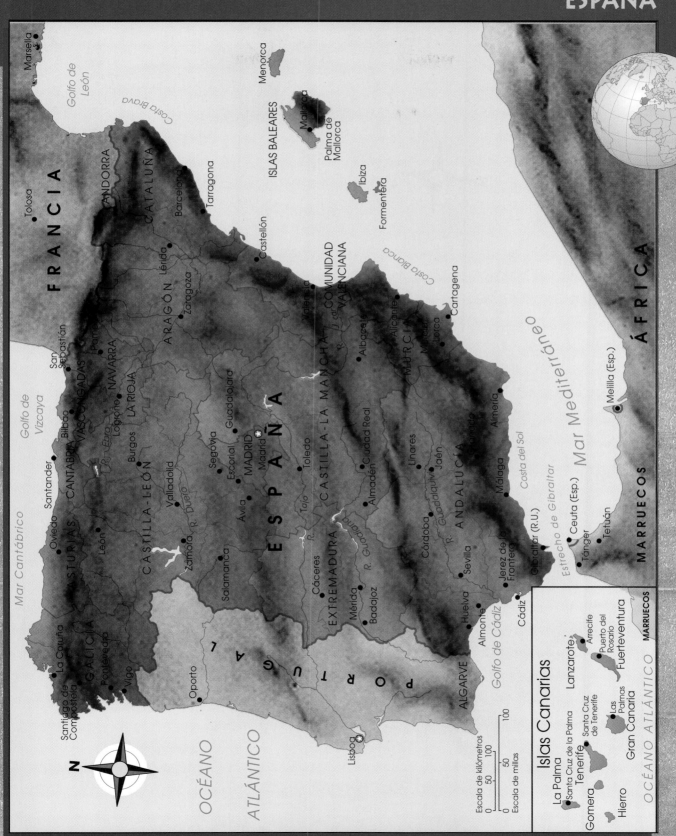

FRANCIA

Marsella

Golfo de León

Costa Brava

Tolosa

ANDORRA

CATALUÑA

Barcelona

Tarragona

ISLAS BALEARES

Menorca

Mallorca

Palma de Mallorca

Ibiza

Formentera

ÁFRICA

Lérida

Zaragoza

ARAGÓN

Castellón

COMUNIDAD VALENCIANA

Costa Blanca

Valencia

San Sebastián

VASCONGADAS

Pamplona

NAVARRA

LA RIOJA

Logroño

Golfo de Vizcaya

Bilbao

Santander

CANTABRIA

R. Ebro

Burgos

ASTURIAS

Oviedo

Mar Cantábrico

León

Segovia

Guadalajara

Escorial

MADRID

Madrid

CASTILLA-LEÓN

Valladolid

R. Duero

Ávila

ESPAÑA

Toledo

Tajo

CASTILLA-LA MANCHA

Ciudad Real

Almadén

Albacete

MURCIA

Alicante

Murcia

Lorca

Cartagena

Almería

Granada

Mar Mediterráneo

Melilla (Esp.)

GALICIA

La Coruña

Santiago de Compostela

Pontevedra

Vigo

Zamora

R. Duero

Salamanca

Cáceres

EXTREMADURA

Mérida

Badajoz

R. Guadiana

Linares

Jaén

Córdoba

R. Guadalquivir

ANDALUCÍA

Sevilla

Huelva

Almonte

Málaga

Costa del Sol

Gibraltar (R.U.)

Ceuta (Esp.)

Estrecho de Gibraltar

Tánger

Tetuán

MARRUECOS

Jerez de la Frontera

Cádiz

Golfo de Cádiz

ALGARVE

PORTUGAL

Oporto

Lisboa

OCÉANO ATLÁNTICO

N

Escala de kilómetros
0   50   100
Escala de millas
0   50   100

Islas Canarias

La Palma

Santa Cruz de la Palma

Tenerife

Santa Cruz de Tenerife

Gomera

Hierro

Gran Canaria

Las Palmas

Lanzarote

Arrecife

Fuerteventura

Puerto del Rosario

MARRUECOS

OCÉANO ATLÁNTICO

ix

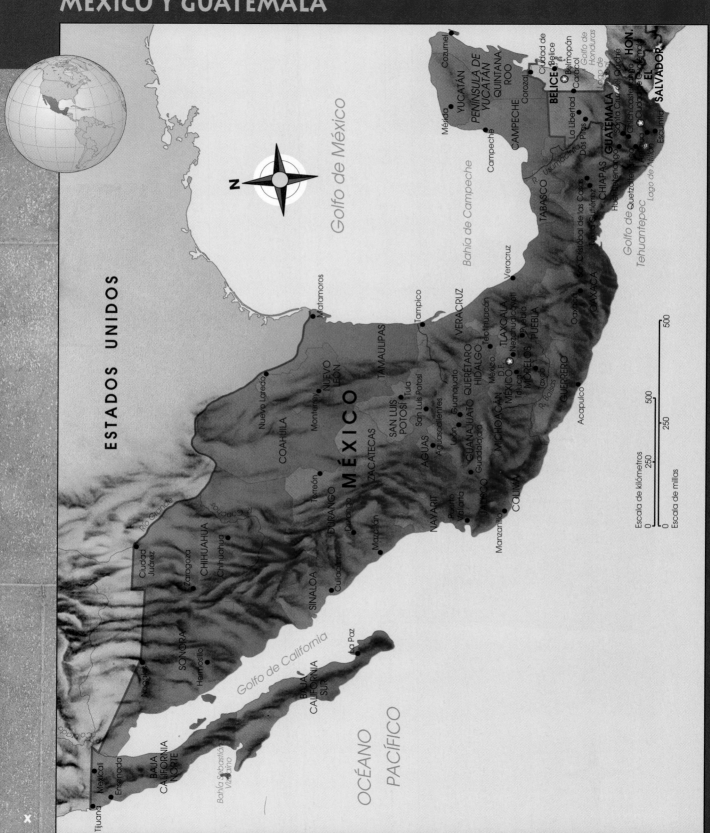

ESTADOS UNIDOS

Golfo de México

Bahía de Campeche

Océano Pacífico

Golfo de California

OCÉANO PACÍFICO

MÉXICO

PENÍNSULA DE YUCATÁN

YUCATÁN

QUINTANA ROO

CAMPECHE

BELICE

GUATEMALA

HON.

EL SALVADOR

Golfo de Honduras

Golfo de Tehuantepec

CHIAPAS

TABASCO

VERACRUZ

OAXACA

GUERRERO

MICHOACÁN

COLIMA

JALISCO

NAYARIT

AGUAS

GUANAJUATO

QUERÉTARO

HIDALGO

MÉXICO

D.F.

TLAXCALA

MORELOS

PUEBLA

SAN LUIS POTOSÍ

ZACATECAS

DURANGO

SINALOA

SONORA

CHIHUAHUA

COAHUILA

NUEVO LEÓN

TAMAULIPAS

BAJA CALIFORNIA NORTE

BAJA CALIFORNIA SUR

Tijuana
Mexicali
Ensenada
Nogales
Hermosillo
Ciudad Juárez
Zaragoza
Chihuahua
La Paz
Bahía Sebastián Vizcaíno
Culiacán
Mazatlán
Durango
Torreón
Nuevo Laredo
Monterrey
San Luis Potosí
Aguascalientes
León
Guadalajara
Puerto Vallarta
Manzanillo
Acapulco
Taxco
Toluca
México,
Nezahualcóyotl
Teotihuacán
Tula
Puebla
Veracruz
Tampico
Matamoros
Oaxaca
Tuxtla Gutiérrez
San Cristóbal de las Casas
Huehuetenango
Quetzaltenango
Santa Cruz del Quiché
Chichicastenango
Antigua
Ciudad de Guatemala
Escuintla
Escuintla
Campeche
Mérida
Cozumel
Corozal
Ciudad de Belice
Belice
Belmopán
Caracol
La Libertad
Dos Pilas

Río Grande
Río Colorado
Río Balsas
R. Usumacinta

Lago de Atitlán

Golfo de Quetzaltenango

Bahía de Campeche

Escala de kilómetros
0   250   500
Escala de millas
0   250   500

N

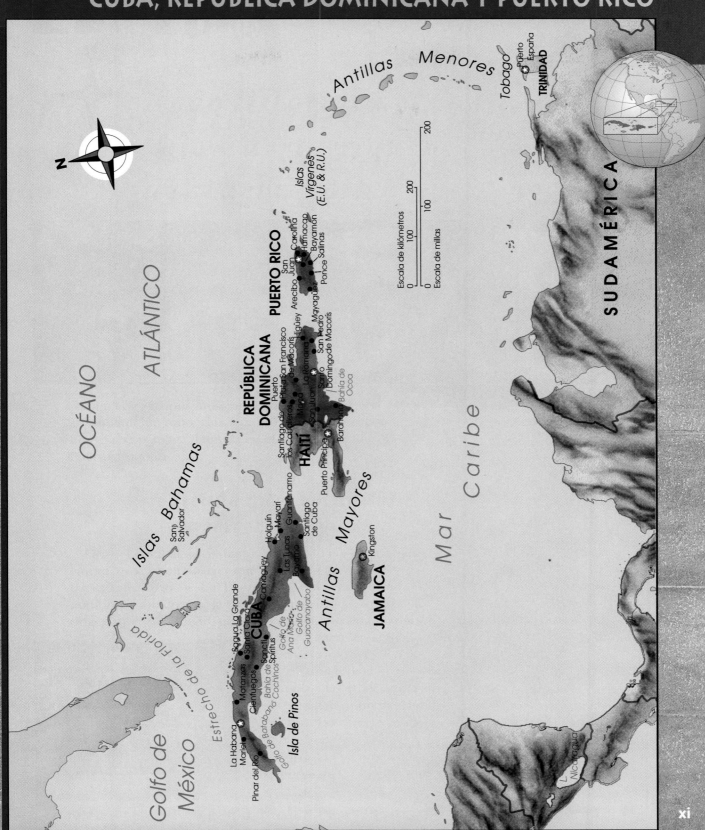

EL SALVADOR, HONDURAS, NICARAGUA Y COSTA RICA

MÉXICO

BELICE

GUATEMALA

Mar Caribe

N

ISLAS DE LA BAHÍA

Laguna de Ibans

La Ceiba

San Pedro Sula

CORDILLERA NOMBRE DE DIOS

Jocón

San Francisco de la Paz

Dulce Nombre de Culmí

Cabo Gracias a Dios

Copán

HONDURAS

Siguatepeque

Teucigalpa

Yuscarán

Bocay

Puerto Cabezas

Ahuachapán

Santa Ana

Sonsonate

San Salvador

EL SALVADOR

Zacatecoluca

San Miguel

Golfo de Fonseca

Estelí

NICARAGUA

Matiguas

COSTA DE MOSQUITOS

Barra de Río Grande

Chinandega

León

Lago de Managua (Xolotlán)

Managua

Masaya

Granada

Lago de Nicaragua

Bahía de Punta Gorda

San Juan del Norte

Golfo de Papagayo

COSTA RICA

Puerto Viejo

VOLCÁN POÁS

San Ramón

Alajuela

San José

Limón

Cartago

Paraíso

Golfo de Nicoya

San Isidro

Bahía de Coronado

PANAMÁ

OCÉANO

PACÍFICO

Escala de kilómetros
0   50   100

Escala de millas
0   50   100

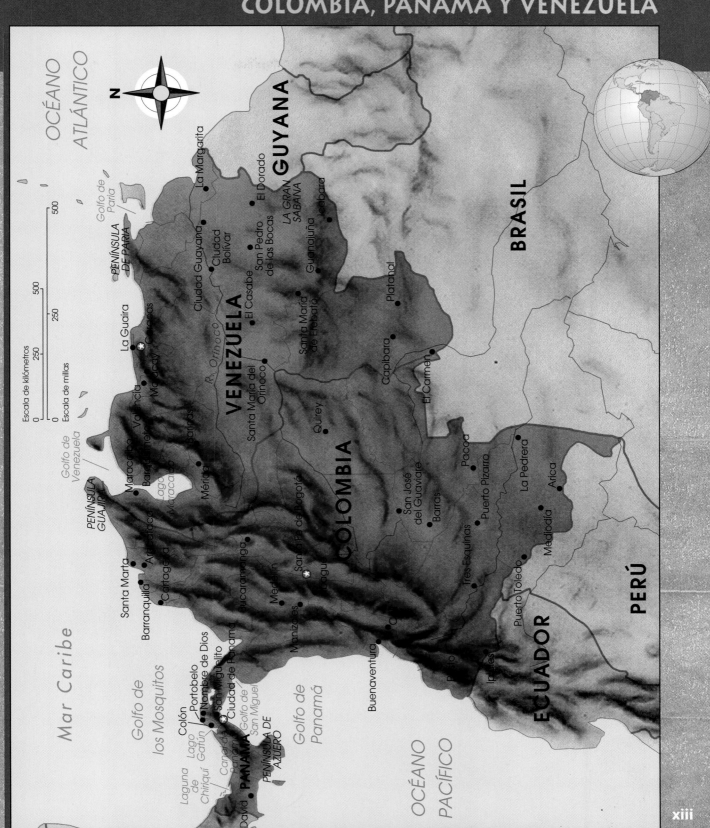

OCÉANO ATLÁNTICO

GUYANA

BRASIL

Golfo de Paria

PENÍNSULA DE PARIA

La Margarita

El Dorado

LA GRAN SABANA

Icabaru

VENEZUELA

Ciudad Guayana
Ciudad Bolívar

San Pedro de las Bocas

Guanajuña

Santa María de Ereباتó

Caracas

La Guaira

El Casabe

Platanal

Santa María del Orinoco

Río Orinoco

Capibara

El Carmen

Maracay

Valencia

Barquisimeto

Barinas

Quirey

Pacoa

Golfo de Venezuela

Maracaibo

Lago de Maracaibo

Mérida

COLOMBIA

San José del Guaviare

Barras

Puerto Pizarro

La Pedrera

Arica

PENÍNSULA GUAJIRA

Apartadó

Bucaramanga

Santa Fe de Bogotá

Tres Esquinas

Mediodía

PERÚ

Mar Caribe

Santa María

Barranquilla

Cartagena

Medellín

Manizales

Puerto Toledo

Golfo de los Mosquitos

Colón
Portobelo
Nombre de Dios

San Miguelito
Ciudad de Panamá

Laguna de Chiriquí

Lago de Gatún

Canal de Panamá

PANAMÁ

Buenaventura

Ipiales

ECUADOR

David

PENÍNSULA DE AZUERO

Golfo de San Miguel

Golfo de Panamá

OCÉANO PACÍFICO

Escala de kilómetros
0   250   500

Escala de millas
0   250   500

PERÚ, ECUADOR Y BOLIVIA

COLOMBIA

Esmeraldas

Sto. Domingo de
los Colorados

ECUADOR

Manta

Porto jo Ambato

Guay quil Riobamba

La
Libertad Ingapirca

*Golfo de
Guayaquil* Cuenca

Iquitos

R. Napo

R. de las Amazonas

LA SELVA AMAZÓNICA

BRASIL

Lambayeque

Chiclayo Cajamarca

Chan Chan

Trujillo

PERÚ

Huánuco

Junín

CORDILLERA DE LOS ANDES

Riberalta

Callao Comas

Lima

Huancayo

Machu Picchu

Ayacucho

Cuzco

BOLIVIA

Trinidad

Nazca

Lago Titicaca

OCÉANO

Arequipa

La Paz

Cochabamba

PACÍFICO

Tacna

Oruro

Santa Cruz

DESIERTO DE ATACAMA

Lidiagua

Sucre

Potosí

Tarija

Islas Galápagos
(ECUADOR)

Escala de kilómetros
0   250   500

0   250   500
Escala de millas

N

PARAGUAY

Concepción

CORDILLERA DE LOS ANDES

Arica

Iquique

Antofagasta

R. Pilcomayo

R. Paraguay

Asunción
Ciudad del Este
Itaipú
San Lorenzo
Iguazú

San Miguel de Tucumán

GRAN CHACO

La Rioja

CHILE

ARGENTINA

La Serena

Córdoba
Mendoza

R. Paraná

R. Uruguay

URUGUAY

Tascuarembó
Salto
Paysandú
Paso de los Toros
Durazno
Treinta y tres
Rosario
Las Piedras
Punta del Este
Buenos Aires
Montevideo
La Plata

PAMPAS

R. Salado

Viña del Mar
Valparaíso
Santiago de Chile
Mercedes

R. de la Plata

Talcahuano
Parral
Concepción

R. Colorado

Bahía Blanca
Mar del Plata

N

Valdivia
Lago
Llanquihue
Osorno
Puerto Varas
Puerto Montt
San Carlos
de Bariloche

Golfo San
Matías

PATAGONIA

OCÉANO
ATLÁNTICO

Golfo San
Jorge

Islas
Malvinas

Estrecho de
Magallanes

Escala de kilómetros
0   250   500

0   250   500
Escala de millas

Punta Arenas
TIERRA DEL
FUEGO

CABO DE
HORNOS

CONTENIDO

xxiii

EL MUNDO 21

El español: pasaporte al Mundo 21

La Alameda, parque céntrico de la Ciudad de México

Celebración del 16 de septiembre,
Día de la Independencia
Mexicana, San Antonio, Texas

Peregrinos llegando
al Santuario del Rocío
en Almonte, España

▶ ENFOQUE Aquí empieza la aventura cultural que comprende *Nuestro mundo*. Visitarás a hispanos en Estados Unidos (EE.UU.), España y los diecinueve países latinoamericanos de habla hispana: lo que llamamos el *Mundo 21*. El idioma español te va a servir de pasaporte para cruzar sus fronteras, para unir su pasado con su presente y para poder así contemplar su futuro.

El español: pasaporte al Mundo 21

Gente del Mundo 21

Sammy Sosa, gran beisbolista dominicano nacido en 1968, llegó a ser famoso como jugador para los Cachorros de Chicago. En 1998, este jardinero derecho rompió el récord de jonrones en una sola temporada, terminando segundo, detrás de Mark McGwire. Con su éxito Sosa ha tenido la oportunidad de ayudar a su comunidad. Creó la Fundación Sammy Sosa, que ayuda a familias en Estados Unidos y la República Dominicana. Sammy Sosa pertenece al grupo de peloteros dominicanos talentosos. Entre ellos están Alex Rodríguez y Manny Ramírez, dos de los jugadores más destacados en las ligas mayores.

Gloria y Emilio Estefan, dos artistas cubanoamericanos, son conocidos por haber formado un importante imperio musical. Ella ha ganado premios "Grammy", y juntos han vendido más de 60 millones de discos. Originalmente, en los años 80, formaron parte del grupo Miami Sound Machine. Y luego, mientras Gloria seguía cantando, Emilio empezó a explorar la escritura y la producción. Su sello Crescent Moon ha firmado contratos con grandes artistas tanto en español como en inglés. Los dos trabajan muy duro para darle al público un buen espectáculo en inglés y en español.

INTERNET
Enlaces/actividades
www.mcdougallittell.com

Adolfo Pérez Esquivel, arquitecto y activista social argentino galardonado con el Premio Nóbel de la Paz en 1980, nació en Buenos Aires en 1931. Fue profesor de arquitectura por casi 25 años. Luego, comenzó a trabajar con organizaciones populares involucradas en el movimiento pacifista de Latinoamérica. Él ha contribuido a la formación y el afianzamiento de los lazos entre organizaciones populares que defienden los derechos humanos y apoyan a las familias de las víctimas. Es presidente del Consejo Honorario del Servicio de Paz y Justicia Latinoamericano y de la Liga Internacional por los Derechos Humanos y la Liberación de los Pueblos.

Salma Hayek, actriz mexicana-libanés, nació en Veracruz en 1968. Empezó su carrera como actriz con *Aladino y la lámpara maravillosa*, en 1988. Luego, en 1995, después de varios años en telenovelas, protagonizó un papel en la película *Desperado* con Antonio Banderas. Desde entonces, no ha dejado de trabajar. Ha tenido papeles en *Fools Rush In, From Dusk 'til Dawn* y *Wild, Wild West*. Ahora Hayek quiere cambiar el enfoque de su trabajo para explorar otra faceta que siempre la ha atraído: la producción. Fundó una compañía para producir programas para canales de televisión estadounidenses y latinoamericanos. Dice Hayek que le interesa participar en proyectos que demuestren que vale la pena ser una actriz mexicana en Hollywood.

Personalidades del Mundo 21. Prepara dos preguntas sobre cada una de estas personas. Hazle las preguntas a un(a) compañero(a) de clase y luego contesta sus preguntas.

DEL PASADO al presente

■ A ver si sabes . . .

Lenguas del Mundo 21. ¿Cuánto sabes de las lenguas que se hablan en este mundo? Contesta estas preguntas con un(a) compañero(a).

1. El español es una lengua que comparten muchas naciones del mundo. ¿Puedes mencionar por lo menos diez de ellas?

2. Además del español, en el hemisferio occidental se hablan otras lenguas europeas. ¿Cuáles son? ¿En qué naciones se hablan? ¿Cuál de las lenguas tiene el mayor número de hablantes?

3. ¿Aproximadamente cuántas personas hablan español en el mundo?

   a. 160 millones   *b.* 260 millones   *c.* 360 millones

4. Indica del uno (1) al ocho (8) las lenguas con el mayor número de hablantes en el mundo.

   ___ árabe   ___ portugués   ___ ruso
   ___ chino (mandarín)   ___ francés   ___ japonés
   ___ español   ___ inglés

5. En Latinoamérica se hablan muchas lenguas indígenas. ¿Sabes en qué países se hablan estas lenguas indígenas? Escribe la letra que le corresponde a cada lengua.

   ___ náhuatl   ___ quechua
   ___ maya   ___ guaraní

   a. Noventa por ciento de la población de Paraguay habla esta lengua.
   b. Es la lengua original de los aztecas y se habla en la parte central de México.
   c. Se habla en la península de Yucatán y en Guatemala.
   d. Se habla en la región andina de Ecuador, Perú y Bolivia.

6. ¿Aproximadamente cuántos hispanohablantes hay en Estados Unidos?

   a. 22 millones   *b.* 42 millones   *c.* 62 millones

Organización de las Naciones Unidas (ONU)

Los hispanos y los premios

Octavio Paz

Muchos hispanos contemporáneos han sido reconocidos con premios en las artes, las humanidades, las ciencias y los deportes. Veamos algunos de los hispanos galardonados desde 1980:

Premio Nóbel de Literatura

1982	Gabriel García Márquez	colombiano
1989	Camilo José Cela	español
1990	Octavio Paz	mexicano

Premio Nóbel de la Paz

1980	Adolfo Pérez Esquivel	argentino
1982	Alfonso García Robles	mexicano
1987	Óscar Arias	costarricense
1992	Rigoberta Menchú	guatemalteca

En las artes varias personas han sido galardonadas, incluso la actriz Chita Rivera, quien recibió dos premios "Tony" por su actuación y el director Gerald Gutiérrez, quien recibió dos premios "Tony" por su trabajo como director.

En deportes, Roberto Clemente, el jugador de béisbol puertorriqueño, es el jardinero más galardonado de ambas ligas, con doce **Guantes de Oro.** Hasta ahora más de veintinueve jugadores latinos de béisbol han ganado **Guantes de Oro.** Las contribuciones de los hispanos en todos los campos van en aumento, enriqueciendo continuamente el mosaico cultural de nuestro planeta.

Chita Rivera

Roberto Clemente

Árabe
Alemán
Latín
Gaélico

LECTURA

EL ESPAÑOL: PASAPORTE AL MUNDO 21

El español o castellano es hoy una de las lenguas más habladas en el mundo. Esta lengua se originó en una pequeña región de España llamada Castilla.

LENGUA MULTINACIONAL

El español se ha convertido en la lengua común de un importante sector de la humanidad. Alrededor de 360 millones de personas hablan español, cuyo origen es el latín y que se habló en la Península Ibérica desde la conquista romana (218–219 a.C. [antes de Cristo]). Pero el español también incluye palabras de origen ibérico, celta, germánico y árabe. Así, la lengua española refleja la historia de las muchas culturas que habitaron la Península Ibérica.

Después del contacto con los pueblos indígenas de América a partir de 1492, el español incorporó nuevas palabras de muchas lenguas nativas del continente. Tres lenguas indígenas principales influyeron en el vocabulario del español. El taíno, lengua

hablada en el Caribe, contribuye palabras como canoa, tabaco y huracán. Del náhuatl, lengua de los aztecas, vienen palabras como chocolate, tomate y aguacate. El quechua, lengua de los incas, ofrece palabras como cóndor, alpaca y papa.

Sin embargo, el mundo hispánico es un universo con una gran diversidad cultural. Aunque existen muchas diferencias en la manera de hablar, la lengua no divide, sino que une a los pueblos hispanohablantes a través de la cultura y la literatura que comparten.

NUESTRO MUNDO

El texto *Nuestro mundo* intenta poner énfasis en el pasado, el presente y el futuro del fascinante mundo de habla española, un mundo lleno de contrastes, semejanzas y sorpresas. La frase *Mundo 21* que se usa a través del texto hace referencia tanto a los veintiún países que se presentan en el texto, como al siglo XXI. Con *Nuestro mundo*, vas a hacer un recorrido cultural por el mundo hispánico a través de ocho unidades.

UNIDAD 1 LOS HISPANOS EN EE.UU.: CRISOL DE SUEÑOS

La primera unidad explora algunos aspectos de la vida de los chicanos o méxicoamericanos, los puertorriqueños y los cubanoamericanos en EE.UU. Por ejemplo,

Indígenas: azteca, inca y taíno

Restaurante mexicano

vas a probar la sabrosa comida creada por mexicanos en el suroeste de EE.UU.; vas a marchar por la Quinta Avenida de Nueva York en el Desfile Anual Puertorriqueño; y vas a asistir a un programa de televisión grabado en español en Miami.

La Pequeña Habana

Desfile Anual Puertorriqueño

UNIDAD 2 ESPAÑA: PUENTE AL FUTURO

Con *Nuestro mundo* también vas a visitar España donde vas a revivir uno de los episodios más famosos de la novela *El ingenioso hidalgo don Quijote de La Mancha* de Miguel de Cervantes. También vas a tener la oportunidad de admirar el famoso cuadro de Pablo Picasso titulado *Guernica,* una de las obras maestras del arte contemporáneo; y vas a conocer a Pedro Almodóvar, uno de los directores más importantes del cine español de nuestros días.

Pablo Picasso

UNIDAD 3 MÉXICO Y GUATEMALA: RAÍCES DE LA ESPERANZA

De regreso a América, vas a saber cómo se descubrió el Templo Mayor de la civilización azteca en el centro de la Ciudad de México; vas a conocer a

Pirámide del Sol

Rigoberta Menchú, indígena guatemalteca que recibió el Premio Nóbel de la Paz de 1992; y vas a visitar una exhibición de arte llamada "Teotihuacán: la Ciudad de los Dioses", dedicada a la primera metrópoli mesoamericana.

Rigoberta Menchú

UNIDAD 4 CUBA, LA REPÚBLICA DOMINICANA Y PUERTO RICO: EN EL OJO DEL HURACÁN

Estos tres países se localizan en islas del mar Caribe donde se establecieron las primeras colonias españolas en el hemisferio. Además de la herencia española, existe una gran influencia africana en estas tres naciones. La música del Caribe va a vibrar en las lecciones dedicadas a Cuba y a la República

Dominicana. Vas a participar en el debate sobre si Puerto Rico debe ser estado libre, estado de EE.UU. o país independiente. Un video te va a explicar cómo se forman los huracanes que muchas veces pasan por esa zona.

UNIDAD 5 EL SALVADOR, HONDURAS, NICARAGUA Y COSTA RICA: ENTRE EL CONFLICTO Y LA PAZ

Costa Rica

En esta unidad vas a conocer la historia que comparten estos cuatro países hermanos. Igualmente vas a tener la oportunidad de crear tu propia leyenda viendo los dibujos de Isaías Mata, un artista salvadoreño; vas a leer sobre la importancia del cultivo del plátano en Centroamérica; y vas a leer un cuento escrito por Rubén Darío, un escritor nicaragüense. También se va a presentar un reportaje documental sobre la importancia ecológica de los parques nacionales de Costa Rica.

Mural de Isaías Mata

UNIDAD 6 COLOMBIA, PANAMÁ Y VENEZUELA: LA MODERNIDAD EN DESAFÍO

Además de cruzar el Canal de Panamá, vas a conocer muchas regiones de Sudamérica. Vas a leer sobre una experiencia dramática que ocurre en el consultorio de un dentista de un pueblecito colombiano, según el cuento de Gabriel García Márquez. Después, vas a tomar el metro en la ultramoderna ciudad de Caracas, capital de Venezuela.

Ciudad de Panamá

UNIDAD 7 PERÚ, ECUADOR Y BOLIVIA: CAMINO AL SOL

En esta unidad vas a escalar los Andes hasta llegar a la fantástica ciudad incaica de Machu Picchu. Y luego, en Ecuador, vas a visitar la zona amazónica y discutir su desarrollo o

Machu Picchu

destrucción. También vas a recorrer el lago Titicaca en una canoa de paja hecha por los indígenas aymaras de Bolivia.

El lago Titicaca

UNIDAD 8 ARGENTINA, URUGUAY, PARAGUAY Y CHILE: ASPIRACIONES Y CONTRASTES

Finalmente vas a cruzar el famoso Río de la Plata que forma la frontera entre Argentina y Uruguay para visitar sus respectivas capitales: Buenos Aires y Montevideo. En Paraguay vas a conocer

Buenos Aires

algunas de las misiones que ayudaron a que sobreviviera la lengua guaraní. Asimismo vas a tener la oportunidad de analizar los resultados positivos de la democracia en Chile. Desde el

Los guaraníes

Cabo de Hornos, el punto más al sur de América, vas a observar la gran extensión del mundo hispánico.

■ ¡A ver si comprendiste!

¿Quién? ¿Qué? ¿Cuándo? ¿Recuerdas los datos más importantes de la lectura? Para asegurarte, contesta estas preguntas.

1. ¿De qué lengua se deriva el español? ¿Cómo llegó esta lengua a la Península Ibérica? ¿Qué otro nombre tiene el español?
2. Además del árabe, ¿qué otras lenguas influyeron en el español en la Península Ibérica?
3. ¿Puedes nombrar una lengua indígena de América que influyó en el vocabulario español? ¿Puedes mencionar algunas palabras derivadas de esa lengua?
4. ¿A qué hace referencia la frase *Mundo 21* de este texto?
5. ¿Cuáles son los tres principales grupos hispanohablantes de EE.UU.?
6. ¿Cuántas unidades hay en *Nuestro mundo*? ¿Cuáles son algunos de los temas que se van a presentar en estas unidades? ¿Cuáles te interesan más?

Palabras como clave: *gracia*

El discurso que leyó Octavio Paz al recibir el Premio Nóbel en 1990 empezó de la siguiente manera: "Comienzo con una palabra que todos los hombres, desde que el hombre es hombre, han proferido: *gracias*. Es una palabra que tiene equivalentes en todas las lenguas. Y en todas es rica la gama de significados". Veamos ahora algunos de los muchos significados de la palabra **gracia**. Discute lo que significa **gracia** en cada oración con un(a) compañero(a). Luego, contesten las preguntas.

Los hombres necesitan la **gracia** de Dios para salvarse.
Los elefantes del circo me hicieron **gracia.**
La cantante Gloria Estefan tiene mucha **gracia** al cantar y bailar a la vez.

Palabras derivadas de **gracia:**
gracias, agraciado, agradecimiento
1. ¿Cuál es tu mayor **gracia**?
2. ¿Alguna vez has sido **agraciado** con un premio de lotería?
3. ¿Cuándo das las **gracias**?
4. ¿A quién le debes **agradecimiento**?

Y ahora, ¡a leer!

■ *Anticipando la lectura*

A. Estrategias: un repaso. Cuando lees en español, como cuando lees en inglés, hay que usar ciertas estrategias. La primera lista contiene estrategias para leer de uso frecuente. Encuentra la descripción de cada estrategia en la segunda lista. Luego explica cómo aplicarías cada estrategia a la lectura que sigue: **El encuentro con el otro.**

Estrategias para leer
1. Reconocer vocabulario cognado
2. Ojear *(scanning)*
3. Predecir con fotos, dibujos o con el título
4. Predecir el contenido
5. Hojear *(skimming)*

Descripciones
a   Leer rápidamente para tener sólo una idea general del tema de la lectura.
b. Usar información previa para anticipar la información en la lectura.
c. Identificar palabras que en su forma escrita y significado son muy similares al inglés.
d. Darle un vistazo rápido a la lectura para encontrar información específica.
e. Usar el título, las fotos y los dibujos que acompañan la lectura para anticipar el contenido.

B. Cultura. En grupos de cuatro o cinco, definan la palabra "cultura". Empiecen por reflexionar en su propio cultura. ¿En qué consiste? ¿Cuáles son sus diferentes elementos? Den ejemplos de cada uno. Luego, informen a la clase de sus conclusiones.

C. Vocabulario en contexto. Decide cuál es el significado de las palabras en negrilla a base del contexto de la oración o de otras estrategias que has aprendido para llegar al significado de palabras desconocidas.

1. Cuando incluimos a otras gentes **nos enriquecemos** y nos encontramos a nosotros mismos.

    a. nos reproducimos   *b.* nos divertimos
       c. nos hacemos mejores

2. Cuando excluimos a otras gentes, **empobrecemos.**

    a. perdemos valor   *b.* perdemos dinero
       c. ganamos

3. **En este cuento,** el narrador encuentra un instante perfecto en el tiempo y en el espacio en el que todos los lugares del mundo pueden ser vistos en el mismo momento, sin confusión.

    a. esta historia   *b.* este lugar   *c.* este cuarto

4. También veríamos **la herencia** mediterránea, o sea, el derecho, la filosofía, las caras cristianas, judías y árabes de una España multicultural.

    a. la influencia   *b.* el folklore   *c.* la pasividad

Conozcamos al autor

Carlos Fuentes es uno de los escritores mexicanos contemporáneos más importantes. Nació en la Ciudad de Panamá (donde su padre servía de diplomático) en 1928. Pasó la mayor parte de su infancia y adolescencia en varios países, entre ellos EE.UU., Chile y Argentina. De adulto representó a su país en Suiza como agregado cultural y fue embajador de México en Francia. También ha sido profesor en las universidades de Oxford y Harvard. Su obra forma un enorme mural literario de la historia y la cultura contemporánea de México. Entre sus novelas se destacan *La muerte de Artemio Cruz* (1962), *Cambio de piel* (1967) y *Cristóbal Nonato* (1987).

Carlos Fuentes escribió y presentó tanto en español como en inglés una serie de cinco programas para la televisión titulada *El espejo enterrado: reflexiones sobre España y el Nuevo Mundo* (1991). Éste es un fragmento adaptado del libro del mismo título que se publicó un año después.

El encuentro con el otro

por Carlos Fuentes

California, y en particular la ciudad de Los Ángeles, frente a la *cuenca del Pacífico,* el puente norteamericano hacia Asia y la América Latina, con una gran diversidad multicultural y multirracial, propone la cuestión universal del siglo XXI: ¿Cómo tratar con el otro? ¿Hay alguien mejor preparado que nosotros, los españoles, los hispanoamericanos y los hispanos en Estados Unidos para tratar este tema central del encuentro con el otro?

orilla del Pacífico

Somos muchos pueblos

Somos indígenas, negros, europeos, pero sobre todo, *mestizos.* Somos griegos e *iberos,* romanos y judíos, árabes, cristianos y *gitanos.* Es decir: España y el Nuevo Mundo son centros donde múltiples culturas se encuentran, centros de incorporación y no de exclusión. Cuando excluimos *nos traicionamos* y empobrecemos. Cuando incluimos nos enriquecemos y nos encontramos a nosotros mismos.

de sangre indígena y española / primeros habitantes de España / nómades originarios del norte de India

nos engañamos

Somos muchas culturas al mismo tiempo

Pero esta afirmación plantea de nuevo la pregunta que constituye la cuestión central: ¿Quiénes somos nosotros, los que hablamos español, los miembros de esa comunidad hispánica pero *rayada* de azteca y africano, de moro y judío?

pintada, combinada

No conozco una historia que dé mejor respuesta a esta pregunta y que de manera más brillante nos haga sentir la *simultaneidad* de las culturas que *El Aleph,* del escritor argentino Jorge Luis Borges. En este cuento, el narrador encuentra un instante perfecto en el tiempo y en el espacio en el que todos los lugares del mundo pueden ser vistos en el mismo momento, sin confusión, desde todos los ángulos, y sin embargo en perfecta existencia simultánea.

coexistencia

Jorge Luis Borges
El Aleph
Alianza/Emecé

La realidad multicultural de Hispanoamérica

¿Qué veríamos hoy en el aleph hispanoamericano? Veríamos el sentimiento indígena de *la sacralidad,* la comunidad y la voluntad de supervivencia. También veríamos la herencia mediterránea, o sea, el derecho, la filosofía, *los perfiles* cristianos, judíos y árabes de una España multicultural.

lo divino

las siluetas, características

Veríamos el desafío del Nuevo Mundo a Europa, la continuación en este hemisferio de un mundo multicultural y multirracial, indio, europeo y negro. Veríamos la lucha por la democracia y por la revolución que reúne nuestra experiencia personal y *comunitaria.* Y veríamos también la manera como ese pasado se convierte en presente.

de la comunidad

En el otro encontramos nuestra humanidad

Las culturas *perecen aisladamente,* pero nacen o renacen en el contacto con otros hombres y mujeres de otra cultura, otro credo, otra raza. Si no reconocemos nuestra humanidad en los demás, nunca la reconoceremos en nosotros mismos. Así, acompañados del otro, podemos oír la voz del poeta chileno Pablo Neruda, que exclama: "Yo estoy aquí para contar la historia".

mueren solitariamente

adaptado de El espejo enterrado

■ ¿Comprendiste la lectura?

A. ¿Sí o no? ¿Estás de acuerdo o no con los siguientes comentarios? Si no lo estás, explica por qué no.

1. Según Fuentes, la diversidad multicultural y multirracial de la ciudad de Los Ángeles en California propone la cuestión universal del siglo XXI: ¿Cómo tratar con el otro?
2. *El Aleph* es un cuento del escritor argentino Julio Cortázar.
3. Fuentes escribe que si no reconocemos nuestra humanidad en los demás, nunca la reconoceremos en nosotros mismos.
4. Pablo Neruda es un famoso poeta español.

B. Hablemos de la lectura. Contesten estas preguntas en grupos de tres o cuatro.

1. ¿Quién es Carlos Fuentes? ¿Dónde pasó su infancia y su adolescencia?
2. Según Carlos Fuentes, ¿cuál es la cuestión universal del siglo XXI? ¿Por qué piensa Fuentes que los españoles, los hispanoamericanos y los hispanos en EE.UU. están bien preparados para tratar este tema?
3. De acuerdo con Fuentes, ¿cuáles son los pueblos que han formado a España y al Nuevo Mundo?
4. Según Fuentes, ¿qué ocurre cuando "excluimos"? ¿y qué ocurre cuando "incluimos"? ¿Estás de acuerdo con esto? ¿Por qué sí o por qué no?
5. ¿Qué encuentra el narrador del cuento *El Aleph* del escritor argentino Jorge Luis Borges?
6. ¿Cuáles son algunas cosas que Carlos Fuentes dice que veríamos en el aleph hispanoamericano?
7. ¿Por qué es importante reconocer nuestra humanidad en los demás?
8. ¿Qué significa el título "El encuentro con el otro"? ¿Quién es "el otro" o "la otra"?

INTERNET
Más lecturas
www.mcdougallittell.com

Luz, cámara, acción

Antes de empezar el video

El arte y la cultura. Existe una relación muy fuerte entre el arte y la cultura. Los artistas muchas veces reflejan en sus obras la cultura que los rodea. Con un(a) compañero(a), responde a las siguientes preguntas.

1. Rufino Tamayo es mexicano, Fernando Botero es colombiano y Wifredo Lam es cubano. ¿Cómo reflejan estos cuadros la realidad del país de origen de los artistas?
2. ¿Qué sabes sobre la cultura del país de Tamayo? ¿Botero? ¿Lam?
3. ¿Puedes observar alguna influencia de la cultura indígena o africana en estas pinturas? ¿Por qué crees eso?
4. ¿Cuál de estos cuadros te gusta más? ¿Por qué?

ESCENARIO

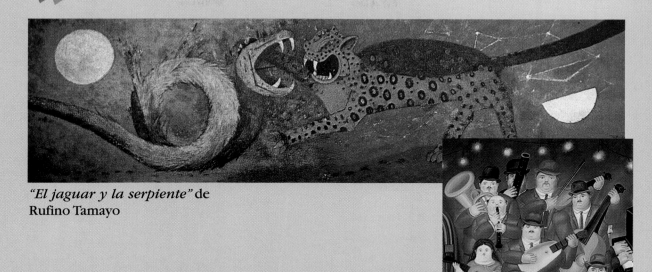

"El jaguar y la serpiente" de
Rufino Tamayo

La realidad multicultural del mundo hispánico

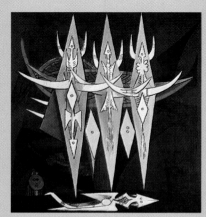

"Los músicos"
de Fernando Botero

En 1991 el escritor mexicano Carlos Fuentes completó una serie de cinco programas para la televisión que grabó tanto en español como en inglés; su motivo fue reconocer el Quinto Centenario de la llegada de Cristóbal Colón a América. El título de la serie es *El espejo enterrado: reflexiones sobre España y el Nuevo Mundo.* Los títulos de los cinco programas son: "La virgen y el toro", "La batalla de los dioses", "La edad de oro", "El precio de la libertad" y "Las tres hispanidades".

El quinto y último programa, "Las tres hispanidades", trata sobre España, Latinoamérica y los pueblos hispanos en Estados Unidos que están experimentando enormes cambios en este siglo. El fragmento del video incluido en esta lección presenta a Carlos Fuentes dentro del Palacio de Bellas Artes de la Ciudad de México. Este edificio, proyectado en 1901 y terminado en 1934, incluye muchos diferentes estilos arquitectónicos y representa la realidad multicultural del mundo hispánico. Al levantarse el telón de cristal creado por Tiffany para Bellas Artes, Fuentes nos pide que veamos todo lo que los latinoamericanos han sido a través de su historia. Luego nos hace ver cómo, a través del arte, podemos experimentar y apreciar la realidad multicultural de Latinoamérica.

"Umbral" de Wifredo Lam

Y ahora, ¡veámoslo!

El video: Las tres hispanidades

Carlos Fuentes

Cuadro del colombiano
Fernando Botero

■ A ver cuánto comprendiste . . .

A. Dime si entendiste. Después de ver el video, contesta estas preguntas.

1. Cuando se levanta el telón, ¿qué pueblos y culturas dice Carlos Fuentes que han formado a los latinoamericanos?
2. ¿En qué consiste la cultura según Carlos Fuentes?
3. ¿Qué herencia cultural refleja la obra del artista mexicano Rufino Tamayo? ¿Qué arte coleccionaba este artista?

B. ¿Y qué dices tú? Contesten estas preguntas en grupos de tres o cuatro.

1. ¿Qué estilos de arquitectura están representados en el edificio del Palacio de Bellas Artes?
2. ¿Por qué Carlos Fuentes relaciona la obra del artista colombiano, Fernando Botero, con la habilidad de reírse que tienen los latinoamericanos?
3. ¿Qué es lo que más te gustó del video? Explica.

PASAPORTE cultural

Antes de empezar tu recorrido por el *Mundo 21,* necesitas un pasaporte muy especial: un pasaporte cultural. Para ganarte este pasaporte, debes demostrar que entras al *Mundo 21* con un firme interés de aprender más de su cultura, de su historia, y que quieres llegar a conocer íntimamente a su gente. Obtener este pasaporte cultural no es difícil. Por medio de un concurso cultural, tú y tus compañeros pueden mostrar lo que ya saben sobre el mundo hispánico.

Pasaporte cultural individual. Después de pasar este concurso cultural, vas a recibir tu pasaporte cultural *Mundo 21.* Guárdalo con mucho cuidado, pues al final de cada lección vas a recibir un sello que confirma que has repasado con provecho los aspectos culturales que ahí se incluyen.

Así, al final de *Nuestro mundo,* vas a tener un pasaporte cultural con todos los sellos correspondientes y lo que es más importante, vas a tener la satisfacción de haber realizado un recorrido cultural a través de veintiún países distintos.

Para empezar el concurso. Empiecen por dividirse en grupos de cuatro o seis personas. Su profesor(a) le va a dar a cada grupo un juego de tarjetas sobre uno de los siguientes temas y les va a explicar las reglas. Cada juego tiene tarjetas de cinco puntos y tarjetas de diez puntos. Cada tarjeta tiene una pregunta sobre el tema cultural indicado.

Temas culturales
1. Los países y las capitales de Latinoamérica
2. España
3. Los aztecas y los incas
4. Las comidas de España y de las Américas
5. Los hispanos en EE.UU.
6. Misceláneo

Unidad 1

INTERNET
Presentación
www.mcdougallittell.com

Los hispanos en Estados Unidos: crisol de sueños

"La ofrenda", mural chicano

"Knowledge is Power", mural puertorriqueño

Mural cubanoamericano en La Pequeña Habana

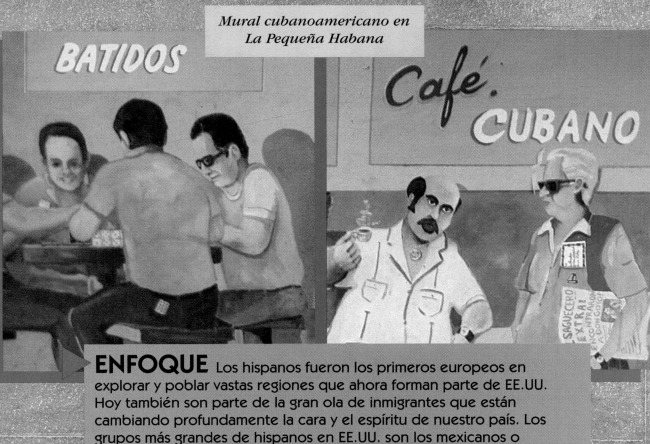

BATIDOS

Café CUBANO

ENFOQUE Los hispanos fueron los primeros europeos en explorar y poblar vastas regiones que ahora forman parte de EE.UU. Hoy también son parte de la gran ola de inmigrantes que están cambiando profundamente la cara y el espíritu de nuestro país. Los grupos más grandes de hispanos en EE.UU. son los mexicanos o chicanos, los puertorriqueños y los cubanoamericanos aunque existen también grandes concentraciones de dominicanos, centroamericanos y otros latinoamericanos.

Los chicanos

Nombres comunes:
*chicanos,
méxicoamericanos,
mexicanos, latinos,
hispanos*

Concentración:
*California, Texas,
Nuevo México, Illinois,
Arizona, Colorado y
Michigan*

Gente del Mundo 21

Ellen Ochoa, astronauta e inventora chicana, nació en 1958 en California. Desde que estudiaba en la escuela secundaria, a la doctora Ochoa siempre le han gustado la física y las matemáticas. Así que siguió estudiándolas en la universidad también. Después de recibir un doctorado, se fue a trabajar con la NASA. Ha inventado tres aparatos que ayudan a los científicos a revisar las imágenes que vienen del espacio. A los 33 años, la doctora Ochoa se convirtió en la primera astronauta chicana. Ha recibido muchos honores, entre ellos el "Congressional Hispanic Caucus Medallion of Excellence" (1993) y "Women in Science and Engineering Achievement Award" (1994).

Carlos Santana, músico chicano nacido en México, tiene una carrera que ha durado más de 30 años. Santana ha incorporado en la música rock una fusión de los elementos de blues y ritmos africano-cubanos. Este sonido le dio a Santana muchos honores, incluyendo su inclusión en 1998 al Salón de Fama del Rock 'n Roll y ocho premios "Grammy" en el año 2000. Además Santana ha participado en varios eventos notables para colaborar con su comunidad, tales como "California Earthquake Relief", Huérfanos de Tijuana, Los Derechos de Gente Indígena y Educación para la Juventud Latina en Sociedad con "Hispanic Media & Education Group". Sus legendarias canciones "Oye cómo va", "Samba pa' ti" y "Smooth" se recordarán siempre.

Sandra Cisneros, poeta y cuentista chicana, nació en 1954 en Chicago. Asistió al Taller de Escritores de la Universidad de Iowa. Esta escritora chicana, que escribe en un inglés que incorpora muchas frases en español, ha sido invitada a leer su obra en muchos países del mundo. Su libro, *The House on Mango Street,* publicado en 1983, ha recibido muchos premios literarios, como el "American Book Award" de 1985. Sus otros libros de cuentos han sido traducidos al español y otras lenguas. Éstos son recreaciones llenas de humor acerca de la realidad de ambos lados de la frontera. Actualmente reside en San Antonio, Texas.

Edward James Olmos es uno de los actores hispanos de más fama tanto en el teatro y el cine como en la televisión. Nació en 1947 en el Este de Los Ángeles en California donde vivió toda su juventud. En 1985 ganó un premio "Emmy" por su actuación como el teniente Castillo en la popular serie de la televisión "Miami Vice". Algunas de las películas en que ha participado son *Blade Runner, The Ballad of Gregorio Cortez* y *Stand and Deliver*. Por esta última película fue nominado para un premio "Óscar" en 1989. También hace una valiosa labor en favor de la comunidad latina, especialmente de los jóvenes.

Personalidades del Mundo 21. Trabaja con un(a) compañero(a) para decidir a quién se describe en cada oración.

1. Escribe en un inglés que incorpora muchas frases en español.
2. Ganó un premio "Emmy" por su actuación en la serie *Miami Vice.*
3. Siempre le han gustado la física y las matemáticas.
4. Ganó ocho premios "Grammy" en el año 2000.
5. Ha inventado tres aparatos que se usan en el espacio.

DEL PASADO al presente

LOS CHICANOS: TRES SIGLOS DE PRESENCIA CONTINUA

De todos los grupos hispanos, los mexicanos y sus descendientes tienen la más larga asociación histórica con el territorio que ahora forma parte de EE.UU. Los propios aztecas, que establecieron un imperio en México en el siglo XIV, se consideraban originarios de Aztlán, una tierra que en su mitología situaban al norte de Mesoamérica. Muchos escritores chicanos contemporáneos han identificado Aztlán con el suroeste de EE.UU.

Desde hace más de tres siglos han existido comunidades establecidas en estas tierras por personas venidas de México. En realidad, miles de mexicanos ya vivían en el área que actualmente es el suroeste de EE.UU. cuando en el siglo XIX llegaron ahí los angloamericanos.

Representación de Aztlán

LOS ORÍGENES

Los españoles exploraron y poblaron grandes extensiones de tierras en el sur y oeste de EE.UU. a partir del siglo XVII. Muchos ríos, montañas, pueblos y otros sitios geográficos de esta zona todavía tienen el nombre que les dieron estos exploradores. Cuando México se independizó de España en 1821, estas extensiones pasaron a formar parte del territorio mexicano. Pero México atravesó por un período de caos e inestabilidad política que desmembró su territorio. En 1836 colonizadores anglosajones tomaron control de Texas y formaron una república independiente.

ESTADOS UNIDOS

Wyoming

Nevada Utah Colorado

California Arizona Nuevo México

Texas

Océano Pacífico

MÉXICO

Golfo de México

☐ Guadalupe Hidalgo, 1848

▨ Gadsden, 1853

En 1846, después de admitir a Texas como estado, EE.UU. declaró la guerra contra México. El conflicto terminó con el Tratado de Guadalupe Hidalgo en 1848, en el cual México perdió casi la mitad de su territorio, o sea lo que hoy es California, Nevada, Utah, la mayor parte de Nuevo México y Arizona, y partes de Colorado y Wyoming. EE.UU. les dio a los 175.000 mexicanos que vivían en esas tierras el derecho de mantener sus costumbres y conservar sus tierras. Sin embargo, en muchos casos estas garantías no fueron respetadas. Cinco años más tarde, con la Compra de Gadsden, EE.UU. adquirió por diez millones de dólares otra porción de tierra en el sur de Arizona y Nuevo México porque le ofrecía al ferrocarril transcontinental una buena ruta de salida al océano Pacífico.

EL RÁPIDO DESARROLLO DEL SUROESTE

A finales del siglo XIX y a principios del XX, el suroeste de EE.UU. progresó rápidamente con la modernización de la tecnología agrícola y la expansión de las redes del ferrocarril. Numerosos angloamericanos se establecieron en la región. Muchas familias de ascendencia mexicana perdieron

La expansión del ferrocarril

sus tierras y tuvieron que salir en busca de trabajo en los campos y en las ciudades.

Al mismo tiempo, México pasaba por una gran crisis política y económica. Se calcula que más de un millón de mexicanos llegaron a EE.UU. en las dos décadas posteriores a la violenta Revolución Mexicana de 1910. Esta inmigración aumentó la presencia mexicana en la mayoría de las ciudades del área. Se establecieron organizaciones cívicas como las sociedades mutualistas para ayudar a los trabajadores mexicanos y sus familias.

Durante esta época se hicieron populares la música, la comida, la arquitectura y el estilo "del suroeste" que reflejan el modo de vida de los mexicanos y sus descendientes. Éstos preservaron, pero también adaptaron, sus tradiciones culturales en respuesta a los cambios introducidos por sus vecinos angloamericanos.

EL PROGRAMA DE BRACEROS

Durante la gran depresión económica de EE.UU., entre 1929 y 1935, más de 400.000 mexicanos—muchos con familiares nacidos aquí—fueron repatriados a México. Este movimiento hacia el sur cambió de dirección en 1942, durante la Segunda Guerra Mundial, cuando EE.UU. negoció el primer acuerdo con México para atraer a trabajadores agrícolas temporales llamados

Braceros en el campo

braceros (porque trabajan con los brazos). En EE.UU. había mucha necesidad de trabajadores agrícolas porque muchos norteamericanos trabajaban en la industria de armamentos o estaban en las fuerzas armadas. Al no renovarse este programa en 1964, el movimiento de trabajadores indocumentados de México a EE.UU. aumentó y sigue hasta hoy día.

Viviendas de los trabajadores migratorios

EL MOVIMIENTO CHICANO

En los años 60, motivados por el movimiento de los derechos civiles dirigido

por Martin Luther King, los méxicoamericanos empezaron a organizarse para mejorar su condición. Empezaron a llamarse "chicanos" o miembros de "la Raza"; esto porque querían enfatizar una identidad étnica basada más en el pasado indígena que en la tradición "colonizadora" española.

Así, por ejemplo, una de las teorías más aceptadas del origen del nombre "chicano" afirma que se deriva de la palabra "mexica" (pronunciada "meshica") que era como se llamaban los aztecas a sí mismos. A su vez "aztecas" significa "originarios de Aztlán", territorio que muchos sitúan en el suroeste de EE.UU. En muchas escuelas secundarias y universidades se han establecido grupos estudiantiles con el nombre de M.E.Ch.A., que significa "Movimiento Estudiantil Chicano de Aztlán".

El Movimiento Chicano, conocido también como "La Causa", intenta transformar la realidad y la conciencia de la población de origen mexicano en EE.UU. En 1965, Luis Valdez fundó El Teatro Campesino como arma de lucha del sindicato de trabajadores agrícolas conocido como "United Farm

Robert F. Kennedy y César Chávez

Workers". Este sindicato, bajo la dirección de César Chávez, inició una huelga con gran éxito contra los productores de uva en Delano, California ese mismo año.

EL PRESENTE

Desde la década de 1970 existe una verdadera efervescencia de la cultura chicana. Se establecen centros culturales en muchas comunidades

Estudiantes chicanos de UCLA

chicanas y centros de estudios chicanos en las más importantes universidades del suroeste de EE.UU. En las paredes de

Un mural en Los Ángeles, California

viviendas, escuelas, parques y edificios públicos se pintan murales de gran colorido que proclaman un renovado orgullo étnico. Las obras de muchos artistas chicanos comienzan a formar parte de colecciones permanentes de museos y se exhiben con mucho éxito en galerías por todo el país.

Igualmente durante este período existe un florecimiento de la literatura chicana. Se fundan nuevas revistas literarias y editoriales con el propósito de dar a conocer a autores chicanos. Sin duda la población de origen mexicano ha mejorado mucho su condición en los últimos cuarenta años, pero aún queda mucho por hacer, especialmente en la educación, los ingresos y la salud.

■ ¡A ver si comprendiste!

¿Quién? ¿Qué? ¿Cuándo? ¿Recuerdas los datos más importantes de la lectura? Para asegurarte, contesta estas preguntas.

1. ¿Cuánto tiempo hace que los méxicoamericanos viven en lo que ahora es EE.UU.? ¿Cómo se compara este período de tiempo con el número de años que EE.UU. existe como nación?
2. ¿Qué logró EE.UU. por el Tratado de Guadalupe Hidalgo? ¿Qué perdió México?
3. ¿A qué se debe que más de un millón de mexicanos llegaron a EE.UU. entre 1910 y 1930?
4. ¿Qué fue el programa de braceros y por cuánto tiempo duró?
5. ¿De qué palabra azteca se deriva el nombre "chicano" según una de las teorías más aceptadas de su origen?
6. ¿Qué es Aztlán?
7. ¿Qué significa M.E.Ch.A.?
8. ¿Quién fundó el Teatro Campesino? ¿Cuál era su propósito?

Mural chicano en la Escuela Secundaria Benito Juárez, Chicago

Los chicanos en el nuevo milenio

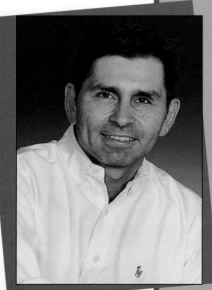

Guy García

Guy García, periodista premiado, escritor y empresario del Internet, nació en Los Ángeles, California, en 1955. Ha escrito libros para niños y adultos, artículos para revistas y periódicos y ha creado páginas web de fama nacional. Pero quizás su papel más destacado es el de Vicepresidente de Contenido y Programación para uno de los grandes proveedores de servicios web.

Hablando de sus raíces y cómo han fomentado su visión y su perspectiva, García dice: "Para mí, ser latino solamente ha abierto puertas. Nunca lo he visto como un defecto; al contrario, ha sido una ventaja en todas las etapas de mi carrera, dándome una perspectiva y un trasfondo cultural que han enriquecido mi vida y mis escritos. Mi cultura ha sido una ventana que me ha permitido explorar el pasado y futuro en mis libros y periodismo. Nunca me ha sido tan necesaria como lo es en mi posición actual, en la que ayudo a crear servicios en línea y sitios de Internet en América Latina. Al llevar el ciberespacio a Latinoamérica, aprendo más sobre la fuente de mi identidad cultural a la vez que ayudo a definirla".

"Ésta es la mejor época de ser latino, bien sea en Estados Unidos o América Latina; el futuro está lleno de posibilidades. La revolución digital ha coincidido con un sentir de orgullo y comunidad entre todos los latinos. Me enorgullece formar parte de esta generación de latinos con una conciencia tecnológica y global. Pienso que en el nuevo milenio esta generación es la que definirá qué es ser latino".

• • • • • • • • • • • •

Los chicanos. Con un(a) compañero(a), compara la situación de los chicanos en el nuevo milenio con la situación de los chicanos en los años 60.

Y ahora, ¡a leer!

■ *Anticipando la lectura*

A. Nuevo México. ¿Cuánto sabes de Nuevo México? Tal vez más de lo que piensas. Contesta las preguntas con un(a) compañero(a).

1. ¿Por qué crees que un estado de EE.UU. lleva el nombre de *Nuevo México?*

2. ¿Cuál es la capital de Nuevo México?

   a. Albuquerque   *b.* Las Cruces   *c.* Santa Fe

3. ¿Dónde está situado Nuevo México? Escribe la letra del estado que le corresponde a cada descripción.

   a. Colorado   *b.* México   *c.* Texas
      d. Arizona   *e.* Oklahoma

   ___ Estado al oeste de Nuevo México.
   ___ País que tiene frontera con el sur de Nuevo México.
   ___ Estado al norte de Nuevo México.
   ___ Estado tanto al este como al sur de Nuevo México.
   ___ Estado con el límite más reducido al este de Nuevo México.

4. ¿Cómo se llama el río que cruza todo el estado de Nuevo México de norte a sur?

   a. río Colorado   *b.* río Grande   *c.* río Brazos

5. Una de las actividades económicas más importantes de los habitantes hispanos del suroeste de EE.UU., en particular de los vaqueros o *cowboys,* ha sido la ganadería. ¿En qué consiste esta actividad?

6. ¿Sabes algunas palabras en inglés derivadas del español que tengan alguna conexión con el mundo del vaquero?

7. Se dice que Nuevo México es una región donde convergen tres culturas. ¿Cuáles son estas culturas?

8. ¿Te sorprende que "Adolfo Miller" sea el título del siguiente cuento de Sabine R. Ulibarrí, autor chicano originario de Nuevo México? ¿Por qué? ¿Quién puede ser Adolfo Miller?

B. Vocabulario en contexto. Decide cuál es el significado de las palabras en negrilla a base del contexto de la oración o de otras estrategias que has aprendido para llegar al significado de palabras desconocidas.

1. El chico era listo. Era amable. Tenía una sonrisa que **deshacía** los corazones.

   a. disolvía   *b.* descubría   *c.* ofendía

2. Adolfo se dedicó totalmente a hacer todas las tareas. Pronto se ganó **la buena voluntad** y la confianza de don Anselmo.

   a. el cariño y afecto   *b.* la buena vida
   c. el trabajo voluntario

3. Después de poco tiempo se llevó a Adolfo a casa y le dio más trabajo. Le arregló un dormitorio bien cómodo en **la caballeriza.**

   a. el garaje   *b.* la casa principal   *c.* el establo

4. Pudo haber nacido entre los dos algo. Él lo quiso. Ella también lo quiso. Hubo **miradas** entre ellos que lo decían todo.

   a. ojeadas   *b.* citas   *c.* rumores

5. Hubo ocasiones cuando él entró con un **cubo** de agua a la cocina. Se encontraron solos. Un momento. Nada.

   a. refresco   *b.* cuadro   *c.* receptáculo

6. **La vigilia** de doña Francisquita y el fuerte carácter de don Anselmo siempre estaban entre medio. Nunca pudo pasar nada.

   a. la personalidad   *b.* el constante observar
   c. la edad

7. Un señorito salido de la universidad viene a tomar el lugar que él se ganó con sacrificio. Viene a quitarle la mujer que él **se merece**, y que le quiere como él la quiere a ella.

   a. busca   *b.* se imagina   *c.* tiene derecho a tener

8. Este procedimiento era mucho más práctico y más económico. Los ganaderos ganaban más si vendían directamente. De otra manera el comprador se llevaba **la ganancia.**

   a. el beneficio   *b.* la información   *c.* la carne

Conozcamos al autor

Sabine R. Ulibarrí es uno de los escritores chicanos más distinguidos de EE.UU. Nació en 1919 en Tierra Amarilla, un pueblito localizado entre las montañas del norte de Nuevo México. Muchos de sus cuentos, escritos originalmente en español, están inspirados en las leyendas y las tradiciones familiares; tienen el sabor de la herencia hispana establecida en el suroeste de EE.UU. por más de tres siglos. Sus principales obras son: *Tierra Amarilla: Stories of New Mexico/Cuentos de Nuevo México* (1971), *Mi abuela fumaba puros/My Grandma Smoked Cigars* (1977), *Primeros encuentros/First Encounters* (1982) y *Governor Glu Glu and Other Stories* (1988).

"Adolfo Miller" es la historia de un joven angloamericano que logra ser aceptado como miembro del pueblo de Tierra Amarilla, en el norte de Nuevo México.

Tierra Amarilla, Nuevo México

Adolfo Miller

por Sabine R. Ulibarrí

Don Anselmo y doña Francisquita tuvieron sólo una hija. La hija se llamaba Francisquita también. A su *debido* tiempo y por debidas razones esa hija se casó con mi tío Víctor. A través de este *parentesco* conozco la historia que voy a contar.

apropiado
relación familiar

En la vida *apacible* de Tierra Amarilla apareció un día un rubio gringuito *mostrenco*. Nadie sabía de dónde venía, si tenía familia o qué quería. Lo único que se supo es que allí estaba. Dijo que se llamaba Adolfo Miller.

tranquila
persona que no tiene donde
  vivir

Dormía quién sabe dónde, comía quién sabe qué. Su ropa era vieja y rota. El pobre no tenía en qué ni dónde caer muerto.

El chico era *listo*. Era amable. Tenía una sonrisa que deshacía los corazones. Poco a poco se fue ganando las simpatías de todos. Hablaba español *macarrón*. Dondequiera que iba dejaba risas y sonrisas. Él se reía más que nadie.

inteligente

no bien hablado

Se acercó a la tienda de don Anselmo a pedir trabajo. Don Anselmo lo empleó. Le dio pequeñas tareas: barrer el piso, alzar cosas, *hacer entregas*. Adolfo echó cuerpo y alma a su trabajo. Pronto se ganó la buena voluntad y la confianza de don Anselmo.

llevar compras a los
  compradores

*Adolfo en la tienda de
don Anselmo*

Después de poco tiempo se lo llevó a casa y le dio más *quehaceres;*   responsabilidades
asistir los animales, ordeñar las vacas, limpiar las caballerizas. Adolfo
ahora se pasaba el tiempo correteando entre la tienda y la casa. Se le
arregló un dormitorio bien cómodo en la caballeriza. Comía con la
familia.

Entretanto Adolfo se hacía más hispano cada día. Casi podía decirse
que era más hispano que los hispanos. Ahora hablaba un español
perfecto. Su manera de ser era la nuestra. La gente lo tomaba ya como
hijo de don Anselmo.

Adolfo era guapo.
Francisquita era linda. Pudo
haber nacido entre los dos
algo. Él lo quiso. Ella también
lo quiso. Hubo miradas entre
ellos que lo decían todo.
Hubo instancias en que él le
guiñó el ojo y ella le   cerró un ojo
correspondió. Hubo
ocasiones cuando él entró
con un cubo de agua a la
cocina. Se encontraron solos.
Un momento. Nada. La vigilia
de doña Francisquita y el
recio carácter de don   fuerte
Anselmo siempre estaban
entre medio. Nunca pudo
pasar nada. Los nietos de don
Anselmo pudieron haber sido
Millers pero no fue así.

Francisquita y Adolfo

Adolfo ahora se ocupaba
de los más serios problemas de don Anselmo. Él se encargaba de ir a
Chama todos los días a hacer depósitos en el banco. Administraba el
rancho en la Ensenada. *Apartaba el ganado* para vender. Contrataba y   Separaba vacas de los
despedía peones para la casa y para el rancho. Don Anselmo tenía el   novillos
hijo que siempre había querido. Adolfo quizás había encontrado el
padre que había perdido.

Pero Adolfo tenía otras facetas. Era el macho más *pendenciero,* el   peleador
más *atrevido,* en los bailes los sábados por la noche. En muchas   audaz
ocasiones don Anselmo tuvo que ir a sacar a Adolfo de la cárcel. No
creo que esto molestara al viejo. Creo que *acaso* Adolfo estaba   probablemente
haciendo lo que el viejo quiso hacer y nunca hizo. Parecía que don
Anselmo se sentía orgulloso de su protegido.

Víctor y Frances

Así andaban las cosas cuando volvió mi tío Víctor de la universidad. Vino elegante, culto y arrogante. En las reuniones sociales pronto se dio cuenta de Francisquita. Era ella la más bella, la más atractiva en todo sentido, de todo de ese valle. Se quisieron, se enamoraron, se casaron. Mi tío Víctor le cambió el nombre a Frances.

Las cosas cambiaron. Don Anselmo le pasó al nuevo *yerno* la administración de sus negocios. El yerno era orgulloso, *galán* y acaso vanidoso. Adolfo, por fuerza, tuvo que pasar a segundo lugar.

esposo de su hija
hombre bien parecido

Adolfo ya no tenía quince años. Se había acostumbrado a ser el hijo *predilecto,* casi el dueño, casi el señor. Ahora de pronto valía menos. Un señorito salido de la universidad viene con las manos limpias a tomar el lugar que él se ganó con sacrificio y dedicación. Viene a quitarle la mujer que él se merece, y que le quiere como él la quiere a ella.

favorito

Adolfo *se aguantó*. Se calló. No dijo nada. Siguió las instrucciones que su nuevo jefe le dio. Sereno, callado y serio seguía haciendo sus quehaceres como antes. Excepto que ya no era el mismo. La sonrisa, la risa, la amabilidad desaparecieron. Las peleas y las borracheras los sábados por la noche también desaparecieron. Adolfo era Adolfo, pero ya no era el mismo. Allí detrás del *ombligo* llevaba un hondo y violento resentimiento.

toleró

cicatriz que está en el medio del vientre

La embarcadura de ganado

LECCIÓN 1:   LOS CHICANOS

Por muchos años don Anselmo se había encargado de la venta de *becerros* de toda la familia. En muchos casos se aceptaban becerros de amigos de la familia. Se llevaba el ganado a Chama, se alquilaban el número indicado de carros de ferrocarril, con arreglos para *pastura* en determinadas paradas del tren. Cuando la *embarcadura* llegaba a Denver se vendía el ganado a *subasta*. Este procedimiento era mucho más práctico y más económico. Los ganaderos ganaban más si vendían directamente. De otra manera el comprador se llevaba la ganancia.

Ya por varios años Adolfo había hecho este viaje y esta aventura. De pronto, Víctor es el encargado. Adolfo es el asistente.

Víctor y Adolfo en el hotel

Llegan a Denver. Venden el ganado. Serían mil cabezas. Se van al Brown Palace, el hotel más elegante de Denver. Allí están. Víctor, el nuevo dueño. El nuevo esposo. Adolfo, el viejo jefe. El nuevo soltero. El trabajo ha sido pesado. Están cansados.

Víctor dice, "Voy a darme un baño". Adolfo dice, "Voy por cigarrillos y una botella de whiskey". Víctor se baña. Adolfo se va. Se va para siempre. Y nunca vuelve. Y se lleva los $30.000.

Ya todos los participantes de este drama han muerto. Pero todo el mundo se acuerda. Don Anselmo tuvo que pagar de su propia cuenta la parte que le tocaba a cada quien. Adolfo Miller desapareció para siempre. ¿Quién puede saber el por qué de todo esto? Uno se pregunta, ¿Por qué lo hizo? ¿Es que don Adolfo se tragó su propia saliva cuando Víctor le quitó a Francisquita, y le cambió el nombre a Frances? Nadie sabía cuánto le pagaba don Anselmo a Adolfo. Quizás no mucho. ¿Y es que don Adolfo estaba cobrando lo que honradamente se le debía? ¿Es que era un gringo fregado y aprovechado que esperó y buscó su oportunidad? ¿Es que fueron unos nuevomexicanos fregados que supieron aprovecharse de un noble, gentil y hermoso gringo? ¿O es que, como dijeron muchos, que uno cría cuervos para que le saquen los ojos?

Yo no sé, pero me pregunto. Me supongo que mi tía Francisquita recordó y lloró en silencio un gran amor que pudo ser y nunca fue. Creo también que don Anselmo recordó siempre el hijo que nunca tuvo, y un día perdió para siempre. No tengo la menor idea qué pensó o qué creyó mi tío Víctor. Él no dijo nada nunca.

"Adolfo Miller" de **Primeros encuentros/First Encounters,** **Bilingual Press**

toros de menos de un año

hierba que come el ganado
carga
venta pública

■ ¿Comprendiste la lectura?

A. ¿Sí o no? ¿Estás de acuerdo o no con los siguientes comentarios? Si no lo estás, explica por qué no.

1. Aunque Sabine R. Ulibarrí es un autor chicano, todos sus cuentos tienen lugar en una región inventada de España.
2. Adolfo era en realidad un hispano que había adoptado el apellido anglosajón de *Miller* para no pasar la discriminación que sufrían los hispanos en esa época.
3. Francisquita era el nombre tanto de la esposa como el de la hija de Don Anselmo.
4. Aunque vivían en la misma casa, Adolfo y Francisquita nunca se llevaron bien. Se puede decir que se odiaban.
5. Cuando Víctor se hizo cargo de la administración de los negocios de don Anselmo, Adolfo siguió haciendo sus quehaceres, pero ya no era el mismo.
6. Al final Víctor y Adolfo se hicieron muy amigos y nunca tuvieron problemas.

B. Hablemos de la lectura. Contesten estas preguntas en grupos de tres o cuatro.

1. ¿Por qué el cuento se titula "Adolfo Miller"? ¿Qué título le darías tú? ¿Por qué?
2. ¿Quiénes son los seis personajes que aparecen en el cuento? ¿Qué relación existía entre ellos?
3. ¿Cuáles eran las cualidades de Adolfo Miller? ¿Cuáles eran sus defectos?
4. ¿Quién era Víctor?
5. ¿Cómo cambió la vida de Adolfo con la llegada de Víctor?
6. ¿Adónde van Adolfo y Víctor y con qué propósito?
7. ¿Qué hace Adolfo después de vender los animales?
8. ¿Cómo se explica la acción que tomó Adolfo al final del cuento? ¿Por qué crees que hizo eso?
9. ¿Cómo reaccionaron don Anselmo y Víctor? Explica esa reacción.
10. ¿Qué es lo que más te gustó del cuento? Explica.

INTERNET
Más lecturas
www.mcdougallittell.com

Palabras como clave: *cuenta*

Para ampliar el vocabulario. La palabra **cuenta** tiene muchos significados en español. También hay varias expresiones idiomáticas que usan esa palabra, como **darse cuenta** (llegar a saber) y **tener en cuenta** (no olvidar).

Con un(a) compañero(a), contesta las siguientes preguntas.

1. ¿Qué historia **cuenta** Sabine R. Ulibarrí en "Adolfo Miller"?
2. Cuando sales a comer a un restaurante con tu familia, ¿quién paga la **cuenta**?
3. ¿Cómo **se dio cuenta** Víctor de que Adolfo era ladrón?
4. Si quieres una A en esta clase, ¿qué debes **tener en cuenta** todos los días?
5. ¿Cuánto dinero traes en tu cartera? **Cuénta**lo.
6. ¿En qué banco tienes tu **cuenta** de cheques? ¿Tienes mucho dinero en tu **cuenta**?

Dramatizaciones

A. Un drama en dos actos. Primer acto: primeros años.
En grupos de tres o cuatro, dramaticen los primeros años de la vida de Adolfo Miller: cuando llegó a Tierra Amarilla, empezó a trabajar para don Anselmo y conoció a Francisquita.

B. Segundo acto: años de angustia. En grupos de tres o cuatro, dramaticen los últimos años de la vida de Adolfo Miller en Tierra Amarilla: cuando llegó Víctor; cuando supo que Víctor y Francisquita se iban a casar; cómo cambiaron don Anselmo, su esposa y su hija; y cuando decidió Adolfo desaparecer con el dinero.

Tierra Amarilla, Nuevo México

UNIDAD 1

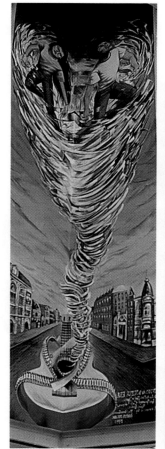

"Canto a los cuatro vientos", mural en la Escuela Secundaria Benito Juárez

Los mexicanos de Chicago

Al final de Siglo XX, 19,6 por ciento de la población de Chicago era de origen hispano. El mayor grupo hispano es de origen mexicano (352.560), seguido por los puertorriqueños (119.866). Se calcula que para el comienzo del Siglo XXI uno de cada cuatro habitantes de Chicago será hispano. La población mexicana se concentra principalmente en las comunidades de Pilsen y La Villita que han crecido de una manera acelerada desde los años 50.

La primera semana de agosto de cada año se celebra la "Fiesta del Sol" en el barrio mexicano de Pilsen. Esta fiesta conmemora los esfuerzos de la comunidad en 1973 que resultaron en la formación de la Escuela Secundaria Benito Juárez. Esta escuela es símbolo de la esperanza que representa la educación para los hispanos que viven en la tercera ciudad más grande de EE.UU.

En 1982, se fundó el *Mexican Fine Arts Center Museum* para promover la apreciación y la producción de arte en la comunidad mexicana de Chicago. Los murales que dan colorido a los barrios mexicanos del área son unas de las contribuciones más importantes de los artistas mexicanos y chicanos de Chicago.

◆ ◆ ◆

Los mexicanos de Chicago. Prepara tres o cuatro preguntas sobre esta lectura. Hazle las preguntas a un(a) compañero(a) y contesta las preguntas que te haga a ti.

"Fiesta del Sol" en el barrio de Pilsen

"La marcha", mural en la Casa Aztlán en Chicago

b.

Cultura en vivo

La comida mexicana en EE.UU.

A. ¿Platillos mexicanos? Identifica las diferentes comidas que aparecen en las siguientes fotos.

a.

c.

___1. burritos

___2. enchiladas

___3. nachos

___4. tamales

___5. fajitas

B. Ingredientes. Describe cada una de las cinco comidas en las fotos y enumera los ingredientes que tienen.

d.

C. ¿De EE.UU.? Tres de las cinco comidas que aparecen en las fotos fueron creadas en EE.UU. por personas de origen mexicano. ¿Cuáles son?

D. Tacos y burritos. ¿Cuál es la mayor diferencia entre un burrito y un taco?

e.

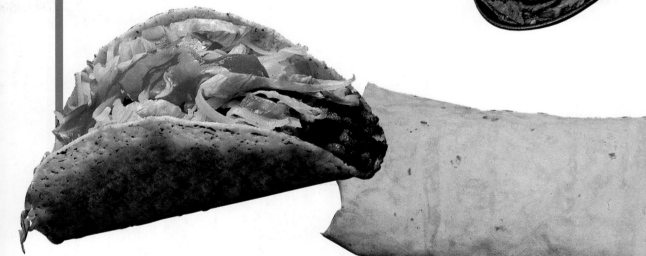

¡Pasa a la cocina, por favor!

A. Salsa y guacamole. Mucha comida mexicana es muy fácil de preparar, como por ejemplo la **_salsa fresca_** y el **_guacamole._** Trabaja con un(a) compañero(a). Hojeen las recetas de estos dos platillos y decidan si los pueden preparar. ¿Cuáles de estos ingredientes ya tienen en casa y cuáles necesitan comprar? ¿Se encuentran todos los ingredientes en los supermercados de su ciudad?

Salsa fresca Se pican cebollas, jitomates y chiles verdes (chiles serranos o jalapeños, de preferencia). Se le añade cilantro, sal y pimienta al gusto y unas gotitas de limón. ¡Qué fácil es! ¿No?

Guacamole Se parte un aguacate y se separa de la semilla. Se pica el aguacate con media cebolla. Se le añade sal, pimienta, un poquito de sal de ajo y unas gotitas de limón, al gusto. ¡Y ya está!

B. Y ahora, ¡los burritos! Si crees que puedes preparar salsa fresca y guacamole, también vas a poder preparar unos exquisitos burritos. Para éstos, sólo hay un ingrediente esencial: las tortillas de harina. Todo lo demás es según tus propios gustos y personalidad. Los ingredientes más comunes para los burritos son:

arroz	carne asada	pollo
chorizo	queso	frijoles refritos
chile verde	chile colorado	frijoles de la olla
jitomates	cebolla	cilantro
lechuga	aguacate o guacamole	salsa fresca

Ahora di cuáles ingredientes usarías en tu burrito. ¿Qué ingredientes no te gustan del todo? Recuerda que los ingredientes de esta lista son sólo los más comunes. También podrías usar tus comidas favoritas, como tofu, salchichas, huevos, carne molida, etc. ¿Qué crees que te gustaría ponerle a tu burrito favorito?

Lección 2

Los puertorriqueños en EE.UU.

Nombres comunes:
*puertorriqueños,
boricuas, nuyoricans*

Concentración:
*Nueva York, Nueva
Jersey, Illinois, Florida
y Massachusetts*

Gente del Mundo 21

Esmeralda Santiago, escritora
puertorriqueña, nació en San Juan en 1948. A
los 13 años vino a Estados Unidos y, en ese
tiempo, sabía poco inglés. Dos años después
de llegar a Brooklyn, Santiago fue aceptada
para ingresar a una escuela secundaria para las
artes. Después de ocho años de estudios en
universidades comunitarias, asistió a Harvard y
sacó su maestría en Sarah Lawrence College.
Santiago es una de las principales autoras
latinas, escribiendo en inglés hoy día. Las
memorias de su juventud en Puerto Rico
aparecen en su libro *Cuando era
puertorriqueña,* publicado en inglés y
español. El trabajo de Santiago como escritora
está reconocido por muchas organizaciones
hispanas. Entre ellas, la revista *Latina,* que la
galardonó como "Latina del año".

Jimmy Smits, actor puertorriqueño, nacido
en Manhattan en 1955, estudió y terminó la
universidad para ser maestro. Sin embargo,
Smits ha mostrado su talento y su capacidad
interpretativa en la televisión y el cine en
*NYPD Blue, L.A. Law, Old Gringo, My
Family/Mi Familia* y *Running Scared.* Ahora
Smits está explorando otra faceta del trabajo: la
producción. El orgullo que tiene de sus
orígenes le ha inspirado a seleccionar temas de
valor cultural para los hispanos para producir
en el futuro.

Marc Anthony, cantante puertorriqueño nacido en Nueva York en 1968, es el primer cantante que ha llenado dos veces el Madison Square Garden. También ha protagonizado un musical en Broadway y ha actuado en varias películas. La mayoría de sus álbumes son en español, pero su primer álbum en inglés, "Marc Anthony", le ha abierto las puertas al público de habla inglesa en Estados Unidos y en otras partes del mundo.

Rosie Pérez, actriz de origen puertorriqueño, nació y se crió en el barrio puertorriqueño de Bushwick en Brooklyn, Nueva York en 1963. Proviene de una numerosa familia de once hermanos de limitados recursos. Se inició en el cine haciendo el papel de novia del director afroamericano Spike Lee en su película *Do the Right Thing*. Se hizo famosa con la película *White Men Can't Jump* y desde entonces su carrera artística se ha acelerado. Rosie Pérez es una mujer muy dedicada a su profesión. Es coreógrafa de varios grupos femeninos y de cantantes profesionales. Su película, *Fearless*, ha demostrado que es una reluciente estrella de Hollywood. En 1994 la nominaron para un premio "Óscar" por su actuación en esta película.

Personalidades del *Mundo 21*. Selecciona a dos de estos personajes y prepara tres oraciones en primera persona que crees que dirían al hablar de sí mismos. Léele tus oraciones a un(a) compañero(a) para ver si puede adivinar a quién describes y luego trata tú de adivinar los personajes seleccionados por tu compañero(a).

MODELO   *Tú:* **Yo aspiro producir programas de valor cultural para los hispanos.**
         Compañero(a): Jimmy Smits.

DEL PASADO
al presente

LOS PUERTORRIQUEÑOS EN EE.UU.: BORINQUEN CONTINENTAL

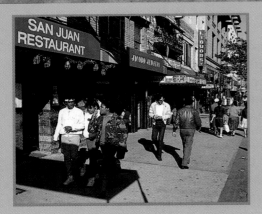

El Barrio en Nueva York

Las comunidades puertorriqueñas dan un sabor y colorido muy especial a varias de las grandes ciudades de EE.UU. Desde la Segunda Guerra Mundial, más de dos millones de puertorriqueños han emigrado de la isla a EE.UU. en busca de una vida mejor. En la ciudad de Nueva York residen más puertorriqueños que en San Juan, la capital de Puerto Rico.

EL BARRIO DE NUEVA YORK

El Este de Harlem, un distrito de la ciudad de Nueva York, se conoce como El Barrio o "Spanish Harlem" y es, en su mayor parte, una vibrante comunidad puertorriqueña. Por toda la comunidad se ven bodegas (tiendas de comestibles), botánicas (tiendas de hierbas curativas y otras medicinas), restaurantes y cafés. En las calles se venden las frutas tropicales que forman parte de la dieta puertorriqueña. Entre los altos edificios de apartamentos se oye salsa, esa música latina que combina elementos africanos y

La Marqueta, Avenida Park

españoles y que hace bailar hasta a los que esperan el autobús en las esquinas.

Nueva York es una ciudad cada vez más latina. Más de una docena de periódicos, dos canales de televisión y numerosas estaciones de radio existen en lengua española. Además, por todas partes se escucha gente hablando en español. La comunidad hispana más grande de Nueva York la forman los puertorriqueños.

CIUDADANOS ESTADOUNIDENSES

A diferencia de otros grupos hispanos, los puertorriqueños son ciudadanos estadounidenses y pueden entrar y salir de EE.UU. sin pasaporte o visa. En 1898, como resultado de la guerra entre EE.UU. y España, la isla de Puerto Rico pasó a ser territorio estadounidense. En 1917 los puertorriqueños recibieron la ciudadanía estadounidense. Desde entonces, gozan de todos los derechos que tienen los ciudadanos estadounidenses, excepto que los puertorriqueños que viven en la isla no pueden votar en las elecciones presidenciales, pero tampoco pagan impuestos federales.

Los puertorriqueños pueden ser reclutados para servir en el ejército estadounidense. Miles de puertorriqueños han servido en las fuerzas armadas de EE.UU. como reclutas o voluntarios. Por ejemplo, durante el conflicto de Corea, el Regimiento de Infantería 65, compuesto de puertorriqueños, participó en nueve campañas durante tres años. Sus miembros recibieron cuatro Cruces de Servicio

El Regimiento de Infantería 65

Distinguido y ciento veinticuatro Estrellas de Plata. Éste fue uno de los regimientos más condecorados.

UNA POBLACIÓN JOVEN

Los puertorriqueños en EE.UU. forman una de las poblaciones más jóvenes de todos los grupos étnicos. Esto constituye un gran desafío a las instituciones educativas estadounidenses. Aunque cada vez más estudiantes puertorriqueños ingresan a las universidades de EE.UU., todavía existe una gran necesidad de profesionales bilingües en la comunidad puertorriqueña.

Rita Moreno en West Side Story

La problemática que enfrentan los jóvenes puertorriqueños en adaptarse a la vida de los barrios de EE.UU. fue llevada con mucho éxito primero a un escenario teatral de Broadway. Después fue adaptada al cine con el título *West Side Story,* la cual ganó varios premios "Óscar", entre ellos el de la mejor película de 1961. La actuación en esta película de la actriz puertorriqueña Rita Moreno, la hizo merecedora de un premio "Óscar". Por supuesto, muchos de los estereotipos que allí se presentan ya han sido superados.

LA SITUACIÓN ACTUAL

En las últimas dos décadas ha habido un cambio en la emigración puertorriqueña a EE.UU. Desde 1980, un importante número de abogados, médicos, profesores universitarios, gente de negocios e investigadores científicos se han instalado en EE.UU. La necesidad de profesionales bilingües ofrece oportunidades para los puertorriqueños que vienen a este país.

La situación de los boricuas en EE.UU. ha mejorado en los últimos treinta años. Los programas bilingües que toman en cuenta la lengua y la cultura de los puertorriqueños se han multiplicado y han traído esperanzas de un futuro mejor.

Teatro Rodante Puertorriqueño

También se han creado centros artísticos y culturales, como el Museo del Barrio, inaugurado en 1969, o el actual Teatro Rodante Puertorriqueño que mantiene viva la herencia cultural boricua que proviene de los taínos, los africanos y los españoles.

Tito Puente (1923–2000)

Los avances de la comunidad puertorriqueña en EE.UU. son significativos. La elección en 1992 de la congresista Nydia Velázquez ha demostrado la voluntad política de la comunidad puertorriqueña de

Nydia Velázquez

Nueva York. El éxito alcanzado por puertorriqueños ilustres como el cantante Marc Anthony, el percusionista Tito Puente, la actriz Rita Moreno, el actor Jimmy Smits, la bailarina Chita Rivera y el escritor Piri Thomas han enriquecido la vida cultural de EE.UU.

■ *¡A ver si comprendiste!*

¿Quién? ¿Qué? ¿Cuándo? ¿Recuerdas los datos más importantes de la lectura? Para asegurarte, contesta estas preguntas, y luego compara tus respuestas con las de un(a) compañero(a).

1. ¿Cuántos puertorriqueños han emigrado de la isla a EE.UU. desde la Segunda Guerra Mundial? ¿Por qué crees que han emigrado tantos?
2. ¿En qué ciudad de EE.UU. residen más puertorriqueños? ¿Cuál es, crees tú, la atracción de esta ciudad?
3. ¿Cómo se llama la música latina muy popular en la comunidad puertorriqueña? ¿Sabes bailarla? ¿Puedes enseñarle a la clase?
4. ¿Por qué los puertorriqueños pueden entrar y salir de EE.UU. sin necesidad de pasaporte? ¿Es necesario para los estadounidenses conseguir pasaporte para viajar a Puerto Rico?
5. ¿Cuándo recibieron los puertorriqueños la ciudadanía estadounidense? ¿Tienen todos los derechos que tienes tú como ciudadano?
6. ¿Cómo se llama la película que trata de la realidad de los jóvenes puertorriqueños en Nueva York y que ganó el premio "Óscar" como la mejor película en 1961? ¿Conoces la trama de esta película? Explícala.
7. ¿Quiénes son algunos puertorriqueños contemporáneos que se han destacado en las artes en EE.UU.?

INTERNET
Prueba interactiva
www.mcdougallittell.com

"Knowledge is Power", mural puertorriqueño

Iván Rodríguez

VEGA BAJA, Puerto Rico —Un incesante "¡tack!... ¡tac!... ¡tick!..." es parte de las noches en Vega Baja, Puerto Rico. Todos en el pueblo saben qué es esa fiesta en redoblante. Se puede preguntar al más niño o al de mayor edad, y siempre responderán lo mismo: "¡Ivancito!"

"Así es cómo inicio todos los años mi trabajo rumbo a los entrenamientos", dijo Iván Rodríguez. Y su papá José comentó: "Todos los días Iván hace entre 200 y 300 *swings*. Ha hecho esta rutina anual y dice que así se siente muy bien".

Bueno, cuando fue elegido El Más Valioso de la Liga Americana, Iván superó en votos a un elitesco grupo. Han habido emocionados comentarios en cuanto al boricua y su actuación. "Ha sido una de las mejores temporadas entre los receptores de toda la historia de las Mayores", dijo un editor de *Baseball Digest*.

"Nada me llena tanto como salir ahí todos los días a jugar", comentó Iván. "Y me parece obvio que en cualquier momento logre lo que no he podido hasta hoy: una sortija de la Serie Mundial."

Entre tanto, Iván Rodríguez sigue amenazando las noches de Vega Baja, con la percusión nocturna del "¡tack!... ¡tac!...", de cuando chocan pelota y bate. Es la labor del mozo rumbo a una nueva temporada de Grandes Ligas en busca de esa anhelada sortija de la Serie Mundial.

Adaptado de un artículo en español de Juan Vene en majorleaguebaseball.com

❖━◈━❖

Iván Rodríguez. Contesta las siguientes preguntas.
1. ¿Cómo practica Iván?
2. ¿Dónde practica?
3. ¿Cuál es su meta principal?

Y ahora, ¡a leer!

■ *Anticipando la lectura*

A. Los desfiles en EE.UU. En grupos de tres, contesten estas preguntas.

1. ¿Dónde tiene lugar el popular "Desfile de las rosas"? ¿Qué significado tiene que ocurra el primero de enero de cada año?

2. ¿En qué ciudad de EE.UU. se realiza el mayor desfile dedicado a San Patricio, el santo patrón de Irlanda? ¿Por qué se visten de verde muchas personas ese día? ¿Qué significa este día para los irlandeses y sus descendientes?

3. En muchos barrios chinos de EE.UU. se celebra el año nuevo chino con un desfile. ¿Corresponde este día al primero de enero del calendario occidental? ¿Conoces los doce diferentes animales en que se dividen los años según la tradición china? ¿Cuál es el animal que simboliza el año en que estamos?

4. ¿Qué evento, organizado por la tienda "Macy's", tiene lugar el "Día de Acción de Gracias" en la Quinta Avenida de Nueva York?

5. ¿Qué otros desfiles importantes de EE.UU. puedes mencionar? ¿Dónde y cuándo tienen lugar? ¿Qué celebran?

6. ¿Has participado en algún desfile en tu comunidad? ¿Cuál fue el motivo del desfile? ¿Quiénes participaron?

El Desfile Anual Puertorriqueño de Nueva York

B. Vocabulario en contexto. Decide cuál es el significado de las palabras en negrilla a base del contexto de la oración o de otras estrategias que has aprendido para llegar al significado de palabras desconocidas.

1. Banderas, grupos musicales, alegría . . . todo, absolutamente todo, **está a punto de** empezar con gran fuerza en la Quinta Avenida en el Desfile Puertorriqueño.

    a. está listo para   *b.* está hecho para
         c. está detenido para

2. El desfile será dedicado a los hombres y mujeres de las fuerzas armadas de este país, de origen puertorriqueño, quienes sirvieron otra **jornada** heroica durante la pasada guerra del Golfo Pérsico.

    a. viaje   *b.* despedida   *c.* expedición militar

3. En la conferencia de **prensa** celebrada a las diez de la mañana en el Salón Madison del Hotel New York Hilton, el señor Mirabal dijo: "Los puertorriqueños nos sentimos orgullosos de ser americanos y compartimos el orgullo de la nación . . . "

    a. policías   *b.* periodistas   *c.* profesores

4. El artista, un puertorriqueño nacido en Nueva York, **se crió** en el barrio hispano de Harlem donde hizo sus estudios en la escuela pública local.

    a. visitó   *b.* vivió durante su niñez   *c.* se casó

5. "El Rey de la Salsa" ganó recientemente un premio "Grammy" por sus **grabaciones** de música tropical.

    a. discos y cassettes   *b.* canciones   *c.* películas

6. El Gran Oficial Superior por Puerto Rico será el señor Héctor Ledesma, **banquero** y conocido activista cívico.

    a. persona que construye barcos
    b. dueño de muchos barcos
    c. empleado o dueño de un banco

7. Su carrera se ha extendido por treinta años en el **campo radial** y recientemente fue proclamado como "el Rey de los locutores" por sus colegas.

    a. circuito político   *b.* la radio
         c. entre los campesinos

8. La comunidad también se prepara para participar, **colocando** la bandera puertorriqueña en sus casas, edificios, comercios, vehículos, y con letreros que digan: ¡Que viva Puerto Rico!

    a. poniendo   *b.* pintando   *c.* saludando

Conozcamos el Desfile

El Desfile Anual Puertorriqueño, desde que se inició en 1957, ha pasado a ser uno de los eventos culturales hispanos más importantes de EE.UU. El desfile tiene lugar cada verano en la Quinta Avenida de Nueva York. Más de un millón de personas se reúnen para celebrar la herencia cultural de los puertorriqueños, el mayor grupo hispano de Nueva York. Uno de los desfiles más vistosos fue el de 1991, cuando la comunidad celebró el regreso de miles de soldados puertorriqueños después del conflicto del Golfo Pérsico de ese año.

LECTURA

Todo listo para
el Desfile Puertorriqueño
de Nueva York

Banderas, grupos musicales, *comparsas*, alegría . . . todo, absolutamente todo, está a punto de *desplegar* con gran fuerza en la Quinta Avenida en el *magno* Desfile Puertorriqueño.

otros grupos
comenzar
magnífico

Dedicado a los soldados
puertorriqueños

Manuel Mirabal, presidente del Desfile Puertorriqueño de Nueva York, anunció ayer que este año (1991) el *trigésimocuarto* Desfile Puertorriqueño será dedicado a los hombres y mujeres de la fuerzas armadas de este país, de origen puertorriqueño, quienes cumplieron otra *jornada* heroica durante la pasada guerra del Golfo Pérsico.

número treinta y cuatro

expedición militar

En la conferencia de prensa celebrada a las 10 de la mañana en el Salón Madison del Hotel New York Hilton, el señor Mirabal dijo: "Los puertorriqueños nos sentimos orgullosos de ser americanos y compartimos el orgullo de la nación entera por la bravía de los hombres y mujeres que han servido en defensa de este

país y de nuestra libertad. Queremos pagarles con un tributo especial a los hombres y mujeres puertorriqueños que han servido valientemente y han dado sus vidas por este país comenzando desde la Primera Guerra Mundial".

En tres canales de televisión

Por primera vez en la historia del Desfile Puertorriqueño de Nueva York, una *emisora* de habla inglesa, WPIX, Canal 11, ha sido contratada para televisar lo que muchas personas consideran como el evento cultural anual más grande de los hispanos en los Estados Unidos. Los canales 41 y 47 van a cubrir el desfile en programas especiales, en vivo y *diferidos*. Emisoras de radio transmitirán para Nueva York y estados vecinos y para Puerto Rico.

La policía ha calculado que este año más de un millón de personas participarán tanto como espectadores como en el desfile en sí, marchando a todo lo largo y ancho de la Quinta Avenida el domingo 9 de junio. Este desfile es el evento con que culmina "la Semana Puertorriqueña de Nueva York" que será proclamada el lunes 3 de junio, en el City Hall, por el alcalde David Dinkins.

Personalidades que encabezarán el desfile

Este año el Gran *Mariscal* por Nueva York será el percusionista Tito Puente. El artista, un puertorriqueño nacido en Nueva York, se crió en el barrio hispano de Harlem donde hizo sus estudios en la escuela pública local. Conocido como "el Rey de la Salsa", recientemente ganó un premio "Grammy" por sus grabaciones de música tropical. El Gran Mariscal por Puerto Rico será el señor Héctor Ledesma, banquero y conocido activista cívico. Como

estación

presentados más tarde

título militar

tradición de Puerto Rico y el desfile, habrá "Padrinos" *y* "Madrinas" al frente en la marcha a todo lo largo de la Quinta Avenida.

Los padrinos incluyen a Polito Vega, de Nueva York, y Walter Mercado, de Puerto Rico. Polito es el locutor de música latina más popular de Nueva York. Su carrera se ha extendido por treinta años en el campo radial y recientemente fue proclamado como "el Rey de los locutores" por sus colegas. Walter Mercado es el director de un programa de televisión que se transmite nacionalmente y en Puerto Rico. Es además director de un programa de radio a nivel nacional y un columnista sindicado.

Las Madrinas son las cantantes Lisa-Lisa, de Nueva York, y Lourdes Robles, de Puerto Rico. Los Embajadores de Buena Voluntad son el actor de cine Raúl Julia y el director de orquesta Willie Colón.

La comunidad también se prepara para participar este domingo 9 de junio, desde las doce del mediodía, en el Desfile Puertorriqueño de Nueva York, colocando la bandera puertorriqueña en sus casas, edificios, comercios, vehículos, y con letreros que *vibran*: ¡Que viva Puerto Rico!

Adaptado de La Prensa *(Nueva York), jueves 30 de mayo de 1991*

dicen con emoción

Willie Colón

■ ¿Comprendiste la lectura?

A. **¿Sí o no?** Con un(a) compañero(a), decide si estás de acuerdo o no con los siguientes comentarios.

1. En 1991 se celebró el primer Desfile Puertorriqueño de Nueva York.
2. El trigésimocuarto Desfile Puertorriqueño de 1991 fue dedicado a los hombres y mujeres de origen puertorriqueño que sirvieron en las fuerzas armadas de EE.UU.
3. Aunque existe mucho interés de parte de muchos televidentes, todavía ningún canal televisivo cubre este gran evento.
4. Ese año, el Gran Mariscal del Desfile por Nueva York fue Tito Puente, quien es un famoso novelista nacido en Puerto Rico.
5. Polito Vega, Padrino del Desfile, fue proclamado "El Rey de los locutores" por sus colegas de Nueva York.
6. En 1991, la policía calculaba que entre participantes y espectadores había cien mil personas en el desfile.

B. **Hablemos de la lectura.** En grupos de tres o cuatro, contesten estas preguntas.

1. ¿Por qué piensas que para muchas personas el Desfile Puertorriqueño es el evento cultural anual más grande de los hispanos en EE.UU.?
2. ¿Por qué crees que este evento tiene lugar en la ciudad de Nueva York? ¿Qué refleja esto sobre la composición étnica de esa ciudad? Explica.
3. ¿Por qué crees que hay un Gran Mariscal del Desfile por Nueva York y otro por Puerto Rico?
4. ¿Qué personas famosas en el mundo artístico participaron en el desfile? ¿Por qué crees que tienen un papel tan importante?

Ventana
al Mundo 21

El Museo del Barrio

En la Quinta Avenida de la ciudad de Nueva York se encuentra el Museo del Barrio, institución que refleja y conserva la herencia cultural de la comunidad caribeña del noreste de EE.UU. Desde su fundación en 1969, este museo ha presentado la obra de numerosos artistas caribeños y ha beneficiado la cultura caribeña y latina en general. Cada año el museo participa en las tradiciones hispanas como el Desfile de los Reyes Magos, el Festival de Bomba y Plena (festival de poesía y música) y el Desfile Anual Puertorriqueño. La colección permanente del museo de más de 10.000 objetos incluye pinturas, esculturas, dibujos, grabados y fotografías de artistas caribeños y otros latinoamericanos contemporáneos. También incluye colecciones de arte precolombino y tradicional. El museo además tiene un espacioso teatro con capacidad para 650 personas.

Entre los muchos proyectos que ha organizado el museo está "La diáspora puertorriqueña", exhibición de fotografías de Frank Espada. Este famoso fotógrafo documenta la vida diaria de diversas comunidades puertorriqueñas por todo EE.UU., tanto en el continente como en las islas de Hawai. Así en sus veinticinco años de existencia, el Museo del Barrio se ha convertido en parte integral de la vida cultural de Nueva York y ha llevado la cultura del barrio más allá de "El Barrio".

.

El Museo del Barrio. Busca las respuestas a las siguientes preguntas con un(a) compañero(a).
1. ¿Dónde está situado el Museo del Barrio?
2. ¿Qué propósito tiene el museo?
3. ¿Cómo es la colección permanente del museo?
4. ¿Quién es Frank Espada?
5. ¿Qué se presentó en la exhibición titulada "La diáspora puertorriqueña"?

Palabras como clave:
comenzar

Para ampliar el vocabulario. El verbo **comenzar** tiene varios sinónimos en español, o sea, palabras que tienen el mismo significado. Por ejemplo, **empezar** y **principiar** son sinónimos de **comenzar.** Sustituye la forma conjugada del verbo **comenzar** usando algunos de estos verbos en las siguientes oraciones.

1. El Desfile Puertorriqueño **comienza** a las once de la mañana.
2. Muchos hombres y mujeres puertorriqueños han servido valientemente en el ejército **comenzando** desde la Primera Guerra Mundial.
3. Esta tradición de Nueva York **comenzó** en 1957.

Dramatizaciones

A. Nuevos vecinos. En grupos de tres o cuatro, dramaticen los consejos de un(a) puertorriqueño(a) que ha vivido en EE.UU. por diez años a una familia puertorriqueña recién llegada a Nueva York. Mencionen las dudas y las preocupaciones de la familia y los buenos consejos y las advertencias del amigo.

B. ¡Desfile! Tú y tres o cuatro amigos forman el comité de su escuela que va a organizar un gran desfile por el centro de la ciudad. Dramaticen su primera reunión. Mencionen el propósito del desfile, quiénes van a participar, quiénes serán los invitados de honor y quién servirá de Gran Mariscal y por qué.

Vocabulario personal

Personaje pintoresco. En los desfiles, o en cualquier reunión de multitudes, siempre hay unos cuantos personajes pintorescos: un artista, un político fanático, un amigo extrovertido, etc. Piensa ahora en algún personaje pintoresco que tú conoces o que has visto alguna vez en el centro o en la televisión, y selecciona vocabulario que te pueda ser útil al describirlo en uno o dos párrafos.

Empieza por preparar tres listas de seis a ocho palabras que usarías para describir a tu personaje pintoresco: 1) la apariencia física, 2) la personalidad y 3) otras palabras descriptivas que crees que te puedan ser útiles. Tal vez debas hojear el cuento "Adolfo Miller" y la lectura sobre el Desfile Anual Puertorriqueño para encontrar algunos adjetivos interesantes.

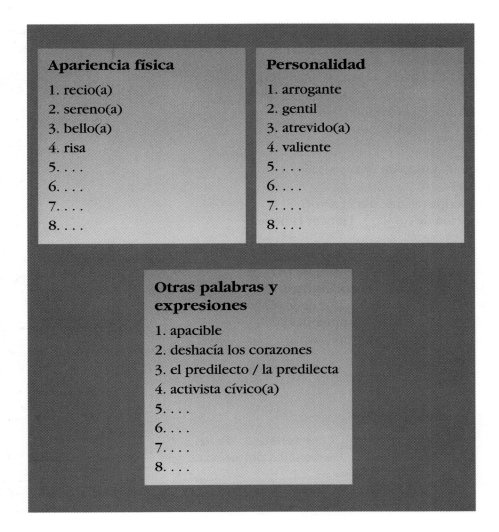

Apariencia física

1. recio(a)
2. sereno(a)
3. bello(a)
4. risa
5. . . .
6. . . .
7. . . .
8. . . .

Personalidad

1. arrogante
2. gentil
3. atrevido(a)
4. valiente
5. . . .
6. . . .
7. . . .
8. . . .

Otras palabras y expresiones

1. apacible
2. deshacía los corazones
3. el predilecto / la predilecta
4. activista cívico(a)
5. . . .
6. . . .
7. . . .
8. . . .

Escribamos
ahora

A. A generar ideas: la descripción

La descripción hace visible a una persona, un objeto o una idea. Ya que cada persona percibe la realidad de distinto modo, cada descripción es diferente. Por ejemplo, probablemente la descripción que tú hagas de tu mamá resultará diferente a aquélla hecha por tu tía o por su médico.

1. **Punto de vista.** Lee ahora la siguiente descripción de Adolfo Miller. Luego, con un(a) compañero(a) de clase, contesta las preguntas que siguen.

   Sereno, callado y serio seguía haciendo sus quehaceres como antes. Excepto que ya no era el mismo. La sonrisa, la risa, la amabilidad desaparecieron. Las peleas y las borracheras los sábados por la noche también desaparecieron. Adolfo era Adolfo, pero ya no era el mismo. Allí detrás del ombligo llevaba un hondo y violento resentimiento.

   a. ¿Quién es el narrador? ¿De qué punto de vista se está describiendo a Adolfo Miller?
   b. ¿Cuáles son las palabras descriptivas que usa el autor?
   c. ¿Cómo cambiaría la descripción de Adolfo si Frances la hiciera? ¿si Víctor la hiciera?

2. **Personajes pintorescos.** Dentro de cualquier familia hay todo tipo de personajes pintorescos. Trabajando en grupos de tres, vean cuántos tipos pintorescos más podrán añadir al primer diagrama araña. Luego identifiquen más características apropiadas.

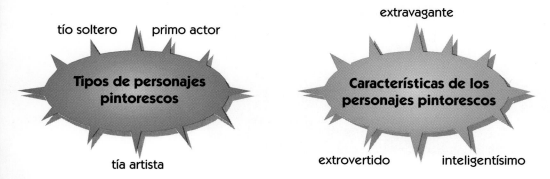

tío soltero   primo actor

Tipos de personajes pintorescos

tía artista

extravagante

Características de los personajes pintorescos

extrovertido   inteligentísimo

3. **Recoger y organizar información.** Piensa ahora en un personaje pintoresco dentro de tu familia o de tus amistades y pon su nombre en el centro de un círculo. Luego, en un diagrama araña, escribe varias características físicas y de su personalidad y anota varios incidentes interesantes que relacionas con este personaje. Luego haz un segundo diagrama araña de la misma persona, pero vista no por tus ojos sino por los de otra persona, quizás su madre, su esposo(a) o su novio(a). Recuerda que sólo estás generando ideas. No hace falta describir los incidentes, basta con anotar unas tres o cuatro palabras que te hagan recordar lo que pasó.

B. El primer borrador

Usa la información que recogiste en la sección anterior para escribir unos dos párrafos sobre tu pariente o amigo(a) pintoresco(a). Escribe unos diez minutos sobre el tema sin preocuparte por los errores. Lo importante es incluir todas las ideas que tú consideras importantes.

Después de escribir unos diez minutos, saca una segunda hoja de papel y escribe una segunda descripción del mismo personaje, pero esta vez desde el punto de vista de su madre o de su padre. Otra vez permítete unos diez minutos para escribir sin preocuparte por los errores.

Lección

3

Los cubanoamericanos

Nombre comunes:
*cubanoamericanos,
cubanos*

Concentración:
*Florida, Nueva Jersey y
California*

Gente del Mundo 21

Óscar Hijuelos, cubanoamericano nacido en 1951 en Nueva York, es reconocido por la crítica norteamericana como uno de los mejores escritores de su generación. Escribe sus obras literarias en inglés. Ganó el premio Pulitzer de Ficción en 1990. Entre su obra literaria sobresalen sus novelas *Nuestra casa en el último mundo* (1983) y *Los reyes del mambo tocan canciones de amor* (1989). Esta última novela fue llevada al cine con mucho éxito con el título de *The Mambo Kings*.

Ileana Ros-Lehtinen fue la primera mujer hispana elegida miembro del Congreso de EE.UU. Ha representado un distrito de Florida desde 1989 hasta el año 2000. Dice que realizó esto con mucho entusiasmo y espera que en el futuro más hispanas lleguen al congreso. Ros-Lehtinen es co-presidenta de la Agenda Nacional de Liderazgo Hispano, una coalición no partidista de líderes y organizaciones latinas que coordina esfuerzos en todo el país para alcanzar metas políticas, económicas y sociales.

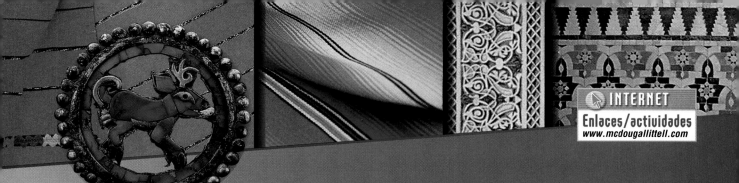

Soledad O'Brien, telelocutora y técnica, nació en 1966 de padre irlandés y madre cubana. De chica, pensaba que iba a ser doctora. Después de asistir a Harvard y Radcliffe, O'Brien empezó su carrera de radio en Boston. Luego trabajó para un canal en la misma ciudad. Ahora es co-presentadora de un noticiero nacional y escribe columnas sobre tecnología para sitios web y revistas. Ha ganado premios que incluyen el "Hispanic Achievement Award" (1997) y el "Emmy".

Andy García, guapo actor cubanoamericano de pelo negro y mirada penetrante, ha mostrado su talento y su capacidad interpretativa en muchas películas, como *Just the Ticket*, *The Godfather, Part III* e *Internal Affairs*. Le ofende la sugerencia de que el no querer ser llamado "actor hispano" significa que se está alejando de sus raíces y afirma: "Mi cultura es la base de mis fuerzas; yo no sería nadie sin mi cultura".

Personalidades del Mundo 21. Completa estas oraciones basándote en lo que acabas de leer.

1. Óscar Hijuelos es reconocido como…
2. Ileana Ros-Lehtinen es la primera hispana elegida al…
3. Andy García cree que su cultura cubanoamericana es…
4. *The Mambo Kings* es…
5. Soledad O'Brien ha trabajado de…

GUARAPO

DEL PASADO al presente

LOS CUBANOAMERICANOS: ÉXITO EN EL EXILIO

De todos los hispanos que viven en EE.UU., los cubanoamericanos son los que han logrado mayor prosperidad económica. El centro de la comunidad cubana en EE.UU. es Miami. En treinta años, los cubanoamericanos transformaron completamente esta ciudad. En gran parte, gracias a su impulso, se puede decir que Miami es hoy la ciudad más rica y moderna del mundo hispanohablante.

Miami, Florida

La Pequeña Habana, Miami

Centro comercial Flamingo en La Pequeña Habana

Negociante cubanoamericano

LOS PRIMEROS REFUGIADOS CUBANOS

El primer grupo de refugiados cubanos empezó a llegar a Miami en 1960. Optaron por el exilio en vez de vivir bajo el régimen comunista de Fidel Castro, quien controla la isla desde 1959. La mayoría eran profesionales de clase media y muchos de ellos ya sabían inglés. Aunque al principio habían apoyado la revolución de Fidel Castro, decidieron emigrar a EE.UU. cuando éste empezó a quitarles sus propiedades al imponer un sistema comunista.

Desde un principio, la actitud del gobierno de EE.UU. fue facilitar la adaptación de estos refugiados cubanos a la vida norteamericana. Por ejemplo, el gobierno estadounidense estableció un Centro de Emergencia para Refugiados Cubanos en Miami que le dio ayuda al 77 por ciento de los que llegaron de Cuba entre 1960 y 1963. Además de vivienda temporal, este centro les proporcionaba a los refugiados ayuda e incentivos para establecerse y encontrar trabajo en varias regiones de EE.UU.

MUCHAS FUENTES DE TRABAJO

En relativamente poco tiempo, muchos refugiados cubanos establecieron negocios en EE.UU. similares a los que tenían antiguamente en Cuba. Así se crearon muchas fuentes de trabajo para miles de

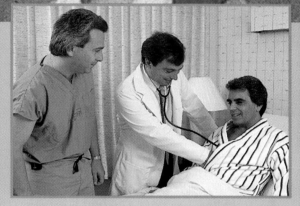

Médicos cubanoamericanos

refugiados cubanos que eran empleados por otros cubanoamericanos.

Ya que habían llegado a Florida más de dos mil cubanos con título de médico, el presidente John F. Kennedy propuso a la Universidad de Miami un programa intensivo para preparar a estos doctores a pasar el examen que todo doctor educado en otro país debe pasar. Más de la mitad de estos doctores cubanos aceptaron esta oportunidad, logrando de esta manera revalidar sus estudios y así comenzar su práctica médica en EE.UU.

Un segundo grupo de refugiados arribó en l965 cuando el presidente Lyndon Johnson llegó a un acuerdo con Fidel Castro para que pudieran salir de la isla los cubanos que tenían familiares en EE.UU. Los recién llegados se incorporaron rápidamente a la comunidad ya existente. Se calcula que entre 1965 y 1973 salieron de Cuba a EE.UU. 260.000 refugiados cubanos.

Los marielitos

Fernando Rodríguez, dueño de una cadena de supermercados

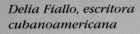

Delia Fiallo, escritora cubanoamericana

LOS MARIELITOS

En 1980 llegaron unas 125.000 personas que, como salieron del puerto cubano de Mariel, son conocidos como los marielitos. A este tercer grupo de inmigrantes cubanos le costó más la adaptación.

Existe una gran diferencia entre los inmigrantes cubanos de los años 60 y 70, que en su mayoría eran de clase media, y los que se embarcaron en Mariel, que en su mayoría eran de las clases menos acomodadas. Pero como resultado del apoyo prestado por los cubanos ya establecidos en los EE.UU., se han ido adaptando lentamente a la vida en este país.

EL ÉXITO CUBANO

El éxito de la comunidad cubana de Miami se explica también por qué esta ciudad ha servido como puerto principal para comercio y las transacciones financieras entre EE.UU. y muchos países latinoamericanos. Muchos industriales de esos países prefieren hacer tratos con banqueros bilingües de Miami en vez de usar instituciones financieras más lejanas de Nueva York.

Ahora muchos de los cubanoamericanos que nacieron en EE.UU. y los que vinieron de pequeños se sienten ante todo ciudadanos de este país, aunque mantienen lazos estrechos con su cultura. Esta unión se vio en 1999 cuando Elián González, un niño cubano, llegó a estar en los Estados Unidos. La discusión sobre su residencia hizo que la opinión de la comunidad cubanoamericana ganara un perfil internacional.

Elián González

■ ¡A ver si comprendiste!

¿Quién? ¿Qué? ¿Cuándo? ¿Recuerdas los datos más importantes de la lectura? Para asegurarte, contesta estas preguntas con un(a) compañero(a).

1. Preparen un diagrama como el siguiente y hagan una comparación de los cubanos refugiados que llegaron a EE.UU. en los años 60 y 70 con los que llegaron en los años 80. Indiquen las semejanzas en el centro del diagrama y las diferencias en los dos extremos.

Los cubanos refugiados en EE.UU.

Años 60 y 70		Años 80
1.	1.	1.
2.	2.	2.
3.	3.	3.
...	...	...

2. ¿Expliquen por qué, de todos los hispanos que viven en EE.UU., los cubanoamericanos son los que han logrado mayor prosperidad económica.

3. ¿Cuál fue la actitud del gobierno federal de EE.UU. hacia los refugiados cubanos? ¿Se ha visto la misma actitud hacia otros grupos de refugiados latinoamericanos? Expliquen su respuesta.

INTERNET
Prueba interactiva
www.mcdougallittell.com

Mural cubano en La Pequeña Habana, Miami

Una publicación para los jóvenes hispanos

Bill Teck dice que no es apropiado describir a los jóvenes hispanos como *"Gen X slackers"*. "Los jóvenes hemos sido agrupados en una sola clase, pero muchos de nosotros somos bastante diferentes de los *Xers*, ni tuvimos la opción de ser como ellos." Por eso, Teck empezó *Generación Ñ*, una revista que se dirige a los jóvenes latinos.

"Es una época emocionante para los latinos. La gente está empezando a reconocernos como una parte importante de la población", dice Teck. "Y creo que serán más de 15 minutos de fama; creo que la atención durará."

Pero el *Latin craze* tiene desventajas, como el pensar que las diferentes culturas latinas son todas iguales. "Ser latino no es una cosa monolítica. Un hombre en San Antonio cuya familia ha estado allí 100 años tiene poco en común con un hombre dominicano que acaba de llegar a Nueva York. Sus culturas son casi completamente distintas."

El poder cultural de todo latino es evidente en el éxito de la revista *Generación Ñ*, la cual empezó con una inversión de $3.000 y en una oficina temporal en el coche de Teck. Ahora la empresa Generación Ñ no es solamente una revista, sino incluye un programa nacional de televisión, una página publicada en el World Wide Web y un diccionario de "spanglish".

Adaptado de un artículo de Alisson Clark en The Gainsville Sun

Bill Teck

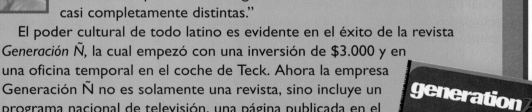

Los jóvenes hispanos. Escribe tres preguntas sobre esta lectura. Luego hazle las preguntas a un(a) compañero(a) y contesta las preguntas que te haga a ti.

Luz, cámara, acción

Antes de empezar el video

En la televisión estadounidense, entre la programación más popular están los programas regulares de Oprah Winfrey, Sally Jessy Raphael, Jerry Springer y Rosie O'Donnell. En grupos de tres o cuatro, contesten estas preguntas para ver por qué son tan populares estos programas.

1. ¿Cuál es el contenido de estos programas? ¿Qué temas tratan? ¿Cómo tratan estos temas?
2. ¿Quiénes son los invitados? ¿Cómo y por qué son seleccionados? ¿Por qué aceptan algunos ser entrevistados si saben que van a ser ridiculizados frente a millones de televidentes?
3. ¿Cuál fue el programa de televisión más emocionante que ustedes han visto? ¿el más controvertido? ¿el más violento? ¿el más divertido?
4. ¿Han visto algún programa de este tipo en español? ¿Cuál? ¿Les gustó? ¿Por qué?

Conozcamos a Cristina Saralegui

Sabe lo que quiere, no teme enfrentarse a la controversia y asegura que su objetivo es uno solo: informar al hispano.

No se puede hablar de *Cristina*, el programa diario que llega a diez millones de televidentes por la cadena Univisión, sin mencionar los temas fuertes y controvertidos. Cristina tiene el único show diario en la televisión hispana con su propio nombre, como lo tienen Oprah Winfrey, Rosie O'Donnell y Sally Jessy Raphael. Al igual que ellos recurre a la inteligencia y a su espontaneidad, así como a su legendaria habilidad para hacer "confesar" al tímido o al agresivo.

Juan Carlos Nagel, crítico temido de televisión hispana para el diario *La Opinión* de Los Ángeles, opina sobre la cubanoamericana Cristina que "ella es la mujer intelectual que habla con la voz del pueblo".

En la pared de un cuarto de su casa tiene, como una adolescente hace con sus ídolos preferidos, enormes afiches de Oprah Winfrey, Helen Gurley Brown y su amiga Gloria Estefan, madrina de su boda con Marcos Ávila. Según Cristina, "todas esas mujeres tienen en común que ganan más de cinco millones de dólares al año; por eso están en la pared". Se rumorea que ella llega al medio millón, pero quiere seguir, conquistar horizontes nuevos como la radio, incluso tal vez algún día hasta el cine.

Adaptado de "Cristina Saralegui", por Diana Montané, en Más.

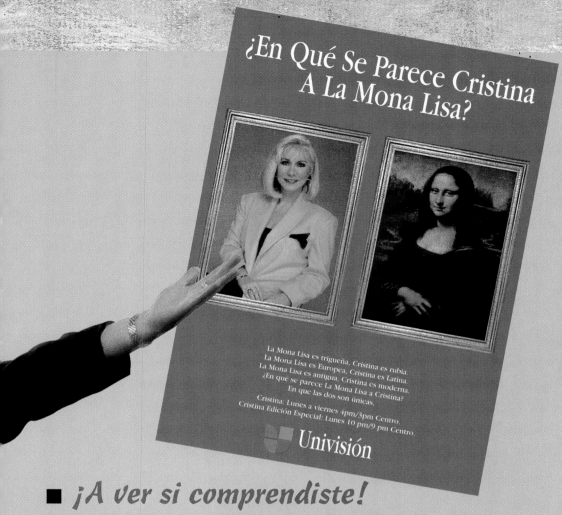

La Mona Lisa es trigueña, Cristina es rubia.
La Mona Lisa es Europea, Cristina es Latina.
La Mona Lisa es antigua, Cristina es moderna.
¿En que se parece La Mona Lisa a Cristina?
En que las dos son únicas.

Cristina: Lunes a viernes 4pm/3pm Centro.
Cristina Edición Especial: Lunes 10 pm/9 pm Centro.

Univisión

■ ¡A ver si comprendiste!

¿Quién? ¿Qué? ¿Cuándo? ¿Recuerdas los datos más importantes de la lectura? Para asegurarte, contesta estas preguntas con un(a) compañero(a).

1. ¿A cuántos hogares hispanos en EE.UU. llega el programa diario de Cristina?
2. ¿Con qué otra personalidad feminina de la televisión estadounidense crees que la comparan a menudo?
3. ¿Qué opina Juan Carlos Nagel sobre Cristina? ¿Es positiva o negativa su opinión?
4. ¿Qué tienen en común las tres mujeres cuyos afiches están en la pared de un cuarto de su casa? ¿Por qué es importante esto para Cristina?
5. ¿Por qué crees que tiene tanto éxito el programa de Cristina en la televisión hispana?
6. ¿Qué papel tiene la televisión hispana en la sociedad y cultura de EE.UU.? ¿en el mantenimiento y expansión del idioma español en EE.UU.?

Y ahora,
¡veámoslo!

En este video van a ver segmentos de varios programas de *Cristina* incluyendo el programa especial cuando este show popular celebraba su tercer aniversario.

El video: Cristina —muchas voces, muchas caras

Edward James Olmos

Manuel Colón

■ *A ver cuánto comprendiste . . .*

A. Dime si entendiste. Después de ver el video, contesta estas preguntas.

1. ¿En qué ciudad de EE.UU. se graba regularmente este programa?
2. ¿Qué tipo de programa dirige Cristina Saralegui? ¿A quiénes invita a su programa?
3. ¿Cómo se identifica el joven poeta Manuel Colón? ¿Cuáles fueron algunas de sus experiencias en EE.UU. y en México?
4. ¿Dónde terminó el programa especial del tercer aniversario del show de Cristina?

B. ¿Y qué dices tú? Contesten estas preguntas en grupos de tres o cuatro. Luego díganle a la clase cómo contestaron cada pregunta.

1. ¿Cuál es el formato general del programa? ¿Por qué Cristina hace preguntas desde el público?
2. Después de escuchar el poema "Autobiografía" del joven poeta chicano, ¿por qué piensas que Cristina dijo que estaba muy orgullosa de hacer ese programa?
3. ¿Crees que Edward James Olmos fue efectivo cuando habló al público?
4. ¿Has visto alguna vez el programa de Cristina? ¿Te pareció que Cristina anima a las personas a superarse? ¿Qué tipo de persona parece ser ella?

PASAPORTE *cultural*

Los hispanos en EE.UU.

Trabajando en grupos de cuatro o seis, divídanse en dos equipos y usen las tarjetas que su profesor(a) les va a dar, "**Los hispanos en EE.UU.**" Hay tres juegos de tarjetas: **Los chicanos, Los puertorriqueños** y **Los cubanoamericanos.** Comiencen con uno de los juegos; cuando se terminen las tarjetas, pasen al juego siguiente. Las tarjetas se ponen en el centro en una pila. No hace falta que estén en ningún orden específico. Una persona del equipo que empieza toma la primera tarjeta y lee la pregunta en voz alta. Cualquier miembro del equipo puede contestar. Si los miembros de su equipo no saben la respuesta, deben leer la pregunta una vez más en voz alta y el otro equipo puede contestar. Si alguien da la respuesta correcta o si nadie responde correctamente, un jugador del otro equipo saca la siguiente tarjeta y se repite el proceso. Cada respuesta correcta vale un punto. Las respuestas aparecen al dorso de cada tarjeta. Al terminar con un juego, deben pasar a otro. ¡A jugar!

Escribamos ahora

Intercambia tus dos descripciones de un(a) pariente o amigo(a) pintoresco(a) con las de dos compañeros. Revisa las descripciones de tus compañeros considerando lo siguiente: ¿Escribe con claridad? ¿Evita transiciones inesperadas de una oración a otra o de un párrafo a otro? ¿Quedan claras las imágenes que pinta de la persona que describe? ¿Da bastantes detalles físicos y de personalidad? ¿Es la descripción adecuada para cada punto de vista que toma?

1. Primero indícales a tus compañeros lo que más te gusta de sus composiciones. Luego, dales tus comentarios y escucha los suyos.
2. Haz una lista de palabras o expresiones que Sabine Ulibarrí usa para describir a a) Adolfo Miller el joven, b) Adolfo Miller el hombre, c) Frances y d) Víctor. Agrega a tus descripciones una de estas expresiones si son apropiadas para los puntos de vista que tú has tomado.

B. Segundo borrador

Corrige tu descripción tomando en cuenta las sugerencias de tus compañeros y las que se te ocurran a ti.

C. A revisar

Trabajando en parejas, ayuden a esta estudiante que escribió la siguiente descripción, pero cometió **seis** errores de concordancia. Subrayen cada verbo y vean si su forma verbal corresponde al sujeto. Luego subrayen cada adjetivo para ver si corresponde al sustantivo que describe. Finalmente, hagan los cambios necesarios.

Mi tía Luisa Acuña es una de las personas más pintoresca que yo conozco. Ella es la hermana menor de mi papá y ha de tener unos cuarenta años. Pero a pesar de su edad, Luisa parece estar pasando constantemente de una aventura a otra. Tal vez sea su pelo rojos o quizás la línea esbelto que tan bien conserva. Esto además de la manera desafiante con la cual pregunta: "¿Y qué hay de nuevo con usted, muchachos?" Es la mujer más alta de la familia y es robusta pero no gordo. Siempre lleva faldas y suéteres muy ajustadas. No cabe duda de que Luisa trata de mantener la moda de los años 70.

D. Segunda revisión

Intercambia tu descripción con la de otro(a) compañero(a) y haz lo siguiente, prestando atención a la concordancia:

1. Subraya cada verbo y asegúrate de que concuerda con el sujeto correspondiente.
2. Subraya cada adjetivo y asegúrate de que su forma concuerda con el sustantivo al que describe.

E. Versión final

Considera las correcciones de concordancia y otras que tus compañeros te han indicado y revisa tus descripciones por última vez. Como tarea, escribe las copias finales en la computadora si empezaste con papel y pluma.

F. Publicación

Léele una de las descripciones que escribiste a un(a) compañero(a) de clase mientras él (ella) dibuja a la persona que describes. Luego tú dibujas mientras tu compañero(a) lee una de sus descripciones. Finalmente, en grupos de cuatro, lean sus descripciones una vez más y decidan cuál dibujo representa mejor la descripción. Léanle esa descripción a la clase y muestren el dibujo.

INTERNET
Taller de escritura
www.mcdougallittell.com

Unidad 2

INTERNET
Presentación
www.mcdougallittell.com

España: puente al futuro

El pequeño pueblo de Sitges en costa al sur de Barcelona

En Segovia, el acueducto romano construido por el emperador Trajano entre los siglos I y II de nuestra era

Vista de la catedral, la ciudad y el Atlántico en Cádiz

Vista del puerto y de la ciudad de Barcelona

La plaza de la Cibeles en la intersección de la Calle de Alcalá y el Paseo del Prado en Madrid

▶ ENFOQUE

España, más que un país, es un continente en miniatura. El terreno montañoso ha ayudado a mantener viva una gran diversidad cultural. España es y siempre ha sido un verdadero mosaico cultural. Por todas partes, se encuentran las raíces de la lengua y cultura hispana transplantadas a otras tierras. En España, el pasado se ha reconciliado con el presente y se proyecta como puente al futuro.

España: los orígenes

Nombre oficial:
Reino de España

Extensión:
*504.782 km²
(kilómetros cuadrados)*

Principales ciudades:
*Madrid (capital),
Barcelona, Valencia,
Sevilla*

Moneda:
*Peseta (Pta.)
Euro (€)*

Gente del Mundo 21

El Cid Campeador (¿1043?-1099), es considerado el prototipo del héroe épico español y protagonista del primer gran poema compuesto en español en el siglo XII, "Cantar de Mío Cid". Descendiente de una antigua familia castellana, su nombre real era Rodrigo Díaz de Vivar y nació en Vivar, Burgos. Se hizo famoso por sus campañas militares contra los musulmanes, aunque en alguna ocasión estuvo al servicio de los reyes moros de Zaragoza. El título de Cid viene del árabe *sayyid* que significa "señor".

Alfonso X el Sabio (1221-1284), rey de Castilla y de León, subió al trono en 1252, y su mayor impacto tuvo lugar en la cultura. Impulsó las traducciones a la lengua castellana de antiguos textos clásicos. Fue autor de la *Crónica General de España* y la *Grande y General Historia*, la primera sobre la historia de España y la segunda sobre la historia universal. Bajo su dirección se recopilaron las leyes de Castilla bajo el título de las *Siete Partidas* y se redactaron varios tratados de astronomía y de otras ciencias.

Los Reyes Católicos. En 1469, Isabel (1451–1504), reina de Castilla, se casó con Fernando (1452–1516), futuro rey de Aragón. Ese matrimonio resultó en la unión de los reinos de Castilla y de Aragón, creando así, por primera vez en la historia de la península, la unidad territorial de España. Bajo el reinado de los Reyes Católicos se terminó la Reconquista en 1492, al tomar Granada, el último reino musulmán en España. Ese mismo año, con el objeto de conseguir la unidad religiosa, se expulsó a los judíos que rehusaban convertirse al cristianismo. También, con el apoyo de la reina Isabel la Católica, Cristóbal Colón llegó a América el 12 de octubre de 1492.

Santa Teresa de Jesús (1515–1582), escritora española y reformadora de la orden del Carmelo, ha sido reconocida como una de las cumbres de la mística universal. Su nombre original era Teresa de Cepeda y Ahumada y nació en Ávila. Perteneció a una familia pobre y en 1535 ingresó a un convento carmelita. Desde 1558 se dedicó a promover la reforma de la orden del Carmelo y a través de los años fundó diecisiete conventos. Además de un libro de carácter autobiográfico, escribió *El libro de las fundaciones, Camino de perfección* y el *Libro de las siete moradas* o *Castillo interior.* Estos dos últimos tratados explican el camino espiritual hacia la unión final con Dios. En 1622 fue canonizada y en 1970, fue proclamada por el papa Paulo VI doctora de la iglesia, siendo la primera mujer reconocida con esta distinción.

Personalidades del Mundo 21. Escribe dos o tres oraciones indicando algunos de los hechos más importantes de cada uno de estos personajes. Luego, léeselos a tu compañero(a) para ver si puede identificar a la persona que describes.

MODELO   *Tú:* **Batalló contra los musulmanes.**
    Compañero(a): **El Cid.**

DEL PASADO al presente

ESPAÑA: CONTINENTE EN MINIATURA

A menos de ocho millas de África, en la parte más occidental de Europa, se encuentra la España actual que, como la mayoría de los países situados estratégicamente, es el resultado de una larga serie de invasiones, conquistas y reconquistas. España es un mosaico cultural vivo donde la historia se mide por siglos. Su gran diversidad hace de la Península Ibérica un continente en miniatura.

LOS PRIMEROS POBLADORES

La cueva de Altamira

Para conocer la historia de España hay que volver al pasado más lejano. Por ejemplo, en la cueva de Altamira, en Santander, gente prehistórica (25.000 años a.C. a unos 6.000 a.C.) dejó extraordinarias pinturas en las rocas: bisontes, ciervos y otros animales.

Las primeras culturas de la Península Ibérica de las que tenemos noticia son el resultado de una

Bisonte

Los fenicios

Ruinas griegas en Ampurias

constante serie de invasiones. Los fenicios establecieron colonias en el sur de la península; a ellos se debe la creación del alfabeto y el desarrollo de la navegación en la zona mediterránea. Desde el siglo VII a.C., los griegos fundaron varias ciudades en la costa mediterránea. Por otro lado, la llegada de los celtas introdujo el uso del bronce y otros metales a la península.

LA HISPANIA ROMANA

En el año 218 a.C. la Península Ibérica pasó a ser parte del Imperio Romano. Los romanos impusieron en seguida su lengua, su cultura y su gobierno. Construyeron grandes ciudades, carreteras, excelentes puentes e impresionantes acueductos. Hispania, nombre con que designaron los

Anfiteatro romano en Mérida

Puente romano sobre el río Guadalquivir

romanos a la Península Ibérica, se convirtió en uno de los territorios más prósperos del imperio. Como en otras provincias romanas, el cristianismo empezó a extenderse poco a poco y en el siglo IV d.C. se convirtió en la religión de la mayoría.

La crisis del Imperio Romano facilitó la invasión de España a partir del año 409 d.C., por varios pueblos "bárbaros" germánicos (los griegos y los romanos llamaban "bárbaros" a los extranjeros) como los vándalos y los visigodos. En el año 587, el rey visigodo Recaredo se convirtió al catolicismo romano y con él, todo su pueblo.

Acueducto, Segovia

LA ESPAÑA MUSULMANA

En el año 711, los musulmanes procedentes del norte de África, invadieron Hispania y cinco años más tarde, con la ayuda de un gran número de árabes, lograron conquistar la mayor parte de la península. Establecieron su capital en Córdoba, la cual se convirtió en uno de los grandes centros intelectuales de la cultura islámica. Fue en Córdoba, durante esta época, que se hicieron grandes avances en las ciencias, las letras, la

La mezquita de Córdoba

artesanía, la agricultura, la arquitectura y el urbanismo. Mientras tanto, el resto de Europa mantenía una actitud anti-intelectual, quemando libros bajo la insistencia de un cristianismo fanático. En

Córdoba

cambio, los musulmanes mantuvieron una tolerancia étnica y religiosa hacia los cristianos y los judíos durante los ocho siglos que ocuparon la Península Ibérica.

Antigua sinagoga, Toledo

LA RECONQUISTA

Sólo siete años después de la invasión musulmana se inició en el norte de España la Reconquista, la cual no terminó hasta casi ochocientos años más tarde, en 1492. Ese año en Granada, cayó el último reino musulmán ante las tropas de los Reyes Católicos.

El año 1492 acabó por ser un momento único en la historia del mundo. Ese año se vio salir de España al último rey moro y se logró así la unidad política y territorial a lo largo de la España actual. Ese mismo año, los Reyes Católicos también intentaron conseguir la unidad religiosa de su reino, al ordenar la expulsión de los judíos que rehusaban convertirse al cristianismo. Miles de judíos españoles,

Fernando de Aragón

Isabel de Castilla

conocidos como sefarditas, salieron de España, llevándose consigo el idioma castellano y estableciendo comunidades por todo el mediterráneo. Finalmente, la llegada en 1492 de Cristóbal Colón a las tierras que él nombró "Las Indias" y que más tarde se llamarían América, significó no sólo para los Reyes Católicos sino para el mundo entero, la apertura de nuevas fronteras de un Nuevo Mundo.

ESPAÑA COMO POTENCIA MUNDIAL

Por medio de una eficaz política matrimonial, los Reyes Católicos reunieron una gran herencia territorial para su nieto Carlos de Habsburgo. En 1516, él fue declarado rey de España como Carlos I, y en 1519, fue nombrado emperador del Sacro Imperio Romano germánico con el nombre de Carlos V. Su imperio era tan extenso que en sus dominios "nunca se ponía el sol". Controlaba gran parte de los Países Bajos, de Italia, de Alemania, de Austria, partes de

El Imperio de Carlos V
1519–1556

Francia y del norte de África, además de los territorios de América.

España comenzó así una época de enriquecimiento que resultó en un poder militar sobresaliente. Sin embargo, mantener tal poder significó un gran costo económico. En lugar de usar el oro y la plata procedentes de América para impulsar el desarrollo de su economía, España los usaba para pagar los ejércitos que combatían en las continuas guerras europeas y para comprar productos importados.

El emperador, cansado de las guerras y de la lucha contra el protestantismo, abdicó en 1556 y se retiró a un monasterio. Dividió sus territorios entre su hijo Felipe II y su hermano Fernando. Felipe II, quien recibió España, los Países Bajos y posesiones de América e Italia, convirtió a España en el centro de oposición al protestantismo y mantuvo constantes guerras religiosas. En 1561 Felipe II trasladó la capital de Toledo a Madrid. En 1557 mandó construir el palacio-convento, El Escorial. Venció a los turcos en la batalla naval de Lepanto pero el fracaso de la Armada Invencible (1588) contra Inglaterra, marcó el comienzo de la decadencia española. La caída definitiva del imperio español tuvo lugar bajo los reinados de Felipe III (1598–1621) y Felipe IV (1621–1665), cuando la inflación causó el colapso de la economía española.

Felipe II

■ ¡A ver si comprendiste!

¿Quién? ¿Qué? ¿Cuándo? ¿Recuerdas los datos más importantes de la lectura? Para asegurarte, contesta estas preguntas.

1. ¿Quiénes fueron los primeros colonizadores de la Península Ibérica?
2. ¿Cuánto tiempo estuvieron los romanos en la península? ¿Cómo afectó la cultura romana a la península y a sus habitantes?
3. ¿En qué año invadieron España los musulmanes? ¿De dónde vinieron y cuánto tiempo estuvieron en la península?
4. ¿Dónde establecieron los musulmanes su capital y qué importancia tuvo?
5. ¿Cuándo empezó la Reconquista de España? ¿Cuánto tiempo duró? ¿Cuándo terminó?
6. ¿Quiénes son los sefarditas? ¿Adónde se fueron cuando salieron de España?
7. ¿Cuál fue el resultado de la presencia musulmana en la península? ¿Qué efecto crees que tuvo sobre la religión, la política, la vida diaria, la arquitectura y la lengua?
8. ¿Cuál es el significado del año 1492 para la historia de España y del mundo?
9. ¿Por qué se puede decir que en el imperio de Carlos V "nunca se ponía el sol"? ¿Cuáles eran algunos de sus dominios?
10. ¿A qué crees que se debe la caída del imperio español?

La mezquita de Córdoba

Tres maravillas del arte islámico

La Alhambra de Granada. En una colina que domina la ciudad de Granada se encuentra la joya más fascinante de la arquitectura árabe en España, la Alhambra. Este precioso palacio-fortaleza de los reyes moros de Granada, que se comenzó a construir en 1238, debe su nombre al color de sus muros (*Al-Hamra* en árabe significa "La Roja"). La Alhambra incluía palacios reales y viviendas, mezquitas, baños y edificios públicos en los que se combinaba el placer por las elegantes y delicadas formas decorativas y el contacto íntimo con la naturaleza a través de jardines y fuentes de agua.

La Giralda de Sevilla. Esta hermosa torre perteneció a la gran mezquita de Sevilla que se construyó en el siglo XII, en estilo almohade. En el siglo XVI fue convertida en campanario de la catedral cristiana de Sevilla. En su visita a España en 1992, el papa Juan Pablo II usó un balcón de la Giralda para saludar al pueblo de Sevilla.

La mezquita de Córdoba. Sobre una iglesia visigótica se empezó a construir a mediados del siglo VIII lo que sería el templo musulmán más hermoso del Islam. En varias ocasiones fue ampliada y embellecida hasta que fue terminada en el siglo X. Las numerosas columnas de mármol y jaspe forman como un denso bosque. Una infinidad de arcos dirige a los fieles al *mihrab* que consiste en una maravillosa cúpula que mueve a la oración. Para sorpresa de los visitantes, enclavada en el corazón de la mezquita se halla una iglesia cristiana que comenzó a construirse durante el reinado de Carlos V en 1523.

Joyas musulmanas. Escribe tres características sobresalientes de cada una de estas tres joyas. Luego léeselas, una a la vez, a un(a) compañero(a) para ver si puede identificar el lugar que describes.

La Alhambra de Granada

La Giralda de Sevilla

La mezquita de Córdoba

Y ahora, ¡a leer!

■ *Anticipando la lectura*

A. ¿Idealista o realista? ¿Es tu compañero(a) idealista o realista? Para saberlo, hazle las siguientes preguntas. Luego, contesta las mismas preguntas que te hará tu compañero(a).

1. ¿Qué regalo prefieres el día de tu cumpleaños?
   a. veinte dólares
   b. una tarjeta con un poema original

2. ¿Qué te impresiona más?
   a. una caja de chocolates finos
   b. una sola rosa con un mensaje personal

3. ¿Qué es más importante para ti?
   a. conseguir un trabajo que pague muy bien
   b. conseguir un trabajo donde puedas hacer el bien

4. ¿Con quién te casarías?
   a. con una persona millonaria
   b. con una persona pobre pero que te ama y a quien amas mucho

B. ¡La imaginación! Mira la imagen de abajo por treinta segundos. Usando tu imaginación, escribe cuatro o cinco oraciones sobre lo que es para ti esta imagen. Luego, en grupos de tres o cuatro, compartan lo que escribieron y decidan quién del grupo es más imaginativo.

C. Vocabulario en contexto. Decide cuál es el significado de las palabras en negrilla a base del contexto de la oración o de otras estrategias que has aprendido para llegar al significado de palabras desconocidas.

1. Ves allí, amigo Sancho Panza, donde se descubren treinta, o pocos más, monstruosos gigantes, con quienes pienso hacer batalla y **quitarles la vida.**

    a. capturarlos   *b.* matarlos   *c.* discutir la vida

2. No corráis cobardes y viles criaturas; que un solo **caballero** es quien os ataca.

    a. señor noble   *b.* caballo   *c.* entrenador de caballos

3. Fue Sancho a ayudarle, a todo correr de **su asno,** y cuando llegó encontró que no se podía mover: tal fue el golpe que dio con él su caballo.

    a. sus piernas   *b.* su coche   *c.* su burro

4. Cuando Sancho Panza llegó, encontró que don Quijote no se podía mover: tal fue **el golpe** que dio con su caballo.

    a. la colisión   *b.* el paseo   *c.* el trote

5. Sancho, si tienes miedo, **quítate** de aquí.

    a. vete   *b.* acércate   *c.* cállate

6. Don Quijote decidió no prestar atención **a la voz** que su asistente Sancho le daba.

    a. al sonido   *b.* a los consejos   *c.* a la música

7. Además yo pienso que una persona con poderes mágicos ha **convertido** estos gigantes en algo práctico.

    a. construido   *b.* comprado   *c.* cambiado

8. El mago Frestón ha convertido estos gigantes en otra cosa, por quitarme la gloria; tal es **la enemistad** que me tiene.

    a. el cariño   *b.* la hostilidad   *c.* el respeto

Conozcamos al autor

Miguel de Cervantes Saavedra (1547–1616) es el autor de la más famosa novela española de todos los tiempos, *El ingenioso hidalgo don Quijote de la Mancha.* Nació en Alcalá de Henares, hijo de un cirujano pobre. Fue soldado en Italia donde perdió el uso de la mano izquierda en la batalla de Lepanto. Durante su viaje de vuelta a España, fue capturado por piratas y pasó cinco años prisionero en Argel. Fue constantemente pobre, aunque la primera parte de su novela, publicada en 1605, fue un éxito inmediato. La segunda parte de su novela apareció en 1615.

Cervantes logró crear una obra que refleja un estudio profundo de la psicología humana y de la sociedad española del siglo XVI. Don Quijote es un caballero idealista y medio loco, que vive en un mundo ficticio donde trata de imitar la vida de los caballeros de los libros de aventuras de la Edad Media. Sancho Panza, su leal sirviente, es mucho más realista que su compañero don Quijote.

LECTURA

Don Quijote y Sancho Panza descubren los molinos de viento

Don Quijote de la Mancha
Aventura de los molinos de viento

En esto, descubrieron treinta o cuarenta molinos de viento que hay en aquel campo, y cuando don Quijote los vio, dijo a su *escudero*:   sirviente

—La *ventura* va guiando nuestras cosas mejor de lo que podríamos   buena fortuna
desear; porque ves allí, amigo Sancho Panza, donde se descubren
treinta, o pocos más, monstruosos gigantes, con quienes pienso hacer
batalla y quitarles la vida, que ésta es buena guerra, y es gran servicio
de Dios quitar tan mala semilla de sobre la *faz* de la tierra.   superficie

—¿Qué gigantes? —dijo Sancho Panza.

—Aquéllos que allí ves —respondió su *amo*— de los   dueño, jefe
brazos largos, que los *suelen*   acostumbran
tener algunos de casi dos *leguas*.   1 legua = 3 millas aproximadamente /

—Mire *vuestra merced* —respondió Sancho— que aquellos   fórmula de cortesía
que allí se parecen no son
gigantes, sino molinos de viento,
y lo que en ellos parecen brazos
son *aspas*, que volteadas del   brazos del molino
viento, hacen andar la piedra del
molino.

Los gigantes

LECCIÓN 1   ESPAÑA: LOS ORÍGENES

—No corráis cobardes y viles criaturas . . .

—Bien parece —respondió don Quijote— que no sabes nada de las aventuras: ellos son gigantes; y si tienes miedo, quítate de ahí, y ponte en *oración* que yo voy a entrar con ellos en *fiera* y desigual batalla.

rezo / feroz
rueditas de metal para picar al caballo

Y diciendo esto, dio de *espuelas* a su caballo Rocinante°, sin prestar atención a la voz que su escudero Sancho le daba, advirtiéndole que eran molinos de viento y no gigantes aquéllos que iba a atacar. Pero él iba tan convencido en que eran gigantes, que ni oía la voz de su escudero Sancho, ni dejaba de ver, aunque estaba ya bien cerca, lo que eran; diciendo en voz alta:

—No corráis cobardes y viles criaturas; que un solo caballero es el que os ataca.

Se levantó en esto un poco de viento, y las grandes aspas comenzaron a moverse, lo cual visto por don Quijote, dijo:

—Pues aunque mováis más brazos que los del gigante Briareo°, me lo habéis de pagar.

°*Rocinante, nombre del envejecido caballo de trabajo de don Quijote.*
°*Briareo, un gigante mitológico de cien brazos y cincuenta cabezas.*

Y diciendo esto, y *encomendándose* de todo corazón a su señora
Dulcinea°, pidiéndole que en tal momento le ayudara, bien cubierto de
su escudo, con la lanza lista, *arremetió* a todo galope de Rocinante, y
atacó al primer molino que estaba delante; y dándole una lanzada en el
aspa, la volvió el viento con tanta furia, que hizo la lanza pedazos,
llevándose al caballo y al caballero, que fue rodando muy *maltrecho*
por el campo. Fue Sancho a ayudarle, a todo el correr de su asno, y
cuando llegó encontró que no se podía mover: tal fue el golpe que dio
con él Rocinante.

   —¡Válgame Dios! —dijo Sancho—. ¿No le dije yo a vuestra merced
que mirase bien lo que hacía, que eran molinos de viento, y no lo
podía ignorar *sino quien llevase otros tales* en la cabeza?

*°Dulcinea, una mujer común y corriente a quien don Quijote idealizaba e
imaginaba como una doncella hermosa y pura.*

entregándose

atacó

herido

excepto quien lleve
   semejantes molinos

Don Quijote ataca al primer molino

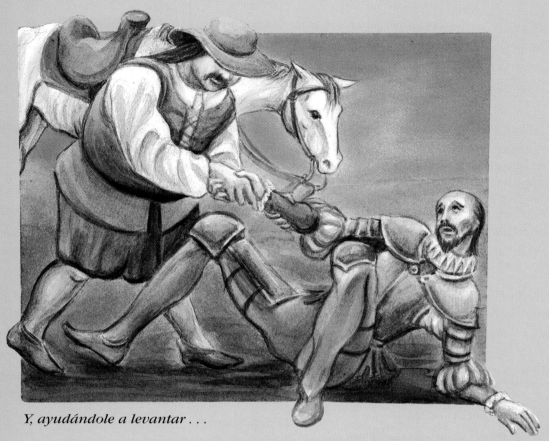

Y, ayudándole a levantar . . .

   —Calla, amigo Sancho —respondió don Quijote—; que las cosas de
la guerra, más que otras, están sujetas a continuo cambio. Además yo
pienso que aquel sabio Frestón° que me robó la casa y los libros, ha
convertido estos gigantes en molinos, por quitarme la gloria de su
vencimiento: tal es la enemistad que me tiene; pero su magia no podrá   victoria
contra mi espada.
   —Dios lo haga como puede —respondió Sancho Panza.
   Y, ayudándole a levantar, tornó a subir sobre Rocinante, *que medio*   que tenía la espalda rota
despaldado estaba. Y, hablando en la pasada aventura, siguieron el
camino del Puerto Lápice, porque allí decía don Quijote que no era
posible dejar de encontrar muchas y divertidas aventuras . . .

                    Adaptado de El ingenioso hidalgo don Quijote de la Mancha,
                              Parte primera, Capítulo VIII

°*Frestón, mágico imaginario a quien don Quijote consideraba enemigo y
causa de todos sus problemas.*

■ ¿Comprendiste la lectura?

A. ¿Sí o no? En parejas, decidan si están de acuerdo o no con los siguientes comentarios. Si no están de acuerdo, digan por qué.

1. Miguel de Cervantes Saavedra es un escritor español conocido principalmente por sus poemas.
2. La segunda parte de la novela *El ingenioso hidalgo don Quijote de la Mancha* se publicó junto con la primera parte en 1605.
3. Don Quijote es un caballero idealista y medio loco, seducido por la belleza y los libros de aventuras.
4. Sancho Panza, su escudero, es más idealista que don Quijote y tiene muy poco sentido de la realidad.
5. En vez de los treinta molinos de viento, don Quijote ve gigantes en el campo.
6. El nombre del caballo de don Quijote es Rocinante.
7. Sancho Panza también iba a caballo.
8. Don Quijote piensa que Frestón, un enemigo, convirtió a los gigantes en molinos del viento.
9. Don Quijote y Sancho Panza deciden pasar la noche dentro de uno de los molinos de viento.

B. Hablemos de la lectura. Contesten estas preguntas en grupos de tres o cuatro.

1. ¿Por qué parecen gigantes los molinos de viento?
2. ¿Qué piensa hacerles don Quijote a los supuestos gigantes?
3. ¿Cómo ataca don Quijote al primer molino?
4. ¿En quién piensa don Quijote en el momento de atacar?
5. ¿Qué le pasa a don Quijote al atacar al primer molino?
6. ¿Cómo le explica don Quijote a Sancho Panza lo que sucedió?
7. ¿Cuál es la diferencia de cómo ven la realidad don Quijote y Sancho Panza?

INTERNET
Más lecturas
www.mcdougallittell.com

Don Quijote de la Mancha

Palabras como clave: *aventura*

Para ampliar el vocabulario. De la palabra **aventura**— que significa un evento extraño o peligroso que va a ocurrir—se derivan varias palabras en español: **aventurar, aventureramente, aventurero(a).** Con un(a) compañero(a), responde a las siguientes preguntas.

1. ¿Por qué el capítulo VIII de *El ingenioso don Quijote de la Mancha* tiene el subtítulo "**Aventura** de los molinos de viento"?
2. ¿Te gustan los libros de **aventuras**? ¿Puedes mencionar el título de alguno?
3. ¿Qué tipo de películas de **aventuras** prefieres? ¿De **aventuras** de vaqueros del Lejano Oeste? ¿De **aventuras** de ciencia-ficción como *La guerra de las galaxias*?
4. ¿Por qué podemos decir que don Quijote era un hidalgo **aventurero**?
5. ¿**Aventuras** dar la respuesta si no la sabes con seguridad?
6. ¿Crees que don Quijote se pasó **aventureramente** la vida? ¿Piensas que él consideraba el mundo como una gran **aventura**?
7. ¿Conoces a personas que son en realidad **aventureros**? ¿Quiénes son?

Dramatizaciones

A. **Los Reyes Católicos.** En grupos de tres o cuatro, dramaticen uno de los momentos únicos en la vida de Fernando e Isabel, por ejemplo, la realización de la Reconquista, las primeras noticias del descubrimiento del Nuevo Mundo, u otro que ustedes prefieran.

B. **Don Quijotes modernos.** En grupos de tres o cuatro, dramaticen un incidente en su escuela o comunidad con un idealista como don Quijote y un realista como Sancho Panza. Puede ser un incidente verdadero o imaginario.

Los Reyes Católicos

Ventana al Mundo 21

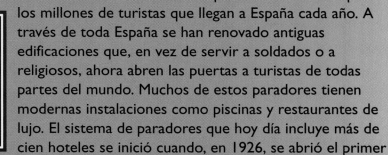

Los paradores nacionales

Desde los años 50, muchos viejos castillos, monasterios históricos y casonas familiares se han convertido en paradores u hoteles para los millones de turistas que llegan a España cada año. A través de toda España se han renovado antiguas edificaciones que, en vez de servir a soldados o a religiosos, ahora abren las puertas a turistas de todas partes del mundo. Muchos de estos paradores tienen modernas instalaciones como piscinas y restaurantes de lujo. El sistema de paradores que hoy día incluye más de cien hoteles se inició cuando, en 1926, se abrió el primer parador en Gredos. Muchos paradores en la actualidad son edificios modernos situados en las mejores playas de España.

———— ————

Los paradores nacionales. Completa estas oraciones y luego compáralas con las de dos o tres compañeros.
1. Un parador es . . .
2. En muchos de los paradores hay . . .
3. El sistema de paradores consiste en . . .
4. Muchos de los paradores originalmente fueron . . .
5. No todos los paradores son edificios antiguos, unos son . . .

El arte realista y surrealista

Las Meninas, Diego Velázquez (1599–1660) Velázquez es
el pintor español más reconocido del Siglo de Oro. Esta obra
realizada en 1656, es una composición muy compleja donde los
efectos de luz y espacio le dieron al arte de Velázquez una
suprema apariencia de realidad. Velázquez fue pintor de la corte
de Felipe IV.

Análisis de *Las Meninas*

1. Describe la escena. ¿Dónde piensas que tiene lugar? ¿Quiénes
   crees que son las personas que aparecen en el cuadro?
2. Una de las chicas es la princesa Margarita María, hija de
   Felipe IV y de la reina, ¿cuál será? ¿Por qué crees eso?
3. ¿Quién será el artista en el cuadro? ¿Por qué crees eso?
4. Al fondo del cuarto aparece un espejo que parece reflejar las
   figuras de una pareja. ¿Quiénes crees que son? ¿En qué parte
   del cuarto crees que están?
5. ¿Qué cuadro estará pintando el artista? ¿Por qué crees eso?

Las Meninas, Velázquez

La persistencia de la memoria de *Salvador Dalí* (1904–1989), se realizó en 1931. Es una de las obras surrealistas más famosas del mundo. Dalí, después de estudiar en Madrid, se mudó a París en 1928, donde se unió al movimiento surrealista.

Análisis de *La persistencia de la memoria*
1. ¿Dónde crees que tiene lugar *La persistencia de la memoria?* ¿Por qué crees eso?
2. ¿Qué figuras u objetos puedes identificar en el cuadro?
3. ¿Cómo interpretas las distorsiones que allí aparecen?
4. ¿Qué conexión hay entre lo que observas y el título, *La persistencia de la memoria?*

Comparación de ambos cuadros
1. ¿Cuál de los dos cuadros te parece más realista? ¿Por qué?
2. ¿Cuál de los dos requiere más interpretación? Explica tu respuesta.
3. ¿Cuál crees que tenga que ver más con lo que vemos en los sueños?
4. ¿Cuál te gusta más? ¿Por qué?

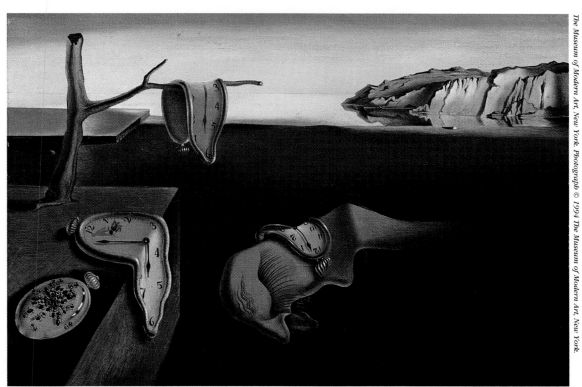

La persistencia de la memoria, Dalí

Lección 2

España: al presente

Gente del Mundo 21

Juan Carlos I de España, nieto de Alfonso XIII e hijo de don Juan de Borbón, nació en Roma en 1938. En 1969 fue designado sucesor al trono por el general Franco. En 1975, dos días después de la muerte de Franco, subió al trono. A partir de entonces ha llevado a España por un decisivo camino hacia la democracia. Durante los años 90 trabajó para establecer nuevas relaciones iberoamericanas, enfatizando la necesidad de iniciativas comunes.

Ana María Matute, nacida en 1925 en Barcelona, sufrió de muchas enfermedades de niña. Al recuperarse en la casa de campo de sus abuelos, vio la pobreza de los niños campesinos. Esta experiencia tanto como la Guerra Civil en España tuvieron una mayor influencia en sus obras, tales como *Los soldados lloran de noche* e *Historias de la Artámila*. Algunos ejemplos de sus premios literarios españoles son el Premio Eugenio Nadal y el Premio Lazarillo de literatura infantil. Ingresó en la Real Academia Española de la Lengua en 1996, siendo la tercera mujer en ingresar en 300 años.

INTERNET
Enlaces/actividades
www.mcdougallittell.com

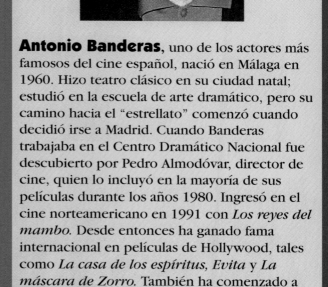

Antonio Banderas, uno de los actores más famosos del cine español, nació en Málaga en 1960. Hizo teatro clásico en su ciudad natal; estudió en la escuela de arte dramático, pero su camino hacia el "estrellato" comenzó cuando decidió irse a Madrid. Cuando Banderas trabajaba en el Centro Dramático Nacional fue descubierto por Pedro Almodóvar, director de cine, quien lo incluyó en la mayoría de sus películas durante los años 1980. Ingresó en el cine norteamericano en 1991 con *Los reyes del mambo.* Desde entonces ha ganado fama internacional en películas de Hollywood, tales como *La casa de los espíritus, Evita* y *La máscara de Zorro.* También ha comenzado a hacer trabajos como director.

Sergio García, nacido en 1980 en Castellón, es conocido como El Niño en el mundo del golf. Su padre, quien es profesor de golf profesional, le enseñó a jugar a los 3 años de edad. A los 14 años Sergio estableció un récord como el jugador más joven en los torneos europeos. A los 19 años alcanzó fama mundial al quedar en segundo lugar, un golpe detrás de Tiger Woods, en el Campeonato PGA. También llegó a ser el golfista más joven de la Copa Ryder.

Personalidades del Mundo 21. Completa estas oraciones, basándote en lo que acabas de leer. Luego, compáralas con las de dos compañeros de clase.

1. Antes de empezar a actuar en Madrid, Antonio Banderas . . .
2. A los 19 años Sergio García . . .
3. A pesar de ser muy joven, Sergio García . . .
4. Desde 1986, Ana María Matute . . .
5. A partir de 1975, Juan Carlos I ha llevado a España . . .

ESPAÑA AL ENCUENTRO DE
SU FUTURO

El Greco, *Toledo*

Velázquez, *La rendición de Breda*

EL SIGLO DE ORO

El inicio de la decadencia político-militar del imperio español coincide con lo que se conoce como el Siglo de Oro de la cultura española. Doménikos

Theotokópoulos (1541–1614), mejor conocido como "El Greco", Diego de Velázquez (1599–1660) y Bartolomé Esteban Murillo (1617–1682) son tres grandes ejemplos de la calidad de la pintura española de la época.

En el área literaria, sobresalen poetas místicos como Santa Teresa de Jesús (1515–1582), Fray Luis de León (1527–1591) y San Juan de la Cruz (1542–1591), que en sus obras celebran el mundo como manifestación del amor divino. También sobresalen grandes dramaturgos como Lope de Vega (1562–1635), Tirso de Molina (¿1584?–1648) y Pedro Calderón de la Barca (1600–1681). Éstos producen un nuevo tipo de teatro basado en una feliz combinación de realismo e idealismo, de comedia y tragedia. También es excepcional la obra del escritor Francisco de Quevedo (1580–1645), quien satirizó brillantemente la decadente sociedad española del siglo XVII. Igualmente, durante esta época apareció la novela del genial escritor Miguel de Cervantes, *El ingenioso hidalgo don Quijote de la Mancha*.

LOS BORBONES

En 1714, después de una guerra de sucesión, los Borbones tomaron posesión de la monarquía e impusieron reformas y modas

Plaza de la Cibeles, Madrid

francesas. Los reyes Borbones construyeron en las ciudades españolas bellos edificios neoclásicos, avenidas y jardines.

Fundaron academias, bibliotecas y museos. Durante el reinado de Carlos III (1759–1788), España comenzó un proceso de más comunicación con Europa y con el resto del mundo. Por ejemplo, España ayudó a los futuros EE.UU. en su lucha por la independencia (1776–1783) y liberó el comercio entre España y sus colonias americanas.

LA INVASIÓN FRANCESA

Goya, El Dos de Mayo

En 1807 las tropas francesas de Napoleón invadieron España. El pueblo de Madrid se levantó contra ellos el 2 de mayo de 1808. Napoleón trasladó a la familia real a Francia, y nombró a su hermano rey de España. La rebelión popular se extendió y una guerra de guerrillas duró hasta 1814, año en que los franceses fueron expulsados. Francisco de Goya, observador excepcional de esta guerra, dejó testimonio de ella en su pintura. En medio de tanta confusión, las colonias españolas de América aprovecharon para conseguir su independencia.

LA CRISIS DEL SIGLO XIX

Isabel II

A través del siglo XIX, España se vio sumergida en una constante lucha entre liberales que intentaban establecer un régimen constitucional y reaccionarios que rehusaban cualquier cambio. Así, en el largo reinado de la inepta Isabel II (1833–1868), se promulgaron seis constituciones diferentes y hubo hasta quince levantamientos militares.

En 1873 se proclamó la Primera República, que sólo duró veintidós meses.

En 1898, como resultado de la guerra de Cuba, España cedió sus últimas colonias, Puerto Rico, Guam y Filipinas, a EE.UU. Este acontecimiento marcó a un grupo de intelectuales españoles obsesionados por la esencia nacional, quienes se conocen como

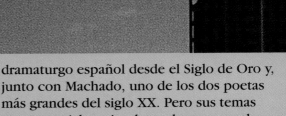

la "Generación del 98". El escritor y filósofo Miguel de Unamuno (1864-1936) y el poeta Antonio Machado (1875-1939) formaron parte de esta generación. Sus escrituras eran influidas por las preocupaciones de la época.

LA GUERRA CIVIL ESPAÑOLA (1936-1939)

La crisis política continuó en el siglo XX. En 1931 se proclamó la Segunda República, pero las tendencias políticas pronto se radicalizaron. En 1936 una rebelión militar dividió España; por un lado, las fuerzas republicanas apoyadas por la Unión Soviética, y por el otro, las fuerzas nacionalistas, apoyadas por Alemania e Italia.

Las fuerzas nacionalistas, bajo la dirección del general Francisco Franco, lograron derrotar a los defensores de la República que se concentraban en las ciudades y las

Federico García Lorca

regiones más pobladas e industrializadas. Una de las primeras víctimas de esta guerra civil fue Federico García Lorca, que murió fusilado por los nacionalistas. García Lorca (1898-1936), de Granada, fue el más grande

dramaturgo español desde el Siglo de Oro y, junto con Machado, uno de los dos poetas más grandes del siglo XX. Pero sus temas controversiales e intelectuales amenazaban los valores tradicionales de los nacionalistas.

EL FRANQUISMO

Francisco Franco

Al acabar la guerra, el Generalísimo Francisco Franco se convirtió en jefe de estado de un país devastado por la guerra. Duró en el poder casi cuarenta años. La derrota de Alemania e Italia en la Segunda Guerra Mundial, aisló internacionalmente al gobierno del Generalísimo. La Guerra Fría mejoró la situación del gobierno de Franco. En 1953 se firmó el pacto hispano-estadounidense que permitió el establecimiento de bases militares de EE.UU. en España.

En la década de 1960, España experimentó un intenso desarrollo económico y pasó a ser un país industrializado. El gobierno de Franco intentó controlar la vida política y social de España al prohibir todos los partidos políticos y los sindicatos no oficiales, al establecer la censura y al mantener la vigilancia estricta por medio de una Guardia Civil.

EL RETORNO A LA DEMOCRACIA

A la muerte de Franco ocurrida en 1975, le sucedió en el poder el joven príncipe Juan Carlos de Borbón. Una vez coronado rey de

El rey Juan Carlos I y la familia real

España como Juan Carlos I, trabajó desde el primer momento por la democracia hasta conseguir instaurarla. En 1978, se redactó y aprobó una nueva constitución, la cual refleja la diversidad de España al designarla como un Estado de Autonomías°. Se había producido una transición sin violencia.

La Expo de Sevilla, 1992

España cambió más en las dos últimas décadas del siglo XX que en los 200 años anteriores. La sociedad se transformó con una velocidad dinámica. La aparición de una gran clase media es una de las consecuencias de esta transformación. Más de la mitad de la población se siente integrada a esta calificación socioeconómica, la que siempre había faltado en el país. La España de 1992

era un 40 % más rica que la de 1980. La Expo de Sevilla y los Juegos Olímpicos de Barcelona de 1992 marcaron un punto de euforia y optimismo.

La España de hoy es sin duda un país abierto al futuro. Es un país con una economía desarrollada e instituciones democráticas consolidadas, donde la gente goza de todas las libertades públicas. Ha permitido cada vez más independencia en la política de los gobiernos de las Comunidades Autónomas que dirigen las regiones del país.

España participa en el destino de Europa a través de la Unión Europea, a la cual accedió como miembro en 1986. A finales de los 1990 empezó a utilizar el euro, moneda unitaria de la Unión, como moneda suya. Todo indica que el pasado se ha reconciliado con el presente y ahora extiende la mano al futuro.

LAS COMUNIDADES AUTÓNOMAS

Cantabria
Asturias
Vasco
Galicia
Navarra
La Rioja
Castilla León
Aragón
Cataluña
Madrid
Castilla La Mancha
Valencia
Extremadura
Baleares
Murcia
Andalucía
Canarias
Ceuta
Melilla

°Hay 17 regiones en España, cada una con su propio gobierno regional, más las Ciudades Autónomas de Ceuta y Melilla.

■ ¡A ver si comprendiste!

¿Quién? ¿Qué? ¿Cuándo? ¿Recuerdas los datos más importantes de la lectura? Para asegurarte, contesta estas preguntas.

1. ¿Cómo se llama el período más brillante de la cultura española que va de mediados del siglo XVI a mediados del XVII?
2. ¿Puedes nombrar a algunos escritores y artistas de esa época?
3. ¿Qué artista del siglo XIX dejó un impresionante testimonio, en su arte, de la guerra de independencia contra los franceses?
4. ¿Cuánto duró la Primera República?
5. ¿Qué colonias cedió España a EE.UU. en 1898?

Ventana al Mundo 21

LA EDUCACIÓN DEL FUTURO

Monumentales cambios le esperan a la educación española en el siglo XXI: el uso y aplicación de la nueva tecnología en las aulas, la ruptura de las fronteras culturales y lingüísticas y las posibilidades de movilidad real y virtual de los estudiantes. Educadores e historiadores de la educación española esbozan el siguiente panorama:

Los contenidos serán más prácticos e interrelacionados, y en ocasiones serán impartidos por profesionales externos.

Los profesores dejarán de lado su faceta de "transmisores de conocimiento" para cumplir el papel de "conductores de alumnos".

Los materiales aligerarán el peso de las mochilas escolares al sustituir libros por disquetes, y diccionarios por CD-ROM o Internet.

La pedagogía, debido a la informática, hará posible una enseñanza individualizada, pero reforzada con trabajos en grupo.

En los centros nacerá una nueva concepción de la escuela en la que colaborarán profesionales, padres, ayuntamientos y organizaciones ciudadanas.

Los alumnos procedentes de distintas culturas, la multiculturalidad de las aulas del futuro, harán necesario replantear los objetivos de la educación.

6. ¿Quiénes formaron la "Generación del 98"?
7. ¿Cuáles eran las dos fuerzas que se enfrentaron en la Guerra Civil Española?
8. ¿Quién es el general que gobernó España durante casi cuarenta años después de la Guerra Civil Española? ¿Cómo fue la vida en España durante este período?
9. ¿Quién subió al poder después de la muerte de ese general? ¿Qué cambios introdujo?
10. ¿Cómo se transformó la sociedad española durante los últimos veinte años del siglo XX?

INTERNET
Prueba interactiva
www.mcdougallittell.com

La política educativa estará bastante orientada hacia los problemas sociales.

La movilidad ampliará las posibilidades de estudiar en otros países.

Los padres asumirán el papel de conductores de sus hijos, debido a la desaparición del "tiempo educativo" concebido como "horario escolar" y el incremento de las posibilidades de realizar trabajos desde casa.

Adaptado del artículo La educación que viene *de Susana Pérez de Pablo*, El País

LA EDUCACIÓN. Con un(a) compañero(a), diseña una tabla que compara la educación del futuro en España con la educación que ahora existe en Estados Unidos.

	España	Estados Unidos
Contenidos		
Profesores		
Materiales		

Y ahora, ¡a leer!

■ Anticipando la lectura

A. Imágenes visuales. Piensa en un momento catastrófico en tu propia vida o en algún evento trágico que te haya afectado. Intenta concentrarte en algunas imágenes visuales que reflejen ese momento.

- Trata de dibujar una de estas imágenes.
- Con dos compañeros, muestren y expliquen sus dibujos a la clase.

B. El arte realista y el cubismo. Compara el cuadro *Guernica* de Pablo Picasso en la página 102 con el cuadro *La rendición de Breda* de Diego Velázquez que aparece en la página 94. Luego, contesta las siguientes preguntas con un(a) compañero(a).

1. ¿Cuál de las dos obras se clasifica como arte realista? ¿Cuál está dentro del cubismo? ¿Cómo lo sabes?
2. ¿Qué impresión de la guerra te da el cuadro de Velázquez?
3. ¿Cómo interpretas las figuras humanas distorsionadas que aparecen en *Guernica*?
4. ¿Qué significado crees que tienen las figuras del toro y del caballo en *Guernica*?
5. ¿Por qué crees que Picasso usó sólo blanco, negro y gris en *Guernica*?

C. Vocabulario en contexto. Decide cuál es el significado de las palabras en negrilla a base del contexto de la oración o de otras estrategias que has aprendido para llegar al significado de palabras desconocidas.

1. Ese día una gigantesca manifestación de más de un millón de personas **repudiaba** el ataque aéreo cometido cinco días antes por la fuerza aérea alemana sobre Guernica, el pueblo más antiguo de los vascos y el centro de su tradición cultural.

    a. celebraba   *b.* denunciaba   *c.* confirmaba

2. Se quedó en su estudio donde pintaba, cogió un cuaderno pequeño de hojas azules y dio el primer paso en la **gestación** del *Guernica.*

    a. destrucción   *b.* transportación   *c.* creación

3. "Le he extendido un cheque por valor de 150.000 francos franceses, por los que me ha firmado el **correspondiente** recibo".

    a. cancelado   *b.* anterior   *c.* apropiado

4. El cuadro regresó a París, con **gastos** pagados por el propio Picasso, a principios de 1939.

    a. policías   *b.* guías   *c.* costos

5. Franco **quiso** recuperar el *Guernica* y emplearlo como propaganda. La respuesta de Picasso fue negativa.

    a. trató de   *b.* quería   *c.* pudo

6. La respuesta de Picasso, a través de su abogado, fue **inequívoca:** "El cuadro será devuelto . . . el día en el que . . . se restaure la República".

    a. vaga   *b.* cierta   *c.* impresionante

7. Unas 11.000 pinturas, esculturas, **grabados** y fotografías, pasaron al Centro de Arte Reina Sofía inaugurado el 26 de mayo de 1986.

    a. discos   *b.* casetes   *c.* ilustraciones

8. Se decidió tener una exposición de la colección permanente alrededor de una **pieza** central: el *Guernica* de Picasso.

    a. sala   *b.* obra   *c.* pared

Conozcamos al artista

Pablo Picasso (1881–1973) es considerado uno de los creadores del cubismo. Desde niño demostró una extraordinaria aptitud para el arte. Después de estudiar arte en Barcelona y Madrid, se mudó a París en 1900 donde estableció su estudio y realizó la mayoría de sus obras. Su cuadro *Las señoritas de Aviñón* marca el punto de partida de su período cubista. Este período culminó en el célebre *Guernica*, realizado en 1937 durante la Guerra Civil Española. Picasso continuó su obra después de la Segunda Guerra Mundial con un espíritu creativo de absoluta libertad. Fue un artista que siguió encontrando nuevas formas para su arte hasta que murió a los noventa y dos años en su villa de la Costa Azul en el sur de Francia.

LECTURA

*G*uernica:
El corazón° del Reina Sofía

°heart

por Mariano Navarro

El 11 de mayo de 1937, sábado, una gigantesca manifestación en París de más de un millón de personas repudió el bárbaro bombardeo aéreo cometido por la *aviación* alemana sobre Guernica, el pueblo más antiguo de los vascos y el centro de su tradición cultural. Picasso no *acudió* a la manifestación. Se quedó en su estudio donde pintaba, cogió un cuaderno pequeño de hojas azules y dio el primer paso en la gestación del *Guernica.*

cuerpo militar aéreo

fue

Cuatro meses antes Max Aub°, José Gaos y otros intelectuales españoles le habían pedido a Picasso que contribuyera con un mural al *pabellón* español de la Exposición Universal que se inauguraría en París el mes de junio. España estaba en guerra desde hacía seis meses y la exposición era una ocasión excepcional para defender los ideales de la República y denunciar la violencia que sufría el pueblo español.

sector

°Max Aub (1903–1972) escritor español de origen francés que fue uno de los
 intelectuales que le pidieron a Picasso que hiciera esta obra.

El leer del bombardeo y la destrucción de Guernica, le proporcionó a Picasso el ánimo necesario para *arrancar*. Desde mayo hasta octubre Picasso *realizó* aproximadamente sesenta bocetos o estudios. Una de las escenas que más dibujó fue la de la madre que llora por su hijo muerto.

empezar
hizo

Cabeza de figura caída (boceto)

El *Guernica* adquirido° por la República Española

°obtenido

El viernes 28 de mayo Max Aub escribe a Luis Araquistáin°: "Esta mañana llegué a un acuerdo con Picasso. He podido convencerle, y *de esta suerte*, le he extendido un cheque por valor de 150.000 francos franceses, por los que me ha firmado el correspondiente recibo. Aunque esta suma tiene más bien un carácter simbólico, dado el valor inapreciable del *lienzo* en cuestión, representa, *no obstante*, prácticamente una adquisición del mismo por parte de la República. Estimo que esta fórmula era la más conveniente para *reivindicar* el derecho de propiedad del *citado* cuadro".

de esta manera

cuadro / sin embargo

reclamar
nombrado

El 12 de julio, siete semanas después de inaugurar la exposición, el mural fue instalado en el patio principal del pabellón español, y frente a él, otro con el *rostro* de Federico García Lorca, poeta y dramaturgo español fusilado en 1936.

cara

Los viajes del *Guernica*

Después de sólo dos meses de la *clausura* de la exhibición, el cuadro viajó por seis meses hasta abril de 1938, por Noruega, Dinamarca y Suecia para *recaudar* fondos para los refugiados españoles. En septiembre de ese año cruzó el canal de la Mancha para nuevas muestras en Londres y Manchester.

el final

reunir

Estudio de composición

°*Luis Araquistáin (1886–1959) político y periodista español que fue embajador en Berlín y París.*

El cuadro regresó a París, con gastos pagados por el propio Picasso, a principios de 1939. Ese mismo año embarcó en el *Normandie* con destino a Nueva York, para iniciar una *gira* por EE.UU. La *amenaza* de la que sería la Segunda Guerra Mundial convenció a Picasso a depositarlo en el *MOMA*, el museo neoyorquino, hasta que pudiera regresar a España.

nombre de un barco

viaje / peligro

Museum of Modern Art

Cabeza de caballo, del boceto 8.

Un intento de obtener el *Guernica*

Las *gestiones* para recuperar el cuadro se iniciaron en el año de 1968, cuando Franco quiso *recobrar* el *Guernica* y emplearlo como propaganda. La respuesta de Picasso, a través de su abogado, fue inequívoca: "El cuadro será devuelto al Gobierno de la República el día en el que en España *se restaure* la República".

esfuerzos
recuperar

vuelva

Luis Araquistáin, en una carta a Picasso, le pedía que reflexionara sobre la posibilidad de que en el futuro el Gobierno de España no fuera republicano, sino otro, incluso una monarquía parlamentaria respetuosa de las libertades que merecería recuperar el cuadro. Por su parte, Picasso dirigió al MOMA, el 14 de noviembre de 1970, otra carta en la que eliminaba esa cláusula de las condiciones de su depósito y la sustituía por "cuando en España se establezcan las libertades públicas".

Estudio de composición

El regreso a España

La adquisición por parte de España del depósito de documentos de Luis Araquistáin que hemos citado abrió todas las vías legales para el buen fin de la misión. De ese modo, el 9 de septiembre de 1981 el *Guernica* embarcó en el avión *Lope de Vega* y, protegido por la fuerza pública, *aterrizó* en Madrid a las 8.35 del día 10.

llegó por avión

El cuadro se instaló en el Buen Retiro, edificio anexo al Museo del Prado y, junto con unas 11.000 pinturas, esculturas, grabados y fotografías, pasó *a pertenecer* al Centro de Arte Reina Sofía (CARS) cuando éste se inauguró el 26 de mayo de 1986. A esto se ha añadido después *los legados* de Miró°, Dalí° y algunas pocas, pero importantes donaciones. Ya en 1987 se hablaba de estructurar la exposición de la colección permanente alrededor de una pieza central: el *Guernica* de

ser propiedad de

las donaciones

Madre con hijo muerto (boceto)

Picasso. Hoy día esta obra capital, se exhibe en la sala central del Centro de Arte Reina Sofía ya constituido en museo nacional junto con todos los dibujos preparatorios de esta obra siguiendo la voluntad del propio Picasso.

Adaptado de "Guernica: *el corazón del Reina Sofía",*
El País.

°*Joan Miró (1893–1983) famoso pintor español de tendencia surrealista.*
°*Salvador Dalí (1904–1989) pintor español del surrealismo con un alto grado de abstracción.*

■ ¿Comprendiste la lectura?

A. ¿Sí o no? En parejas decidan si están de acuerdo o no con los siguientes comentarios. Si no, expliquen por qué.

1. Guernica es el pueblo más antiguo de los vascos que fue bombardeado por los alemanes en 1937 durante la Guerra Civil Española.
2. A principios de 1937, unos intelectuales españoles le pidieron a Picasso que contribuyera con un mural para el pabellón español de la Exposición Universal.
3. Picasso no hizo ningún boceto antes de pintar y terminar lo que muchos consideran su obra capital, *Guernica*.
4. El *Guernica* es una de las obras de Picasso que más ha viajado por el mundo.
5. Picasso depositó el cuadro en el MOMA de Nueva York antes de la Segunda Guerra Mundial.
6. El gobierno de Francisco Franco nunca se interesó en recuperar el cuadro y trasladarlo a España.
7. Picasso dijo que el *Guernica* regresaría a España al terminar la Guerra Civil.

B. Hablemos de la lectura. En parejas, contesten estas preguntas.

1. ¿Quién fue Pablo Picasso?
2. ¿A qué evento histórico hace referencia el cuadro *Guernica*?
3. ¿Por qué hubo el 11 de mayo de 1937 una gigantesca manifestación en París?
4. ¿Cuánto tiempo le llevó a Picasso terminar su *Guernica*?
5. ¿Adónde viajó el *Guernica* para reunir fondos para los refugiados españoles de 1937 a 1939?
6. ¿Por qué Picasso se opuso a que el cuadro se trasladara a España en 1968 cuando todavía gobernaba Francisco Franco?
7. ¿Qué es el Centro de Arte Reina Sofía?
8. ¿Cuáles son las primeras impresiones que te causó el cuadro? ¿Qué emociones logra comunicar?
9. ¿Cuál es el mensaje principal del cuadro?

Palabras como clave: *pintar*

Para ampliar el vocabulario. Existen varias palabras y expresiones que se relacionan con la palabra **pintar**: **pinto(a)**, **pintado(a)**, **pintura**, **pintor(a)**, **pintoresco(a)**.

Responde a las siguientes preguntas con un(a) compañero(a).

1. ¿Qué características tiene un caballo **pinto**?
2. Hay **pinturas** al fresco prehistóricas, precolombinas y modernas. ¿Has visto algunas? ¿Puedes nombrarlas?
3. ¿Qué **pintor** prefieres, Pablo Picasso o Diego Velázquez? ¿Por qué?
4. Un lugar **pintoresco** es un lugar lindo que merece ser **pintado**. ¿Te gusta **pintar** lugares **pintorescos**?
5. ¿Cuál crees que es más rápido al **pintar** una casa, **pintar** con brocha gorda o **pintar** con pistola? ¿Por qué?
6. ¿Cuál crees que es el significado de la expresión: **no puedo verla ni en pintura**?

Dramatizaciones

A. El Siglo de Oro. Dramatiza una situación en la cual tú y tres amigos hacen planes para el fin de semana. Mencionen varias posibilidades de actividades y escojan una. A propósito, ¡ustedes están viviendo en Madrid durante el Siglo de Oro!

B. Artistas bohemios. Tú eres Pablo Picasso y estás tomando café al aire libre en un restaurante en París con dos amigos. Los tres son jóvenes artistas bohemios que llevan una vida libre, irregular y desordenada. De repente, otro amigo viene y les informa que los alemanes acaban de bombardear Guernica, el pueblo más antiguo de los vascos. Dramaticen la situación mostrando sus reacciones mientras deciden qué deben o pueden hacer.

Ventana al Mundo 21

Barcelona: ciudad a la vanguardia

Barcelona, la capital de la Comunidad Autónoma de Cataluña, con casi dos millones de habitantes, es la segunda ciudad más poblada de España y el centro industrial y comercial más importante del país. Fundada por los fenicios y conocida como Barcino antes de los romanos, Barcelona debe su importancia a su privilegiada localización geográfica como puerto mediterráneo en el noreste de la península. Desde la época medieval, ha sido la capital política y cultural de Cataluña. Ésta fue primero un condado, luego un reino independiente y después una región de España para convertirse, en 1977, en una comunidad autónoma.

Las Ramblas

Aunque el régimen del general Francisco Franco intentó suprimir el uso del catalán, en los últimos años ha habido un florecimiento de esta lengua. Ahora se enseña en las escuelas, se publican varios diarios en catalán, y también existen estaciones de radio y televisión que emiten su programación en catalán. Nada indica mejor el renacimiento de la ciudad que la exitosa celebración de los Juegos Olímpicos en Barcelona en 1992.

Los Juegos Olímpicos

La arquitectura es una de las áreas en que sobresale Barcelona, desde el barrio gótico hasta los edificios modernos. El arquitecto Antonio Gaudí (1852–1926) imprimió un sello muy personal a la ciudad con sus obras de fantasía en el Parque Güell y el Templo de la Sagrada Familia que, aún sin terminar, ha llegado a ser el símbolo de esta magnífica ciudad.

El Templo de la Sagrada Familia

Puerto al Mediterráneo. Contesta las siguientes preguntas con un(a) compañero(a).

1. ¿Cuándo fue establecida Barcelona? ¿A qué se debe que sea la segunda ciudad más grande de España?
2. ¿Qué lengua se habla en Barcelona? ¿Por qué ha habido un florecimiento del uso de esta lengua recientemente?
3. ¿Cuándo se celebraron los Juegos Olímpicos en Barcelona?
4. ¿Quién fue Antonio Gaudí?

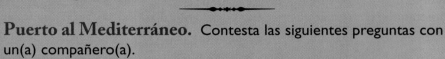

Vocabulario personal

¡Qué imaginación! Eres una persona muy imaginativa y acabas de tener una excelente idea para una nueva película. Tu idea es hacer una película sobre don Quijote en el futuro. Podrías llamar tu película *Don Quijote en el Mundo 21.* Imagínate cómo reaccionaría él al ver realidades comunes contemporáneas como un avión, los coches en las autopistas, un concierto de música "heavy metal", la pintura *Guernica,* etc.

Antes de escribir el primer borrador de tu guión cinematográfico, prepara una lista de vocabulario que crees que vas a necesitar 1) para nombrar los objetos que don Quijote ve y lo que se imagina, 2) para describir los objetos que se imagina, 3) para describir las reacciones de don Quijote y Sancho frente al Mundo 21 y 4) otras palabras y expresiones útiles. Tal vez debas volver a las lecturas sobre *Don Quijote* y *Guernica* para encontrar vocabulario apropiado.

Objetos que ve y se imagina	Descripciones de los objetos
1. un avión: un pájaro prehistórico	1. majestuoso
2. un autopista: un río mágico	2. poderoso
3. el *Guernica:* un sueño	3. incomprensible
4. . . .	4. . . .
5. . . .	5. . . .
6. . . .	6. . . .
7. . . .	7. . . .
8. . . .	8. . . .

Reacciones de don Quijote y Sancho Panza	Otras palabras y expresiones
1. conmovedor	1. ¡Dios mío!
2. sensacional	2. ¡Válgame Dios!
3. raro	3. . . .
4. maravilla	4. . . .
5. . . .	5. . . .
6. . . .	6. . . .
7. . . .	7. . . .
8. . . .	8. . . .

Escribamos ahora

1. **De lo común o familiar a lo extraño o raro.** Gran parte del humor, pasión y emoción en la obra *El ingenioso hidalgo don Quijote de la Mancha* viene del contraste entre el mundo tal como es y tal como don Quijote se lo imagina. El mundo de la fantasía de don Quijote es fácil de entender porque, a la vez, Cervantes permite al lector ver las cosas tales como son a través de los ojos realistas de Sancho Panza. Esto nos permite ver cómo la imaginación de don Quijote convierte lo común y familiar en algo raro y extraño.

   Lee la siguiente descripción de *El ingenioso hidalgo don Quijote de la Mancha* con un(a) compañero(a). Decidan cuál es el verdadero objeto o persona que se describe. No olviden lo que saben de don Quijote y cómo su imaginación influye lo que ve.

   > —Ésta tiene que ser la más famosa aventura que se haya visto; porque aquellos bultos *(cuerpos)* negros que allí aparecen deben de ser, y son, sin duda, algunos encantadores *(magos)* que roban alguna princesa en aquel coche, y es necesario deshacer este mal con todo mi poder.
   > Dijo Sancho, —Mire, señor, que aquéllos son frailes de San Benito, y el coche debe de ser de alguna gente pasajera.

   En una hoja de papel preparen dos listas, siguiendo este formulario.

Lo que ve don Quijote:	Lo que es en realidad:
1.	1.
2.	2.

2. **Recoger información.** Piensa ahora en el mundo moderno que te rodea. Piensa en personas, animales y objetos comunes que tú, tus amigos y familiares ven cada día. Haz tres columnas en una hoja de papel. En la primera columna pon los ocho objetos que incluiste en la lista de **Vocabulario personal** en la página 109. En la segunda columna escribe lo que don Quijote se imaginaría al ver cada objeto y en la tercera escribe una o dos características de las cosas que harían imaginarse a don Quijote lo que indicaste.

Objetos verdaderos	Objetos que don Quijote se imaginaría	Características
1. avión	pájaro prehistórico	alas y el volar
2.		
3.		

3. **Ideas y organización.** Trabajando con un(a) compañero(a), nombra los objetos de tu lista y pídele que te diga lo que cree que vería don Quijote y por qué.

a. Anota las ideas de tu compañero(a) que mejoren tu presentación. Puedes hacer preguntas como:
¿Qué se imaginaría don Quijote al ver un televisor?
¿Por qué crees que un televisor es como un . . . ?

b. Selecciona uno de los objetos de tu lista o de la de tu compañero(a). En una columna, escribe todas las características que se te ocurran para describir el objeto. Piensa en el tamaño, configuración o forma, color, y en cómo se mueve, qué hace, qué sonidos hace, etc. En una segunda columna, escribe cómo crees que don Quijote vería a la persona, animal u objeto que seleccionaste.

c. Prepárate para escribir una descripción apropiada desde un punto de vista verdadero y desde el punto de vista imaginativo de don Quijote. Usa un esquema araña o cualquier otro diagrama que prefieras y organiza la información. Decide qué elementos descriptivos, características, acciones y sonidos pueden agruparse y en qué orden deben presentarse.

B. El primer borrador

Ahora imagínate que tú has sido seleccionado para añadir un capítulo al guión cinematográfico de la futura película *Don Quijote en el Mundo 21.* Escribe un primer borrador usando los apuntes e ideas que desarrollaste en la sección anterior. No olvides que todo lo que don Quijote hace debe estar basado en lo que cree que ve, pero los resultados de lo que hace deben estar basados en la verdadera persona, animal u objeto que ve.

El nuevo cine español

Luz, cámara, acción

CANAL+ & EL DESEO S.A.

HISTORIA DE UN RODAJE

Antes de empezar el video

El cineasta es la persona responsable de crear cintas cinematográficas, es decir, es el director de una película. Durante la producción de un video o una película, esta persona tiene más responsabilidades que cualquier otra persona. ¿Cuáles de los siguientes deberes crees que son responsabilidades del cineasta?

1. Seleccionar a los actores
2. Conseguir dinero
3. Decidir dónde poner las cámaras
4. Escribir el guión cinematográfico
5. Seleccionar la música
6. Crear la publicidad
7. Decidir en qué debe o no debe enfocar la cámara
8. Decirles a los actores cómo actuar
9. Controlar el sonido
10. Determinar la cantidad y el tipo de luces necesarias

ESCENARIO

Pedro Almodóvar: un gran cineasta español

Pedro Almodóvar nació en 1951 y es hoy día el director de cine español más conocido del mundo. En 1979 salió su primera película, *Pepi, Luci, Beni y otras chicas del montón*. Casi diez años después, su película *Mujeres al borde de un ataque de nervios* (1988) fue nominada para un premio "Óscar" en Hollywood y lo hizo famoso en todas partes. La década siguiente ganó el "Óscar" para la mejor película en lengua extranjera por *Todo sobre mi madre* (1999). Otras películas suyas son *¿Qué he hecho para merecer esto?* (1984), *Matador* (1986), *Tacones lejanos* (1991) y *Carne trémula* (1997).

■ ¡A ver si comprendiste!

¿Quién? ¿Qué? ¿Cuándo? ¿Recuerdas los datos más importantes de la lectura? Para asegurarte, contesta estas preguntas con un(a) compañero(a).

1. ¿Cómo se llama la primera película de Pedro Almodóvar?
2. ¿Qué películas de Pedro Almodóvar fueron nominadas para un premio "Óscar"? ¿Cuál ganó y en qué categoría?
3. ¿Cuáles son algunas características de las películas de Pedro Almodóvar?
4. ¿Has visto alguna película de Pedro Almodóvar? ¿Cuál? ¿Qué es lo que más te impresionó de esta película?

Y ahora, ¡veámoslo!

En este video van a ver cómo se filmaron algunas escenas de la película titulada *Tacones lejanos* de Pedro Almodóvar. Además del director, aparecen las dos estrellas españolas de esta película: Victoria Abril y Marisa Paredes, que hacen el papel de hija y madre respectivamente en la película. Uno de los temas principales de *Tacones lejanos* es la problemática relación que tiene una famosa cantante con su hija a quien no había visto en muchos años.

El video: Historia de un rodaje— *Tacones lejanos*

Pedro Almodóvar

Una escena de *Tacones lejanos*

■ *A ver cuánto comprendiste . . .*

A. Dime si entendiste. Después de ver el video, contesta estas preguntas.

1. Según Pedro Almodóvar, ¿qué tipo de película es *Tacones lejanos?* ¿Es un melodrama, una comedia o una película de aventuras?
2. ¿Qué no puede evitar el director cada vez que ve esta película?
3. ¿Cómo sabemos que la actriz Marisa Paredes que hace el papel de madre no es quien realmente canta la canción?
4. ¿Dónde está la hija cuando la madre está cantando en un teatro de Madrid?
5. ¿Cuánto tiempo le tomó a Pedro Almodóvar completar *Tacones lejanos?*

B. ¿Y qué dices tú? Contesten estas preguntas en grupos de tres o cuatro. Luego díganle a la clase cómo contestaron cada pregunta.

1. ¿Quiénes actúan en la escena más importante de la película? ¿Cómo supo la actriz que hace el papel de hija que esta escena había funcionado durante el rodaje de la película?
2. ¿Qué dice la actriz Marisa Paredes sobre Pedro Almodóvar como director?
3. ¿Qué tipo de canción canta la madre en el teatro? ¿Te acuerdas de algunos versos?
4. ¿Qué prefieres tú, dirigir una película o ser la estrella principal de la misma?
5. ¿Cuál es tu película favorita? ¿tu actor favorito? ¿tu actriz favorita? ¿En qué papel estelar te gustaría actuar?

PASAPORTE *cultural*

¡Veinte preguntas! Trabajen en grupos de cuatro o seis. Divídanse en dos equipos y usen las tarjetas que su profesor(a) les va a dar para jugar **¡Veinte preguntas!** Hay dos juegos de tarjetas: el juego **A** para un equipo y el juego **B** para el otro. En cada juego hay un total de veinte preguntas. Los equipos deben turnarse al hacerse las preguntas. Todos los miembros de un equipo pueden participar en contestar las preguntas. Cada respuesta correcta vale un punto. Las respuestas correctas aparecen al dorso de cada tarjeta. ¡Buena suerte!

Escribamos ahora

A. Primera revisión

Intercambia tu guión para un capítulo sobre el moderno don Quijote con el de un(a) compañero(a). Al leer el guión de tu compañero(a), considera los puntos que aparecen a continuación. Cuando termines, dile a tu compañero(a) lo que más te gustó de su redacción y hazle algunas sugerencias para mejorarla.

1. ¿Cuáles partes del capítulo son las más efectivas? ¿Por qué?
2. ¿Se describe a la persona, animal u objeto común clara y efectivamente desde ambos puntos de vista, el imaginario y el verdadero?
3. ¿Se describe la acción del cuento de manera clara y en secuencia lógica?
4. ¿Es creíble la interpretación de don Quijote?

B. Segundo borrador

Escribe una segunda versión de tu capítulo considerando algunas de las sugerencias que tu compañero(a) te hizo y otras que se te ocurran a ti.

C. Segunda revisión

Prepárate para revisar tu composición con la siguiente actividad.

1. Trabajando en parejas, cambien todos los verbos del presente histórico al pretérito en el primer párrafo y al imperfecto en el segundo.

   Pretérito: Cuando don Quijote ve los molinos de viento se imagina unos gigantes. Su escudero Sancho Panza le explica que no, pero don Quijote rehúsa a creerlo. Decide atacar los molinos y acaba por lastimarse, tanto él como su caballo Rocinante. Sancho Panza tiene que ayudarlos.

Imperfecto: Don Quijote cree que Dulcinea es una doncella, una mujer pura y hermosa. Él la ama pero su amor por ella es muy especial. Siente gran respeto por Dulcinea y siempre habla de ella en términos muy exagerados, muy elevados. En realidad, ella no es nada especial. Trabaja en una taberna y no quiere aceptar lo que don Quijote dice. Pero esto no le importa a don Quijote. Él sigue pensando que Dulcinea es la mujer ideal.

2. Ahora dale una rápida ojeada al guión de tu compañero(a) para asegurarte de que no haya errores en la conjugación de los verbos que usó en el pretérito y en el imperfecto.

3. Subraya cada verbo en el borrador de tu compañero(a) para asegurarte que los revisaste todos.

4. Ve si hay otras correcciones necesarias, prestando atención especial a la concordancia entre sujetos y verbos y entre sustantivos y adjetivos. Menciónaselas a tu compañero(a).

D. Versión final

Considera los comentarios de tus compañeros sobre el uso de verbos en el pasado y otras correcciones. ¿Has hecho todos los cambios necesarios? Si crees que no, hazlas ahora. Luego escribe la copia final a máquina o en la computadora. Antes de entregarla, dale un último vistazo a la acentuación, la puntuación y la concordancia.

E. Publicación

Cuando tu profesor(a) te devuelva el guión corregido, prepara una versión para publicar, incorporando todas las sugerencias que tu profesor(a) te haga. Haz una cubierta con un dibujo de don Quijote o con uno de su "enemigo", sacado de una revista o de un periódico. Combinen todos los cuentos en un libro que pueden titular **El guión para: *Las nuevas aventuras de don Quijote en el Mundo 21,*** o con algún otro título que la clase prefiera.

INTERNET
Taller de escritura
www.mcdougallittell.com

Unidad 3

INTERNET
Presentación
www.mcdougallittell.com

México y Guatemala: raíces de la esperanza

El lago de Atitlán, localizado entre cuatro magníficos volcanes, en Santiago, Guatemala

Detalle de un mural de Diego Rivera donde personajes importantes en la historia de México dan un paseo por la Alameda, el parque central de la Ciudad de México

▶ **ENFOQUE** La realidad histórica de México y Guatemala es una de las más antiguas e impresionantes de este hemisferio. Por un lado, en México, en el mestizo contemporáneo vibra la mezcla de dos sangres y dos culturas: la indígena y la española. Por otro lado, en Guatemala, los pueblos indígenas han sobrevivido casi quinientos años de dominio. La concesión del Premio Nóbel de la Paz en 1992 a Rigoberta Menchú Tum, indígena maya-quiché, simboliza el reconocimiento mundial a la lucha de su pueblo por una vida mejor.

Lección

1

México

Nombre oficial:
*Estados Unidos
Mexicanos*

Extensión:
*1.958.201 km²
(kilómetros cuadrados)*

Principales ciudades:
*México, D.F. (Distrito
Federal), Guadalajara,
Nezahualcóyotl,
Monterrey*

Moneda:
*Nuevo peso
(N$)*

Gente del Mundo 21

Octavio Paz, poeta mexicano galardonado
con el Premio Nóbel de Literatura en 1990,
nació en la Ciudad de México en 1914. Se
educó en la Universidad Nacional Autónoma
de México. Publicó su primer libro de poemas,
Luna silvestre, antes de cumplir veinte años.
Además de distinguirse como poeta, Octavio
Paz ha escrito libros de ensayos sobre el arte,
la literatura y la realidad mexicana en general.
Quizás su libro de ensayos de mayor influencia
sea *El laberinto de la soledad* publicado en
1950, donde hace un análisis crítico de México
y el mexicano.

Elena Poniatowska, escritora y periodista
mexicana, nació en Francia en 1933, de padre
francés de origen polaco y madre mexicana.
Llegó a la Ciudad de México durante la
Segunda Guerra Mundial. Se inició en el periodismo en 1954 y desde entonces ha publicado
numerosas novelas, cuentos, crónicas y
ensayos. *La noche de Tlatelolco* (1971), su
obra más conocida, ofrece testimonios sobre
la masacre de estudiantes por las fuerzas
militares, ocurrida el 2 de octubre de 1968 en
la Plaza de las Tres Culturas en Tlatelolco, unos
días antes de iniciarse los Juegos Olímpicos en
México.

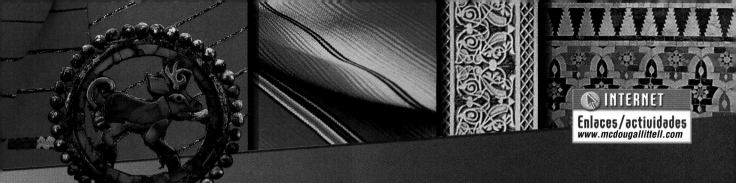

Luis Miguel, cantante mexicano, nació en Veracruz el 19 de abril de 1970. Es hijo del cantante español Luisito Rey y de la cantante italiana Marcela Bastery. Debutó como cantante siendo niño y desde 1983 ha dado conciertos fuera de México. Se ha convertido en un ídolo de la música latinoamericana. Se han vendido más de seis millones de copias de su disco *Romance* a nivel mundial. Sus canciones de más éxito son en su mayoría boleros o canciones de estilo romántico.

Lucero Hogaza de Mijares, actriz y cantante, nació en 1969 en México. Desde los cinco años Lucero ha tenido una gran variedad de papeles que incluyen películas, programas cómicos y telenovelas. Quizás entre sus papeles, el más interesante, según la misma Lucero, ha sido la oportunidad que tuvo para hacer las voces de personajes en las películas de *Mulan* y *Tarzan*. En su carrera como artista, lo cual se extiende a más de veinte años, ha logrado ser reconocida no sólo en su país de origen, sino en todo el mundo hispano.

Personalidades del Mundo 21. Después de leer las biografías, pídele a tu compañero(a) que cierre su libro y te diga quién diría lo siguiente: Octavio Paz, Elena Poniatowska, Luis Miguel o Lucero Hogaza de Mijares.

1. Yo escribí un libro sobre una matanza de estudiantes universitarios.
2. Yo publiqué mi primer libro de poemas antes de cumplir veinte años.
3. Uno de mis discos ha vendido más de seis millones de copias por todo el mundo.
4. Yo hice las voces de personajes en unas películas para niños.
5. Mi padre es de origen polaco y mi madre de origen mexicano.

DEL PASADO al presente

MÉXICO: TIERRA DE CONTRASTES

Para cualquier visitante, México es una tierra llena de contrastes: altas montañas y valles fértiles, así como extensos desiertos y selvas tropicales. En México lo más moderno convive con lo más antiguo. Existen más de cincuenta grupos indígenas, cada uno con su propia lengua y sus propias tradiciones culturales. Pero en la actualidad la mayoría de los mexicanos son mestizos, o sea, producto de la mezcla de indígenas y españoles. Tal como su gente, la historia y la cultura de México son muy variadas.

LOS ORÍGENES MESOAMERICANOS

En México nació una de las civilizaciones más originales del mundo, la civilización mesoamericana (nombre de la región donde vivían los aztecas y los mayas). Comienza con la cultura olmeca, que prosperó hace más de tres mil años en la región costeña de los estados de Tabasco y

Cabeza olmeca

Veracruz. Los mesoamericanos cultivaban plantas como el maíz, el frijol, el chile y los jitomates, que hoy forman parte de la dieta humana en general. Crearon también grandes núcleos urbanos como Teotihuacán, Tula y Tenochtitlán. Esta última ciudad fue fundada por los aztecas en 1325 en el lugar que hoy ocupa el centro histórico de la Ciudad de México.

Mural de Diego Rivera, Palacio Nacional

LA CONQUISTA ESPAÑOLA

A la llegada de la expedición española comandada por Hernán Cortés en 1519, la mayor parte del sur del territorio mexicano, con excepción de Yucatán, formaba parte del imperio azteca. Cortés se informó pronto del conflicto que había entre las diferentes naciones indígenas. Supo también del mito del regreso de Quetzalcóatl, la Serpiente Emplumada; este dios de la mitología mesoamericana había prometido regresar de la región del oriente, adonde se había ido unos siglos antes. Cortés usó este mito para su beneficio, dejando creer a los indígenas que él era Quetzalcóatl. En 1521, después de un terrible sitio de meses, Tenochtitlán cayó finalmente en poder de los españoles, quienes decidieron establecer ahí mismo la capital del México colonial.

De 1521 a 1821, México, capital del Virreinato de la Nueva España como fue nombrada la región por los conquistadores, fue una importante colonia del vasto imperio español. Impresionantes iglesias, palacios y monumentos coloniales dan muestra de la riqueza del nuevo territorio. La riqueza de esta sociedad se basaba principalmente en la producción de grandes minas de plata y oro y en la explotación general de la población indígena. Al final de este período colonial, los criollos, los españoles nacidos en México, resentían el poder de los gachupines, los españoles nacidos en España, y por fin consiguieron la independencia de México en 1821.

El Zócalo, Ciudad de México

MÉXICO INDEPENDIENTE EN EL SIGLO XIX

La independencia no le dio a México ni estabilidad política ni mayor desarrollo económico. Al contrario, durante la primera mitad del siglo XIX, las insurrecciones, los golpes de estado y las luchas armadas entre los diferentes bandos políticos se generalizaron. En 1836, México se vio obligado a conceder la independencia a los colonos anglosajones de Texas. Además,

Benito Juárez

después de la desastrosa guerra con EE.UU. de 1846 a 1848, México tuvo que ceder la mitad de su territorio a EE.UU. por el Tratado de Guadalupe-Hidalgo.

Benito Juárez, político liberal de origen zapoteca, uno de los grupos indígenas mexicanos, llegó a la presidencia en 1858 y promovió reformas progresistas. Durante su gobierno, los franceses invadieron a México e intentaron establecer una monarquía satélite. El presidente Juárez tuvo que huir de la capital para salvar la presidencia en 1862. Cinco años después, en 1867, los franceses fueron derrotados y Benito Juárez regresó triunfante a la Ciudad de México.

Porfirio Díaz

En 1877, el general Porfirio Díaz tomó la presidencia por la fuerza y gobernó como dictador durante más de treinta años. Esta época, conocida como el "porfiriato", fue un período de cierto desarrollo económico que vio la integración de México al mercado mundial. Fue también, sin embargo, un período en que los negociantes extranjeros recibieron grandes beneficios mientras que muchos campesinos perdieron sus tierras y fueron forzados a trabajar como peones de grandes haciendas. Por eso, el pueblo decía que México era "la madre de los extranjeros" y "la madrastra de los mexicanos". El porfiriato terminó al empezar la Revolución Mexicana en 1910.

LA REVOLUCIÓN MEXICANA

El período violento de la Revolución Mexicana, que duró dos décadas, dejó más de un millón de muertos. Durante estos años también, casi un diez por ciento de la población cruzó la frontera y se estableció en EE.UU., revitalizando así la presencia mexicana por todo el suroeste de ese país. En 1917 se aprobó una nueva constitución, que es la que sigue en uso.

Ejército revolucionario

Uno de los resultados más importantes de la revolución fue la revaloración de las raíces culturales auténticamente mexicanas. Artistas y escritores celebraron en sus obras

la cultura mestiza del país. Líderes revolucionarios como Pancho Villa y Emiliano Zapata aparecen en obras literarias y en numerosos "corridos" o canciones populares.

Pancho Villa y Emiliano Zapata

En 1929 se fundó el partido político que hoy lleva el nombre de Partido Revolucionario Institucional (PRI), el cual se mantuvo en el poder hasta 2000. Entre 1934 y 1940, la república fue gobernada por Lázaro Cárdenas que implementó la repartición de tierras y la nacionalización de la industria petrolera. Este presidente inauguró el período presidencial de seis años, llamado sexenio. Desde entonces, cada seis años el poder pasa pacíficamente a un nuevo presidente.

MÉXICO CONTEMPORÁNEO

Durante la década de 1960 México desarrolló y diversificó su economía a paso acelerado. De país esencialmente agrícola, pasó a ser una nación industrial. Pero en las últimas dos décadas, el llamado "milagro" mexicano ha sido afectado por una prolongada crisis económica que ha reducido el nivel de vida de los mexicanos.

En la actualidad, México es uno de los países más urbanizados del llamado Tercer Mundo. La Ciudad de México, con aproximadamente veintiocho millones de

habitantes, es la ciudad más poblada del mundo, y quizás también la más contaminada. Al comenzar 1994, una rebelión de indígenas en Chiapas cuestionó la política del gobierno hacia los más pobres.

Y los cambios continuaron. En 2000, en una elección memorable, el partido político PRI perdió el reinado que había durado alrededor de 80 años, cuando Vicente Fox fue elegido nuevo presidente de México.

Centro Bursátil, México, D.F.

Este gran cambio político muestra que el futuro de México será muy diferente al México del pasado. Pero al mismo tiempo seguirá siendo muy similar al México antiguo: una tierra que encuentra su fuerza y su identidad en realidades muy diferentes.

Universidad Nacional Autónoma de México

¡A ver si comprendiste!

¿Quién? ¿Qué? ¿Cuándo? ¿Recuerdas los datos más importantes de la lectura? Para asegurarte, contesta estas preguntas con un(a) compañero(a).

1. ¿Quiénes son los mestizos? ¿Por qué crees que la lectura dice que hoy día la mayoría de los mexicanos son mestizos?
2. ¿Cuándo y en qué región de México floreció la cultura olmeca?
3. ¿Qué ciudad fundaron los aztecas en 1325?
4. ¿Quién era Quetzalcóatl? Explica su mito. ¿Cómo se utilizó este mito para conquistar a los aztecas?

Ventana al Mundo 21

Diego Rivera y Frida Kahlo: la pareja más talentosa de México

Cuando en 1929 Diego Rivera y Frida Kahlo se casaron en Coyoacán, un suburbio de la Ciudad de México, él tenía cuarenta y tres años y ella, veintidós. Ambos son ahora reconocidos como dos de los artistas mexicanos más importantes del siglo XX. Después de pasar muchos años en Europa, Diego Rivera regresó a México en 1921 y empezó a pintar enormes y maravillosos murales que estimularon el renacimiento de la pintura al fresco en América Latina y Estados Unidos. En la década de 1930 pintó murales en San Francisco, Detroit y Nueva York. Algunos de sus murales fueron criticados por ser demasiado radicales. Por ejemplo, el mural que pintó en el Centro Rockefeller de Nueva York fue destruido cuando Rivera rehusó eliminar la imagen de Lenin, el líder comunista, que ahí aparecía. Años después, Rivera reprodujo este mural para el Palacio de Bellas Artes de México. Por su parte, Frida Kahlo se hizo famosa por sus retratos y autorretratos donde combinaba lo

5. ¿Qué nombre tenía México durante la época colonial española?
6. ¿Fue México un país estable después de obtener la independencia durante la primera mitad del siglo XIX? Explica.
7. ¿Qué presidente mexicano de origen zapoteca venció a los invasores franceses en 1867?
8. ¿Quién permaneció más de treinta años como dictador de México a finales del siglo XIX y a principios del XX? ¿Cuáles fueron algunas características de esa época?
9. ¿Qué efectos tuvo la Revolución Mexicana en la cultura mexicana?
10. ¿Por qué crees que el título de esta lectura es "México: tierra de contrastes"? ¿Cuáles son algunos de estos contrastes?

INTERNET
Prueba interactiva
www.mcdougallittell.com

Frida y Diego Rivera (cuadro de Frida Kahlo, 1931)

real con lo fantástico. A los dieciocho años, un accidente de tráfico casi le causó la muerte a Frida, quien en años posteriores tuvo que sufrir numerosas operaciones. Muchas de sus pinturas reflejan su dolor y su sufrimiento. Frida murió en 1954 y Diego, tres años después. La casa donde vivieron en Coyoacán es hoy el Museo Frida Kahlo, donde se puede apreciar tanto el talento de ambos artistas como el amor que se tenían a pesar de un matrimonio tormentoso.

Rivera y Kahlo. En grupos de dos o tres, pongan los siguientes comentarios en un orden que les parezca lógico.
1. En el Museo Frida Kahlo se puede ver tanto lo bueno como lo malo del matrimonio de estos dos artistas.
2. Frida Kahlo combinaba lo real con lo fantástico en sus obras.
3. Diego Rivera era mayor que Frida Kahlo cuando se casaron en 1929.
4. Rivera fue invitado a pintar murales en varias ciudades principales de EE.UU.
5. El dolor y el sufrimiento son el tema principal de sus obras.

Y ahora, ¡a leer!

■ *Anticipando la lectura*

A. Los diarios y tú. El periódico es una parte esencial en la vida de la mayoría de los adultos en EE.UU. Contesta estas preguntas para ver qué papel tiene el periódico en tu vida. Luego entrevista a tres o cuatro compañeros de clase para ver qué papel tiene el periódico en su vida.

1. ¿Acostumbras leer un diario todos los días? ¿A qué horas acostumbras leerlo, por la mañana o por la tarde? Si no lo lees, ¿cómo te informas de las noticias?
2. ¿Crees que es buena costumbre leer un diario o revista durante el desayuno o la comida? ¿Te molesta que alguien haga esto en tu presencia? ¿Por qué sí o por qué no?
3. ¿Cuáles secciones del periódico te gustan más? ¿Por qué? ¿Hay algunas secciones que en tu opinión deberían eliminarse del periódico? ¿Cuáles? ¿Por qué?
4. ¿Consideras que es una pérdida de tiempo que alguien pase la mayor parte de su tiempo libre leyendo las grandes ediciones de los diarios los fines de semana? ¿Por qué?

B. Periodismo. Tú y dos compañeros, estudiantes de periodismo, trabajan para el periódico local. Su tarea para mañana es preparar la primera página de su periódico. Háganlo ahora usando estas preguntas como guía.

1. *Excélsior,* un diario de la Ciudad de México, lleva este nombre porque "excélsior" quiere decir "algo superior". ¿Qué título le darían ustedes a su periódico?
2. La primera página de un periódico normalmente lleva las noticias internacionales más importantes del día. ¿Cuáles son dos o tres noticias internacionales que ustedes incluirían en su primera página?
3. Con frecuencia la primera página también incluye algunas noticias locales importantes. ¿Qué noticias locales incluirían ustedes?

El Diario de Hoy

EXCELSIOR EL PERIODICO DE LA VIDA NACIONAL

EL UNIVERSAL

C. Vocabulario en contexto.

Decide cuál es el significado de las palabras en negrilla a base del contexto de la oración o de otras estrategias que has aprendido para llegar al significado de palabras desconocidas.

1. Nunca me ha importado **ensuciarme los dedos** con el periódico con tal de estar al corriente en las noticias. De inmediato voy al baño y me lavo con blanqueador; pero el intento siempre es inútil.

    a. cubrirme los dedos   *b.* no tener los dedos limpios
    c. cortarme los dedos

2. Pero esta mañana me sentí incómodo cuando toqué el periódico. Creí que solamente **se trataba de** uno de mis acostumbrados dolores de cabeza.

    a. leía de   *b.* era   *c.* evitaba

3. Como todas las mañanas, salí a comprar el diario. Pagué **el importe** y regresé a mi casa.

    a. el precio   *b.* los impuestos   *c.* al vendedor

4. Me acomodé en mi sillón favorito y me puse a leer la primera página. Luego de **enterarme** del accidente, volví a sentirme mal; vi mis dedos y los encontré más sucios que de costumbre.

    a. convencerme   *b.* pensar   *c.* informarme

5. Cuando iba a tomar mi cigarro, descubrí que **una mancha negra** cubría mis dedos. De inmediato retorné al baño y me lavé las manos.

    a. una joya negra   *b.* un guante negro
    c. una marca negra

6. De inmediato retorné al baño y **me tallé** con un cepillo; pero el intento fue inútil.

    a. me duché   *b.* me limpié   *c.* me encontré

7. Después, llamé a las oficinas del periódico para **elevar** mi más rotunda protesta.

    a. hacer   *b.* subir   *c.* escuchar

8. Entró mi esposa y me levantó del **suelo**, me cargó bajo el brazo, se acomodó en mi sillón favorito, me hojeó despreocupadamente y se puso a leer.

    a. piso   *b.* sofá   *c.* escritorio

Conozcamos al autor

Guillermo Samperio nació en 1948 en la Ciudad de México donde se educó y ha vivido toda su vida. La realidad urbana que se confronta todos los días en la gran metrópoli ha sido la temática de la mayoría de sus cuentos, muchos de ellos llenos de humor. Ha publicado varios libros, todos de cuentos. Dos de los que más se destacan son *Tomando vuelo y demás cuentos* (1975), con el que ganó el Premio Casa de las Américas, y *Textos extraños* (1981), de donde viene el cuento "Tiempo libre".

El cuento "Tiempo libre" es una fantasía en la cual el leer el periódico, una experiencia ordinaria y rutinaria, se transforma en algo peligroso y fatal.

LECTURA

Tiempo libre

por Guillermo Samperio

Todas las mañanas compro el periódico y todas las
mañanas, al leerlo, me mancho los dedos con tinta. Nunca
me ha importado ensuciármelos con tal de estar al día en
las noticias. Pero esta mañana sentí un gran *malestar*
apenas toqué el periódico. Creí que solamente se trataba de
uno de mis acostumbrados *mareos*. Pagué el importe del
diario y regresé a mi casa. Mi esposa había salido de
compras. Me acomodé en mi sillón favorito, encendí un
cigarro y me puse a leer la primera página. Luego de
enterarme de que un jet se había *desplomado,* volví a
sentirme mal; vi mis dedos y los encontré más *tiznados* que
de costumbre. Con un dolor de cabeza terrible, fui al baño,
me lavé las manos con toda calma y, ya tranquilo, regresé al
sillón. Cuando iba a tomar mi cigarro, descubrí que una
mancha negra cubría mis dedos. De inmediato retorné al
baño, me tallé con *zacate,* piedra *pómez* y, finalmente, me
lavé con blanqueador; pero el intento fue inútil, porque la
mancha creció y me invadió hasta los codos. Ahora, más
preocupado que molesto, llamé al doctor y me recomendó
que lo mejor era que tomara unas vacaciones, o que
durmiera. En el momento en que hablaba por teléfono,
me di cuenta de que, en realidad, no se trataba de una
mancha, sino de un número infinito de letras pequeñísimas,
apeñuzcadas, como una inquieta multitud de hormigas
negras. Después, llamé a las oficinas del periódico para
elevar mi más rotunda protesta; me contestó una voz de
mujer, que solamente me insultó y me trató de loco.
Cuando colgué, las letritas habían avanzado ya hasta mi
cintura. Asustado, corrí hacia la puerta de entrada; pero,
antes de poder abrirla, *me flaquearon* las piernas y caí
estrepitosamente. Tirado bocarriba descubrí que, además
de la gran cantidad de letrashormiga que ahora ocupaban
todo mi cuerpo, había una que otra fotografía. Así estuve
durante varias horas hasta que escuché que abrían la puerta.
Me costó trabajo *hilar* la idea, pero al fin pensé que había
llegado mi salvación. Entró mi esposa, me levantó del suelo,
me cargó bajo el brazo, se acomodó en mi sillón favorito,
me hojeó despreocupadamente y se puso a leer.

intranquilidad

pérdida del equilibrio y del sentido
   de orientación

caído del cielo

sucios

estropajo / roca volcánica

agrupadas

se me doblaron

con mucho ruido

conectar

■ ¿Comprendiste la lectura?

A. ¿Sí o no? Decide si estás de acuerdo o no con los siguientes comentarios. Si no lo estás, explica por qué no.

1. El título del cuento, "Tiempo libre", hace referencia a las horas extras de trabajo.
2. El protagonista del cuento recoge el periódico enfrente de su casa todos los días.
3. El protagonista está casado aunque en el momento en que ocurre el cuento, está solo porque su esposa ha salido de compras.
4. Preocupado por una mancha que le crecía en el cuerpo, llamó primero a su suegra para pedirle consejos.
5. Asustado por las letritas que le cubrían hasta la cintura, corrió hacia la puerta de entrada y se cayó.
6. Al final, la esposa lo reconoció, lo levantó del suelo, lo cargó hasta un sillón y le preguntó muy preocupada si se sentía bien.

B. Hablemos de la lectura. Contesten estas preguntas en grupos de tres o cuatro.

1. ¿Dónde nació y dónde ha vivido toda su vida Guillermo Samperio? ¿Qué importancia tiene este hecho en su obra literaria?
2. ¿Por qué se titula el cuento "Tiempo libre"? ¿Qué otro título escogerías para el cuento? ¿Por qué?
3. ¿Qué papel tiene en el cuento el periódico que el protagonista trae a su casa?
4. ¿Qué fue lo primero que pensó el protagonista al ver la mancha que le cubría los dedos?
5. ¿Por qué crees que primero llamó al doctor y después a las oficinas del periódico? ¿Cuáles fueron los resultados de las dos llamadas?
6. ¿Por qué corrió el protagonista hacia la puerta de entrada e intentó abrirla?
7. ¿Qué hizo su esposa al entrar a la casa?
8. ¿En qué se convirtió el protagonista cuando no pudo abrir la puerta de su casa?
9. ¿Te parece que este cuento tiene algo que ver con un mal sueño? ¿Por qué podemos decir que es un cuento lleno de fantasía?
10. ¿Cuál es, en tu opinión, el mensaje o la moraleja de este cuento?

INTERNET
Más lecturas
www.mcdougallittell.com

Palabras como clave: *diario*

Para ampliar el vocabulario. La palabra **diario** tiene muchos significados en español. Con un(a) compañero(a), decide en el significado de **diario** en cada pregunta. Prepárense para explicárselo a la clase. También preparen respuestas a las preguntas.

1. Si trabajas, ¿ganas bastante dinero para el gasto **diario**?
2. ¿Cuántos **diarios** se publican en tu ciudad?
3. ¿Cuántos años hace que apareció *El **diario** de Ana Frank*?
4. ¿Es importante cepillarse los dientes **a diario**?

Dramatizaciones

A. El regreso de Quetzalcóatl. En grupos de cuatro o cinco, preparen una dramatización sobre el primer encuentro de Moctezuma, el último rey azteca, y Hernán Cortés. Recuerden que Moctezuma no estaba seguro si Cortés era el dios Quetzalcóatl y por eso no quería ofenderlo, pero tampoco sabía si debía creer en él.

B. ¡Pero somos mexicanos! En grupos de cuatro o cinco preparen una dramatización del encuentro de un capitán y un sargento angloamericanos y una familia mexicana en Santa Fe, Nuevo México en 1848. Los militares vienen a informarle a la familia mexicana que México acaba de perder la guerra y ahora ellos tienen que decidir si quieren seguir siendo ciudadanos mexicanos y mudarse a México o si prefieren quedarse y ser ciudadanos de EE.UU. Dramaticen la reacción de la familia mexicana incluyendo todas las preguntas que ellos tendrían y cómo se las contestarían los militares.

Quetzalcóatl

Ventana al Mundo 21

El Templo Mayor

El Templo Mayor

En lo que podría considerarse el corazón de la actual Ciudad de México, unos obreros de la compañía de electricidad encontraron, a siete pies de profundidad, un objeto extraño el 21 de febrero de 1978. En pocos días la noticia se extendía por todo México y el mundo entero. Se había descubierto un colosal monolito circular que representaba a Coyolxauhqui, la diosa azteca de la luna. Éste fue el primero de muchos objetos que encontraron a través de seis años en la excavación del Templo Mayor, el lugar más sagrado de la antigua capital del imperio azteca, México-Tenochtitlán. Cada día, la televisión y los periódicos informaban al público mexicano de los valiosos artefactos que volvían a la luz. Para todo el país era como asistir a un curso general de arqueología. Existe ahora un moderno museo dedicado al Templo Mayor a unos cuantos pasos del lugar donde se encontró el monolito inicial.

El Templo Mayor. Imagínate que es el 5 de marzo de 1978 y tú y tu compañero(a) son reporteros de Televisa, una estación de televisión que los ha mandado a entrevistar a los trabajadores que están excavando el sitio del Templo Mayor. Dramatiza la situación con tres o cuatro compañeros.

La Piedra del Sol

En 1790 se descubrió este enorme monolito bajo la superficie del Zócalo, la plaza mayor de la Ciudad de México. Allí había permanecido enterrado por 269 años después de la conquista española de Tenochtitlán. Se le conoce como la Piedra del Sol y representa la visión del cosmos que tenían los antiguos mexicanos.

La piedra mide doce pies de diámetro y pesa veinticuatro toneladas. Se calcula que los artistas aztecas que labraron la piedra tardaron cerca de veinte años en terminar la obra. En la actualidad, es la pieza central de la más importante sala de exhibiciones del Museo Nacional de Antropología e Historia localizado en el Parque de Chapultepec en la Ciudad de México.

La Piedra del Sol también se conoce como el Calendario Azteca, aunque no es precisamente como los calendarios modernos. En realidad, se trata de un libro de piedra que resume el conocimiento astronómico y la visión del tiempo que tuvo la gran civilización mesoamericana.

Nombre de los veinte días en el calendario náhuatl*

1. *cipactli* cocodrilo
2. *ehécatl* viento
3. *calli* casa
4. *cuetzpalin* lagartija (lizard)
5. *cóatl* serpiente
6. *miquiztli* muerte
7. *mázatl* venado (deer)
8. *tochtli* conejo (rabbit)
9. *atl* agua
10. *itzcuintli* perro
11. *ozomatli* mono (monkey)
12. *malinalli* hierba (grass)
13. *ácatl* caña (reed)
14. *océlotl* jaguar
15. *cuauhtli* águila
16. *cozcacuauhtli* zopilote (vulture)
17. *ollin* movimiento
18. *técpatl* pedernal (flintstone)
19. *quiáhuitl* lluvia
20. *xóchitl* flor

*Los veinte días multiplicados por dieciocho meses formaban 360 días. A ésos se les añadían cinco días llamados *nemontemi* (los mesoamericanos los consideraban de mala suerte) para así obtener un total de 365 días. A este año solar se le añadía un día extra cada cuatro años que correspondía a lo que nosotros llamamos "año bisiesto".

¿Son buenos arqueólogos? En grupos de dos o tres, identifiquen en el dibujo de la Piedra del Sol los elementos que la componen, según las siguientes indicaciones. Escriban los nombres correspondientes en la copia del calendario que les va a dar su profesor(a).

1. Los aztecas, como muchos otros pueblos mesoamericanos, consideraban al Sol como el principio y centro de toda la vida. ¿Dónde crees que se localiza el Sol llamado *Tonatiuh* por los aztecas?
2. Había veinte días en cada uno de los dieciocho meses mesoamericanos. Cada día se representaba por un símbolo distinto. Identifica el círculo que contiene los veinte días del mes mesoamericano.
3. Cada día estaba representado por un *tonalli* o espíritu solar. Encuentra en el círculo de los días los siguientes *tonalli*:

Cuetzpalin
lagartija

Mázatl
venado

Cuauhtli
águila

Xóchitl
flor

4. Señala las cuatro direcciones distintas que rodean a *Tonatiuh: ehécatl*, *océlotl*, *quiáhuitl* y *atl*. Encuentra el significado de los nombres náhuatl en la lista de nombres de los veinte días mesoamericanos.
5. El siguiente símbolo representa a *Ehécatl*-viento. ¿Puedes identificar las dos veces que aparece?

Ehécatl
viento

6. Identifica las dos serpientes de fuego que representan al planeta Venus por la mañana y por la noche. De las serpientes salen dos gemelos, uno anunciando la noche, el otro el día. En México, los gemelos se llaman "cuates" de la palabra *cóatl* que significa tanto "serpiente" como "doble".

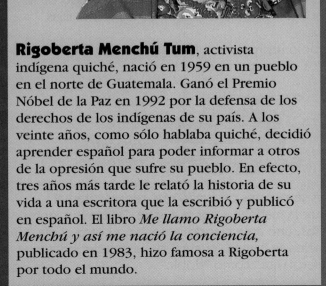

Lección 2

Guatemala

Gente del Mundo 21

Rigoberta Menchú Tum, activista indígena quiché, nació en 1959 en un pueblo en el norte de Guatemala. Ganó el Premio Nóbel de la Paz en 1992 por la defensa de los derechos de los indígenas de su país. A los veinte años, como sólo hablaba quiché, decidió aprender español para poder informar a otros de la opresión que sufre su pueblo. En efecto, tres años más tarde le relató la historia de su vida a una escritora que la escribió y publicó en español. El libro *Me llamo Rigoberta Menchú y así me nació la conciencia,* publicado en 1983, hizo famosa a Rigoberta por todo el mundo.

Henry Stokes, doctor y jugador de fútbol profesional fue uno de los grandes exponentes de este deporte durante los años 60. Su carrera como futbolista la inició a los 19 años. Combinó el fútbol con los estudios y siendo futbolista se graduó de neurólogo. En la actualidad el doctor Stokes es uno de los neurólogos más destacados de Latinoamérica. Es presidente de la Liga Centroamericana y del Caribe de Epilepsia, de la Asociación Guatemalteca de Ciencias Neurológicas, vicepresidente de la Liga Latinoamericana Contra la Epilepsia y director del programa de residencia de neurología del Hospital San Juan de Dios en la Ciudad de Guatemala.

Miguel Ángel Asturias (1899–1974), escritor guatemalteco, recibió el Premio Nóbel de Literatura en 1967. Nació en la Ciudad de Guatemala pero pasó cuatro años de su niñez en Salamá, una ciudad de provincia. Desde allí visitaba con frecuencia la cercana hacienda de su abuelo materno. Allí tuvo el primer contacto con los ritos y creencias indígenas que tanto amó y que luego trató de evocar en su obra literaria. Publicó novelas de carácter social; entre las más conocidas está *El señor Presidente* (1946), obra escrita en una lengua intensamente poética. Entre 1966 y 1970 fue embajador de Guatemala en Francia.

Martín Machón, futbolista guatemalteco, nació en la Ciudad de Guatemala en 1973. Empezó su carrera como futbolista profesional en Guatemala en 1991. Luego, tuvo mucho éxito como un jugador profesional en España. Después de un tiempo como jugador de los Galaxy de Los Ángeles, hoy día es un mediocampista para la Fusión de Miami. En su tiempo libre, a Machón le gusta usar Internet y jugar al golf. Dice que sus sitios web favoritos son los que se relacionan con el golf.

Personalidades del **Mundo 21.**   Selecciona a uno de estos personajes y prepara tres oraciones en primera persona describiéndola. En grupos de cuatro o cinco, lean sus oraciones para ver si el grupo puede identificar a la persona que se describe.

MODELO   *Tú:* **De niño, me gustaba mucho visitar la hacienda de mi abuelo y observar la vida de los indígenas allí.**
Compañero(a): **Miguel Ángel Asturias**

DEL PASADO al presente

GUATEMALA: RAÍCES VIVAS

Guatemala es uno de los países latinoamericanos donde el pasado mesoamericano sigue vivo: la población indígena constituye el cincuenta y cinco por ciento del total y ha podido mantener sus tradiciones culturales ancestrales. En su territorio floreció una de las civilizaciones más brillantes del continente americano—la de los mayas.

LA CIVILIZACIÓN MAYA

Hace más de dos mil años los mayas construyeron pirámides y palacios majestuosos, desarrollaron el sistema de escritura más completo del continente, y sobresalieron por sus avances en las matemáticas y la astronomía. Así por ejemplo, emplearon el concepto del cero en su sistema de numeración, y crearon un calendario más exacto que el que se usaba en la Europa de aquel tiempo.

La civilización prosperó primero en las montañas de Guatemala y después se extendió a la península de Yucatán, el suroeste de México y Belice. Hasta hoy no se puede explicar la misteriosa desaparición de muchas de estas ciudades

Dos Pilas

mayas. Por mucho tiempo se pensó que los diferentes grupos mayas, que vivían organizados en ciudades-estados, eran pueblos pacíficos que raras veces tenían conflictos con otros pueblos mayas. Sin embargo, las investigaciones más recientes en las zonas arqueológicas de Dos Pilas y Aguateca indican que no eran tan pacíficos como se creía y que los continuos conflictos entre los diferentes grupos mayas contribuyeron a su destrucción.

PERÍODO COLONIAL

La conquista española de Guatemala comenzó en 1523 con la expedición de Pedro de Alvarado, quien también había participado en la conquista de los aztecas en

Antigua

México. Durante la época colonial, se estableció la Capitanía General de Guatemala, que incluía las posesiones centroamericanas de España y el suroeste de México. A su vez, esta capitanía general dependía del Virreinato de la Nueva España.

Como en México, los conquistadores tomaron las tierras de muchos pueblos indígenas para dividirlas entre ellos mismos. A pesar de la gran presión para asimilarse a la cultura dominante, la mayoría de los mayas mantuvieron sus tradiciones y hasta hoy día muchos continúan hablando sus propias lenguas mayas que incluyen más de veinte dialectos.

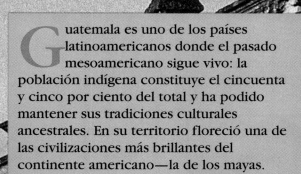

GUATEMALA INDEPENDIENTE

Guatemala declaró su independencia de España en 1821, pero a lo largo de su primer siglo como país independiente sufrió continuamente de inestabilidad política. Junto con el resto de Centroamérica, Guatemala se unió a México de 1822 a 1823. Después de este breve período, Guatemala formó parte de las Provincias Unidas de Centroamérica. Esta federación se dividió en 1838 y de ella surgieron también los países de El Salvador, Honduras, Nicaragua y Costa Rica.

Durante el siglo XIX, Guatemala fue gobernada por una serie de dictadores que en general favorecían los intereses de los grandes dueños de plantaciones y de negocios de extranjeros. Aunque las compañías extranjeras contribuyeron al desarrollo económico del país, facilitando la construcción de ferrocarriles, carreteras y líneas telegráficas, los beneficios económicos no llegaron a los campesinos indígenas, quienes siguieron viviendo en la pobreza.

INTENTOS DE REFORMAS

Con la caída del dictador general Jorge Ubico, quien gobernó Guatemala de 1931 a 1944, se inició una década de profundas transformaciones democráticas. En 1945 fue elegido presidente Juan José Arévalo, un profesor universitario idealista que promulgó una

Juan José Arévalo

constitución progresista que impulsó reformas sociales en favor de trabajadores y campesinos.

En 1950 el coronel Jacobo Arbenz fue elegido presidente democráticamente e

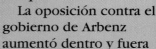

inició ambiciosas reformas económicas y sociales para modernizar el país. A través de la reforma agraria de 1952, distribuyó más de 1,5 millones de hectáreas a más de 100.000 familias campesinas.

Jacobo Arbenz

La oposición contra el gobierno de Arbenz aumentó dentro y fuera de Guatemala. La compañía estadounidense *United Fruit* se opuso porque era propietaria de grandes extensiones de tierra que Arbenz proponía dar a los campesinos. A la vez, existía cierto miedo que los comunistas en el gobierno de Arbenz tomaran control del país. Era la época de la Guerra Fría y el temor de una expansión del comunismo en Centroamérica motivó al gobierno norteamericano a actuar contra el gobierno de Arbenz.

Compañía United Fruit

REBELIONES MILITARES DE 1954 A 1985

El gobierno de Arbenz fue derrocado en 1954 por un grupo de militares dirigido por el coronel Carlos Castillo Armas, quien con la ayuda de la CIA (Agencia Central de Inteligencia) había invadido el país desde Honduras. Castillo Armas se proclamó presidente pero fue asesinado en julio de 1957. A partir de entonces, Guatemala pasó un largo período de inestabilidad y violencia política. El levantamiento militar de 1954 no resolvió los problemas que afrontaba Guatemala sino que los hizo más graves. Entre 1966 y 1982 grupos paramilitares de la derecha asesinaron a más de 30.000 disidentes políticos, entre ellos los padres y un hermano de Rigoberta Menchú.

En 1985 el gobierno militar le dio paso a un gobierno civil y fue elegido presidente Vinicio Cerezo. Al terminar su mandato en 1991, transfirió la presidencia a José Serrano Elías. Dos años después, cuando trató de suspender la constitución, Serrano Elías se vio forzado a renunciar a la presidencia ante la reprobación general. Fue sustituido por Ramiro León Carpio, jefe de la comisión de defensa de los derechos humanos.

SITUACIÓN PRESENTE

El nombramiento de Alfonso Portillo Cabrera en 2000 como presidente ha sido bien recibido por aquellos sectores democráticos que quieren implementar reformas en beneficio de la población indígena. En los anos anteriores muchas de estas reformas han sido bloqueadas por la poderosa oligarquía y los militares.

Rigoberta Menchú

El Premio Nóbel de la Paz de 1992 otorgado a la indígena quiché Rigoberta Menchú trae esperanzas de un futuro mejor para los cinco millones y medio de indígenas guatemaltecos que han logrado conservar su cultura ancestral a pesar de tantos años de opresión.

Mujeres indígenas protestan en San Jorge

¡A ver si comprendiste!

A. ¿Quién? ¿Qué? ¿Cuándo? ¿Recuerdas los datos más importantes de la lectura? Para asegurarte, contesta estas preguntas con un(a) compañero(a).

1. ¿Cuáles son algunas de las contribuciones más importantes de la civilización maya?
2. Por mucho tiempo se pensó que los mayas eran muy pacíficos, ¿cómo llegamos a saber lo contrario?
3. ¿Qué otros países, además de Guatemala, surgieron de la desintegración de las Provincias Unidas de Centroamérica en 1838?

Ventana al Mundo 21

El Popol Vuh: libro sagrado maya-quiché

El *Popol Vuh* es la obra más importante de la literatura maya. Es un libro mágico y poético que recoge las leyendas y los mitos del pueblo quiché. El nombre mismo de *quiché* viene de los bosques en donde vivían: *qui* significa "muchos", y *che*, "árbol", y *quiché,* "bosque". La palabra náhuatl para "bosque" es *cuauhtlamallan,* que es de donde se deriva "Guatemala". Los quichés se habían establecido en el altiplano de Guatemala. Utatlán, su capital, fue destruida por Pedro de Alvarado en 1524. Se cree que entre 1550 y 1555 un miembro del clan Kavek se puso a transcribir en alfabeto latino este libro basado en uno o varios códices jeroglíficos y en la antigua tradición oral. A principios del siglo XVIII el sacerdote español Fray Francisco Ximénez, basándose en un texto quiché hoy perdido, copió el *Popol Vuh* en quiché en una columna y su traducción en

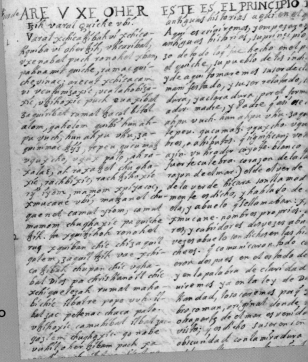

4. ¿Cuál fue la contribución principal del presidente Juan José Arévalo elegido en 1945?

5. ¿Quiénes se opusieron al gobierno del presidente Jacobo Arbenz en 1952? ¿Por qué se opusieron?

6. ¿Qué militar dirigió la rebelión de 1954? ¿Resolvió esto los problemas que afrontaba Guatemala?

7. ¿Cuál era la actitud de los gobiernos militares en Guatemala respecto a los derechos humanos entre 1960 y 1980?

8. ¿Por qué renunció a su puesto el presidente José Serrano Elías en 1993? ¿Cómo ha sido recibido el nuevo presidente de Guatemala?

INTERNET
Prueba interactiva
www.mcdougallittell.com

Cerámica maya del Museo Popol Vuh, Ciudad de Guatemala

español en la otra. Este manuscrito se conserva actualmente en la Biblioteca Newberry de Chicago y es la base de las traducciones modernas.

El *Popol Vuh* se divide en tres partes. La primera, que es como el Génesis maya-quiché, describe la creación y el origen del hombre, quien después de varios intentos fue hecho finalmente de maíz, alimento básico de la civilización mesoamericana. La segunda parte trata de las aventuras fantásticas de Hunahpú e Ixbalanqué, dos jóvenes héroes que destruyen a los dioses malos de Xibalbá. La tercera parte hace un recuento de la historia de los pueblos indígenas de Guatemala. Así, en este libro, el mito, la poesía y la historia se combinan para formar una de las obras literarias más originales de la humanidad.

El Popol Vuh. Busca las respuestas a las siguientes preguntas con un(a) compañero(a).

1. ¿Qué relación hay entre las palabras "quiché" y "Guatemala"?

2. ¿En qué alfabeto fue transcrito el libro original del *Popol Vuh*?

3. ¿Quién fue el primero que copió el texto quiché y lo tradujo al español? ¿Qué le pasó al libro original?

4. ¿Cuáles son las tres partes del *Popol Vuh*?

5. ¿Por qué crees que en la mitología quiché los hombres fueron hechos de maíz? ¿Qué importancia tiene esta planta en la vida del pueblo maya?

Y ahora, ¡a leer!

■ Anticipando la lectura

A. Predecir el futuro. ¿Se puede predecir el futuro? Hazlo con dos o tres compañeros. Lean estas breves autobiografías y digan cuál será el futuro más probable de las personas que se describen.

1. Yo soy hija del Ministro de Educación de Guatemala. Mis padres me mandaron a estudiar a Europa y a EE.UU. Esta experiencia me abrió los ojos a la realidad mundial.

2. Yo soy mestiza de Quetzaltenango. Mi padre es maestro en la escuela secundaria y mi madre trabaja de secretaria. Yo asistí a escuelas privadas y ahora soy estudiante de la universidad.

3. Yo soy hija de padres campesinos. La vida ha sido mi verdadera escuela, pues de niña tuve que trabajar en los campos con mis padres y, más tarde, de sirvienta en la capital. Mi preocupación principal es ayudar a los pobres campesinos indígenas.

B. Vocabulario en contexto. Decide cuál es el significado de las palabras en negrilla a base del contexto de la oración.

1. En 1992 Rigoberta Menchú Tum recibió el Premio Nóbel de la Paz y **se convirtió** en la primera indígena y en la persona más joven en recibir esta distinción.

   a. se transformó   *b.* se fue   *c.* se despertó

2. Perseguida, Rigoberta se **exilió** en México a mediados de 1980.

   a. vino   *b.* caminó   *c.* se escondió

3. Lo que propone Rigoberta **involucra** a todos los sectores sociales.

   a. mantiene   *b.* compromete   *c.* regresa

4. Rigoberta habla de construir una comunidad intercultural —es decir, naciones pluriétnicas, multiculturales y **plurilingües.**

   a. de forma plural   *b.* de muchos lenguajes
   c. de mucha gente

Rigoberta Menchú Tum:
de cara al nuevo milenio

"El tesoro más grande que tengo en la vida es la capacidad de soñar. En los momentos más difíciles, en las situaciones más duras y complejas, he sido capaz de soñar con un futuro más hermoso."

Rigoberta Menchú Tum

La líder guatemalteca, Rigoberta Menchú Tum, es conocida internacionalmente por su lucha a favor de los derechos humanos, la paz y los derechos específicos de los pueblos indígenas. En 1992 recibió el Premio Nóbel de la Paz y se convirtió en la primera indígena y en la persona más joven en recibir esta distinción.

Nació en 1959 en la *aldea* de Chimel, Guatemala, una comunidad maya-quiché. Desde muy joven trabajó en el campo y después en la ciudad, como empleada doméstica. *Padeció* la injusticia, la miseria y las formas de represión y discriminación que sufren los indígenas en Guatemala. Varios miembros de su familia murieron a manos de las *fuerzas represivas*. Perseguida, se exilió en México a mediados de 1980.

De formación *autodidacta, se realizó* como una líder natural de gran inteligencia; participó en organizaciones populares campesinas de derechos humanos, en la defensa de los Pueblos Indígenas y en la promoción de valores indígenas. En 1983 fue publicado el libro testimonial *Me llamo Rigoberta Menchú y así me nació la conciencia.* Ha recibido numerosos reconocimientos internacionales por su lucha a favor de los derechos humanos.

pueblo

sufrió

opresores

que se educa a sí misma/
llegó a ser

América Latina: de cara al nuevo milenio
extractos de una entrevista con Rigoberta Menchú Tum
en el 10 de octubre, 1996

Estando en la recta final de esta última década del siglo XX, ¿cómo valoraría usted los avances producidos en la presente década en los procesos de integración que se vienen dando en el continente latinoamericano? ¿Considera que estos avances también se están dando en la cultura?

Yo creo que los procesos *integracionistas* en América Latina han privilegiado solamente el aspecto económico. Y cuando hablo de lo económico, no me refiero a que estos procesos estén dirigidos a mejorar las condiciones económicas y sociales de la población en general, sino que buscan principalmente los beneficios económicos para pequeños grupos, que son los dueños del capital.

de unificación

¿Cree usted que es una *utopía* el aspirar a una sociedad de la comunicación donde la interculturalidad sea un eje del desarrollo de los pueblos?

idealización

La utopía de la interculturalidad debe convertirse en el motor que guíe las relaciones entre pueblos y culturas, entre sociedades y estados y entre los distintos estados.

Uno de los principales *retos* de la humanidad, estando a las puertas de un nuevo siglo, es construir la interculturalidad y hacer que ésta se convierta en el eje fundamental del desarrollo de los pueblos. Ante el racismo, la intolerancia, la discriminación y la exclusión, es *impostergable* empezar a trabajar en la construcción de nuevos espacios y mecanismos de relaciones interculturales al interior de aquellos países donde conviven distintos pueblos y culturas, así como en el plano internacional, en donde las relaciones entre pueblos y estados deben *sustentarse* en la igualdad de derechos, la cooperación, la solidaridad, el respeto mutuo y el derecho a la *autodeterminación*.

desafíos

que no se puede dejar para lo último

alimentarse

gobierno propio

En el contexto de las diferentes experiencias políticas por las que ha atravesado América Latina en las dos últimas décadas, ¿cómo ve el futuro de la democracia?

Finalizada la época de las confrontaciones armadas, se han abierto para América Latina las posibilidades de *impulsar*

empujar

cambios por la vía institucional, por la vía pacífica, el diálogo y la negociación, por la vía de la participación ciudadana. Pero nuestras sociedades todavía tienen que aprender, tienen que dar el paso de la confrontación en la que han vivido, a una participación *propositiva*. Esto, naturalmente, involucra a todos los sectores sociales.

con una intención clara

Traspasando el *umbral* del siglo XXI, ¿cuáles son, a su juicio, los principales retos que deben afrontar los países latinoamericanos?

entrada

Estos retos pueden *sintizarse* en la necesidad de construir la interculturalidad, la cual debe *desembocar* en la construcción de naciones de nuevo tipo, es decir, naciones pluriétnicas, multiculturales y plurilingües; las sociedades latinoamericanas, y en esto los estados y los gobiernos deben jugar un papel importante, también se enfrentan a la necesidad de darle un *viraje* profundo a los procesos integracionistas poniendo en primer plano la integración social pero *asentada* en la interculturalidad, en el reconocimiento y respeto de la cultura de todos los pueblos.

sintetizar
fluír hacia, resultar en

cambio de dirección
fundada

Los países latinoamericanos también deben buscar modelos de desarrollo que sean una respuesta a sus condiciones

económicas, políticas, sociales y culturales particulares. Esto significa que debemos dejar de ser importadores de modelos de desarrollo que se diseñan fuera de nuestras fronteras y que tienen como propósito beneficiar al capital transnacional sin importar que en nuestros países la pobreza sea cada día más grande.

Por otra parte, tenemos también el reto de construir y consolidar la democracia y la paz, aprovechando la oportunidad histórica que se nos presenta, resolviendo los graves problemas internos que nos *aquejan* y privilegiando el diálogo y la negociación en la búsqueda de soluciones.

afectan

■ ¿Comprendiste la lectura?

A. ¿Sí o no? Decide si estás de acuerdo o no con los siguientes comentarios. Si no, explica por qué no.

1. Rigoberta Menchú Tum es una indígena maya–quiché que nació en la capital de Guatemala.
2. A diferencia de la mayoría de los campesinos indígenas, Rigoberta no tuvo que trabajar de niña sino que estudió en las mejores escuelas de su país.
3. Actualmente Rigoberta vive en Chimel, Guatemala.
4. Rigoberta cree que los avances en Latinoamérica en las últimas decadas han beneficiado principalmente la economía de la gente que ya tiene dinero.
5. Rigoberta dice que ya trabajamos suficiente en la interculturalidad, el reconocimiento y respeto de la cultura de todos los pueblos.

B. Hablemos de la lectura. Contesta estas preguntas.

1. ¿Qué importancia tiene que Rigoberta Menchú sea maya-quiché?
2. ¿Cómo fue la niñez de Rigoberta Menchú? Explica tu respuesta.
3. ¿Por qué mereció Rigoberta Menchú el Premio Nóbel de la Paz de 1992?
4. ¿Qué avances ha observado Rigoberta Menchú en las últimas décadas en Latinoamérica? Explica.
5. ¿Qué significa *interculturalidad?* ¿Qué espera Rigoberta en cuanto a la interculturalidad de Latinoamérica?
6. Siendo de un país con una historia tumultuosa, ¿cómo ve Rigoberta Menchú el futuro de la democracia del mundo hispano?
7. ¿Qué dice Rigoberta sobre los desafíos que enfrenta el mundo hispano del siglo XXI?
8. ¿Existen problemas de discriminación en tu país, estado o ciudad? ¿De qué tipo? Explica.
9. ¿Existe democracia en tu país? ¿Cómo se diferencia tu país con Guatemala? ¿En qué manera son similares? Explica.
10. ¿Qué significa *derechos humanos?* ¿Conoces algún caso en que se han violado los derechos humanos de alguien? Explica.

Palabras como clave: *real*

Para ampliar el vocabulario. La palabra **real** tiene muchos significados en español. Con un(a) compañero(a), discute lo que significa **real** en cada oración.

1. Las tragedias de la vida de Rigoberta Menchú son casos de la vida **real.**
2. Lo **real** es lo contrario de lo imaginario.
3. El Escorial es el palacio **real** construido por el rey Felipe II.
4. Un camino **real** conectaba la mayoría de las antiguas misiones de California.

Hay palabras derivadas de **real** que son cognados falsos de palabras parecidas en inglés, y viceversa, palabras parecidas en inglés que tienen otras traducciones en español.

español	*inglés*
realizar *to accomplish, complete*	*to realize* darse cuenta
actual *present-day, current*	*actual* real, verdadero

Contesta las preguntas.

1. ¿Qué es lo que más quieres **realizar** en tu vida?
2. ¿Cuál es un sinónimo de la expresión **un hecho real**?
3. ¿Equivale la expresión **en verdad** a **en realidad**?
4. ¿Significa lo mismo **real** que **actual** en español?

Dramatizaciones

A. **Un drama de la vida.** Con dos o tres compañeros, dramaticen algún aspecto de la vida de Rigoberta Menchú: de su niñez, su exilio a México o su vida política.

B. **¡Debate!** En grupos de cinco, hagan un debate sobre la posibilidad o imposibilidad de la democracia en Guatemala. Uno de los cinco debe ser el moderador y una pareja debe defender la posibilidad de la democracia; la otra insistirá en la imposibilidad después de tanta guerra y tantos muertos.

Antigua:
joya de la arquitectura colonial

A veinticinco millas de la Ciudad de Guatemala, se encuentra la hermosa ciudad colonial que se conoce como Antigua Guatemala o simplemente Antigua. Durante la época de mayor esplendor la

ciudad fue capital de la Capitanía de Guatemala y tuvo más de ochenta mil habitantes. La capital de Guatemala ha conocido cuatro localidades desde que fue fundada en 1524 por Pedro de Alvarado con el nombre de Santiago de los Caballeros y fue trasladada tres años después a los pies del volcán Agua. En 1541 una erupción de este volcán destruyó la ciudad ahora conocida como Ciudad Vieja y la capital se mudó al lugar de la Antigua Guatemala. En 1773 un terrible terremoto destruyó casi por completo la ciudad y las autoridades mudaron la capital a la localidad que hoy ocupa la Ciudad de Guatemala. Todavía se pueden admirar en Antigua bellos ejemplos de la arquitectura colonial como iglesias y conventos aunque muchos ahora son sólo ruinas. Antigua es hoy como un inmenso museo donde parece que el tiempo se ha detenido hace más de dos siglos.

———◆———

Antigua Guatemala. Prepara cinco preguntas sobre esta ventana para hacerles a tus compañeros de clase. Contesta las preguntas que te hagan a ti.

Vocabulario personal

¡Fue una entrevista estupenda! Tú eres un(a) reportero(a) que acaba de tener una entrevista fenomenal con Rigoberta Menchú. Ahora estás preparándote para escribir un artículo sobre la vida de esta mujer excepcional. Antes de escribir tu primer borrador, prepara una lista de vocabulario que crees que vas a necesitar 1) para hablar de su niñez, 2) para contrastar el pasado de Rigoberta con la actualidad, 3) para describir la importancia y el significado de Rigoberta Menchú en la comunidad mundial y 4) otras palabras y expresiones útiles. Tal vez debas volver a la lectura "Rigoberta Menchú Tum: de cara al nuevo milenio", para encontrar vocabulario apropiado.

Su niñez y su juventud

1. aldea
2. autodidacta
3. . . .
4. . . .
5. . . .
6. . . .
7. . . .
8. . . .

Su pasado y su vida actual

1. se exilió
2. padeció
3. segregación racial
4. . . .
5. . . .
6. . . .
7. . . .
8. . . .

Importancia en la comunidad mundial

1. apoyar la candidatura
2. justicia social
3. derechos humanos
4. . . .
5. . . .
6. . . .
7. . . .
8. . . .

Otras palabras y expresiones

1. propositiva
2. conciencia social
3. umbral
4. . . .
5. . . .
6. . . .
7. . . .
8. . . .

Escribamos ahora

1. **Diferencias y semejanzas.** Según el diccionario, **comparar** significa "establecer la relación que hay entre dos seres o cosas". Si la relación que se establece enfatiza las diferencias, se le llama **contraste;** si enfatiza las semejanzas, se le llama **analogía.** En ambos casos, sea contraste o analogía, la descripción detallada de las personas, objetos o conceptos que se comparan es esencial.

   Mira los siguientes ejemplos de comparaciones y di si son **contraste** o **analogía.**

   a. México y Guatemala son países que tienen un largo pasado indígena.

   b. En la antigua Tenochtitlán, las canoas que iban por los canales eran el medio de transporte preferido mientras que en la moderna Ciudad de México lo que más se usa es el metro.

   c. Mientras que en el desierto de Sonora, México, casi nunca llueve, en la zona tropical de Chiapas llueve casi a diario.

   d. Existe mucho en común en la vida diaria de dos jóvenes estudiantes de la escuela secundaria Miguel Hernández de Guadalajara, México, y Michael Johnson de Denver, Colorado; los dos estudian matemáticas, química, literatura e historia.

2. **Ideas y organización.** ¿Cómo se compara la vida de un norte-americano(a) típico(a) como tú, con la vida de Rigoberta Menchú? Prepárate para hacer tal comparación con un(a) compañero(a) de clase. Empiecen por hacer dos listas: una de características relacionadas con la niñez y otra de características relacionadas con la vida de un adulto. Incluyan en cada lista todo lo que consideran importante en ambos períodos: educación, diversión, oportunidades, empleo, éxitos, etc.

3. **Recoger información.** Con tu compañero(a), prepara un esquema como el que sigue usando las categorías que identificaron en la sección anterior. Tengan en cuenta también el trabajo que hicieron al preparar un **Vocabulario personal** para escribir un artículo sobre la vida de Rigoberta Menchú y lo que ustedes ya saben acerca de sí mismos.

Comparación:	Vida de un(a) norteamericano(a) típico(a) con la vida de Rigoberta Menchú		
Propósito:	**Ver cuáles son las diferencias y semejanzas**		
Características	**Mi compañero(a) y yo**	**Rigoberta Menchú**	**¿Semejante o diferente?**
Niñez 1. educación 2. . . . 3. . . .	Obligatoria del grado 1 al 12.	Trabajó en los campos.	*Diferente:* En EE.UU. es más fácil.
Adultos 1. éxitos 2. . . . 3. . . .	Casados y con familia	Premio Nóbel y respeto mundial	*Diferente:* Ella es conocida en el mundo entero.

B. El primer borrador

Con los datos obtenidos en la actividad anterior, escribe una composición comparando tu vida con la de Rigoberta Menchú. Incluye todos los detalles posibles sobre la vida de Rigoberta y la tuya. No te preocupes por los errores o por la organización todavía. Lo importante de este borrador es que incluyas todas las ideas que consideres importantes y que consigas más información sobre el tema, si la necesitas.

Teotihuacán

Luz, cámara, acción

Antes de empezar el video

En tiempos antiguos hubo varios pueblos que llegaron a tener grandes e impresionantes civilizaciones con hermosas ciudades y un alto nivel de cultura.

1. ¿Cuántas civilizaciones antiguas de este tipo puedes nombrar?
2. Selecciona una de esas civilizaciones y di todo lo que la hizo grande e impresionante.
3. ¿Sabes de alguna gran civilización de la cual se sabe muy poco? ¿Cuál es? ¿Por qué se sabe tan poco?
4. ¿Cómo es posible que hayan existido grandes y poderosas civilizaciones y que ahora no se sepa casi nada de ellas?

ESCENARIO

Teotihuacán: La Avenida de los Muertos

La Ciudad de los Dioses

Hace quinientos años los aztecas tenían tanto respeto por unas ruinas misteriosas y antiguas cerca de su capital que las llamaron Teotihuacán, "La Ciudad de los Dioses". No sabemos si los habitantes de Teotihuacán usaron este nombre para su ciudad. La zona arqueológica de Teotihuacán está situada a treinta millas al noreste de la Ciudad de México.

¿Quiénes fueron los habitantes de Teotihuacán? En realidad, sabemos muy poco de ellos. No sabemos de dónde vinieron, ni qué lengua hablaban ni por qué desaparecieron de repente alrededor de 750 d.C.

Sin embargo, como consecuencia de nuevos estudios y excavaciones arqueológicas, seguimos descubriendo más de esta fascinante y misteriosa ciudad.

La Serpiente Emplumada

La gran metrópoli mesoamericana

Lo que sabemos es que, desde la época de Cristo hasta alrededor de 750 d.C., Teotihuacán fue una de las ciudades más importantes de toda Mesoamérica. Durante el período más brillante y prestigioso de su cultura, fue una ciudad magnífica. Dominada por templos y pirámides, acentuada por edificios de colores vibrantes a lo largo de amplias avenidas, fue la ciudad con más influencia sobre un área que iba desde el norte de México hasta Guatemala; y fue también el punto central de los comerciantes mesoamericanos. Teotihuacán fue la primera ciudad grande y compleja del continente, además de ser el primer gran estado de Mesoamérica.

Tláloc

Debido a la multitud de templos y pirámides enormes, Teotihuacán probablemente inició su historia como una ciudad sagrada. Fue planeada desde el principio con grandes avenidas y obras públicas colosales. Teotihuacán tenía la extensión más grande de arquitectura pública monumental de su tiempo en el continente.

Figura de piedra

Teotihuacán alcanzó su mayor esplendor en los siglos III y IV, cuando su población era de más de 150.000 personas. Entonces, era tan populosa como la ciudad griega de Atenas y cubría un área más grande que la ciudad de Roma, la cual floreció hacia la misma época. Un poco más tarde, alrededor del año 600 d.C., Teotihuacán era una de las ciudades más grandes del mundo.

La destrucción

Durante el último siglo de existencia de la ciudad como centro principal de poder, su dominación económica empezó a sufrir problemas que tal vez reflejaban la pérdida de control político y económico de la élite teotihuacana. Hubo un violento cataclismo social que llevó a Teotihuacán a su fin como ciudad y cultura dominantes. El colapso no parece ser resultado de la conquista o destrucción por una cultura rival. Parece haber sido iniciado desde el interior, como resultado de una lucha de facciones dentro de la ciudad.

La que había sido una gran metrópoli por más de quinientos años parece haber sufrido una destrucción sin precedente en el mundo prehispánico. Hubo un ataque violento y sangriento contra los gobernantes. Mataron a la gente en los palacios, y luego los quemaron; también incendiaron los templos con gran furia y pasión.

Después de esta destrucción, los edificios ceremoniales nunca se reconstruyeron y la ciudad fue abandonada. Más tarde una nueva ciudad, mucho menos poblada, con una tradición cultural distinta surgió a ambos lados de la avenida central en ruinas.

Mural de la Serpiente Emplumada y de los árboles floridos

■ ¡A ver si comprendiste!

¿Quién? ¿Qué? ¿Cuándo? ¿Recuerdas los datos más importantes de la lectura? Para asegurarte, contesta estas preguntas con un(a) compañero(a).

1. ¿Quiénes les dieron el nombre de Teotihuacán a las ruinas de la ciudad más grande de Mesoamérica?
2. ¿Qué significa este nombre?
3. ¿Dónde se encuentra esta ciudad?
4. ¿Por qué se cree que Teotihuacán inicialmente fue un centro religioso?
5. ¿Alrededor de cuántas personas se cree que vivían en Teotihuacán durante la época de su mayor esplendor?
6. ¿A qué se debe el colapso de la ciudad?
7. ¿Crees que existe una moraleja o lección encerrada en las ruinas de Teotihuacán?
8. ¿Cuál es para ti el momento histórico más importante dentro del desarrollo de Teotihuacán?

Y ahora,

¡veámoslo!

En este video tendrán la oportunidad de acompañar a un grupo de cuatro jóvenes latinos a una exhibición muy especial en el Museo M. H. de Young de San Francisco, California. Con ellos tendrán la oportunidad de ver la más extensa colección de murales y artefactos de Teotihuacán que se haya exhibido fuera de México.

El video: Teotihuacán

El Museo M.H. de Young

Nellie y sus amigos

Dios de la Tormenta

Figura anfitriona

■ *A ver cuánto comprendiste...*

A. Dime si entendiste. Después de ver el video, contesta estas preguntas.

1. ¿A quién estaba dedicada la pirámide más grande de Teotihuacán?
2. ¿Cómo se llama la avenida principal en el centro de Teotihuacán?
3. Describe a la Diosa de la Naturaleza: ¿qué llevaba en las orejas? ¿en la nariz? ¿en la cabeza?
4. ¿Quiénes llevaban los collares que encontraron en el Templo de la Serpiente Emplumada? ¿De qué material estaban hechos los collares?
5. ¿Cómo usaban las máscaras de piedra?
6. ¿Dónde encontraron las figuras anfitrionas? ¿Puedes describirlas?

B. ¿Y qué dices tú? Contesten estas preguntas en grupos de tres o cuatro. Luego díganle a la clase cómo contestaron cada pregunta.

1. Nellie Santana dice que trabajó como embajadora en el Museo de Young durante el verano. ¿En qué crees que consistió su trabajo?
2. ¿Qué te impresionó más de la exhibición en el Museo de Young?
3. Después de leer sobre Teotihuacán y ver el video, ¿cuáles son las dos imágenes que más recuerdas? Descríbelas en dos o tres oraciones.
4. Imagínate mil años en el futuro una exhibición sobre la ciudad perdida de Nueva York (o Chicago o Los Ángeles), ¿qué monumentos existirían y qué objetos se incluirían en la exhibición en un museo?

PASAPORTE *cultural*

México-Guatemala. Tu profesor(a) te va a dar un crucigrama con las claves verticales y a tu compañero(a) le va a dar uno con las claves horizontales. Haz tu parte del crucigrama mientras tu compañero(a) hace la suya. Luego para completarlo, pídele las claves que necesitas a tu compañero(a) y dale las que te pida a ti. No se permite comparar crucigramas hasta terminar la actividad.

Escribamos
ahora

A. Primera revisión

Intercambia tu redacción (de la página 153) con la de un(a) compañero(a) y léela cuidadosamente. ¿Te parecen claras las comparaciones que hace? ¿Incluye tanto contrastes como analogías? ¿Son completos los contrastes y las analogías o te gustaría tener más información? ¿Es la descripción suficientemente detallada?

1. Comparte tus opiniones con tu compañero(a). Empieza por decirle una o dos cosas que sinceramente te gustaron en su redacción. Escucha atentamente los comentarios que él (ella) haga acerca de tu redacción.

2. En las dos listas que siguen hay expresiones que se usan frecuentemente al hacer contrastes y analogías. ¿Cuántas de estas expresiones usaste en tu redacción? ¿Cuántas de estas expresiones puedes incorporar en tu composición?

Para mostrar semejanzas:	*Para mostrar diferencias:*
los dos	más . . . que
tan . . . como	menos . . . que
tanto como	mejor que/mayor que/peor que
son casi idénticos en	en cambio
como	al contrario
a la vez	en contraste

B. Segundo borrador

Escribe una segunda versión de tu comparación incorporando algunas de las expresiones de las dos listas anteriores y considerando las sugerencias que te hizo tu compañero(a).

C. Segunda revisión

Prepárate para revisar tu composición con la siguiente actividad.

1. Trabajando en parejas, cambien todos los verbos de estos párrafos al pasado.

Rigoberta Menchú aprende español a los veinte años. Adquiere popularidad en Latinoamérica y Europa a principios de los años 80, con su libro autobiográfico titulado *Me llamo Rigoberta Menchú y así me nació la conciencia,* traducido actualmente a varios idiomas. Rigoberta es la sexta de nueve hijos. Desde muy temprana edad y junto con su familia, trabaja en los cultivos de café y algodón de las plantaciones costeras. En su autobiografía describe la opresión que sufren los indígenas a manos de los terratenientes. Dos de sus hermanos mueren en las plantaciones: uno a consecuencia de los pesticidas y otro por desnutrición.

A los catorce años Rigoberta se traslada a la Ciudad de Guatemala para trabajar como empleada doméstica en casa de una familia rica. Aquí también sufre maltratos y humillaciones.

Los padres y un hermano de Rigoberta son brutalmente asesinados a finales de la década de los setenta, víctimas de la represión militar de su país.

Adaptación de "Primera Mujer Indígena Premiada con el Nóbel de la Paz" por Alicia Morandi. Vida Nueva. *Los Ángeles, California*

2. Ahora dale una rápida ojeada a tu composición para asegurarte de que no haya errores en el uso del pretérito e imperfecto. Luego intercambia composiciones con un compañero(a) y revisa su uso de verbos en el pasado.

3. Subraya cada verbo y asegúrate de que su tiempo verbal corresponda al contexto.

4. Ojea rápidamente cada adjetivo y asegúrate de que su forma corresponda al sustantivo que describe.

5. Busca las expresiones comparativas (de contraste y de analogía) y asegúrate de que se hayan usado correctamente.

D. Versión final

Considera los comentarios de tus compañeros sobre el uso de verbos en el pasado, de comparativos y de concordancia y revisa tu redacción por última vez. Como tarea, prepara la copia final en la computadora. Antes de entregarla, dale un último vistazo a la acentuación, la puntuación y la concordancia.

E. Publicación

Cuando tu profesor(a) te devuelva la composición corregida, léesela a tres compañeros y escucha mientras ellos leen las suyas. Luego decidan cuál de las cuatro es la mejor e intercambien esa composición con la mejor de otro grupo. Finalmente, guarden todas las composiciones que hayan señalado como las mejores en un cuaderno titulado "Rigoberta Menchú y cinco estudiantes de *[su escuela]:* una comparación".

INTERNET
Taller de escritura
www.mcdougallittell.com

LECCIÓN 3: TEOTIHUACÁN

Unidad 4

Cuba, la República Dominicana y Puerto Rico: en el ojo del huracán

Barcos de pescadores en una playa caribeña cerca de Barahona en el suroeste de la República Dominicana

*El distrito de Vedado
con la torre de la Plaza de la
Revolución en La Habana, Cuba*

*El área de Condado
en San Juan, Puerto Rico*

▶ **ENFOQUE** Estos tres países hispanohablantes, Cuba, la República Dominicana y Puerto Rico, comparten un mismo origen ancestral que incluye a los indígenas taínos, españoles y africanos. Están situados en islas del mar Caribe, en una zona de grandes huracanes, tanto metereológicos como sociales. Las tres naciones buscan respuestas que les aseguren su propio horizonte.

Gente del Mundo 21

Nombre oficial:
República de Cuba

Extensión:
110.922 km²

Principales ciudades:
*La Habana (capital),
Santiago de Cuba,
Camagüey, Holguín*

Moneda:
Peso ($C)

Driulis González ha sido nombrada la mejor deportista femenina en Cuba por tres años seguidos. En el mundo del judo internacional, es considerada una atleta sin igual en su clase y ha ganado varios premios internacionales. Casi no participó en las olimpiadas de 1996 a causa de una lesión cervical, mas a pesar de ésta, ganó la medalla de oro. La merecida fama de González le ha ganado un reconocimiento popular junto a atletas como Omar Linares y Norge Luis Vera, estrellas del béisbol, el deporte nacional de Cuba. Se ve el talento de los peloteros cubanos también en las grandes ligas con los lanzadores Liván y Orlando "El Duque" Hernández.

Fidel Castro, un político controvertido, nació en 1926 en Mayarí. Fue educado en escuelas católicas y se graduó en derecho en la Universidad de la Habana. En 1953, al fracasar un intento de tomar una instalación militar, Castro fue condenado a prisión. Dos años más tarde fue amnistiado. Organizó un movimiento revolucionario con el argentino Ernesto "Che" Guevara y en 1956 dirigió la lucha contra Fulgencio Batista, quien huyó del país en 1958. Desde entonces Castro ha dirigido el país como secretario general del partido comunista. Suprimió las elecciones y no ha permitido ninguna oposición. En los 90, debido al estado pobre de la economía, permitió el comercio libre. Además permitió la libertad de religión, después de años de suprimirla, y también permitió la visita del Papa a Cuba.

Carlos Acosta nació en 1973, uno de los últimos de una familia de más de diez hijos. Su padre, un camionero, le impulsó estudiar el ballet en la Escuela Nacional de Ballet para que evitara los problemas de la calle. Carlos prefería jugar al fútbol o a la pelota. Pero se ve su interés en lo atlético en los saltos altos de su baile. En 1990 ganó las medallas de oro de las competencias Prix de Lausanne y la Cuarta Anual Competencia de Ballet en París. Ha sido bailador principal del Ballet Nacional Inglés, el Ballet de Houston y el Ballet Real en Londres.

Nicolás Guillén (1902–1989) es uno de los poetas hispanoamericanos más reconocidos del siglo XX. Hijo de un senador de la república, nació en Camagüey, Cuba, en una familia de antepasados africanos y españoles. Sus dos primeros libros, *Motivos de son* (1930) y *Sóngoro cosongo* (1931) están inspirados en los ritmos y tradiciones afrocubanos. El compromiso del artista con la realidad política y social de su país es una característica de su poesía. Durante la dictadura de Fulgencio Batista (1952–1958), Guillén vivió en el exilio y regresó a Cuba después del triunfo de la revolución de Castro. Fue fundador y presidente de la Unión de Escritores y Artistas de Cuba (UNEAC) y fue aclamado como el poeta nacional de Cuba.

Personalidades del **Mundo 21.**   Con un(a) compañero(a), decide a quién describen los siguientes comentarios. Luego explícale a tu compañero(a) con quién te identificas más. ¿Por qué?

1. Fue aclamado como el poeta nacional de Cuba.
2. Es atleta sin igual en su clase.
3. Durante su niñez le gustaba jugar al béisbol.
4. Se inspiró en los ritmos y tradiciones afrocubanos y se comprometió con la realidad política y social de su país.
5. Se educó en escuelas católicas y se graduó de la Universidad de La Habana antes de convertirse en revolucionario.

CUBA: LA PALMA ANTE LA TORMENTA

Cuba, la isla más grande del Caribe, es conocida por su belleza natural como la Perla de las Antillas. Los rostros y la cultura de los cubanos reflejan la gran diversidad étnica y cultural de su gente. Sobresale la población de origen español y africano y las combinaciones de muchas razas del mundo.

Trinidad, Cuba

LOS PRIMEROS HABITANTES

Antes del primer viaje de Cristóbal Colón a América en 1492, Cuba estaba habitada por diversas tribus nativas como los taínos y los ciboneyes. Estos pueblos vivían en bohíos, cabañas construidas con palmas. Se dedicaban a la agricultura y a la pesca.

Cristóbal Colón y los taínos

Cuba fue descubierta por Colón en su primer viaje al Nuevo Mundo. Le dio el nombre de "Juana" en honor de la hija de los Reyes Católicos conocida como Juana la Loca. Después la isla tomó el nombre de Cuba que se origina de las palabras indígenas *Coabí* o *Cubanacán*. Estas palabras designaban respectivamente a la isla y a una aldea interior.

EL PERÍODO COLONIAL

En 1511, Diego de Velázquez inició la colonización española de Cuba. Como los ciboneyes y los taínos eran indígenas relativamente pacíficos, fueron fácilmente conquistados. Para 1517, sólo seis años después del arribo de Velázquez, la mayoría de la población nativa había sido exterminada debido a las enfermedades, el suicidio y el maltrato que recibieron en las minas de oro a manos de algunos españoles que intentaron enriquecerse rápidamente.

Representación de esclavos africanos en Cuba

El exterminio de la población nativa les presentó un problema a los españoles que intentaban introducir el cultivo de la caña de azúcar. Debido a que necesitaban trabajadores para esta industria, los españoles decidieron importar esclavos capturados en África. Esto cambió para siempre la faz de la sociedad cubana.

EL PROCESO DE INDEPENDENCIA

Mientras que la mayoría de los territorios españoles de América lograron su independencia en la segunda década del siglo XIX, Cuba, junto con Puerto Rico, siguió siendo colonia española. Durante la segunda mitad del siglo XIX, la industria azucarera cubana se convirtió en la más importante del mundo, llegando a producir por sí sola más de una tercera parte de todo el azúcar del mundo.

El 10 de octubre de 1868 comenzó la primera guerra de la independencia cubana, que iba a durar diez años y en la que 250.000 cubanos perdieron la vida. En 1878 España consolidó de nuevo su control sobre la isla y prometió hacer reformas. Sin embargo, miles de cubanos que lucharon por la independencia salieron al exilio. El 24 de febrero de 1895, la guerra por la independencia de Cuba estalló de nuevo.

LA GUERRA HISPANO-ESTADOUNIDENSE

Con el pretexto de una inexplicable explosión del buque de guerra estadounidense *Maine* en el puerto de La Habana en 1898, EE.UU. le declaró la guerra a España. La armada estadounidense obtuvo una rápida victoria y España se vio obligada a cederle a EE.UU., por el Tratado de París firmado el 10 de

La explosión del Maine, *1898*

diciembre de 1898, los territorios de Puerto Rico, Guam y las Filipinas y de renunciar a su control sobre Cuba.

La ocupación estadounidense de Cuba terminó el 20 de mayo de 1902 cuando se estableció la República de Cuba. La primera mitad del siglo XX fue un período de gran inestabilidad política y social para Cuba. Aunque ocurrieron elecciones para presidente de la república, de hecho, muchos militares tomaron el poder a través de golpes de estado. El militar Fulgencio Batista, que tomó el poder en 1952 como resultado de un golpe de estado, fue el dictador contra el cual se levantó Fidel Castro y sus revolucionarios.

LA REVOLUCIÓN CUBANA

En 1956, el joven abogado Fidel Castro logró establecer un movimiento guerrillero en la Sierra Maestra, y finalmente provocó la caída de Batista el 31 de diciembre de 1958.

Fidel Castro

Al principio, el movimiento revolucionario había definido muy pocos proyectos y, aunque contaba con gran apoyo en el país, la experiencia política de sus líderes era escasa.

Tras un período de confusión, el gobierno revolucionario se organizó bajo la dirección del Partido Comunista de Cuba, restringiendo las libertades individuales. Nacionalizó propiedades e inversiones privadas, lo cual causó el rompimiento de relaciones con EE.UU.

CUBANOS AL EXILIO

Miles de cubanos de las clases más acomodadas salieron al exilio. Se establecieron en su mayoría en el sur de Florida. El 17 de abril de 1961, una fuerza invasora de cubanos en exilio fue derrotada en la Bahía de Cochinos por el ejército cubano.

En 1962 las tensiones entre Cuba y EE.UU. llegaron a un nivel crítico. El gobierno estadounidense ordenó el bloqueo naval de la isla debido al descubrimiento de misiles soviéticos allí. El presidente Kennedy y el primer ministro soviético Kruschev llegaron a un acuerdo: se quitaron los misiles a cambio de una promesa de no invadir la isla.

Misiles soviéticos

SOCIEDAD EN CRISIS

En 1980 Castro permitió un éxodo de más de 125.000 cubanos del puerto de Mariel. Estos emigrantes se conocen como "marielitos" y se distinguen de los primeros refugiados por ser principalmente de la clase trabajadora.

Al principio la revolución reflejaba el entusiasmo de la mayoría de cubanos, pero frente a la falta de libertades individuales ha surgido la desilusión. Desde 1962 más de un millón de cubanos, casi el diez por ciento de la población, han salido al exterior.

Ha habido mucho progreso en el área de la educación y la asistencia médica para las mayorías. Esto ha reducido el índice de la mortalidad, pero las limitaciones económicas son cada vez mayores. El embargo estadounidense sigue siendo un gran problema para Cuba. Por la falta de petróleo importado, en vez de tomar guaguas o autobuses, los cubanos usan bicicletas. La pregunta que se hacen todos, dentro y fuera de Cuba, es ¿y mañana?

■ ¡A ver si comprendiste!

¿Quién? ¿Qué? ¿Cuándo? ¿Recuerdas los datos más importantes de la lectura? Para asegurarte, contesta estas preguntas.

1. ¿Cuáles son dos pueblos indígenas que habitaban Cuba? ¿Cómo eran?
2. ¿Quién inició la colonización española de Cuba en 1511?
3. ¿Por qué la mayoría de la población nativa había desaparecido de la isla alrededor de 1517?
4. ¿Qué incidente causó que EE.UU. le declarara la guerra a España en 1898?
5. ¿En qué fecha se creó la República de Cuba?
6. ¿Quién tomó el poder en 1952 como resultado de un golpe de estado? ¿Cuánto tiempo estuvo en el poder en Cuba?
7. ¿Quién fue el líder revolucionario que triunfó en 1959?
8. ¿A qué acuerdo llegaron el presidente Kennedy y el primer ministro soviético Khrushchev respecto a Cuba en 1962?
9. ¿A quiénes se conocen como "marielitos"?
10. Explica la razón que casi el diez por ciento de la población ha abandonado la isla.

INTERNET
Prueba interactiva
www.mcdougallittell.com

La Habana, Cuba

José Martí

Monumento a José Martí, La Habana

José Martí:
héroe nacional de Cuba

José Martí (1853–1895), uno de los grandes poetas y pensadores hispanoamericanos del siglo XIX, es reconocido por todos como el héroe nacional y el apóstol de la independencia de Cuba. Su genio representa lo mejor de la cubanidad; combina la vida intelectual y literaria con la vida de acción política. Nació el 28 de enero de 1853 en La Habana.

A los dieciséis años fue puesto en una prisión por seis meses por haber colaborado en algunas publicaciones clandestinas contra las autoridades españolas. Deportado a España, José Martí permaneció allí cuatro años estudiando filosofía y derecho. En 1880 se trasladó a Nueva York, ciudad donde vivió más de quince años y donde escribió la mayoría de sus obras. En su libro de ensayos *Nuestra América* (1891), hace un examen crítico de la cultura latinoamericana de su época. Su poesía sencilla y musical es considerada precursora del modernismo.

José Martí fue uno de los líderes del movimiento independentista y en 1892 fundó el Partido Revolucionario Cubano. Cuando la guerra por la independencia estalló de nuevo el 24 de febrero de 1895, con el grito de Baire, Martí regresó a la isla y murió en la Batalla de Dos Ríos el 19 de mayo de 1895.

———◦∞◦———

José Martí. Busca las respuestas a las siguientes preguntas con un(a) compañero(a).

1. ¿Por qué es reconocido José Martí como el héroe nacional y el apóstol de la independencia de Cuba?
2. ¿Por qué fue mandado a una prisión a los dieciséis años?
3. ¿De qué trata su libro *Nuestra América*?
4. ¿Dónde escribió la mayoría de sus obras? ¿Por qué allí?
5. ¿Cuándo regresó a la isla? ¿Cómo murió?

Y ahora, ¡a leer!

■ *Anticipando la lectura*

A. Las herramientas. En casi todas las casas hay muchas herramientas u objetos hechos de hierro que sirven para realizar ciertas tareas específicas. Contesta las siguientes preguntas acerca de estas herramientas.

el serrucho

el martillo

el candado

las tijeras

el hacha

la llave

los clavos

la cadena

la navaja

1. ¿Con qué se abre una puerta?
2. ¿Qué se usa para cortar madera con precisión?
3. ¿Qué se usa para cortar árboles?
4. ¿Con qué se afeitan los hombres?
5. ¿Qué se usa para cortar tela para un vestido?
6. ¿Qué se usa casi siempre con un martillo?
7. ¿Qué se usa para asegurar una bicicleta con una cadena?
8. ¿Qué herramientas se usan para construir una casa?

B. El uso de herramientas. Con un(a) compañero(a), trata de nombrar tres usos distintos para las siguientes herramientas. Decidan si los usos en su lista son apropiados o si pueden causar mucho daño.

1. el martillo
2. las tijeras
3. el hacha
4. el cuchillo
5. la cadena

C. Vocabulario en contexto.

Decide cuál es el significado de cada expresión en negrilla a base del contexto de la oración o de otras estrategias que has aprendido para llegar al significado de palabras desconocidas.

1. Éstas son las navajas con que **se afeita al tiempo.**
   - *a.* se corta el tiempo
   - *b.* se mata el tiempo
   - *c.* se hace más bello el tiempo

2. Y éstas son las tijeras para cortar flores y para cortar **la vida misma del hombre, que es un hilo** *(thread).*
   - *a.* la vida humana es muy larga y difícilmente puede ser cortada
   - *b.* la vida humana es muy delicada y fácilmente puede ser cortada
   - *c.* la vida humana es muy resistente y nada puede cortarla

3. Éstos son los serruchos creados de tal modo que **los defectos del borde sirven para cortar.**
   - *a.* los dientes irregulares del serrucho no permiten cortar
   - *b.* los dientes irregulares del serrucho ayudan a cortar
   - *c.* los dientes irregulares del serrucho se caen al cortar

4. Y ésta es una cuchara que representa los principios **y la última hora de una vida y, en resumen, la fragilidad del hombre.**
   - *a.* porque la cuchara se usa para dar de comer a niños y ancianos y representa la niñez y la vejez
   - *b.* porque la cuchara junto con el tenedor forma un intrumento musical que usan niños y ancianos
   - *c.* porque la cuchara no tiene ningún uso útil y representa la muerte

5. Éste es un compás que **determina la cantidad exacta de la belleza** para que no sea demasiada y le destruya el humilde corazón al hombre.
   - *a.* calcula aproximadamente las cosas bellas
   - *b.* predice si algo es bello o feo
   - *c.* calcula exactamente las cosas bellas

6. Éstas son llaves que en realidad sólo sirven para establecer de una vez para siempre **la sólida posición del hombre.**

   a. el puesto central del hombre entre todas las cosas
   b. si un hombre está sentado o de pie
   c. si el hombre está dentro o fuera de su casa

7. Éstas son las gafas que se usan para mirar lo que se ha hecho **para tratar de asegurar que se usen bien las herramientas todas del hombre.**

   a. para guardar las herramientas en su lugar indicado
   b. para estar seguros que las herramientas no causen daño
   c. para comprar un seguro para cada una de las herramientas

8. Y éste, en fin, es el mortero en el que uniremos los pedazos **si no aprendemos a usar, amansar, dulcificar y manejar las herramientas todas del hombre.**

   a. si no guardamos las herramientas después de usarlas
   b. si no aprendemos a hacer dulces y caramelos con las herramientas
   c. si no sabemos usar las herramientas para beneficio de la humanidad

Conozcamos al poeta

Eliseo Diego, poeta y cuentista cubano, nació en La Habana en julio de 1920 y murió en marzo de 1994. Desempeñó varios cargos en la Unión de Artistas y Escritores de Cuba. También colaboró en casi todas las revistas literarias importantes de Cuba. En 1993 fue galardonado con el premio "Juan Rulfo" que se estableció en México y cuyo nombre recuerda a uno de los narradores mexicanos más aclamados.

El poema que aparece a continuación proviene del libro *Muestrario del mundo o Libro de las maravillas de Boloña.* Publicado en 1968, es uno de los libros más interesantes de toda la literatura cubana. Este libro incluye grabados de la colección de la famosa imprenta de don José Severino de Boloña del siglo XIX en La Habana y que, según Eliseo Diego, es un pequeño misterio del universo. Otras obras importantes son *En la Calzada de Jesús del Monte* (1949), *Diversiones y versiones* (1967) y *Los días de tu vida* (1977).

LAS HERRAMIENTAS TODAS DEL HOMBRE

Éstas son todas las herramientas de este mundo.
Las herramientas todas que el hombre hizo
para *afianzarse* bien en este mundo.

establecerse

Éstas son las navajas de
filo exacto con que se
afeita al tiempo.

Y éstas las tijeras para cortar los
paños, para cortar los *hipogrifos* y las
flores y cortar las máscaras y todas las *tramas* y, en
fin, para cortar la vida misma del hombre, que es
un hilo.

animal imaginario
conjunto de hilos

Éstas son las sierras y
serruchos—también
cuchillos, sin duda,
pero imaginados
de tal modo que los
propios defectos del *borde* sirvan al propósito.

dientes del serrucho

Y ésta es una cuchara que *alude* a los principios y a
las *postrimerías* y   en resumen
al *incalificable des–*   *valimiento* del hombre.

se refiere
último período de la vida
sin medida / fragilidad

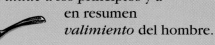

Éste es un fuelle para *atizar* el fuego   avivar
que sirve para *animar* al hierro   dar vida
que sirve para hacer el hacha
con que se *siega* la generosa *testa*   corta / cabeza
del hombre.

Éste es un compás que mide la belleza justa
para que no *rebose* y quiebre y le deshaga   sea demasiada
el humilde corazón al hombre.

Y ésta es una paleta   de *albañil* con que   persona que construye edificios
  se allegan los mate–   riales necesarios   se acercan
para que sea feliz y se *resguarde* de todo daño.   proteja

Éstas son unas pesas, llaves, cortaplumas
  y anteojos

    (si es que lo son, que
              no se sabe)

que en realidad no sirven para nada sino para
          establecer
       de una vez para siempre la sólida posición
          del hombre.

Éstas son unas gafas que se han de usar para
  mirar
si se ha hecho ya lo imaginable,
  lo previsible, simple e imposible
para tratar de asegurar las herramientas
    todas del hombre.

  Y éste, en fin, es el mortero al que *fiamos* el *menjurje*   confiamos / mezcla
con que uniremos los pedazos, *trizas, minucias* y *despojos*   fragmentos / cosas pequeñas / restos

si es que a las últimas   y a tiempo, si
es que a las tontas y   a las locas, si es que
a ciegas y al fin

  no aprendemos a usar, *amansar*, dulcificar y manejar   domesticar
    las herramientas todas del hombre.

■ ¿Comprendiste la lectura?

A. ¿Sí o no? En parejas, decidan si son ciertos o falsos estos comentarios. Si son falsos, corríjanlos.

1. El poeta cubano Eliseo Diego fue galardonado con el premio "Juan Rulfo" en México en 1993.
2. Al principio del poema aparecen muchos grabados de las herramientas que se mencionan en el poema.
3. Entre estos grabados aparece una pistola.
4. También aparece en el poema una paleta de pintor.
5. "Gafas" es un sinónimo de "lentes" y "anteojos".
6. Al final, el poema dice que las herramientas son muy negativas y no ayudan al hombre.

B. Hablemos de la lectura. Contesten estas preguntas en grupos de tres o cuatro.

1. ¿De dónde provienen los grabados que aparecen en el poema?
2. Según Eliseo Diego, ¿para qué hizo el hombre las herramientas?
3. ¿Para qué sirven las tijeras, según el poema?
4. ¿Qué relación hay entre la cuchara y la infancia y la vejez del hombre?
5. ¿Qué conexión se hace en el poema entre un fuelle, el fuego, el hierro, el hacha y la testa de un hombre?
6. ¿Qué puede rebosar, quebrar y deshacerle el humilde corazón al hombre?
7. Según el poema, ¿para qué se deben usar las gafas?
8. ¿Qué uso tiene el mortero?
9. Al final del poema, ¿qué debemos hacer con las herramientas?
10. ¿Por qué utiliza el poeta Eliseo Diego grabados a través del poema? ¿Te parecen efectivos?

INTERNET
Más lecturas
www.mcdougallittell.com

Palabras como clave:
herramienta

Para ampliar el vocabulario. Existen muchas palabras relacionadas con la palabra **herramienta**:

herradura	arco metálico que protege las patas o "pies" de un caballo
herrar	poner herraduras en un caballo; marcar un animal con hierro caliente
herrero	persona que hierra caballos o trabaja con hierro
hierro	metal de color gris que tiene muchas aplicaciones en la industria

Hierro viene de la palabra latina *ferrum* de donde se derivan . . .

fierro	otra palabra para "hierro"
férreo	de hierro
ferretería	lugar donde se venden herramientas
ferrocarril	camino de trenes

Con un(a) compañero(a), responde a las siguientes preguntas.

1. ¿Por qué algunas personas colocan **herraduras** cerca de las puertas?
2. ¿Por qué los vaqueros **hierran** los toros y las vacas con **hierros** calientes para marcarlos con iniciales o símbolos?
3. ¿Qué tipo de persona tiene una voluntad **férrea**?
4. En la **ferretería** se venden objetos de **hierro** como clavos y cerraduras. ¿Puedes mencionar por lo menos otros tres objetos de hierro que se venden ahí?
5. Las líneas del **ferrocarril** o tren también se conocen como **vías férreas**. ¿Prefieres viajar por tren o por avión? ¿Por qué?

Dramatizaciones

A. Al exilio. En grupos de tres o cuatro, dramaticen la situación de una familia cubana de la clase media en 1960. Los padres están hablando con los hijos discutiendo los nuevos cambios socialistas del gobierno de Fidel Castro. Necesitan decidir si se quedan en Cuba o salen de la isla.

B. Parientes. En grupos de tres o cuatro, dramaticen la reunión de dos familias cubanas, una que se quedó en Cuba y sigue viviendo allí y otra que se vino a EE.UU. en 1968 y que está bien establecida en este país.

¡Y el son sigue sonando!

La difusión de la música afrocubana, una mezcla de ritmos africanos e instrumentación europea, ha sido imparable. A lo largo de décadas, generaciones han bailado sus formas cambiantes. La rumba fue famoso durante los años 30 y en los 50 el mambo llegó a ser muy popular. Pérez Prado ganó fama con su "Mambo Nº 5", que Lou Bega hizo famoso nuevamente en 1999. Y no se podría pasar por alto a Celia Cruz, la reina indiscutible de la salsa.

Los músicos de Buena Vista Social Club

La década de 1990 fue de hecho una de renacimiento para la música afrocubana. Ry Cooder, un músico estadounidense, se dio la tarea de reunir a los músicos que grabaron el álbum *Buena Vista Social Club*. Cooder trabajó con los cantantes Ibrahim Ferrer y Omara Portuondo, el pianista Rubén González y los guitarristas Eliades Ochoa y Compay Segundo entre otros. El resultado fue que los sones y baladas de los años 50 y 60 se han convertido en los favoritos de una generación nueva.

Hoy por hoy, Irakere y Los Van-Van son algunos de los grupos que dominan la música popular. Formado por Chucho Valdés, Arturo Sandoval, Paquito d'Rivera y Oscar Valdés, Irakere se impone la fusión entre el *latin jazz* y los ritmos afrocubanos tradicionales. A ésta se le suma la improvisación atrevida del pianista Chucho, quien se inspira en el *bop* de Thelonius Monk. A su vez, Los Van-Van, impulsado por su líder Juan Formell, funden el son de las orquestas típicas con la salsa contemporánea. Con la inspiración de estos conjuntos, la música afrocubana seguirá sonando en el nuevo milenio.

Los Van-Van

El son sigue. Nombra los ritmos que han inspirado estos artistas y la importancia de los artistas en la música popular.

1. Pérez Prado y Lou Bega
2. Celia Cruz
3. Ry Cooder
4. Chucho Valdés
5. Juan Formell

Cultura en vivo

La Nueva Trova

Este movimiento musical se inició en Cuba en la década de 1960. Tiene un fuerte parecido a las canciones norteamericanas de protesta de la misma época. Las letras de la Nueva Trova son líricas y emotivas. La música, a diferencia de los ritmos cubanos tradicionales, no es movida o bailable, sino dulce y melodiosa; creada más bien para escucharla y meditar sobre su significado.

Ahora tu profesor(a) te va a dar la letra de una canción de uno de los cantantes más importantes de la Nueva Trova, Silvio Rodríguez. Desafortunadamente, como puedes ver, faltan algunas palabras. Escucha al narrador, que leerá la letra de la canción y, en una hoja de papel, escribe las palabras que faltan. Compara tus versos con los de un(a) compañero(a) para asegurarte de que escuchaste bien. Cuando ya la tengas completa, escucha la letra una vez más.

MUNDO 21

UNIDAD **4**
LECCIÓN **1**
PÁGINA 179   Nombre_____

Unicornio

Mi unicornio _____
ayer se me _____ ,
pastando lo dejé
y desapareció.

Cualquier _____
bien la voy a _____ .
Las flores que dejó
no me _____ _____ hablar.

A interpretar . . .

1. ¿Quién habla? ¿un hombre o una mujer? ¿un chico o una chica? ¿un niño o una niña? ¿Por qué crees eso?
2. ¿Qué le pasó al unicornio? ¿Cómo pasó esto?
3. ¿Puede la persona reemplazar el unicornio con otro? ¿Quiere reemplazarlo? ¿Por qué?
4. ¿Qué relación existía entre la persona que habla y el unicornio? ¿Por qué crees eso?
5. ¿Qué haría la persona que habla para encontrar su unicornio? ¿Por qué crees que dice eso?
6. ¿Tienes tú un unicornio azul? Si no, ¿te gustaría tener uno? ¿Por qué?

República Dominicana

Nombre oficial:
República Dominicana

Extensión:
48.442 km²

Principales ciudades:
*Santo Domingo (capital),
Santiago de los
Caballeros,
La Romana*

Moneda:
Peso (RD$)

Gente del Mundo 21

Joaquín Balaguer, político, nació en septiembre de 1907. Este hombre dominó el destino de su país en el siglo XX. Estudió derecho en la Universidad de Santo Domingo y desempeñó altos cargos políticos en el régimen de Trujillo entre 1930 y 1961. Fue nombrado presidente en 1960 y en 1961 intentó una política reformista que provocó un golpe militar en 1962. En 1966 ganó las elecciones presidenciales y fue elegido en 1970, 1974, 1986 y 1990. Sólo en 1978 dejó la presidencia al perder las elecciones. En 1994 fue proclamado presidente otra vez, pero hubo una controversia sobre las elecciones y permaneció sólo dos años.

Julia Álvarez nació en 1950 y a los diez años fue con su familia a vivir a Nueva York por lo que tuvo que aprender inglés de niña. Le fascinaba el uso de las palabras y su pasión por la literatura influyó en su decisión de ser escritora. Durante muchos años no se sentía miembro de la sociedad norteamericana ni de la dominicana, pero ahora piensa que su vida bicultural le ha dado la riqueza que le ayuda a escribir. Ha escrito las novelas *De cómo las hermanas García perdieron su acento* (1991), *En el tiempo de las mariposas* (1994) y *¡Yo!* (1997).

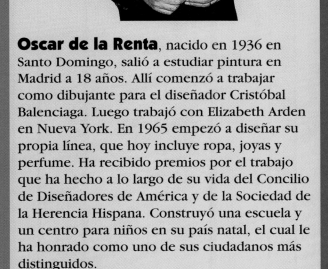

Teodora Gines (¿1530?-después de 1598), de Santiago de los Caballeros, tocaba la bandola y vihuela sin haberse entrenado formalmente. Estableció en 1580 un nuevo ritmo. "El Son de la Mª Teodora" no marcó sólo el nacimiento del son, forma musical importante hoy, sino uno de los puntos de partida en las Américas de la música popular como expresión criolla. Al emigrar a Cuba, ella y su hermana Micaela, cantante, formaron con otros dos músicos la orquesta de la catedral de Santiago de Cuba. Se considera la madre de la música folclórica cubana. De descendencia africana, abrazó culturas diversas a través de su música. *(El dibujo es una representación de una mujer afrocaribeña del siglo XVI.)*

Oscar de la Renta, nacido en 1936 en Santo Domingo, salió a estudiar pintura en Madrid a 18 años. Allí comenzó a trabajar como dibujante para el diseñador Cristóbal Balenciaga. Luego trabajó con Elizabeth Arden en Nueva York. En 1965 empezó a diseñar su propia línea, que hoy incluye ropa, joyas y perfume. Ha recibido premios por el trabajo que ha hecho a lo largo de su vida del Concilio de Diseñadores de América y de la Sociedad de la Herencia Hispana. Construyó una escuela y un centro para niños en su país natal, el cual le ha honrado como uno de sus ciudadanos más distinguidos.

Personalidades del Mundo 21. Completa estas oraciones y luego compáralas con las de un(a) compañero(a).

1. Teodora Gines fue reconocida como . . .
2. Julia Álvarez decidió ser escritora porque . . .
3. Oscar de la Renta se dedica a . . .
4. Joaquín Balaguer ha sido presidente . . .

LA REPÚBLICA DOMINICANA:
LA CUNA DE AMÉRICA

La Española

calcula que antes de la llegada de los españoles, había alrededor de un millón de taínos en la isla; cincuenta años más tarde esta población había sido reducida a menos de quinientos.

CAPITAL DEL IMPERIO ESPAÑOL EN AMÉRICA

La ciudad de Santo Domingo fue fundada en 1496 por Bartolomé Colón, hermano de Cristóbal Colón. Se convirtió en el primer centro administrativo del imperio español en América. Con la conquista de México y el Perú, y la centralización del tráfico marítimo con Europa en La Habana, Santo Domingo perdió tanto importancia política como población.

En la República Dominicana se conservan los primeros monumentos coloniales de

América: la catedral gótica de Santa María del Rosario, comenzada en 1523 y terminada en 1541 y

Catedral y cabildo, Santo Domingo

El día 6 de diciembre de 1492, Cristóbal Colón descubrió la isla llamada Quisqueya por sus habitantes originales, los taínos. Con su nuevo nombre de La Española dado por Colón, la isla se convirtió en la primera colonia española y cuna del imperio español en América. Se

donde se dice que se guardaban los restos de Cristóbal Colón; el primer hospital; el primer cabildo (edificio de gobierno local); las ruinas de la primera ciudad española del continente, Isabela; y el palacio construido por Diego Colón, hijo de Cristóbal Colón, entre 1510 y 1514.

El bucanero Francis Drake saqueó la ciudad en 1586. En 1655 una expedición inglesa fue derrotada en La Española pero pudo tomar control de Jamaica ese año. Ocupada por corsarios (piratas) franceses, la tercera parte occidental de la isla se entregó a Francia en 1697 por el Tratado de Ryswick. Los franceses le dieron el nuevo nombre de Saint Domingue a su parte. La transformaron en una de las más ricas de las colonias, con la explotación brutal y los trabajos forzados de esclavos africanos. Entre 1795 y 1809 la totalidad de La Española le fue cedida a Francia por España y toda la isla pasó a llamarse Haití.

LA INDEPENDENCIA

Bajo la dirección del militar haitiano Toussaint Louverture, Haití, la isla entera, consiguió su independencia de Francia en 1804 después de una sangrienta guerra. En 1821, el gobernador de la zona española José Núñez de Cáceres proclamó la independencia del Haití Español, pero el año siguiente fuerzas militares de Haití ocuparon el país. Toda la isla quedó bajo el control haitiano hasta 1844.

Juan Pablo Duarte

Para resistir a la dominación haitiana, el patriota dominicano, Juan Pablo Duarte, llamado el "padre de la patria", fundó "la Trinitaria", una sociedad secreta que organizó una revolución contra los haitianos. El 27 de febrero de 1844 se logró la independencia de la parte oriental de la isla y así se estableció la República Dominicana.

Durante los primeros años de la independencia, los generales Buenaventura Báez y Pedro Santana dominaron el escenario político. Santana fue, por ejemplo, cuatro veces presidente de la república, alternando

la presidencia con su colaborador Buenaventura Báez que después se convirtió en su enemigo. La inestabilidad política causó un prolongado caos económico, situación que fue explotada por líderes corruptos. En 1861, Santana pidió y consiguió la incorporación de la república como provincia de España y se hizo gobernador del país hasta su muerte en 1864. El año siguiente España abandonó la provincia dominicana, dejándola en un estado de caos económico y político. Una vez más, Buenaventura Báez volvió al escenario político e intentó, sin éxito, la anexión de la República Dominicana a EE.UU.

LA DICTADURA DE TRUJILLO

Rafael Leónidas Trujillo

A finales del siglo XIX y a principios del XX, la República Dominicana se encontraba en una situación económica y política catastrófica. Entre 1916 y 1924 se produjo una ocupación militar por parte de EE.UU. que controló la importación y exportación de productos hasta 1941.

La ocupación condujo a la reorganización de la vida política, social y económica. También estableció el ejército que ayudaría la consolidación de la dictadura de Rafael Leónidas Trujillo que tomó el poder en 1930 tras un golpe de estado. Trujillo dominó la república durante más de tres décadas, hasta su asesinato en 1961.

LA REALIDAD ACTUAL

El estado caótico que siguió al asesinato resultó en una ocupación militar por EE.UU. en 1965 para proteger a los estadounidenses. Esta vez fuerzas internacionales, bajo los auspicios de la Organización de Estados Americanos, sustituyeron en seguida a las fuerzas norteamericanas.

En 1966, se efectuaron elecciones que fueron ganadas por Joaquín Balaguer. Ganó cada elección, excepto en 1978 y 1982, hasta 1994. En 1994 fue elegido, pero surgió una gran controversia sobre las elecciones que resultó en una crisis política. Con mediación de Washington él permaneció como presidente sólo dos años. Entonces apoyó la elección del centrista Leonel Fernández, heredero político de su rival histórico Juan Bosch, marcando la primera unión política entre los dos. A pesar de tantas intervenciones y conflictos, el país ha mantenido a través del tiempo una cultura e identidad nacional fieles a su origen.

■ ¡A ver si comprendiste!

¿Quién? ¿Qué? ¿Cuándo? ¿Recuerdas los datos más importantes de la lectura? Para asegurarte, contesta estas preguntas.

1. ¿Cuándo descubrió Cristóbal Colón la isla donde está la República Dominicana? ¿Qué nombre le dio?
2. ¿Por qué se dice que es "la cuna de América"?
3. ¿Qué país europeo controló la tercera parte occidental de La Española en 1697 por el Tratado de Ryswick?
4. ¿Qué país controló toda La Española de 1822 a 1844?
5. ¿Quién es "el padre de la patria"? ¿Por qué lo llaman así?
6. ¿Quiénes fueron los dos políticos que dominaron el escenario político de la República Dominicana durante las primeras tres décadas de independencia?
7. ¿Quién controló la República Dominicana de 1930 a 1961? ¿Qué cambios hubo durante su gobierno?
8. ¿Cómo se llama el político dominicano que ha sido elegido presidente muchas veces desde 1966?

INTERNET
Prueba interactiva
www.mcdougallittell.com

Cristóbal Colón y "las Indias"

El 12 de octubre de 1492, Cristóbal Colón desembarcó, según se cree, en una pequeña isla de las Bahamas, llamada Guanahaní por los indígenas y que él nombró San Salvador. Desde un principio, Colón quedó convencido que había llegado a una de las numerosas islas del este de Asia que Marco Polo había descrito en el relato de sus viajes: Cathay (China), Cipango (Japón) y las Indias. De ahí proviene el nombre que Colón les dio a las tierras que exploró, "las Indias", y a sus habitantes, "indios". Después de establecer la primera colonia española en otra isla que nombró La Española, Colón volvió a España para dar noticia que había llegado a las Indias. A pesar de haber realizado cuatro viajes de exploración, Colón, al morir en 1506 en España en Valladolid, estaba convencido de que había llegado a las Indias. No podía sospechar que había abierto el camino a un nuevo mundo y que Asia quedaba a miles de millas más al oeste.

───────◆◆◆───────

"Las Indias". Prepara cinco preguntas sobre esta ventana. Hazle las preguntas a un(a) compañero(a) y contesta las preguntas que te haga a ti.

Y ahora, ¡a leer!

■ *Anticipando la lectura*

A. ¿Quién personifica a EE.UU.? En grupos de tres o cuatro, pónganse de acuerdo en un(a) cantante de música popular o actor (actriz) de cine que, en su opinión, personifica todo lo que es Estados Unidos en la actualidad. Después de decidir eso, contesten las siguientes preguntas.

1. ¿Dónde nació el (la) artista? ¿Cómo fue su vida de niño(a)?
2. ¿Cómo es ahora en su vida privada? ¿Es casado(a) o soltero(a)? ¿rico(a) o pobre? ¿generoso(a)? ¿divertido(a)? ¿tímido(a)?
3. ¿Tiene una buena vida familiar? Expliquen su respuesta.
4. ¿Por qué creen ustedes que esta persona representa lo esencial de EE.UU.?

B. Embajadores de buena voluntad. Muchos países tienen embajadores de buena voluntad. Estas personas, cuando viajan a otros países, representan a su país en forma no oficial y crean buenas comunicaciones y buenas relaciones con los países que visitan.

1. ¿Tiene EE.UU. embajadores de buena voluntad? Si los hay, ¿quiénes son? Si no los hay, ¿crees que debería haberlos? ¿Por qué?
2. ¿A quién(es) nominarías tú para ser embajadores de buena voluntad de EE.UU.? ¿Por qué seleccionarías a esas personas?

C. Vocabulario en contexto. Decide cuál es el significado de las palabras en negrilla a base del contexto de la oración o de otras estrategias que has aprendido para llegar al significado de palabras desconocidas.

1. Juan Luis Guerra se ha hecho famoso como un **mesías** dominicano y es una figura incomparable de la música del Caribe.
   - *a.* compositor   *b.* mensajero   *c.* dictador
2. Juan Luis sigue siendo una persona tímida y prefiere los lugares tranquilos donde él puede estar **consigo mismo.**
   - *a.* con su familia   *b.* bien acompañado   *c.* solo

3. Este título se lo dio su propia gente porque se siente **reflejada en** sus canciones y su música.

   a. incluida en   *b.* indiferente a   *c.* alegre con

4. Cuando **compone,** sus metáforas y su imaginación vuelan alto, pero siempre mantiene un pie sobre la tierra, lo que le permite unir el canto al amor y la esperanza con un mensaje social.

   a. camina   *b.* lee poesía   *c.* escribe canciones

5. "Lo que más me **atrajo** de él cuando lo vi por primera vez fue su forma de ser tan dulce y tranquila, su personalidad".

   a. ofendió   *b.* interesó   *c.* sorprendió

6. La casa alquilada de Juan Luis es moderada: dos **plantas,** un patio reducido sin piscina y una cancha de baloncesto.

   a. pisos   *b.* patios   *c.* ramos

7. Cuando se cansa de trabajar en sus composiciones, se **coloca** unos *shorts* y se pone a jugar un partido de baloncesto.

   a. busca   *b.* se compra   *c.* se pone

8. Con Herbert a la cabeza, se **reúne** cada mes un grupo de médicos que salen al campo para dar consulta, regalar lentes y atender a cientos de pacientes pobres.

   a. dispersa   *b.* junta   *c.* organiza

Conozcamos al músico

Juan Luis Guerra ha causado sensación en el Caribe, Latinoamérica, EE.UU. y España como compositor e intérprete de melodiosos merengues junto con su conjunto, llamado simplemente, 4–40. El merengue, una composición musical que precede a la salsa, es tremendamente popular en la República Dominicana, su patria nativa. Este merenguero dominicano con mente de poeta y corazón de *rock and roll* nació el 6 de julio de 1956 y ha realizado las siguientes grabaciones: *Mientras más lo pienso...tú, Ojalá que llueva café, Bachata Rosa, Areíto* y *Ni es lo mismo, ni es igual.*

LECTURA

Juan Luis Guerra: el poeta que canta al mundo

por Marta Madina

Juan Luis Guerra, en relativamente poco tiempo, ha alcanzado una fama internacional, un éxito que se refleja en millones de discos vendidos, y se ha consagrado como un mesías dominicano y una figura incomparable de la música del Caribe.

A pesar de tanta fama, Juan Luis sigue siendo una persona tímida y prefiere los lugares tranquilos donde puede estar consigo mismo al bullicio de las *ruedas de prensa* y recepciones públicas. La fama y el tener que llevar una vida pública es quizás el precio más caro que Juan Luis Guerra ha tenido que pagar por convertirse, casi de la noche a la mañana, en embajador dominicano ante el mundo. Este título se lo dio su propia gente porque se siente reflejada en sus canciones y su música.

entrevistas con periodistas

La vida como inspiración

Sus canciones, a pesar del corte poético indiscutible que poseen, tratan de *anclarse* en la realidad dominicana. Cuando compone, sus metáforas y su imaginación vuelan alto, pero siempre mantiene un pie sobre la tierra, lo que le permite unir el cielo con el suelo, el canto al amor y la esperanza con un mensaje social.

quedarse

La necesidad de expresarse fue la que le impulsó a componer por primera vez siendo sólo un adolescente. Junto con su inseparable amigo Herbert Stern, hoy médico *oftalmólogo,* comenzó a tocar en los clubes sociales de Santo Domingo.

oculista

Pero su inclinación por la música viene de más atrás. Con su familia vivía en el barrio de Gazcue, en una casa donde el patio daba frente a la Galería Nacional de Música y se podían oír los conciertos. "Mi casa siempre fue una casa muy musical, hasta los aguacates cantaban. Mi padre oía los boleros de *Agustín Lara,* a mi mamá le encantaba la ópera italiana, y yo deliraba por los *Beatles* aunque no entendía nada de sus letras".

compositor mexicano

Estudios universitarios y matrimonio

En 1980, Juan Luis, después de estudiar dos años en la Facultad de Filosofía y Letras en Santo Domingo, recibe una *beca* y se va a estudiar a la escuela de música de Berklee College of Music, en Boston. Ahí conoce a Nora Vega, una estudiante de diseño en la misma escuela, y quien sería su futura esposa.

dinero recibido para seguir estudiando

"Lo que más me atrajo de él cuando lo vi por primera vez fue su forma de ser tan dulce y tranquila, su personalidad. Su físico, la verdad es que no me llamó la atención", comenta Nora, una dominicana de ojos claros y pelo rubio. Desde que se casó con Juan Luis lo ha compartido todo: el perfeccionismo de su esposo, su perseverancia, un hijo, el sacrificio de tener que crear a diario y más recientemente, el vértigo que produce la fama.

Del barrio de Gazcue al Beverly Hills dominicano

Para *resguardar* su privacidad, han tenido que abandonar Gazcue, el barrio céntrico donde Juan Luis se reunía con sus amigos para hablar de la vida y sobre filosofía sentados en la *grama*. Su nuevo vecindario es Arroyo Hondo, el *Beverly Hills* dominicano, una zona residencial al noroeste de la capital, famosa por las mansiones *ocultas* y los *lujosos* coches en circulación.

proteger

hierba

escondidas / espléndidos

La casa alquilada de Juan Luis es moderada: dos plantas, un patio reducido sin piscina y un solo lujo del cual no puede *prescindir:* una cancha de baloncesto que él mismo mandó construir. Cuando se cansa de trabajar en sus composiciones, se coloca unos *shorts* y se pone a jugar un partido de baloncesto.

dejar de usar

Nora es la primera crítica

Nora es la primera persona que escucha las nuevas composiciones de Juan Luis. Él respeta mucho la opinión de su esposa; sabe que la opinión de ella será la opinión de miles de oyentes. En ocasiones ella misma se convierte en *musa* y pasa a estar presente en muchas de sus canciones. En otras ocasiones, la inspiración surge de novelas y poemas de escritores del mundo hispano como Federico García Lorca, Julio Cortázar, Pablo Neruda, César Vallejo y Nicolás Guillén.

inspiración

No se olvida de los más pobres

Juan Luis ha establecido la Fundación 4-40 para ayudar a cientos de dominicanos pobres que *carecen de* recursos médicos. El oftalmólogo Herbert Stern, su amigo de juventud, es la persona que está detrás de toda esta operación. La idea *surgió* en 1989 durante un concierto que Juan Luis ofreció en favor de enfermos de diabetes.

no tienen

salió, nació

Con Herbert a la cabeza, se reúne cada mes un grupo de médicos que salen al campo, a los pueblos de pescadores y a los barrios *periféricos* para dar consulta, regalar lentes y atender a cientos de pacientes. Cuando puede, Juan Luis va con ellos, pero es preferible que se quede en casa, porque cuando aparece él, todos se olvidan de sus dolencias y lo único que quieren es hablar, tocar, ver a ese dominicano que "aunque ahora es muy famoso, sigue siendo de los nuestros".

más lejanos del centro

Adaptado de "Juan Luis Guerra: poeta y músico del pueblo", Más

■ ¿Comprendiste la lectura?

A. ¿Sí o no? En parejas, decidan si están de acuerdo con los siguientes comentarios. Si no, digan por qué no.

1. Juan Luis Guerra es un famoso novelista dominicano.
2. Ha creado un grupo llamado 4–40.
3. Juan Luis es una persona muy desenvuelta; le gustan mucho las ruedas de prensa y las recepciones públicas.
4. Su propia gente lo considera un embajador dominicano ante el mundo.
5. Sus canciones son sólo poéticas y no tienen ningún mensaje social.
6. Con su familia vivía en el barrio de Gazcue, que es un suburbio conocido como el *Beverly Hills* dominicano.
7. Herbert Stern, el amigo de juventud de Juan Luis, es otro cantante famoso.
8. Juan Luis estableció la Fundación 4–40 para ayudar a cientos de dominicanos pobres que no tienen recursos médicos.

B. Hablemos de la lectura. Contesta estas preguntas.

1. ¿Cómo se llama el tipo de música que ha hecho famoso a Juan Luis Guerra y es muy popular en la República Dominicana?
2. ¿Qué título le ha dado su propia gente? ¿Por qué?
3. ¿Qué dice Juan Luis de la casa donde vivía de niño en el barrio de Gazcue?
4. ¿Dónde conoció por primera vez a Nora Vega, quien después sería su esposa? Según ella, ¿qué es lo que más le atrajo de Juan Luis?
5. ¿Por qué Juan Luis le muestra sus nuevas composiciones primero a su esposa?
6. ¿Cuál es el propósito de la Fundación 4–40?
7. ¿Quién está detrás de toda esta operación?
8. ¿Por qué es preferible que Juan Luis se quede en casa y no acompañe a los doctores a los barrios periféricos dominicanos?

Santo Domingo

Palabras como clave: *componer*

Para ampliar el vocabulario. Existen muchas palabras relacionadas con la palabra **componer: composición, compositor, compuesto, descomponer.** Las palabras **componer** y **composición** tienen varios significados.

Con un(a) compañero(a), responde a las siguientes preguntas.

1. ¿Qué **compone** por lo general un **compositor**?
2. ¿Has **compuesto** tú una canción alguna vez?
3. ¿Qué puede **componer** un mecánico en un taller de reparación de automóviles?
4. ¿Qué es lo contrario de **componer**?
5. ¿Qué significa cuando alguien dice "el coche está **descompuesto**"?
6. ¿Te gusta escribir **composiciones** para esta clase de español?
7. ¿Cuál es la **composición** química del agua?

Dramatizaciones

A. El hijo de Colón. Con tres o cuatro compañeros de clase, dramaticen la llegada del hijo de Cristóbal Colón a La Española en el año 1545, más o menos cincuenta años después de la llegada de su padre. Incluyan la reacción del hijo al hablar con los oficiales españoles de la necesidad de traer trabajadores a la isla debido a que casi un millón de taínos han muerto.

B. ¡A Latinoamérica! Tú eres un(a) artista popular (tú debes decidir cuál es tu especialidad) de EE.UU. Ahora estás organizando un viaje a Latinoamérica donde, además de varios conciertos (o exhibiciones), vas a servir de embajador(a) de buena voluntad de EE.UU. Dramatiza tu primera reunión con tres o cuatro amigos que te están ayudando a organizar tu gira a Latinoamérica. Hablen de la forma que van a tener tus conciertos (o exhibiciones) para atraer al público latinoamericano y de las actividades que piensas hacer en tu papel de embajador(a).

Ventana al Mundo 21

La Serie del Caribe

Los jugadores de pelota ahora son el principal producto de exportación de tierras *quisqueyanas*°. Este producto de venta ha superado la tradicional industria azucarera. A los campos de entrenamiento de las ligas mayores acuden más de 170 dominicanos. Por eso, al aproximarse la Serie del Caribe, en Santo Domingo se hace más estridente el merengue y todo el país vive una semana de fiesta.

La primera Serie Interamericana, antepasado de la Serie del Caribe, fue inaugurada el 18 de octubre del 1946. En ella compitieron México, Cuba, Estados Unidos y Venezuela. Esta serie se prolongó hasta 1960. En 1970 se atrevieron a reanudar las acciones con tres clubes, Puerto Rico, la República Dominicana y Venezuela, y la serie pasó a llamarse la Serie del Caribe. En 1971 surgió México como el cuarto país en la confederación.

En esta segunda etapa la República Dominicana ha sido el país con más victorias, ganando 12 títulos. Luego le siguen Puerto Rico con 10, Venezuela con 5 y México con 3.

Adaptado de un artículo en español de Juan Vene en majorleaguebaseball.com.

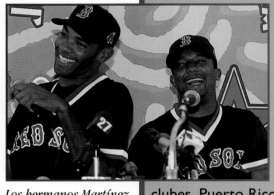

Los hermanos Martínez —Ramón y Pedro— son lanzadores dominicanos de primera clase.

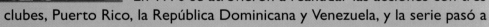

Sammy Sosa, dominicano, es uno de los reyes del jonrón en las ligas mayores.

La Serie del Caribe. Busca las respuestas con un(a) compañero(a).

1. ¿Dónde se encuentran más de 170 peloteros profesionales dominicanos?
2. ¿Qué países participaron en la primera Serie Interamericana? ¿Con qué nombre se conoce esta serie actualmente?
3. ¿En qué año empezó la Serie del Caribe? ¿Qué países compiten en la serie hoy? ¿Qué país tiene más victorias?

°*Quisqueya: indígena de la isla. Los dominicanos se conocen como quisqueyanos.*

Vocabulario personal

¡Hay que ser muy trabajador! Para alcanzar la fama de un Juan Luis Guerra, un Sammy Sosa o una Julia Álvarez, hay que ser muy trabajador ya que la fama no viene fácilmente. ¿Eres tú muy trabajador(a)? ¿Trabajas en casa? ¿en la escuela? ¿en otros lugares? Como todos los buenos trabajadores, debes usar ciertas herramientas o instrumentos especiales en tu trabajo. Piensa ahora en esas herramientas o instrumentos y en la función de cada uno. Prepara una lista de vocabulario que incluya lo siguiente: 1) herramientas o instrumentos que usas con frecuencia, 2) función de cada herramienta o instrumento, 3) usos inapropiados de las herramientas o instrumentos y 4) otras palabras y expresiones que te sean útiles. Tal vez debas volver al poema de Eliseo Diego, a la lectura sobre Juan Luis Guerra o al vocabulario al final de tu libro de texto.

Herramientas o instrumentos de uso frecuente	Función de herramientas o instrumentos
1. bolígrafo	1. escribir
2. peine	2. peinarse
3. . . .	3. . . .
4. . . .	4. . . .
5. . . .	5. . . .
6. . . .	6. . . .
7. . . .	7. . . .
8. . . .	8. . . .

Usos inapropiados de herramientas o instrumentos	Otras palabras y expresiones
1. ofender	1. filo
2. dañar reputación	2. clavos
3. . . .	3. . . .
4. . . .	4. . . .
5. . . .	5. . . .
6. . . .	6. . . .
7. . . .	7. . . .
8. . . .	8. . . .

Escribamos ahora

1. **La función de una herramienta.** En el poema "Las herramientas todas del hombre", el poeta Eliseo Diego habla de las herramientas y la relación entre ellas y las personas. Habla de la función útil o beneficiosa de cada herramienta y, a la vez, en un sentido ético, de la limitación o peligro que cada herramienta le puede presentar a una persona. Además, identifica las ventajas y las desventajas de las herramientas.

   Para ver esto más claramente, trabaja con un(a) compañero(a) para preparar un esquema en tres columnas como el que sigue. En la primera columna aparecen todas las herramientas que mencionó el poeta. En la segunda, indiquen la función útil de cada herramienta y en la tercera, la limitación o peligro que cada herramienta puede representar. Es preferible que no traten de citar al poeta palabra por palabra; expresen más bien la función y el peligro en sus propias palabras.

Herramientas	Función	Limitación o peligro
navajas	cortar	afeitar al tiempo: acortar, abreviar la vida
tijeras		
sierras, serruchos y cuchillos		
cucharas		
fuelle		
compás		
paleta de albañil		
pesas, llaves, cortaplumas y anteojos		
gafas		
mortero		

2. **¡A inventar!** Piensa ahora en dos o tres tareas que serían mucho más fáciles de hacer si alguien inventara una herramienta o instrumento especial. En un esquema de tres columnas describe 1) cada tarea, 2) la función de la herramienta o instrumento que te gustaría inventar y 3) el peligro que tal herramienta o instrumento podría tener para las personas. Comparte tu lista con uno o dos compañeros. Háganse preguntas, comentarios y sugerencias acerca de sus posibles invenciones.

3. **¡Mi invención!** Finalmente, selecciona una de las herramientas o instrumentos de tu lista y anota lo que tendrías que considerar antes de crear tal invento: la tarea que va a simplificar, la función de la herramienta o instrumento, materiales necesarios para hacerla, el tamaño, la forma y operación de la herramienta o instrumento y, claro, el costo. Anota también qué limitaciones o peligros podría tener tu invención para los humanos.

B. El primer borrador

1. **¡A organizar!** Vuelve ahora a la información que recogiste en la sección anterior. Usa un esquema araña o cualquier otro diagrama que prefieras. Organiza la información de tal manera que puedas desarrollar tres o cuatro párrafos que expliquen tu idea.

2. **Tema de la composición.** Acabas de encontrar en una revista un anuncio que invita a las personas con creatividad a inventar nuevas herramientas prácticas. El anuncio pide que las personas interesadas manden una breve descripción (tres o cuatro párrafos) que incluya el propósito y el funcionamiento de la herramienta. El anuncio pide que se incluya información también sobre las limitaciones y peligros que la invención pueda presentar para el medio ambiente y para la humanidad. Si la empresa decide producir tu invención, llegarás a ser famoso y rico. Por eso, es importante que tu descripción sea clara y completa. ¡Buena suerte!

Puerto Rico

Nombre oficial:
Estado Libre Asociado de Puerto Rico

Extensión:
9.104 km²

Principales ciudades:
San Juan (capital), Bayamón, Ponce, Carolina

Moneda:
Dólar estadounidense (US$)

Gente del Mundo 21

Sila Calderón, madre de ocho hijos, ha ocupado varios puestos públicos y privados desde 1973. Nacida en San Juan, fue la primera mujer en ocupar la posición de Coordinadora de Programas de Gobierno, supervisando a más de cien agencias gubermentales como directora de los trabajos y operaciones de la Rama Ejecutiva. Ha servido de Alcaldesa de San Juan. Varias veces fue seleccionada por la Cámara de Comercio de Puerto Rico como Mujer Sobresaliente y ha sido elegida Líder del Año en el campo de Obras Públicas. En el año 2000 fue elegida como la primera mujer gobernadora de Puerto Rico.

Ricky Martin es uno de los artistas puertorriqueños más famosos del mundo. Nació en 1971 en Puerto Rico donde vivió toda su juventud. En 1984, a los doce años de edad, empezó su fama como cantante en Menudo. Una década después, mientras seguía cantando, Martin tomó un papel en la telenovela "General Hospital". En 1998 cantó "La copa de la vida" en la Copa Mundial de fútbol. La cantó otra vez durante la presentación de los premios "Grammy." Poco después grabó su primer disco en inglés, y desde entonces su fama en Estados Unidos ha crecido mucho.

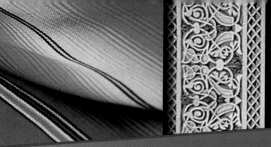

Rosario Ferré, escritora puertorriqueña, nació en Ponce, Puerto Rico el 28 de septiembre de 1940. Dirigió la revista *Zona de carga y descarga* de 1972 a 1974. En 1976 obtuvo un premio del Ateneo Puertorriqueño por sus cuentos, los cuales aparecieron en el volumen *Papeles de Pandora* (1976). Su obra literaria incluye los libros *El medio pollito* (1978), *La muñeca menor* (1979), *Los cuentos de Juan Bobo* (1981), *Fábulas de la garza desangrada* (1982), *La casa de la laguna* (1996) y *Vecindarios excéntricos* (1998). Sus artículos sobre escritoras del pasado y presente, y sobre la mujer en la sociedad contemporánea fueron reunidos en su libro *Sitio a Eros* (1980).

Bernie Williams, además de ser un excelente pelotero, entretiene a sus compañeros peloteros con su guitarra. Empezó a tocar a los ocho años después de escuchar a su padre y asistió a una escuela secundaria con especialización en música para estudiar guitarra clásica. Nació en 1968 en San Juan y su verdadero nombre es Bernabé —como su padre. Además de la música, le gustaban las ciencias y las matemáticas. Ha sido campeón bateador de la Liga Americana y ha participado en la Serie Mundial varias veces. Participó en un evento de béisbol en Venezuela para ayudar a las víctimas de unas inundaciones en ese país.

Personalidades del Mundo 21. Prepara cuatro comentarios que estas personas harían sobre sí mismas. Léeselos a un(a) compañero(a) para ver si puede identificar a la persona que los haría. Luego trata de nombrar a las personas que harían los comentarios que tu compañero(a) te haga.

MODELO   *Tú:* **Me gusta escribir sobre la mujer moderna.**
     Compañero(a): **Rosario Ferré**

DEL PASADO
al presente

PUERTO RICO: ENTRE VARIOS HORIZONTES

Selva tropical

A unas mil quinientas millas al sureste de Miami se encuentra la isla de Puerto Rico. En esta pequeña isla coinciden la cultura hispanoamericana con la economía y el gobierno de EE.UU. Muy pocos saben que Puerto Rico es el único territorio de EE.UU. en donde el español es lengua oficial o que es el único país hispanohablante donde el inglés también es lengua oficial.

La mayoría de personas ignoran que viajar a la isla es como viajar a Hawai: no necesitan pasaporte ni tienen que cambiar moneda. Para entender cómo ha llegado Puerto Rico a ser la tierra que es, hay que explorar su rico pasado.

LA COLONIA ESPAÑOLA

En 1492 la isla era llamada Borinquen por los taínos que compartían la isla con los más agresivos caribes, originarios de las Antillas Menores y de la costa de Venezuela. Cristóbal Colón tomó posesión de la isla en su segundo viaje, el 19 de noviembre de 1493, y le dio el nombre de San Juan Bautista. En 1508, el conquistador español

La Casa Blanca, San Juan

Juan Ponce de León fundó la ciudad de Caparra que después cambió su nombre a ciudad de Puerto Rico. Con el tiempo, el uso invirtió las denominaciones: la isla pasó a llamarse Puerto Rico y la ciudad, convertida en capital, tomó el nombre de la isla, San Juan.

LOS TAÍNOS Y LOS ESCLAVOS AFRICANOS

Como en las otras Antillas Mayores, los taínos de Puerto Rico fueron exterminados en poco tiempo por las enfermedades y los trabajos forzados. Para mediados del siglo XVI la salida de la población hispana hacia las minas del Perú casi despobló toda la isla. No obstante, continuaron suficientes colonos para que sobreviviera la colonia. A partir de entonces, la economía de la isla se basó en la agricultura y el trabajo de los esclavos africanos, pero más aún, la isla fue convertida en un bastión militar. La capital fue fortificada con gigantescas murallas y fortalezas, como el Castillo de San Felipe del Morro que servía para defender la ciudad de piratas y armadas enemigas.

En 1595 el pirata inglés Sir Francis Drake intentó tomar por asalto la ciudad de San Juan pero fracasó. Desde entonces Puerto Rico sería una de las posesiones de España más importantes debido a su posición estratégica. Esto hizo que la isla permaneciera bajo el control español por mucho tiempo, muchas décadas después de la liberación del continente sudamericano del dominio español. Para 1898, las cosas cambiarían rápidamente.

LA GUERRA HISPANO-ESTADOUNIDENSE DE 1898

Como resultado de la guerra contra España de 1898, EE.UU. tomó posesión de toda la isla sin mucha resistencia. En ese año la isla de Puerto Rico cambió de dueño, pero la cultura que se había formado allí por cuatro siglos permaneció casi intacta.

A diferencia de Cuba, donde hubo oposición política y militar a la presencia de EE.UU., en Puerto Rico no se generó suficiente oposición. Hubo algunos que lucharon a favor de la independencia política, pero no pudieron anticipar los cambios políticos que se aproximaban.

El Castillo de San Felipe del Morro

LA CAÑA DE AZÚCAR

Tras la guerra de 1898, el café dejó de ser el producto principal y fue sustituido por la caña de azúcar. En la isla aparecieron grandes centrales azucareras donde estaba empleada la fuerza laboral. En 1917, el Congreso de Estados Unidos pasó la Ley Jones que declaró a todos los residentes de la isla ciudadanos estadounidenses.

Cultivo de la caña de azúcar

Después de la depresión de la década de 1930 y de la Segunda Guerra Mundial, la economía de la isla se encontraba en crisis y los problemas políticos hicieron que EE.UU. cambiara su política hacia el territorio. Hasta entonces, los gobernadores de Puerto Rico eran nombrados por el presidente en Washington. Poco a poco, EE.UU. fue otorgándoles más autonomía a los puertorriqueños.

ESTADO LIBRE ASOCIADO DE EE.UU.

En 1952 el Congreso de Estados Unidos aprobó una nueva constitución que garantizaba un gobierno asociado, el cual se llamó Estado Libre Asociado (ELA) de Puerto Rico. El principal promotor de esta nueva relación fue también el primer gobernador elegido por el pueblo, Luis Muñoz Marín.

Bajo el ELA, los residentes de la isla votan por su gobernador y sus legisladores estatales y, a su vez mandan un comisionado a Washington D.C. para que los represente. Los residentes de Puerto Rico no tienen congresistas en el congreso federal, ni pueden votar en las elecciones para presidente.

LA INDUSTRIALIZACIÓN DE LA ISLA

Mientras ocurrían estos cambios políticos, la economía de la isla pasó por un proceso acelerado de industrialización. Puerto Rico pasó de una economía agrícola a una industrial en unas pocas décadas. A la vez aumentó la emigración de millones de puertorriqueños a Nueva York. La industrialización de Puerto Rico se inicia con la industria textil y más recientemente incluye la farmacéutica, la petroquímica y la electrónica. Esto ha hecho de Borinquen uno de los territorios más ricos de Latinoamérica y San Juan se ha convertido en un verdadero "puerto rico".

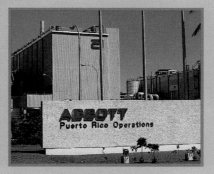

Compañía farmacéutica

■ ¡A ver si comprendiste!

¿Quién? ¿Qué? ¿Cuándo? ¿Recuerdas los datos más importantes de la lectura? Para asegurarte, contesta estas preguntas con un(a) compañero(a).

1. ¿Cómo llamaban los taínos a la isla que hoy llamamos Puerto Rico?
2. ¿Qué nombre le dio Cristóbal Colón a la isla?
3. ¿Quién comenzó la colonización española de la isla en 1508? ¿Dónde comenzó?
4. ¿Qué ocurrió con el tiempo con las denominaciones de la ciudad capital y de la isla?
5. ¿Para qué servía el Castillo de San Felipe del Morro?
6. ¿Existió una gran oposición a la presencia militar de EE.UU. en 1898?
7. ¿Qué producto sustituyó al café después de 1898?
8. ¿Qué ley declaró a todos los residentes de Puerto Rico ciudadanos de EE.UU.? ¿Cuándo se aprobó esta ley?
9. ¿Qué lograron los puertorriqueños con la nueva constitución de 1952?
10. ¿Qué industrias han reemplazado a la agricultura como base de la economía de Puerto Rico?

INTERNET
Prueba interactiva
www.mcdougallittell.com

El viejo San Juan

Puerto Rico:
entre libre asociación, estadidad o independencia

Continuar con modificaciones el Estado Libre Asociado (ELA) establecido desde 1952, convertirse en el estado cincuenta y uno de EE.UU. o alcanzar la independencia son las tres alternativas políticas de los 3,3 millones de puertorriqueños en la isla. Tanto para Puerto Rico como para EE.UU las implicaciones son enormes: el gobierno de EE.UU. gasta seis mil millones al año en ayuda federal a la isla; casi 250 corporaciones norteamericanas operan en la isla y bajo un plan de incentivo económico no pagan impuestos federales.

Un argumento en favor de la estadidad es que los puertorriqueños tendrían los mismos derechos que el resto de los norteamericanos. Sus dos senadores y siete congresistas en el Congreso constituirían el grupo hispano más poderoso en Washington. Una gran desventaja es que Puerto Rico tendría que pagar impuestos federales y aumentaría el desempleo ya que muchas empresas abandonarían la isla al verse obligadas a pagar impuestos.

Tal vez el punto de mayor controversia sea que, de convertirse en estado, el congreso

norteamericano no garantiza el derecho de Puerto Rico a preservar sus tradiciones, ni tampoco el idioma español. Jaime Benítez, uno de los creadores del Estado Libre Asociado, afirma: "El ELA es un punto intermedio que nos permite retener el idioma, nuestra personalidad, además de los beneficios y ventajas de la relación con Estados Unidos".

En diciembre de 1998, los puertorriqueños tuvieron la oportunidad de votar por el sistema político de su preferencia: el 46,5 por ciento votó por la estadidad; el 2,5 por ciento por la independencia. Pero el voto no fue el definitivo. La opción de apoyar la continuación del estado libre asociado no fue escrita de una manera aceptada por la mayoría de la gente. El 50,2 por ciento de la población votó para no aceptar ninguna de las alternativas tal como fueron escritas. El futuro de Puerto Rico preocupa a todos los que se interesan por este país.

Tres alternativas. Completa las siguientes oraciones. Luego compara tus respuestas con las de la clase.
1. Las tres alternativas que los puertorriqueños tienen son . . .
2. Las ventajas y desventajas de cada alternativa son . . .
3. En mi opinión, los puertorriqueños deberían . . .

Luz, cámara, acción

Antes de empezar el video

Los desastres causados por la naturaleza son muchos y variados: huracanes, tornados, terremotos, inundaciones, vientos, ventiscas, incendios, etc.

1. ¿Cuáles de estos desastres causados por la naturaleza son posibles en tu ciudad?
2. ¿Has tenido experiencia con algunos de estos desastres? ¿Cuáles? Explica qué pasó.
3. ¿Sabes qué debes hacer antes y después de cada uno de estos desastres?

ESCENARIO

¿Cómo se forman los huracanes?

Los huracanes que afectan las islas del Caribe y las costas del este y sur de EE.UU. se forman debido a corrientes de aire caluroso provenientes de África. Comienzan como pequeñas ráfagas de vientos que casi no se detectan en tierra. Los vientos se mueven hacia el este sobre aguas cálidas, lo cual causa que éstos se fortalezcan y se conviertan en tormentas. Los científicos han encontrado que las épocas lluviosas en África aumentan la cantidad e intensidad de tormentas que azotan la zona del Caribe y las costas del Atlántico y el Golfo de México.

La intensidad de un huracán se mide de una escala de 1 a 5, donde 5 es la categoría de mayor intensidad. Los huracanes con la categoría 3 tienen vientos de por lo menos 111 mph, y se consideran de gran intensidad y son bastante destructivos.

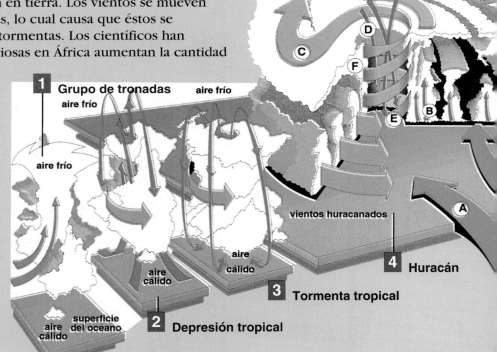

■ ¡A ver si comprendiste!

¿Quién? ¿Qué? ¿Cuándo? ¿Recuerdas los datos más importantes de la lectura? Para asegurarte, contesta estas preguntas con un(a) compañero(a).

1. ¿Dónde se originan los vientos calurosos que forman huracanes en el océano Atlántico y el mar Caribe?
2. ¿Qué velocidad debe tener el viento de un huracán para ser clasificado en la categoría 3?
3. ¿Sabes el nombre de algún huracán reciente? ¿Qué áreas afectó?

Y ahora, ¡veámoslo!

En este video verán escenas filmadas en Puerto Rico, una isla que se ve afectada por huracanes en la temporada que se extiende del 1º de julio al 30 de noviembre.

El video: Los huracanes

Bob Vila

Después del huracán

■ A ver cuánto comprendiste . . .

A. Dime si entendiste. Después de ver el video, contesta estas preguntas.

1. ¿Cuándo es la temporada de huracanes en Puerto Rico?
2. ¿En qué momento se le asigna un nombre a un sistema tropical?
3. ¿Qué deben hacer las personas para prepararse en caso de alerta por un huracán?
4. ¿Cómo se llama el huracán que azotó la isla de Puerto Rico el 18 de septiembre de 1989? ¿Cuál era la velocidad del viento de este huracán?
5. ¿Qué efectos tuvo este huracán en el aeropuerto de Isla Grande?

B. ¿Y qué dices tú? Contesten estas preguntas en grupos de tres o cuatro. Luego díganle a la clase cómo contestaron cada pregunta.

1. ¿Por qué es importante congelar botellas de agua y llenar con agua limpia la tina del baño?
2. ¿Qué otras acciones deben tomar las personas en caso de alerta por un huracán de gran intensidad?
3. ¿Qué es lo más destructivo de un huracán?
4. ¿Has tenido la experiencia de estar en un zona afectada por un huracán? ¿Qué es lo que más te impresionó?
5. ¿Tienen algunos efectos positivos los huracanes? ¿Crees que se deba buscar la manera de suprimirlos artificialmente?

PASAPORTE cultural

Sopa de letras. Tu profesor(a) les va a dar a ti y a un(a) compañero(a) una sopa de letras con todas las claves y un mensaje misterioso. Busquen los nombres de personas y cosas mencionadas en las claves y táchenlas de la sopa de letras. Luego, para identificar el mensaje misterioso, escriban las letras que sobran en el orden en que aparecen.

Escribamos ahora

A. Primera revisión

Intercambia la descripción de la herramienta que tú inventaste con uno o dos compañeros. Pregúntale a tu compañero(a) si:

1. entiende bien el propósito de tu invención
2. entiende cómo funciona tu invención
3. tiene algunas sugerencias sobre cómo podrías mejorar tu descripción o cómo podrías hacer la presentación de tu invención más convincente

B. Segundo borrador

Prepara un segundo borrador de tu redacción tomando en cuenta las sugerencias de tus compañeros y las que se te ocurran a ti.

C. Segunda revisión

Trabajando en parejas, ayuden al estudiante que escribió la siguiente explicación. Cometió siete errores en el uso del subjuntivo. Encuentren los siete errores y corríjanlos.

Por todas las razones ya mencionadas y principalmente porque estoy seguro que nunca se puedan romper, mi invento, "El muñeco de hierro", es ideal para los niños. En cuanto a peligros, es dudoso que los niños se dañen. Claro que siempre es posible que dejan caer un muñeco y se rompen el pie o los dedos del pie, pero no creo que sea muy probable. Los niños hoy en día son muy responsables y muy cuidadosos. Siempre quieren que sus padres están contentos con ellos. Por eso sólo hacen lo que sus padres les pidan y si sus padres les piden que no dejan caer los muñecos, no los van a dejar caer. Respecto al medio ambiente, dudo que haya algún peligro porque el hierro venga de la tierra y algún día debe volver a la tierra.

Ahora dale una rápida ojeada a tu cuento para asegurarte de que no haya errores en el uso del subjuntivo. Tal vez quieras pedirle a un(a) compañero(a) que te lo revise también. Haz todas las correcciones necesarias, prestando atención especial no sólo al uso del subjuntivo, sino a los verbos en pasado y presente y a la concordancia.

D. Versión final

Considera las correcciones del uso del subjuntivo y otras que tus compañeros te hayan indicado y revisa la descripción de tu invención una vez más. Como tarea, escribe la copia final a máquina o en la computadora. Antes de entregarla, dale un último vistazo a la acentuación y la puntuación.

E. Publicación

Cuando tu profesor(a) te devuelva la redacción, prepara una versión para publicar, incorporando todas las sugerencias que tu profesor(a) te haga. Luego haz un dibujo de tu invención y entrégalo. (No escribas tu nombre en el dibujo sino al dorso de la hoja.) Mientras tu instructor(a) pone todos los dibujos en la pared, lee la descripción de la invención de un(a) compañero(a) y trata de identificar el dibujo apropiado.

INTERNET
Taller de escritura
www.mcdougallittell.com

Unidad 5

INTERNET
Presentación
www.mcdougallittell.com

El Salvador, Honduras, Nicaragua y Costa Rica: entre el conflicto y la paz

Managua, capital de Nicaragua, con el lago Managua al fondo

Paisaje montañoso, Honduras

Ruinas de El Tazumal, construido por la tribu de los pocomames en 400 a.C., Chalchuapa, El Salvador

Vista del Golfo de Nicoya, Costa Rica

▶ ENFOQUE

Estos cuatro países hermanos comparten una misma historia. En 1823, junto con Guatemala, integraron una federación que se disolvió en menos de dos décadas. Desde entonces, conflictos sociales sin resolver han provocado en algunas de estas naciones guerras civiles que han resultado en miles de víctimas. Sin embargo, a través de negociaciones, la paz ha llegado otra vez a la región, lo cual promete democracia, justicia y una vida mejor.

Gente del Mundo 21

Nombre oficial:
*República de
El Salvador*

Extensión:
21.041 km²

Principales ciudades:
*San Salvador (capital),
Santa Ana, Mejicanos,
San Miguel*

Moneda:
Colón (₡)

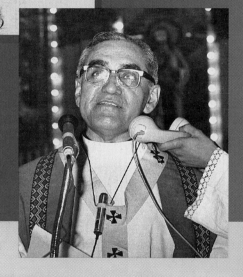

Óscar Arnulfo Romero (1917–1980), arzobispo católico de San Salvador, defendió a los pobres y denunció la violencia contra el pueblo por parte del gobierno y las fuerzas paramilitares. Durante los tres años que fue arzobispo, pasó de ser un religioso apolítico a convertirse en un portavoz de las aspiraciones de su pueblo. Fue influido por la teología de la liberación que se desarrolló en Latinoamérica. Fue asesinado mientras celebraba misa en una iglesia de San Salvador el 24 de marzo de 1980, una de las 22.000 víctimas de la violencia política aquel año.

José Napoleón Duarte (1925–1990), nacido en la ciudad de San Salvador en 1925, fundó en 1960 el Partido Demócrata Cristiano (PDC) que se proponía implementar reformas sociales en beneficio de las mayorías. Después de las elecciones de 1972 que consideró fraudulentas, Duarte se exilió en Venezuela. No regresó a El Salvador hasta 1979, cuando formó parte de la junta cívico-militar que tomó el poder. No pudo impedir la polarización política y la violencia que estalló en el país. Fue elegido presidente en 1984 y fracasó en su intento de negociar la paz con los guerrilleros. En 1989 su partido perdió las elecciones y entregó la presidencia al derechista Alfredo Cristiani. Duarte murió en San Salvador el 23 de febrero de 1990.

Manlio Argueta, escritor salvadoreño nacido en 1936, es reconocido como uno de los escritores centroamericanos contemporáneos más importantes. Comenzó su carrera literaria como poeta pero se ha distinguido como novelista. Ha publicado cuatro novelas. Fue galardonado con el Premio Nacional de Novela por *Un día en la vida*, (1980). Ésta y la novela *Cuzcatlán, donde bate la mar del Sur* (1985), han sido traducidas a varias lenguas.

Claribel Alegría, escritora que aunque nació en Estelí, Nicaragua en 1924, se considera a sí misma salvadoreña, ya que desde muy niña vivió en Santa Ana, El Salvador. Hizo estudios de filosofía y letras en la Universidad de George Washington en la capital de Estados Unidos. Junto con su esposo, el escritor estadounidense Darwin J. Flakoll, Claribel Alegría ha vivido en varios países de Latinoamérica y Europa. Ha publicado diez libros de poemas, cinco novelas y un libro de cuentos infantiles. Entre sus últimos trabajos se destacan *Fuga de Canto Grande* (1992) y *Somoza: Expediente cerrado* (1993).

Personalidades del Mundo 21. Después de leer acerca de estos famosos salvadoreños, prepara dos preguntas sobre cada uno de ellos. Hazles las preguntas a tus compañeros de clase.

EL SALVADOR: LA BÚSQUEDA DE LA PAZ

La historia de El Salvador, el país más pequeño de Centroamérica y el más densamente poblado, ejemplifica la lucha de toda Latinoamérica contra el subdesarrollo y la violencia política.

Una serie de volcanes, algunos de ellos en actividad, atraviesa el territorio salvadoreño. Entre los veinte o más volcanes se encuentra el Izalco, llamado también el "faro del Pacífico", por estar siempre encendido como una lámpara a medianoche. Todo el país está acostumbrado a frecuentes temblores de la tierra. Por ejemplo, San Salvador, capital del país, está situada en el Valle de las Hamacas, llamado así porque la tierra se mueve constantemente como una hamaca. Esta ciudad ha sido destruida repetidas veces por terremotos y siempre ha sabido renacer de sus ruinas.

El volcán de Izalco

LOS PRIMEROS HABITANTES

La región conocida como El Salvador fue habitada por diferentes pueblos indígenas que, procedentes del norte, se instalaron en sus tierras. Uno de los primeros pueblos fue el de los mayas. Levantaron templos característicos de su cultura y, después de varios siglos, se fueron hacia Yucatán. En el siglo XII comenzaron a llegar pueblos nahuas procedentes de México. El último pueblo en llegar fue el de los pipiles, quienes se establecieron en el territorio que nombraron Cuzcatlán, que significa "tierra de riquezas".

LA COLONIA

Cuzcatlán fue conquistado en 1524 por Pedro de Alvarado, después que éste conquistó Guatemala. La violencia de los invasores provocó rebeliones indígenas ese mismo año que obligaron a los españoles a irse. Una nueva expedición procedente de Guatemala, al mando de Diego de Alvarado, hermano de Pedro de Alvarado, penetró en el país. La ciudad de San Salvador fue fundada en 1525 por Diego de Alvarado, pero la ocupación del territorio no se obtuvo hasta catorce años más tarde.

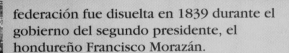

El territorio salvadoreño quedó incorporado a la Capitanía General de Guatemala a lo largo del período colonial. Uno de los principales cultivos durante esta época fue el cacao. De su semilla se saca el chocolate que pronto fue un producto muy apreciado tanto en España como en toda Europa.

LA INDEPENDENCIA

La ruptura con España se consiguió en 1821 al declararse independiente la Capitanía General de Guatemala. Como toda Centroamérica, El Salvador quedó primero integrado (de 1822 a 1823) al imperio mexicano de Agustín de Iturbide, y luego a las Provincias Unidas de Centroamérica junto con Guatemala, Honduras, Nicaragua y Costa Rica.

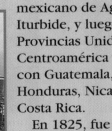

En 1825, fue elegido el primer presidente de esta federación el salvadoreño Manuel José Arce. En 1834, la capital se trasladó de Guatemala a San Salvador. La

San Salvador

federación fue disuelta en 1839 durante el gobierno del segundo presidente, el hondureño Francisco Morazán.

LA REPÚBLICA SALVADOREÑA

El 30 de enero de 1841 se proclamó la república de El Salvador. Durante las primeras cuatro décadas existió mucha inestabilidad política en la nueva república. Sin embargo, al final del siglo XIX ocurrió un considerable desarrollo económico impulsado por el floreciente cultivo del café.

A principios del siglo XX se estableció en El Salvador una relativa paz, durante la que hubo ocho

Planta de café

períodos presidenciales. En 1931 un modernizador, Arturo Araujo, fue elegido presidente en elecciones libres. Su impulso reformador fue detenido por un golpe militar. El año siguiente, 1932, ocurrió una insurrección popular que fue sangrientamente reprimida por el ejército. Más de 30.000 personas resultaron muertas en la masacre; el propio líder de la insurrección, Agustín Farabundo Martí, fue ejecutado.

Desde entonces, la sociedad salvadoreña se fue polarizando en bandos contrarios de derechistas e izquierdistas, lo cual llevó al país a una verdadera guerra civil. En 1969 se produjo lo que se conoce como "La guerra del fútbol" entre El Salvador y Honduras. El conflicto empezó como resultado de una serie de partidos de fútbol. Esta guerra surgió debido a una reforma agraria hondureña que no reconocía a miles de salvadoreños que ocupaban tierras en el país.

LA GUERRA CIVIL

En 1972 ganó las elecciones presidenciales el candidato de la oposición, el ingeniero José Napoleón Duarte. Duarte no pudo llegar al poder debido a que intervino el ejército y tuvo que exiliarse. Una serie de gobiernos militares siguieron y se incrementó la violencia política. El 24 de marzo de 1980 fue asesinado el arzobispo de San Salvador, Óscar Arnulfo Romero. El 10 de octubre del mismo año se formó el Frente Farabundo Martí para la Liberación Nacional (FMLN) que reunió a todos los grupos guerrilleros de izquierda.

Cuando en 1984 fue elegido presidente otra vez, Napoleón Duarte inició negociaciones por la paz con el FMLN. En 1986, San Salvador sufrió un fuerte terremoto, que destruyó gran parte del centro de la ciudad, ocasionando más de mil víctimas. Pero más muertos causó, sin embargo, la continuación de la guerra civil.

Alfredo Cristiani, elegido presidente en 1989, firmó un acuerdo de paz con FMLN, lo cual terminó formalmente la guerra civil que causó más de 80.000 muertos. Desde entonces, los presidentes del país han sido miembros de la Alianza República Nacional (ARENA), incluyendo a Francisco Flores, quien tomó lugar en 1999.

Conmemoración del asesinato del arzobispo Romero

■ ¡A ver si comprendiste!

¿Quién? ¿Qué? ¿Cuándo? ¿Recuerdas los datos más importantes de la lectura? Para asegurarte, contesta estas preguntas.

1. ¿Cómo se compara la densidad de población de El Salvador con la de otros países centroamericanos?
2. ¿Cómo se explica el nombre del "Valle de las Hamacas"?
3. ¿Cuál es el nombre que le dieron los pipiles a la región central de El Salvador?
4. ¿Cómo se llama el político salvadoreño que fue elegido como el primer presidente de la federación de las Provincias Unidas de Centroamérica en 1825?
5. ¿Quién fue Arturo Araujo? ¿Qué trató de hacer? ¿Por qué no tuvo éxito?
6. ¿Cuándo se formó el Frente Farabundo Martí para la Liberación Nacional (FMLN)? ¿A quiénes reunió?
7. ¿Cuál es el significado del acuerdo de paz con el FMLN que se firmó a principios de 1992?

INTERNET
Prueba interactiva
www.mcdougallittell.com

Plantación cafetalera con el Izalco al fondo

Isaías Mata: artista por la paz

La vida y obra del pintor Isaías Mata refleja la realidad vivida por su país natal, El Salvador. De origen humilde, Isaías Mata nació el 8 de febrero de 1956 y se educó en la Universidad Centroamericana de San Salvador donde llegó a ser el director de la Facultad de Arte. Como muchos otros artistas, escritores e intelectuales salvadoreños, en 1989 fue detenido por el ejército (por un tiempo se temía por su vida) y se vio obligado a salir de su patria. Pasó a vivir en la Misión, el barrio latino de San Francisco, California, donde residen miles de salvadoreños. De 1989 a 1993 llevó a cabo allí una intensa producción artística, varios murales y pinturas al óleo, como la que aquí aparece, titulada "Cipotes en la marcha por la paz". Esta obra resume visualmente la esperanza de un futuro mejor en las nuevas generaciones, en los "cipotes" o sea los niños.

Isaías Mata

Cipotes en la marcha por la paz (cuadro de Isaías Mata)

Isaías Mata. Pídele a tu compañero(a) la siguiente información.
1. la edad y nacionalidad de Isaías Mata
2. algo sobre la educación del artista
3. la residencia actual del artista y por qué cree que está allí
4. cómo interpreta el cuadro "Cipotes en la marcha por la paz"

Y ahora, ¡a leer!

■ *Anticipando la lectura*

A. Personajes legendarios. Con un(a) compañero(a), completa las siguientes oraciones usando tu imaginación.

1. Cupido carga un arco y unas flechas que usa cuando . . .
2. Aladino era un chico pobre que encontró una lámpara mágica. Al frotar la lámpara, salió el Genio y éste le dijo a Aladino que . . .
3. El hada madrina de la Cenicienta convirtió una calabaza en carruaje y unos ratones en caballos para que Cenicienta pudiera . . .
4. Cenicienta perdió una zapatilla de cristal en el palacio real. El príncipe con quien ella había bailado la encontró y entonces él . . .

B. Cuentos colectivos. Ahora, ustedes van a usar su imaginación para crear un cuento colectivo. Deben ser originales e inventar situaciones muy creativas. Cada uno va a añadir una oración oralmente al desarrollar el cuento que sigue.

Los perros mágicos de mi niñez
Había una vez unos perros mágicos. Vivían con una familia que . . .

C. Vocabulario en contexto. Decide cuál es el significado de las palabras en negrilla a base del contexto de la oración o de otras estrategias que has aprendido para llegar al significado de palabras desconocidas.

1. En los volcanes de El Salvador habitan perros mágicos que se llaman cadejos. Cuando andan con hambre, **se alimentan de** esas lindas flores que cubren los volcanes.

    a. se enamoran de   *b.* se enferman de   *c.* comen

2. La gente que vive **en las faldas** de los volcanes quiere mucho a los cadejos. Dice que los cadejos son los parientes de los volcanes y que siempre han protegido a la gente de las montañas.

    a. a los lados   *b.* adentro   *c.* a gran distancia

3. Si un anciano se cansa del calor y de tanto trabajar bajo el sol **ardiente**, un cadejo lo transporta a la sombra de un árbol cercano.

    a. calmante   *b.* misterioso   *c.* caliente

4. La gente ya no quiere trabajar. Quieren comer cuando tienen hambre. Quieren beber cuando tienen sed. Quieren descansar bajo la **sombra** de un árbol cuando brilla el sol.

    a. protección   *b.* raíz   *c.* luz

5. El volcán Tecapa es mujer y viste un **ropaje espléndido** de agua y un sombrero de nubes.

    a. lago fantástico   *b.* ropa estupenda
        c. cielo maravilloso

6. Pero no sabían que los cadejos visten un traje de luz y de aire, y **se hacen** transparentes.

    a. se declaran   *b.* se divierten   *c.* se vuelven

7. Los cadejos nunca **habían corrido** tanto peligro. Así es que tuvieron que buscar la ayuda de Tecapa y Chaparrastique.

    a. habían pasado   *b.* se habían imaginado en
        c. habían caminado tan rápido en

8. Fue así que los soldados **se dieron cuenta** que no era posible ni matar a los cadejos ni subir a los volcanes a hacer el mal. Y sabiendo esto, decidieron dedicarse a otras cosas.

    a. anunciaron   *b.* se informaron   *c.* dijeron

Conozcamos al autor

Manlio Argueta es uno de los escritores salvadoreños más importantes del momento. Ha publicado cuatro novelas sobre la vida en su país. Actualmente Argueta vive en San José, Costa Rica, y frecuentemente viaja por todas las Américas. *Los perros mágicos de los volcanes* es un cuento infantil que fue publicado en 1990 en San Francisco, California, por una editorial especializada en literatura infantil.

A través de Centroamérica existen muchas leyendas populares sobre unos perros mágicos llamados "cadejos". Estos animales, parte del rico folklore centroamericano, aparecen misteriosamente en la noche para proteger a la gente de peligros.

LECTURA

Los cadejos

LOS PERROS MÁGICOS
DE LOS VOLCANES

En los volcanes de El Salvador habitan perros mágicos que se llaman cadejos. Se parecen a los lobos aunque no son lobos. Y tienen el *donaire* de venados aunque no son venados. Se alimentan de las semillas que caen de las *campánulas,* esas lindas flores que cubren los volcanes y parecen campanitas.

La gente que vive en las faldas de los volcanes quiere mucho a los cadejos. Dice que los cadejos son los *tataranietos* de los volcanes y que siempre han protegido a la gente del peligro y la desgracia. Cuando la gente de los volcanes viaja de un pueblo a otro, siempre hay un cadejo que las acompaña. Si un *cipote* está por pisar una culebra o caerse en un agujero, el cadejo se convierte en un soplo de viento que lo *desvía* del mal paso.

elegancia
flores

nietos de los nietos

niño

aleja

LECCIÓN 1:   EL SALVADOR

223

Un cadejo ayuda a un hombre

Si un anciano se cansa de tanto trabajar bajo el sol ardiente, un cadejo lo transporta a la sombra de un árbol cercano. Por todo esto, la gente de los volcanes dice que, si no fuera por la ayuda de los cadejos, no hubiera podido sobrevivir hasta hoy en día. Pero lamentablemente, no todos han querido siempre a los cadejos. ¡Qué va! A don Tonio y a sus trece hermanos, que eran los dueños de la tierra de los volcanes, no les gustaban los cadejos para nada.

—¡Los cadejos *hechizan* a la gente y la hacen perezosa! —dijo un día don Tonio a sus hermanos.

embrujan

Y los trece hermanos de don Tonio contestaron: —Sí, es cierto. La gente ya no quiere trabajar duro para nosotros. Quieren comer cuando tienen hambre. Quieren beber cuando tienen sed. Quieren descansar bajo la sombra de un árbol cuando arde el sol. ¡Y todo eso por los cadejos!

Entonces, don Tonio y sus hermanos llamaron a los soldados de *plomo* y los mandaron para los volcanes a cazar cadejos. Los soldados se pusieron en camino con sus *tiendas de campaña*, sus *cantimploras* y sus armas *centelleantes* y se dijeron: —Vamos a ser los soldados de plomo más bellos y más respetados del mundo. Vestiremos uniformes con *charreteras* de plata, iremos a fiestas de cumpleaños y todo el mundo obedecerá nuestras órdenes.

metal

carpas
recipientes para llevar agua
brillantes

adornos (en el hombro)

Don Tonio y los soldados de plomo

Tecapa

Chaparrastique

Los soldados de plomo marcharon hacia el volcán Tecapa, que es mujer y viste un ropaje espléndido de agua y un sombrero de nubes. Y marcharon hacia Chaparrastique, un volcán hermoso que lleva siempre su sombrero de humo caliente.

—Cazaremos a los cadejos mientras duermen —dijeron los soldados de plomo—. Así podremos tomarlos *desprevenidos* sin correr ningún *riesgo*.

descuidados
peligro

Pero no sabían que los cadejos visten un traje de luz de día y de aire, con lo cual se hacen transparentes. Los soldados de plomo buscaban y buscaban a los cadejos, pero no encontraban a ninguno. Los soldados se pusieron *furibundos*. Comenzaron a pisotear las campánulas y a aplastar a sus semillitas. —Ahora, los cadejos no tendrán qué comer —dijeron.

furiosos

Los cadejos nunca habían corrido tanto peligro. Así es que buscaron la ayuda de Tecapa y Chaparrastique. Toda la noche los cadejos hablaron con los volcanes hasta que comentó Tecapa: —Dicen ustedes que son soldados de plomo. ¿El corazón y el cerebro son de plomo también?

Los soldados pisotean las campánulas

LECCIÓN 1:   EL SALVADOR

Los cadejos hablan con los volcanes

—¡Sí! —respondieron los cadejos—. ¡Hasta sus pies están hechos de plomo!

—Entonces, ¡ya está! —dijo Tecapa.

Y Tecapa le dijo a Chaparrastique: —Mira, como yo tengo vestido de agua y *vos tenés* sombrero de *fumarolas,* simplemente comenzás a abanicarte con el sombrero por todo tu cuerpo hasta que se caliente la tierra y entonces yo comienzo a sacudirme mi vestido de agua.

dialecto: tú tienes / humo

Y Tecapa se lo sacudió.

—Y eso, ¿qué daño les puede hacer? —preguntaron los cadejos.

—Bueno —dijo Tecapa—, probemos y ya veremos.

Al día siguiente, cuando los soldados de plomo venían subiendo los volcanes, comenzó el Chaparristique a quitarse el sombrero de fumarolas y a soplar sobre todo su cuerpo, hasta que ni él mismo aguantaba el calor. Al principio, los soldados sentían sólo una *picazón,* pero al ratito los pies se les comenzaron a derretir. Entonces, Tecapa se sacudió el vestido y empezó a remojarles. Y los cuerpos de los soldados chirriaban, como cuando se le echa agua a una plancha caliente.

comezón

Los soldados de plomo se sentían muy mal y se sentaron a llorar sobre las piedras. Pero éstas estaban tan calientes que les derretía el *trasero.* Fue así que los soldados de plomo se dieron cuenta que no era posible *derrotar* a los cadejos, ni pisotear a las campánulas, y, en fin, ni subir a los volcanes a hacer el mal. Y sabiendo que tenían la debilidad de estar hechos de plomo, lo mejor era cambiar de *oficio* y dedicarse a cosas más *dignas.*

asentaderas

vencer

profesión
decentes

Desde entonces hay paz en los volcanes de El Salvador. Don Tonio y sus hermanos huyeron a otras tierras, mientras que los cadejos y la gente de los volcanes celebraron una gran fiesta que se convirtió en una inmensa fiesta nacional.

Los soldados se derriten

■ ¿Comprendiste la lectura?

A. ¿Sí o no? En parejas, decidan si están de acuerdo con los siguientes comentarios. Si no lo están, digan por qué no.

1. Los cadejos son perros mágicos que habitan las playas de El Salvador.
2. Los cadejos son animales que comen semillas de flores.
3. La gente que vivía en las faldas de los volcanes odiaba a los cadejos.
4. Los cadejos protegían a la gente del peligro y la desgracia.
5. A don Tonio y sus trece hermanos les gustaban mucho los cadejos.
6. Los soldados de plomo fueron mandados a cazar cadejos.
7. Rápidamente los soldados de plomo encontraron a los cadejos cuando éstos dormían.
8. Los cadejos convencieron a los volcanes de hacer algo para defenderlos de los soldados de plomo.
9. Los volcanes no pudieron hacer nada contra los soldados de plomo.
10. Don Tonio y sus hermanos huyeron a otras tierras y los cadejos y la gente de los volcanes celebraron una gran fiesta.

B. Hablemos de la lectura. Contesten estas preguntas.

1. ¿Qué tipo de animales mágicos son los cadejos? ¿Son feroces o pacíficos?
2. ¿Por qué la gente de los volcanes quiere mucho a los cadejos?
3. ¿Qué tipo de personas eran don Tonio y sus trece hermanos?
4. ¿De qué acusaban don Tonio y sus hermanos a los cadejos?
5. ¿Para qué mandaron don Tonio y sus hermanos soldados de plomo hacia los volcanes?
6. ¿Qué le propuso Tecapa a Chaparrastique para derrotar a los soldados de plomo?
7. ¿Tiene el cuento un final feliz o triste? Explica.
8. ¿Encuentras alguna relación entre lo que sucede en este cuento y la reciente historia de El Salvador?

INTERNET
Más lecturas
www.mcdougallittell.com

El perro mágico

Palabras como clave: *marchar*

Para ampliar el vocabulario. La palabra **marchar** tiene varios significados. Con un(a) compañero(a), analiza el significado de la palabra en negrilla de cada oración.

1. Los soldados **marcharon** en el desfile militar.
2. Últimamente los negocios **marchan** bien.
3. Quiero **marcharme** de vacaciones.
4. Pensé que ya te habías **marchado**.

La palabra **marcha,** que está relacionada con **marchar,** tiene también varios significados. Con un(a) compañero(a), analiza el significado de las palabras en negrilla de cada oración.

1. El coche de mi tío funcionó muy bien cuando lo puso a toda **marcha** (velocidad).
2. Hay que ponerse en **marcha** lo antes posible.
3. La orquesta de la escuela tocó varias **marchas** durante el intermedio del partido de fútbol en el estadio.

Dramatizaciones

A. **Cipotes y cadejos.** Tú eres un(a) cipote salvadoreño(a) con una imaginación muy grande. Acabas de regresar a tu pueblo después de pasar unos días en las montañas con tus parientes. Estás muy entusiasmado(a) porque viste a tres cadejos en las faldas de una montaña. Dramatiza, con dos compañeros, lo que les dices a tus hermanos al regresar y las reacciones de ellos. Tus compañeros harán el papel de tus hermanos.

B. **¡Debate!** En grupos de cinco tengan un debate sobre la posibilidad o imposibilidad de la paz en El Salvador. Uno de los cuatro debe ser el moderador y una pareja debe defender la posibilidad de la paz, la otra insistirá en la imposibilidad después de tanta guerra y tantos muertos.

Ventana al Mundo 21

Los salvadoreños en el ciberespacio

Los problemas políticos de las décadas pasadas en El Salvador han afectado la vida contemporánea de los salvadoreños. Estos problemas han causado que el veinte por ciento de los ciudadanos hayan emigrado a diferentes lugares del mundo desde Australia hasta la India. En los años que han seguido esta emigración, los salvadoreños han creado una nueva forma de reencuentro con la ayuda del Internet.

Los salvadoreños de todos los rincones del mundo pueden mantenerse al tanto de lo que está pasando en su país natal por medio de un mínimo de cuatro periódicos por Internet: *Diario CoLatino, La Prensa Gráfica, El Diario de Hoy* y *El Faro.* Existen por lo menos cinco revistas web y varios "cuartos de conversación" donde los salvadoreños se pueden reunir. El Internet fomenta la unidad de los salvadoreños. Como dice Cecilia Medina, de la revista electrónica *Revista Guanaquiemos:* "Quiero que los usuarios de mi sitio web se sientan orgullosos de decir 'somos salvadoreños'. No importa si venimos de un país pequeño... lo que engrandece una nación es su gente y no sus fronteras".

El ciberespacio. Quieres convencerles a tus padres de que instalan el Internet en tu casa. Con un(a) compañero(a), haz una lista de razones por las que Internet sería una buena inversión para ellos. Comparte tu lista con la clase.

Cultura en vivo

La leyenda del Cipitío

Los seis dibujos que siguen, del artista salvadoreño Isaías Mata, ilustran otra leyenda salvadoreña muy conocida por el pueblo: el Cipitío, uno de los personajes más pintorescos del folklore salvadoreño. Es un ser fantástico que como duende tiene figura de niño travieso que sale por las noches a visitar principalmente las cocinas de las casas y a hacer travesuras. Lo más probable es que no conozcas esta leyenda, pero, en realidad, no importa. ¡Tú vas a crear tu propia leyenda! Trabaja con dos compañeros de clase y escriban una leyenda basada en los dibujos. Los dibujos no están en ningún orden específico, por lo tanto, pueden reorganizarlos como les convenga.

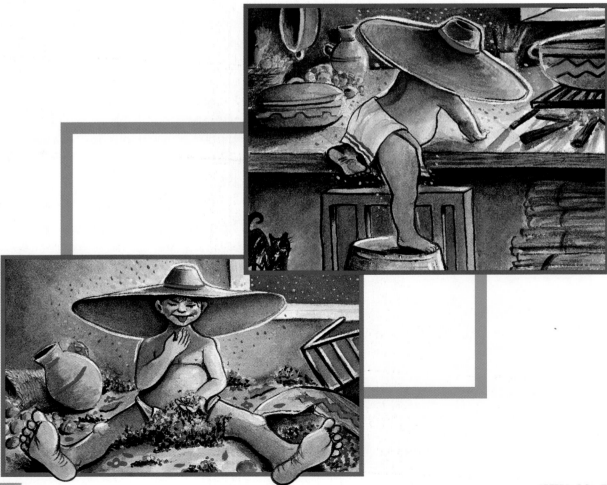

UNIDAD 5

Honduras y Nicaragua

Gente del Mundo 21

Honduras

Nombre oficial:
República de Honduras

Extensión:
112.088 km²

Principales ciudades:
*Tegucigalpa (capital),
San Pedro Sula,
La Ceiba, Choluteca*

Moneda:
Lempira (L)

Gabriela Núñez, política hondureña, es quizás la ministra más joven de todo el hemisferio. Ella encabeza las gestiones financieras para lograr la reconstrucción de Honduras, país que fue devastado por el huracán Mitch. Es pieza fundamental del gabinete de reconstrucción, establecido tras la tragedia provocada por Mitch. "Para mí, como funcionaria hondureña, considero que mi máxima responsabilidad reside en sacar adelante el proceso de reconstrucción, porque esta tragedia afectará el futuro de muchas generaciones y ahí es donde estoy concentrando mi energía", dice la ministra.

Lempira (¿1499?-1537) es uno de los héroes nacionales de Honduras. Fue cacique de su tribu. Su nombre Lempira significa "señor de la sierra". En la década de 1530, organizó la lucha de los indígenas contra los españoles. Resistió con éxito a las fuerzas españolas comandadas por Alonso de Cáceres. Según cuenta una leyenda, los españoles convencieron a Lempira a recibir a dos comisionados de Alfonso de Cáceres para negociar la paz. En el encuentro, uno de los soldados le disparó, matando al cacique. En su honor la Honduras independiente le dio su nombre a la moneda nacional.

INTERNET
Enlaces/actiuidades
www.mcdougallittell.com

Nicaragua

Nombre oficial:
*República de
Nicaragua*

Extensión:
127.849 km²

Principales ciudades:
*Managua (capital),
León, Granada, Masaya*

Moneda:
Córdoba (C$)

Rosario Aguilar, escritora nicaragüense, siempre ha escrito sobre el tema de las mujeres en Nicaragua, pasado y presente. Su obra más conocida, *La niña blanca y los pájaros sin pie* (1992), y otra obra, *Soledad, tú eres el enlace* (1995), tratan de los mensajes importantes del siglo pasado en Nicaragua: la historia tumultuosa del país y los problemas de las mujeres nicaragüenses. En julio de 1999, esta escritora se convirtió en la primera mujer integrada como miembro de número a la Academia Nicaragüense de la Lengua.

Daniel Ortega, político nicaragüense, nació en 1945 en La Libertad, Nicaragua. Su padre formó parte del ejército guerrillero del legendario líder César Augusto Sandino. Daniel Ortega interrumpió sus estudios universitarios para incorporarse en 1963 al Frente Sandinista de Liberación Nacional (FSLN). El FSLN triunfó en 1979 y dos años después Ortega fue nombrado coordinador de la junta de gobierno. De 1984 hasta 1990 fue presidente de Nicaragua. Ortega gobernó el país durante un período de dificultades económicas y políticas motivadas por una guerra contrarrevolucionaria.

Personalidades del Mundo 21. Después de leer estas biografías, prepara dos o tres preguntas sobre cada personaje para hacérselas a tus compañeros de clase.

DEL PASADO al presente

HONDURAS: CON ESPERANZA EN EL DESARROLLO

San Pedro Sula

La catedral de Tegucigalpa

LOS ORÍGENES

Honduras estuvo habitada desde muchos siglos antes de la llegada de los europeos. Las ruinas de Copán, en la parte occidental, indican que la región fue el centro de la civilización maya. En las Islas de la Bahía frente a la costa de Honduras, Colón se

Las ruinas de Copán

Honduras es el país más montañoso de Centroamérica y es el segundo más grande de esta región, después de Nicaragua. La mayor parte de la población vive en pequeños pueblos localizados en el interior montañoso y la costa del Pacífico. A diferencia de otras naciones centroamericanas, Honduras tiene dos poblaciones de igual importancia industrial y comercial: Tegucigalpa, que es la capital, y San Pedro Sula.

encontró con una gran canoa llena de variados productos que indicaban claramente que sus ocupantes eran vendedores mayas. Éste fue el primer contacto de los españoles con las avanzadas civilizaciones de Mesoamérica.

Desde un principio Honduras fue una región disputada; cuatro diferentes expediciones españolas competían por el dominio de la región en 1524. Hernán Cortés tuvo que venir personalmente de México a restaurar el orden e imponer su autoridad sobre los rivales en 1525. Pero cuando Cortés regresó a México en 1526, el conflicto continuó.

Después de la muerte del cacique Lempira, la resistencia indígena fue controlada definitivamente en 1539 por Alonso de Cáceres, que fundó Santa María de Comayagua. El descubrimiento de depósitos de plata renovaron el interés por la colonia. En 1569 se fundó la ciudad de Tegucigalpa, que empezó a rivalizar con Comayagua como la ciudad más importante de la colonia.

Palacio presidencial, Tegucigalpa

LA INDEPENDENCIA

Como provincia perteneciente a la Capitanía General de Guatemala, Honduras se independizó de España en 1821. Como el resto de los países centroamericanos, se incorporó al breve imperio mexicano de Agustín de Iturbide y luego formó parte de la federación de las Provincias Unidas de Centroamérica. En la vida política de la federación sobresalió el hondureño Francisco Morazán, que fue elegido presidente en 1830 y 1834.

El 5 de noviembre de 1838 Honduras se separó de la federación y proclamó su independencia. Este período se caracterizó por la grave crisis económica que sufrió el país. Como en los otros países latinoamericanos, el mayor conflicto de Honduras fue la lucha política entre los conservadores y los liberales. Ésta se manifestó en doce guerras civiles y en numerosos cambios de gobierno.

SIGLO XX

A principios del siglo XX grandes compañías norteamericanas como la *United Fruit Company* y la *Standard Fruit*

Se lavan y se pesan las bananas

Company llegaron a controlar grandes extensiones territoriales para la producción y la exportación masiva de plátanos o bananas a EE.UU. Este producto, en manos de extranjeros, se convirtió en la base de la riqueza comercial de Honduras. Desgraciadamente, esta nueva riqueza no benefició a la mayoría de los hondureños que continuaron con sus labores tradicionales de campesinos o ganaderos. Tampoco trajo mayor estabilidad política o implementación de gobiernos democráticos.

En 1982 se proclamó una nueva constitución y en 1985 se celebraron elecciones y resultó victorioso José Azcona Hoyo del Partido Liberal, quien asumió el poder en enero de 1986.

En noviembre de 1997, Carlos Flores Facussé, del Partido Liberal fue elegido presidente. Al tomar lugar, inauguró programas de reforma y modernización del gobierno y de la economía. Pero quizás su desafío más grande ha sido la reconstrucción de Honduras después del huracán Mitch, en octubre de 1998, que dejó 13.000 muertos, 2 millones de personas sin casas y daños financieros de 5 billones de dólares.

■ ¡A ver si comprendiste!

¿Quién? ¿Qué? ¿Cuándo? ¿Recuerdas los datos más importantes de la lectura? Para asegurarte, contesta estas preguntas.

1. ¿Cuál es la capital de Honduras? ¿Cuál es la otra ciudad hondureña de igual importancia?
2. ¿Cómo se llamaba el centro de la civilización maya en Honduras?
3. ¿Cuál fue el producto principal de exportación de Honduras? ¿Quiénes controlaban este producto?
4. ¿Qué producto agrícola se convirtió en la base de la riqueza comercial de Honduras a principios del siglo XX? ¿Qué efecto tuvo esta riqueza en la mayoría de los hondureños?
5. ¿Cómo llegó al poder el último presidente de Honduras?, ¿a través de una elección o como resultado de un golpe militar?

INTERNET
Prueba interactiva
www.mcdougallittell.com

Ventana al Mundo 21

LA IMPORTANCIA DEL PLÁTANO

El plátano es una planta nativa de Asia muy estimada por sus frutos denominados plátanos, bananos o bananas. Según la variedad, se consumen frescos o fritos. Aunque se produce en Asia meridional, en algunas zonas de África y en Australia, en la década de 1930, Honduras se convirtió en el principal productor de plátanos del mundo.

El cultivo del plátano en Centroamérica no empezó hasta el siglo XIX, cuando compañías norteamericanas introdujeron el fruto en la región. Las dos grandes compañías fruteras, la *United Fruit Company* y la *Standard Fruit Company,* con el tiempo pasaron a controlar líneas ferrocarrileras y marítimas, bancos, compañías hidroeléctricas y grandes extensiones de tierra, influyendo en las decisiones políticas de los países del área. Los administradores de estas grandes compañías bananeras extranjeras casi rivalizaban en influencia y poder con el presidente de la república.

EL PLÁTANO. Pídele a tu compañero(a) información sobre el origen y el cultivo del plátano y sobre el poder de las compañías fruteras.

DEL PASADO al presente

NICARAGUA: RECONSTRUCCIÓN DE LA ARMONÍA

Daniel Ortega felicita a Violeta Barrios de Chamorro

EE.UU. y fue derrotado en elecciones en 1990 por Violeta Barrios de Chamorro, candidata de la oposición. Desde entonces, Nicaragua ha entrado en un difícil proceso de reconciliación que intenta lograr la armonía entre grupos antagonistas.

LOS ORÍGENES

A orillas del lago Xolotlán o Managua se encuentran las famosas huellas de

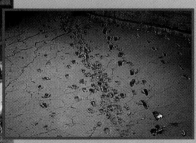

Las huellas de Acahualinca

Acahualinca que se calcula fueron impresas por nativos hace más de seis mil años. Cuando los conquistadores españoles llegaron al territorio nicaragüense, lo encontraron habitado por distintos grupos étnicos. El grupo más desarrollado era el pueblo nicarao, del que se derivó el nombre del país. Éste era un pueblo nahua procedente del norte y relacionado con la cultura mesoamericana.

En la región del Caribe existían también grupos relacionados con la familia lingüística chibcha de Sudamérica. Los misquitos y los

Por su extensión territorial, Nicaragua es el mayor de los países de Centroamérica y, excepto Belice, es el país centroamericano que tiene menos densidad de población. Después de la dictadura de la familia Somoza, que duró más de cuatro décadas, Nicaragua experimentó una rápida transformación social impulsada por el gobierno sandinista que tomó el poder en 1979.

Este gobierno fue, a su vez, atacado por grupos contrarrevolucionarios armados por

sumos se derivan de estos grupos. La mayor parte de la población nicaragüense actual está formada por mestizos (mezcla de blancos e indígenas), zambos (mezcla de indígenas y negros) y mulatos (mezcla de blancos y negros). También existe una minoría de raza blanca y otra de raza negra.

LA COLONIA

Cristóbal Colón en 1502 exploró en barco la costa oriental de Nicaragua. Pero no fue hasta 1522 que comenzó la conquista de Nicaragua con la expedición de Gil González Dávila procedente de Panamá. Dos años más tarde se fundaron León y Granada, que después se convertirían en los dos centros principales de la vida colonial.

Granada

Como en otros países del Caribe, la población indígena fue aniquilada por las enfermedades traídas de Europa y por los abusos de los españoles. Se calcula que más de 200.000 indígenas de Nicaragua—casi un tercio de la población total—fueron forzados a trabajar en las minas de oro y plata del Perú entre 1528 y 1540.

Los españoles establecieron ricas haciendas donde cultivaban cacao, caña de azúcar, tabaco y añil. Pronto comenzó la rivalidad entre las ciudades de Granada, la más rica, y León, la capital administrativa.

LA INDEPENDENCIA

Como sus vecinos centroamericanos, Nicaragua también fue incorporada a la Capitanía General de Guatemala, que el 15 de septiembre de 1821 declaró su independencia de España. En 1822 se unió brevemente al imperio mexicano y en 1823 formó parte de la federación de Provincias Unidas de Centroamérica. El 12 de noviembre de 1838 se proclamó una nueva constitución que proclamaba a Nicaragua estado autónomo e independiente.

Aprovechando las luchas entre los liberales de León y los conservadores de Granada, un aventurero estadounidense, William Walker, tomó el poder en 1856. Fue derrotado el año siguiente por el esfuerzo combinado de las repúblicas centroamericanas. Managua fue elegida como capital de Nicaragua en 1857 a fin de terminar con el conflicto entre las ciudades de León y Granada que se disputaban el gobierno regional.

LA INTERVENCIÓN ESTADOUNIDENSE Y LOS SOMOZA

Entre 1909 y 1933 hubo varias intervenciones de *marines* norteamericanos, según se dice para proteger a ciudadanos estadounidenses y sus propiedades; estas intervenciones afectaron negativamente el desarrollo político del país. César Augusto Sandino fue el líder de un grupo de guerrilleros que luchó contra las tropas de

César Augusto Sandino

EE.UU. Al irse los *marines* en 1933, Sandino terminó la lucha armada. Al año siguiente, Anastasio Somoza García, el jefe de la Guardia Nacional, ordenó la muerte de Sandino. Somoza depuso al presidente Juan Bautista Sacasa y se proclamó presidente el 1º de enero de 1937. Comenzaba así el período de gobierno oligárquico de la familia Somoza

Luis Somoza Debayle

(1937–1979) que incluye los gobiernos de Anastasio Somoza García y de sus hijos, Luis Somoza Debayle y Anastasio (Tachito) Somoza Debayle.

REVOLUCIÓN SANDINISTA

La oposición al gobierno unió a casi todos los sectores del país después del asesinato de Pedro Joaquín Chamorro, editor del diario *La Prensa*, ocurrido el 10 de enero de 1978. El Frente Sandinista de Liberación Nacional (FSLN) incrementó sus ataques militares. El gobierno estadounidense retiró su apoyo al gobierno y Anastasio Somoza Debayle salió

Los sandinistas entran a Managua, 1979

del país el 17 de julio de 1979. Dos días después entraron victoriosos a Managua los líderes de la oposición sandinista.

La guerra civil costó más de treinta mil vidas humanas y destrozó la economía del país. Una Junta de Reconstrucción Nacional tomó el poder. Aunque hubo una exitosa campaña de educación por todo el país,

pronto los esfuerzos del régimen sandinista se vieron obstaculizados por continuos ataques de guerrilleros antisandinistas ("contras") apoyados por el gobierno de EE.UU. El régimen sandinista, a su vez, recibió ayuda militar y económica de Cuba y la Unión Soviética.

PROCESO DE RECONCILIACIÓN

En la década de 1980, las relaciones entre Nicaragua y EE.UU. se deterioraron. El régimen sandinista fue acusado de ayudar a la guerrilla salvadoreña, mientras que éste acusaba al gobierno estadounidense de intervenir en los asuntos internos. La relocalización forzada de 10.000 misquitos causó un conflicto entre el régimen sandinista y grupos armados de misquitos y sumos.

En noviembre de 1984 fue elegido presidente el líder del Frente Sandinista, Daniel Ortega. En las elecciones libres de 1990, Ortega fue derrotado por la candidata de la Unión Nacional

La devastación causada por Huracán Mitch

Opositora (UNO), Violeta Barrios de Chamorro, cuyo programa incluía planes de pacificación y de superación. En 1996, Arnoldo Alemán, parte de una alianza liberal que lucha para una Nicaragua sin violencia, fue elegido presidente. Su oposición en esa elección fue el ex-presidente Daniel Ortega. Actualmente, el proceso de reconciliación de Nicaragua continúa mientras que el país está tratando de recuperarse del huracán Mitch, que cayó en octubre de 1998 y dejó 9.000 muertos, 2 millones de personas sin casas y causó 10 billones de dólares en daños.

■ ¡A ver si comprendiste!

¿Quién? ¿Qué? ¿Cuándo? ¿Recuerdas los datos más importantes de la lectura? Para asegurarte, contesta estas preguntas.

1. ¿Cómo se compara Nicaragua en tamaño con el resto de los países de Centroamérica? ¿En densidad de población?
2. ¿Cuándo se calcula que fueron impresas las huellas humanas de Acahualinca?
3. ¿Cómo se llaman los indígenas de quienes se deriva el nombre de Nicaragua? ¿De dónde eran originarios?
4. ¿Cómo trataron los colonizadores a la población indígena de Nicaragua? ¿Qué porcentaje de la población fue enviada a hacer trabajo forzado en las minas del Perú?
5. ¿Quién fue César Augusto Sandino? ¿Quién ordenó su muerte?
6. ¿Cómo llegó a la presidencia Anastasio Somoza García?
7. ¿Cuándo y cómo terminó el gobierno de los Somoza? ¿Quiénes entraron victoriosos a la capital al salir los Somoza?
8. ¿Quiénes eran los "contras"? ¿Contra quién peleaban? ¿Qué gobierno los apoyaba?
9. ¿De qué partido político era el líder Daniel Ortega?
10. ¿Quién ganó las elecciones presidenciales de 1990 en Nicaragua? ¿Qué planes de gobierno tenía?

INTERNET
Prueba interactiva
www.mcdougallittell.com

Managua, Nicaragua

Y ahora, ¡a leer!

■ Anticipando la lectura

A. Sentimientos. Lee cada situación y escoge el sentimiento que mejor describa cada una: felicidad, enojo, ansiedad, tristeza.

1. Tú quieres el disco compacto del nuevo grupo musical que escuchaste en la radio. Pero no tienes dinero. Tú hermano te da un regalo. Lo abres y es el disco compacto que querías. ¿Cómo te sientes?
2. No estudiaste para tu examen. Dicen que es muy difícil. ¿Cómo te sientes?
3. Tu maestra te regaña por algo que no hiciste. ¿Cómo te sientes?
4. Corres 5 millas para llegar a tu restaurante favorito. Pero, al llegar, ves que está cerrado. ¿Cómo te sientes?

B. Una situación sorprendente. ¿Has tenido una experiencia o situación en tu vida que salió de una manera diferente de la que habías pensado? ¿Qué pasó? ¿Cómo te sentiste? Comparte tu experiencia con tres compañeros(as). Luego, entre ustedes, decidan quién tiene la mejor historia.

C. Vocabulario en contexto. Decide cuál es el significado de las palabras en negrilla según el contexto de la oración o de otras estrategias que has aprendido para llegar al significado de palabras desconocidas.

1. Un día sentí unos deseos **rabiosos** de hacer versos, y de enviárselos a una muchacha muy linda, que se había permitido darme calabazas.

    a. tranquilos   *b.* intensos   *c.* cómicos

2. Mi objeto era saborear las muchas **alabanzas** de que sin duda serían objeto, y sin decir modestamente quién era el autor, cuando mi amor propio se hallara satisfecho.

    a. gracias   *b.* comentarios   *c.* felicitaciones

3. Casi desesperaba ya de que mi primera poesía saliera de molde, cuando **caten** ustedes que el número 13 de *La Calavera,* puso colmo a mis deseos.

    a. observan   *b.* tiran   *c.* compran

4. Apenas llegó a mis manos *La Calavera,* me puse de veinticinco alfileres, y me lancé a la calle, con el objeto de recoger **elogios,** llevando conmigo el famoso número 13.

    a. alabanzas   *b.* chismes   *c.* reclamaciones

5. Mi amigo Pepe leyó los versos y el **infame** se atrevió a decirme que no podían ser peores.

    a. miserable   *b.* excelente   *c.* honrado

6. Tuve impulsos de pegarle una bofetada al **insolente** que así desconocía el mérito de mi obra; pero me contuve y me tragué la píldora.

    a. petulante   *b.* persona   *c.* amenazado

7. Todos esos que no han sabido apreciar las bellezas de mis versos, pensaba yo, son personas ignorantes que no han estudiado humanidades, y que, por consiguiente, **carecen** de los conocimientos necesarios para juzgar como es debido en materia de bella literatura.

    a. quieren   *b.* les faltan   *c.* hablan

8. Por último, lector, te juro que no me maté; pero quedé curado, por mucho tiempo, de la **manía** de hacer versos.

    a. suerte   *b.* costumbre   *c.* belleza

Conozcamos al autor

Félix Rubén García Sarmiento (Rubén Darío) (1867-1916) nació en Matapa, Nicaragua, y estuvo a cargo de una tía materna desde que nació. Su educación fue rudimentaria; estudió un poco de latín, griego y literatura española. Fue su interés por la lectura lo que lo llevó a adquirir una amplia cultura literaria. Precoz, manifestó desde niño una gran capacidad para la escritura; desde los once años de edad comenzó a componer versos y se le conoció como el "niño poeta".

Darío publicó una gran cantidad de libros de poesía y cuentos a lo largo de su vida y usó una variedad de estilos con el fin de reflejar sus experiencias vitales. Su escritura ha tenido un impacto profundo en la literatura latinoamericana.

LECTURA

Mis primeros versos

Tenía yo catorce años y estudiaba humanidades.

Un día sentí unos deseos rabiosos de hacer versos, y de enviárselos a una muchacha muy linda, que se había permitido *darme calabazas*.

Me encerré en mi cuarto, y allí en la soledad, después de *inauditos* esfuerzos, condensé como pude, en unas cuantas estrofas, todas las amarguras de mi alma.

Cuando vi, en una cuartilla de papel, aquellos rengloncitos cortos tan simpáticos; cuando los leí en alta voz y consideré que mi *cacumen* los había producido, se apoderó de mí una sensación deliciosa de vanidad y orgullo.

Inmediatamente pensé en publicarlos en *La Calavera*, único periódico que entonces había, y se los envié al redactor, bajo una cubierta y sin firma.

Mi objeto era saborear las muchas alabanzas de que sin duda serían objeto, y decir modestamente quién era el autor, cuando mi amor propio se hallara satisfecho.

Eso fue mi salvación.

Pocos días después sale el número 5 de *La Calavera*, y mis versos no aparecen en sus columnas.

Los publicarán inmediatamente en el número 6, dije *para mi capote*, y me resigné a esperar porque no había otro remedio.

Pero ni el número 6, ni en el 7, ni en el 8, ni en los que siguieron había nada que tuviera apariencias de versos.

Casi desesperaba ya de que mi primera poesía saliera de molde, cuando caten ustedes que el número 13 de *La Calavera*, puso colmo a mis deseos.

Los que no creen en Dios, creen a puño cerrado en cualquier barbaridad; por ejemplo, en el número 13 es *fatídico*, precursor de desgracias y mensajero de muerte.

Yo creo en Dios; pero también creo en la fatalidad del maldito número 13.

rechazarme

extraordinarios

inteligencia

en mi interior

fatal

Apenas llegó a mis manos *La Calavera, me puse de veinticinco alfileres,* y me lancé a la calle, con el objeto de recoger elogios, llevando conmigo el famoso número 13.

me arreglé

A los pocos pasos encuentro a un amigo, con quien entablé el diálogo siguiente:

—¿Qué tal, Pepe?

—Bien, ¿y tú?

—Perfectamente. Dime, ¿has visto el número 13 de *La Calavera?*

—No creo nunca en ese periódico.

Un jarro de agua fría en la espalda o buen pisotón en un callo no me hubieran producido una impresión tan desagradable como la que experimenté al oír esas seis palabras.

Mis ilusiones disminuyeron en un cincuenta por ciento, porque a mí se me había figurado que todo el mundo tenía obligación de leer por lo menos el número 13, como era de estricta justicia.

—Pues bien —repliqué algo *amostazado*—, aquí tengo el último número y quiero que me des tu opinión acerca de estos versos que a mí me han parecido muy buenos.

enojado

Mi amigo Pepe leyó los versos y el infame se atrevió a decirme que no podían ser peores.

Tuve impulsos de pegarle una bofetada al insolente que así desconocía el mérito de mi obra; pero me contuve y *me tragué la píldora.*

me dejé engañar

Otro tanto me sucedió con todos aquellos a quienes interrogué sobre el asunto, y no tuve más remedio que confesar de plano... que todos eran unos estúpidos.

Cansado de probar fortuna en la calle, fui a una casa donde encontré a diez o doce personas de visita. Después del saludo, hice por milésima vez esta pregunta:

—¿Han visto ustedes el número 13 de *La Calavera?*

—No lo he visto —contestó uno de tantos—, ¿qué tiene de bueno?

—Tiene, entre otras cosas, unos versos, que según dicen no son malos.

—¿Sería usted tan amable que nos hiciera el favor de leerlos?

—Con gusto.

Saqué *La Calavera* del bolsillo, lo desdoblé lentamente, y lleno de emoción, pero con todo el fuego de mi entusiasmo, leí las estrofas.

En seguida pregunté:

—¿Qué piensan ustedes sobre el mérito de esta pieza literaria?

Las respuestas no se hicieron esperar y llovieron en esta forma:

—No me gustan esos versos.

—Son malos.

—Son pésimos.

—Si continúan publicando esas necedades en *La Calavera,* pediré que me borren de la lista de los suscriptores.

—El público debe exigir que *emplumen* al autor. castigan

—Y al periodista.

—¡Qué atrocidad!

—¡Qué barbaridad!

—¡Qué necedad!

—¡Qué mostruosidad!

Me despedí de la casa *hecho un energúmeno,* y poniendo a aquella   furioso
gente tan incivil en la categoría de los tontos: «*Stultorum plena sunt*   el mundo está lleno de
omnia», decía ya para consolarme. personas tontas (latín)

Todos esos que no han sabido apreciar las bellezas de mis versos, pensaba yo, son personas ignorantes que no han estudiado humanidades, y que, por consiguiente, carecen de los conocimientos necesarios para juzgar como es debido en materia de bella literatura.

Lo mejor es que yo vaya a hablar con el redactor de *La Calavera,*   una persona con educación
que es *hombre de letras* y que por algo publicó mis versos.

Efectivamente: llego a la oficina de la redacción del peródico, y digo al jefe, para entrar en materia:

—He visto el número 13 de *La Calavera.*

—¿Está usted suscrito a mi periódico?

—Sí, señor.

—¿Viene usted a darme algo para el número siguiente?

—No es eso lo que me trae: es que he visto unos versos...

—Malditos versos: ya me tiene frito el público a fuerza de   quejas
reclamaciones. Tiene usted muchísima razón, caballero, porque son, de lo malo, lo peor, ¿qué quiere usted?, el tiempo era muy escaso, me faltaba media columna y eché mano a esos condenados versos, que me   cualquiera
envió algún *quídam* para fastidiarme.

Estas últimas palabras las oí en la calle, y salí sin despedirme, resuelto a poner fin a mis días.

Me pegaré un tiro, pensaba, me ahorcaré, tomaré un veneno, me   torre alta con campanas
arrojaré desde *un campanario* a la calle, me echaré al río con una piedra al cuello, o me dejaré morir de hambre, porque no hay fuerzas humanas para resistir tanto.

Pero eso de morir tan joven... Y, además, nadie sabía que yo era el autor de los versos.

Por último, lector, te juro que no me maté; pero quedé curado, por mucho tiempo, de la manía de hacer versos. En cuanto al número 13 y a las calaveras, otra vez que esté de buen humor te he de contar algo tan terrible, que se te van a poner los pelos de punta.

■ *¿Comprendiste la lectura?*

A. ¿Sí o no? En parejas, decidan si son ciertas o falsas estas oraciones. Si son falsas, corríjanlas.

1. El narrador tenía 15 años cuando escribió su primer poema.
2. Su primer poema salió en *La Calavera* 5.
3. El narrador escribió este poema para una joven que rechazó su interés amoroso.
4. Cuando el poema salió en el periódico, a su amigo Pepe le gustaron mucho los versos.
5. Después de mostrarles el poema a varias personas, el narrador les dijo que él lo había escrito.
6. Cuando el narrador fue a hablar con el redactor del periódico, este señor le dijo que había escogido el poema por la armonía de sus palabras y el ritmo lírico.
7. Después de hablar con el redactor, el narrador decidió dejar de escribir poesía.
8. Desde que escribió ese poema, el narrador nunca escribió ningún otro verso.

B. Hablemos de la lectura. Contesta estas preguntas.

1. ¿Por qué quería el narrador escribir su primer poema?
2. El narrador se siente feliz y orgulloso después de escribir sus versos. ¿Cómo cambian sus sentimientos durante la narración? Explica.
3. ¿Por qué quería el narrador que los versos fueran publicados?
4. ¿Por qué quería el narrador mantenerse anónimo cuando los publicaron? ¿Fue una buena decisión?
5. Los versos finalmente fueron publicados en *La Calavera* 13. El narrador dice que esto es un poco irónico. Explica por qué.
6. El narrador implica que los lectores de su poesía no tenían suficientes bases para comentar sobre su primer poema. Por eso, no les gustó. Para ti, ¿de qué consiste un buen poema?
7. El autor de este cuento, Rubén Darío, escribió su primer poema a los 13 años. Fue publicado en un periódico de su pueblo en Nicaragua. ¿Crees que "Mis primeros versos" contiene hechos de realidad o es pura ficción? Explica.

Palabras como clave:
animalito

Para ampliar el vocabulario. Existen muchos sufijos o terminaciones de palabras que comunican un sentido de ánimo del hablante. Por ejemplo, a la palabra **animal** se le pueden añadir los sufijos **-ito, -illo, -ico** (animal**ito**, animal**illo**, animal**ico**). Son diminutivos que comunican no sólo el tamaño sino también una relación de cariño con lo que se habla.

También hay sufijos aumentativos como **-ote, -azo** (animal**ote**, animal**azo**) que pueden hacer referencia al gran tamaño de lo que se habla.

Finalmente hay sufijos despectivos como **-ejo, -ucho** (animal**ejo**, animal**ucho**) que denotan una actitud negativa del hablante hacia lo que se refiere.

Usa los sufijos **-illo(a), ito(a), -ico(a), -ote(a), -ucho(a)** para escribir los derivados de **papel, libro** y **elefante.** Luego haz tres oraciones originales con algunos de tus derivados que muestren:

1. tamaño grande
2. tamaño pequeño
3. cariño
4. una actitud negativa

Dramatizaciones

A. **Mis primeros...** Presenten un drama de algo hecho por primera vez. Puede ser la primera vez que un niño se monta en bicicleta o camina, o la primera vez que sacas una calificación mala. ¿Cómo reaccionan tus amigos? ¿Tus padres? Muestra las reacciones y los sentimentos de toda la gente involucrada en tu drama.

B. **¡Fin!** "Mis primeros versos" tiene un fin diferente y tal vez inesperado. En grupos pequeños, genera ideas sobre otros finales posibles para este cuento. Luego, dramaticen uno de estos finales para la clase.

Ventana al Mundo 21

Nicaragua: tierra de poetas

Gioconda Belli

Nicaragua es conocida en Latinoamérica como la "tierra de los poetas". En general, para los nicaragüenses, ser "poeta" es una distinción como ser "doctor" o "sacerdote". En este país nació y se crió el gran poeta Rubén Darío (1897–1916), considerado el creador del modernismo que renovó las formas tradicionales en lengua castellana. Su primer libro *Azul* (1888) señaló el nacimiento de una nueva poesía llena de imágenes luminosas. Rubén Darío fue un hombre de letras cosmopolita que viajó a varios países de Latinoamérica y vivió en España y Francia.

En una época más reciente, el poeta y sacerdote Ernesto Cardenal renovó la poesía y fue influido por poetas norteamericanos como Ezra Pound y Allen Ginsberg que hacen de la realidad cotidiana un tema poético. En 1979, Ernesto Cardenal fue nombrado Ministro de Cultura y en poco tiempo estableció una red de "talleres de poesía" por todo el país. Cerca de setenta talleres llegaron a funcionar, con alrededor de dos mil participantes. En la obra de Cardenal se destaca su poesía comprometida donde se denuncia la injusticia como sus *Salmos* (1964).

Ernesto Cardenal

En la última generación de poetas nicaragüenses se destacan varias mujeres como Gioconda Belli, cuyo libro *De la costilla de Eva* (1987) ha sido traducido al inglés, y Daisy Zamora, autora de *En limpio se escribe la vida* (1988). La poesía de ambas poetas refleja la nueva conciencia que ha surgido entre las mujeres comprometidas al cambio social.

La poesía nicaragüense. Pídele a tu compañero(a) que te explique el título de la lectura y que te diga quiénes son Rubén Darío, Ernesto Cardenal, Gioconda Belli y Daisy Zamora.

Vocabulario personal

La madre naturaleza. En todas las culturas, los cuentos y leyendas se han usado para explicar lo inexplicable, en particular para explicar fenómenos de la naturaleza o del tiempo. En la sección que sigue, vas a escribir sobre algo inexplicable de la madre naturaleza. Prepárate para esa tarea sacando listas de ocho a diez palabras que podrías usar para describir 1) un fenómeno geográfico, 2) un fenómeno del tiempo y 3) otras palabras y expresiones que te sean útiles. Tal vez debas volver a la lectura de "Los perros mágicos de los volcanes" y a la de "Mis primeros versos" para encontrar nuevas palabras apropiadas.

Fenómenos de la naturaleza

1. tierra
2. volcán
3. . . .
4. . . .
5. . . .
6. . . .
7. . . .
8. . . .

Fenómenos del tiempo

1. nubes
2. . . .
3. . . .
4. . . .
5. . . .
6. . . .
7. . . .
8. . . .

Otras palabras y expresiones útiles

1. un ratito
2. derretir
3. alabanzas
4. . . .
5. . . .
6. . . .
7. . . .
8. . . .

Escribamos ahora

1. **Leyendas y folklore.** Como ya sabes, todas las culturas tienen sus propios cuentos y leyendas que son parte de la tradición oral. Mientras muchos de estos cuentos son divertidos y nos entretienen, es fácil ver que también tienen un propósito educativo. Algunos cuentos, como el de "La tortuga y la liebre", nos enseñan una moraleja o lecciones de valores sociales. En tu opinión, ¿cuál es la moraleja de "La tortuga y la liebre"?

2. **Explicar lo inexplicable.** Otros cuentos y leyendas representan un esfuerzo de la cultura para explicar lo inexplicable, en particular respecto a fenómenos de la naturaleza o de las estaciones del año. Ya que la mayoría de estos cuentos se crearon en un pasado muy remoto, muchos están basados en creencias religiosas y sobrenaturales.

    a. ¿Qué fenómenos de la naturaleza se explican en el cuento que leíste en la primera lección, "Los perros mágicos de los volcanes"?
    b. ¿Tiene alguna moraleja este cuento? ¿Cuál es?
    c. En grupos de tres o cuatro, piensen en cuentos o leyendas que ustedes conocen y decidan qué fenómenos de la naturaleza se explican y si hay una moraleja en esos cuentos y leyendas.

3. **Ideas y organización.** ¿Hay fenómenos de la naturaleza (o relacionados con las estaciones del año) en donde tú vives que algunas personas sin conocimiento científico tratarían de explicar con un cuento o una leyenda? ¿Puedes pensar en una moraleja o en alguna lección social que se les podría enseñar a los niños fácilmente con un cuento o una leyenda? Prepara una lista de tales fenómenos y otra de lecciones o moralejas que podrías incorporar en un cuento. Comparte tus listas con uno o dos compañeros de clase. Añádeles a tus listas elementos de las listas de tus amigos que tú no incluiste en las tuyas.

4. **Recoger información.** Estudia las listas que preparaste en la sección anterior y piensa en cómo se podría explicar cada fenómeno que aparece en tu lista en un cuento o una leyenda. No hace falta desarrollar todo el cuento en este momento, simplemente piensa en cuál sería la idea principal. Usa tu imaginación o incluye algunas leyendas o explicaciones que hayas oído. Mira los ejemplos que siguen.

   a. la montaña: un monumento construido por extraterrestres
   b. el lago: el baño de gigantes que vivían en la región

B. El primer borrador

Selecciona una de las ideas que sacaste en la sección anterior y desarróllala en un cuento. Recuerda que el propósito del cuento es explicar un fenómeno o enseñar una lección de una manera interesante y divertida. Tus personajes pueden pensar de una manera poco científica. Incluye una descripción del lugar y de lo que precedió el evento que explicas. Piensa en el orden cronológico y en las relaciones entre tus personajes. Nota que este tipo de cuento tiende a explicar lo que pasó hace muchísimos años, y por eso el último párrafo muchas veces resume el efecto del evento en los tiempos modernos.

Costa Rica

Nombre oficial:
República de Costa Rica

Extensión:
51.100 km²

Principales ciudades:
San José (capital), Cartago, Limón, Alajuela

Moneda:
Colón (₡)

Gente del Mundo 21

Franklin Chang-Díaz, nació en Costa Rica en 1950. Él ha tenido una relevante participación en los programas de la Administración Nacional de Aeronáutica y el Espacio (NASA), pues ha cumplido cinco misiones espaciales de gran importancia. Tal es su fama que su presencia —réplica animada— introduce al recorrido del Museo del Niño. Fue designado astronauta en 1981, después de estudiar para un doctorado en física aplicada del plasma del Instituto de Tecnología de Massachusetts (MIT). Durante sus estudios, trabajó en el Programa de Fusión Controlada de los Estados Unidos, realizando investigaciones para el diseño y operación de reactores de fusión nuclear. Aparte de las ciencias, al Dr. Chang-Díaz le encanta bucear, pescar y explorar el mundo.

Sonia Picado Sotela, profesora, política y activista costarricense, es miembro del Congreso Nacional de San José y presidenta del partido político "Liberación Nacional". Fue embajadora de Costa Rica en los Estados Unidos y ha trabajado en varios puestos para la lucha de los derechos de todos los seres humanos. Ha servido en comisiones internacionales para investigar los abusos de los derechos humanos en Haití y Timor Oriental. En su tiempo libre, le gusta leer y escuchar música. Dice que le gusta toda la música desde la clásica hasta el rock.

Claudia Poll Ahrens, nadadora costarricense, nació en 1972. Poll empezó a nadar a los siete años y ha ganado récords mundiales y unas medallas olímpicas. Su fama no es sólo en Costa Rica o Centroamérica sino en todo el mundo, donde aparece en revistas deportivas como una de las mejores nadadoras del mundo. Poll se siente muy afortunada y dice: "Mis experiencias me han dado la oportunidad de crear ligaciones de amistad, viajar a otros países y descubrir otras culturas".

Óscar Arias Sánchez, político costarricense, fue galardonado con el Premio Nóbel de la Paz en 1987 mientras era presidente de su país. Nació en San José de Costa Rica en 1941, de una acomodada familia dedicada a la exportación cafetalera. Hizo sus estudios en Inglaterra y en 1986 fue elegido presidente por un amplio margen. Arias Sánchez mereció el Premio Nóbel por su activa participación en las negociaciones por la paz en Centroamérica. Las negociaciones culminaron en la Ciudad de Guatemala, donde se firmó, el 7 de agosto de 1987, un acuerdo de paz entre los diferentes países de la región.

Personalidades del **Mundo 21.** Pídele a tu compañero(a) que te diga quién hizo lo siguiente.

1. Fue el principal responsable de un acuerdo de paz firmado por tres países centroamericanos en 1987.
2. Ha cumplido cinco misiones espaciales y ha realizado investigaciones para la operación de reactores de fusión nuclear.
3. Fue embajadora de Costa Rica en Estados Unidos y lucha para los derechos de todos los seres humanos.
4. Además de aparecer en revistas deportivas, ha ganado medallas olímpicas como nadadora.
5. Recibió el Premio Nóbel de la Paz en 1987 mientras era presidente de su país.

DEL PASADO
al presente

COSTA RICA: ¿UTOPÍA AMERICANA?

San José

Una relativa prosperidad económica y una cierta estabilidad política caracterizan a la pequeña república de Costa Rica. La población de la meseta central, donde habitan la mitad de los costarricenses, es de origen principalmente europeo, y de manera más específica español. Debido a la acelerada desforestación de las selvas que cubrían la mayor parte del territorio de Costa Rica, se ha establecido un sistema de zonas protegidas y parques nacionales. En proporción a su área, es ahora uno de los países que tiene más zonas protegidas (el 26% del territorio tiene algún tipo de protección, el 8% está dedicado a parques nacionales). EE.UU., por ejemplo, ha dedicado a parques nacionales cerca del 3,2% de su superficie.

A pesar de su nombre, Costa Rica no es un país opulento, aunque tampoco se dan ahí las condiciones extremas de pobreza frecuentes en otras naciones centroamericanas. El ingreso nacional per cápita es el mayor de la zona y los ingresos están distribuidos de manera relativamente justa. Esto les ha proporcionado a los costarricenses un alto nivel de vida con los índices más bajos de analfabetismo o personas que no pueden leer ni escribir (7,2%) y de mortalidad infantil (19,4 por mil) en Latinoamérica.

Niños indígenas de las montañas Talamanca, Puntarenas

LOS ORÍGENES

Antes de 1492, el territorio de Costa Rica sufrió una gran reducción de su población nativa, quizás a causa de alguna erupción volcánica que pudo haber enterrado las tierras fértiles bajo la lava. Cuando Cristóbal Colón descubrió Costa Rica en 1502, se calcula que sólo había unos treinta mil indígenas en el país a los cuales se les añadían tres colonias militares aztecas que recogían tributos para Tenochtitlán. El nombre de Costa Rica seguramente se deriva de la abundancia de objetos de oro que Colón encontró en la costa.

Artefacto de oro

En 1574 Costa Rica fue integrada a la Capitanía General de Guatemala hasta su independencia. La reducida población de colonos españoles se vio obligada a establecerse en las mesetas centrales debido a una falta de pueblos indígenas que explotar y también para defenderse de ataques de piratas ingleses. Allí, se dedicaron a una agricultura de subsistencia. Nunca existieron las grandes concentraciones de tierras ni tampoco las pronunciadas desigualdades sociales que causaron explosivos conflictos en otras regiones de Centroamérica.

LA INDEPENDENCIA

En 1821, el capitán general español Gabino Gaínza proclamó la independencia de la Capitanía General de Guatemala, de la que a su vez dependía Costa Rica. Al año siguiente, la región quedó integrada en el imperio mexicano de Agustín de Iturbide, aunque esto sólo duró un año.

Costa Rica elaboró su propia constitución en 1823. Ese mismo año la ciudad de San José venció a la ciudad rival de Cartago, y le quitó el control del gobierno convirtiéndose en la capital. Costa Rica formó parte de las Provincias Unidas de Centroamérica de 1823 a 1838, y proclamó su independencia absoluta el 31 de agosto de 1848. El primer presidente de la nueva república fue José María Castro Madroz.

Durante la segunda mitad del siglo XIX aumentaron considerablemente las exportaciones de café y se establecieron las primeras plantaciones bananeras. En 1878, el empresario estadounidense Minor C. Keith obtuvo del gobierno costarricense unas

Plantación bananera

Plantación cafetalera

grandes concesiones territoriales para el cultivo del plátano con el compromiso de construir un ferrocarril entre San José y Puerto Limón. Debido a la unificación de *Tropical Trading,* la compañía de Minor C. Keith y *Boston Fruit Co.,* la compañía de Lorenzo Baker, nació la *United Fruit Company* que los campesinos pronto nombraron "Mamita Yunai".

SIGLO XX

Sólo en dos ocasiones se interrumpió la legalidad constitucional en Costa Rica en este siglo. La primera correspondió al régimen del general Federico Tinoco Granados, cuyo gobierno autoritario (1917–1919) causó una insurrección popular. Con esto comenzó la marginación de los militares de la vida política del país.

José Figueres Ferrer

La segunda ocasión es la breve guerra civil que estalló cuando el gobierno anuló las elecciones presidenciales de 1948 y en la que José Figueres Ferrer derrotó a las fuerzas gubernamentales. El país retornó a la vida constitucional con el gobierno de Otilio Ulate, de 1949 a 1953, quien había ganado las elecciones. En 1949 se aprobó una nueva constitución que disolvió al ejército y dedicó el presupuesto militar a la educación. Costa Rica es el único país latinoamericano que no tiene ejército y con ello ha podido evitar los golpes de estado promovidos por militares ambiciosos.

En 1953, José Figueres fue elegido presidente; su política moderadamente nacionalista consiguió renegociar los contratos con la *United Fruit Company* de forma beneficiosa para Costa Rica. La compañía debió invertir en el país el 45% de sus ganancias, perdió el monopolio sobre los ferrocarriles, las compañías eléctricas y las plantaciones de cacao y caña. Figueres fue elegido presidente otra vez en 1970.

Con la caída de Anastasio Somoza Debayle en Nicaragua en 1979, volvieron a Costa Rica numerosos exiliados de aquel país. Las guerras civiles centroamericanas, en especial la de El Salvador y la de los "contras" antisandinistas, presentaron un grave peligro para el gobierno costarricense.

Óscar Arias Sánchez, elegido presidente en 1986, jugó un activo papel en la resolución de los conflictos centroamericanos a través de la negociación. Fue galardonado con el Premio Nóbel de la Paz en 1987. En 1990 fue sustituido por Rafael Ángel Calderón Fournier, quien estableció una política más conservadora. En 1998, fue seguido por Miguel Ángel Rodríguez.

Un problema sobre fronteras con Nicaragua ha amenazado a la industria de turismo de Costa Rica. Pero en 1999 empezaron pláticas entre las dos naciones que todavía están bajo negociaciones.

Miguel Ángel Rodríguez

■ ¡A ver si comprendiste!

¿Quién? ¿Qué? ¿Cuándo? ¿Recuerdas los datos más importantes de la lectura? Para asegurarte, contesta estas preguntas.

1. ¿Cómo se compara el área dedicada a parques nacionales en Costa Rica con el área con el mismo propósito en EE.UU.?
2. ¿Cómo se compara el ingreso nacional costarricense con el de otros países de la misma zona?
3. ¿Cuál es el origen del nombre de Costa Rica?
4. ¿Qué obligó a los españoles a establecerse en las mesetas centrales del país?
5. ¿En qué año se convirtió San José en la capital?
6. ¿Cuándo y cómo se fundó la *United Fruit Company*?
7. ¿Cuándo se disolvió el ejército? ¿Crees que esto fue positivo para Costa Rica? ¿Por qué?
8. ¿Quién fue galardonado con el Premio Nóbel de la Paz en 1987? ¿Por qué?
9. ¿Por qué crees que no ha habido guerras civiles en Costa Rica durante las dos últimas décadas como en otros países centroamericanos?

INTERNET
Prueba interactiva
www.mcdougallittell.com

San José, Costa Rica

Ventana al Mundo 21

Educación en vez de ejército

La siguiente letra fue premiada el 15 de octubre de 1989 en un concurso convocado por la Municipalidad de San José, Costa Rica. Este himno celebra la constitución de 1949 de Costa Rica que disolvió al ejército y le dio prioridad a la educación. Desde 1950 se ha producido una gran expansión de la educación que refleja el aumento de la población en el país. En 1950, Costa Rica tenía alrededor de 800.000 habitantes y en 1973, más de 1.800.000. El crecimiento más espectacular fue el de la enseñanza secundaria, que aumentó de 4.251 estudiantes y 33 liceos en 1950 a 142.144 estudiantes y 244 liceos en 1987. El acceso a la educación ha resultado en un descenso de la tasa de analfabetismo, de un 21% en 1950, al 7% en 1986. El porcentaje del presupuesto que el Estado le dedica a la educación ha descendido en los últimos años debido a la crisis económica. Bajó de un 30% a finales de la década de 1970 a más del 20% en la década de 1990. A pesar de esto, este porcentaje es todavía el más alto en toda Centroamérica.

De Capítulo IV: "La educación y la cultura" de Historia General de Costa Rica, por Vladimir de la Cruz de Lemos

---

"Himno a la abolición del ejército"
por Viriato Camacho Vargas

Al trocar° por la azada y el libro
los rencores° y el arma mortal
Costa Rica proclama ante el mundo
que el destino° del hombre es la paz.

Mire el mundo la hazaña° gloriosa
de este pueblo valiente y viril
que ha plantado una rama de olivo
donde antes había un fusil.

Oiga el mundo el batir cadencioso
de alas blancas que en blanco tropel°
son enseña° del sueño bendito
donde el aula reemplaza al cuartel°.

cambiar
el resentimiento

futuro

acción

banda
emblema
residencia militar

La educación en Costa Rica. Prepara cinco preguntas sobre esta lectura para hacérselas a tu compañero(a). Luego contesta las preguntas que te haga a ti.

UNIDAD 5

Luz, cámara, acción

Antes de empezar el video

A. Los parques nacionales y tú. Contesta estas preguntas para ver cuánto sabes de los parques nacionales en EE.UU.

1. ¿Cuántos parques nacionales puedes nombrar?
2. ¿Cuántos parques nacionales hay en tu estado? ¿Los puedes nombrar?
3. ¿Cuáles parques nacionales has visitado? ¿Cuál te gustó más? ¿Por qué?
4. ¿Son accesibles los parques nacionales a todo el mundo? ¿Hay que pagar para usarlos? ¿Hay que hacer reservaciones de antemano? ¿Hay restricciones?
5. ¿Has visitado parques nacionales en otros países? ¿Dónde? ¿Cuáles? ¿Te gustaron? ¿Por qué?
6. ¿Es la diversión del público la función principal de los parques nacionales? Si dices que no, ¿qué otra función tienen?

B. La desforestación. La desforestación sigue siendo un problema serio del siglo actual. ¿Por qué creen ustedes que hay tanta desforestación de la selva tropical? ¿Qué la impulsa? ¿Qué daño causa?

ESCENARIO

Parques nacionales y reservas biológicas

Costa Rica no ha sido una excepción en el mundo respecto al catastrófico deterioro del medio ambiente. Por ejemplo, el 72 por ciento del país estaba cubierto de selva en 1950, en 1973 sólo el 49 por ciento, en 1978 era el 34 por ciento y en 1985, ¡el 25 por ciento!

A pesar de que las circunstancias actuales son preocupantes, se debe indicar que el país ha tomado medidas concretas para la preservación de los recursos naturales, especialmente a partir de 1969. Ese año se aprobó la Ley Forestal que organizaría el Servicio de Parques Nacionales.

En 1970, se inició el programa para el establecimiento sistemático en Costa Rica de parques nacionales y reservas biológicas. Así, al iniciarse la década de 1980 había más de una docena de parques y reservas que cubrían 200.000 hectáreas, un 4% del territorio nacional.

En 1988, casi un millón y medio de hectáreas se encontraban protegidas en siete formas distintas: reservas forestales, zonas protectoras, refugios de fauna, parques nacionales, reservas biológicas, reservas indígenas y zonas fronterizas. Existen dieciséis parques nacionales, entre los que se encuentran, por orden de extensión: La Amistad, Chirripó, Braulio Carrillo y Corcovado.

No hay duda que estas medidas ecológicas han tenido beneficiosas consecuencias para Costa Rica: científicas, educativas, recreativas, turísticas y económicas.

■ ¡A ver si comprendiste!

¿Quién? ¿Qué? ¿Cuándo? ¿Recuerdas los datos más importantes de la lectura? Para asegurarte, contesta estas preguntas con un(a) compañero(a).

1. ¿Qué ha pasado con la selva en Costa Rica? ¿Cómo se comparan las áreas cubiertas de selva en el país durante 1950, 1973, 1978 y 1985?
2. ¿En qué año se aprobó la Ley Forestal que estableció el Servicio de Parques Nacionales?
3. ¿Cuántas hectáreas se encontraban protegidas en 1988?
4. ¿Cuáles son las siete formas distintas como se protege la tierra en Costa Rica?
5. ¿Cómo se llaman los tres parques nacionales más grandes del país?
6. ¿Qué importancia tienen, según tu opinión, las medidas que protegen los bosques en Costa Rica?

Y ahora, ¡veámoslo!

En este video conocerán algunos de los parques nacionales y reservas biológicas que se han establecido en Costa Rica para proteger la riqueza natural de los bosques tropicales. El Dr. Rodrigo Gámez del Instituto Nacional de Biodiversidad establecido en 1989 hablará sobre la importancia de mantener y estudiar los bosques. Verán muchas especies de animales que viven en los bosques caducifolios, o sea, los bosques que pierden sus hojas durante la temporada sin lluvias, y en los bosques perennifolios, o los bosques siempre verdes.

El video: Costa Rica —los parques nacionales

Mariposa

Lapa

■ *A ver cuánto comprendiste . . .*

A. Dime si entendiste. Despúes de ver el video, contesta estas preguntas.

1. ¿Cómo se caracteriza el clima de Costa Rica? ¿Qué es lo que favorece el desarrollo de la vida en ese país?
2. ¿Cuántas especies de pájaros hay en Costa Rica?
3. ¿Cómo se compara la diversidad biológica de Costa Rica con las de EE.UU. y Canadá?
4. ¿Qué porcentaje de las especies de mariposas conocidas en el mundo se encuentran en Costa Rica?
5. ¿Cuántos kilómetros de bosque tropical seco había en las costas mesoamericanas del océano Pacífico antes de la llegada de los españoles a América? ¿Qué porcentaje queda hoy?
6. ¿Por qué la destrucción de los bosques adquiere dimensiones de tragedia?

B. ¿Y qué dices tú? Contesten estas preguntas en grupos de tres o cuatro. Luego díganle a la clase cómo contestaron cada pregunta.

1. ¿Cuáles son algunas causas de la gran diversidad biológica que existe en Costa Rica?
2. ¿Por qué se compara el bosque tropical con una gran biblioteca?
3. ¿Puedes nombrar por lo menos cinco especies de animales que aparecen en el video?
4. ¿Por qué es importante establecer parques nacionales y regiones biológicas?
5. ¿Cuál es el mayor peligro que enfrentan los animales de los bosques del mundo?

PASAPORTE *cultural*

¡Veinte preguntas! Trabajen en grupos de cuatro o seis. Divídanse en dos equipos y usen las tarjetas que su profesor(a) les va a dar para jugar **¡Veinte preguntas!** Hay dos juegos de tarjetas: el juego **A** para un equipo y el juego **B** para el otro. En cada juego hay un total de veinte preguntas. Los equipos deben turnarse al hacerse las preguntas. Todos los miembros de un equipo pueden participar en contestar las preguntas. Cada respuesta correcta vale un punto. Las respuestas correctas aparecen al dorso de cada tarjeta. ¡Buena suerte!

Escribamos
ahora

A. Primera revisión

Intercambia el primer borrador de tu cuento con el de un(a) compañero(a) y lee su cuento cuidadosamente. Empieza por decirle a tu compañero(a) lo que más te gusta de su cuento—una descripción, la selección de palabras, el humor, el drama, su creatividad, etc. Sugiérele cambios o adiciones que puede hacer para mejorar su cuento. ¿Está completa la descripción? ¿Es lógica la secuencia? ¿Se entiende la moraleja? ¿Es aceptable la explicación? Presta atención a las sugerencias que tu compañero(a) te haga a ti.

B. Segundo borrador

Corrige tu redacción tomando en cuenta las sugerencias de tu compañero(a) y las que se te ocurran a ti.

C. Segunda revisión

Antes de corregir tu segundo borrador asegúrate de que puedes reconocer las conjunciones y de que entiendes su uso.

1. Encuentra todas las conjunciones en el párrafo que sigue y explica el uso o falta de uso del subjuntivo en las oraciones donde ocurren.

luego	a menos que	sin que	en cuanto
entonces	antes (de) que	aunque	hasta que
porque	con tal (de) que	cuando	tan pronto como
para que			después de que

Si haces lo que dices antes de que empieces tu plan, las personas más conservadoras van a protestar. Además, tan pronto como se reunan los médicos, los administradores del hospital van a organizar una huelga. Sin embargo, hasta que una propuesta como la tuya no sea aprobada, no habrá paz en la ciudad. Tu proyecto nos gusta, y lo aceptaremos aunque sabemos que va a tener críticas de nuestros clientes.

2. Ahora lee tu cuento una vez más, fijándote en el uso de las conjunciones, así como en el empleo apropiado del subjuntivo o indicativo. Asegúrate de que puedes explicar todos los usos de estas estructuras en tu cuento. Luego intercambia cuentos con un(a) compañero(a) y mira con cuidado qué conjunciones ha usado y si las ha usado correctamente. Si hay errores, coméntaselos y menciona también errores de ortografía, uso de acentos, concordancia y uso de pretérito e imperfecto.

D. Versión final

Repasa los errores que tú encontraste y los que tus compañeros te han indicado y revisa tu cuento por última vez. Como tarea, prepara la copia final en la computadora. Antes de entregarla, dale un último vistazo a la acentuación y la puntuación.

E. Publicación

Cuando tu profesor(a) te devuelva tu cuento, prepara una versión final sin errores y añade ilustraciones. Puedes dibujarlas tú o recortarlas de revistas o pedirle a un(a) amigo(a) con talento artístico que te las haga. Encuadernen todos los cuentos en un libro y denle un título apropiado como, *Leyendas modernas de nuestra región.*

INTERNET
Taller de escritura
www.mcdougallittell.com

Unidad 6

Colombia, Panamá y Venezuela: la modernidad en desafío

Distrito bancario en Bogotá, Colombia

Paisaje urbano, Caracas, Venezuela

Puente de las Américas sobre el Canal de Panamá en la ciudad de Balboa, en la costa del océano Pacífico de Panamá

ENFOQUE Con características propias que los distinguen, estos tres países comparten un mismo origen que se remonta al pasado prehispánico. Las tres naciones también formaron parte del Virreinato de Nueva Granada, cuando éste se formó en 1739, y de la República de la Gran Colombia (1821-1830) cuyo principal promotor fue Simón Bolívar. En el siglo XX, estas naciones latinoamericanas se han convertido en unas de las más desarrolladas económicamente, aunque en los últimos años también han representado la modernidad en crisis.

Nombre oficial:
República de Colombia

Extensión:
1.138.914 km²

Principales ciudades:
Santa Fe de Bogotá (capital), Medellín, Cali, Barranquilla

Moneda:
Peso (Col$)

Gente del Mundo 21

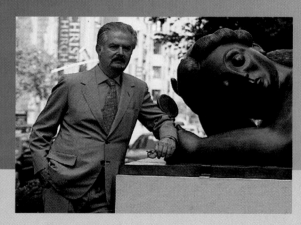

Fernando Botero, pintor y escultor colombiano, nació en Medellín en 1932. Realizó su primera exposición en la capital, Bogotá, en 1951, y el año siguiente inició un viaje a Europa. Estudió primero en España y entre 1953 y 1955 residió en París y Florencia.

Partidario de una corriente pictórica figurativa y realista, a partir de 1950, Fernando Botero exageró los volúmenes de la figura humana en sus composiciones. Posteriormente estas figuras adoptaron la forma de sátiras de tipo político y social. En 1960, Botero estableció su residencia en Nueva York y en 1992 sus enormes esculturas de bronce fueron exhibidas a lo largo de los Campos Elíseos de París y en la Avenida Park de Nueva York.

Silvana Paternostro, periodista, autora y activista colombiana, ha visto de cerca los problemas de millones de mujeres para salir adelante en América Latina. Paternostro estudió periodismo y después de un viaje a Nueva York, se empezó a interesar en el tema del servicio médico para todas las mujeres. Paternostro cree en la importancia de los derechos de todas las mujeres. Y por ello ha escrito un libro conocido internacionalmente sobre este tema.

Gabriel García Márquez, escritor colombiano galardonado con el Premio Nóbel de Literatura en 1982, nació en Aracataca el 6 de marzo de 1928. Cursó estudios de derecho y periodismo en las universidades de Bogotá y Cartagena de Indias. En su primera novela, *La hojarasca* (1955), aparece por primera vez Macondo, pueblo imaginario en que se sitúan la mayoría de sus narraciones. La consagración como novelista se produjo con la publicación de *Cien años de soledad* (1967) con la que culmina la historia del pueblo de Macondo y de sus fundadores, la familia Buendía. Entre sus obras más destacadas están *Crónica de una muerte anunciada* (1981), *El amor en los tiempos del cólera* (1985) y *Doce cuentos peregrinos* (1992).

Juan Pablo Montoya, automovilista profesional, nació en Bogotá en 1975. Durante años él y su padre avanzaron en el mundo del automovilismo, esforzándose para hallar recursos, viajando muchas veces en aviones de carga, sacrificándose en aras de triunfar. Finalmente lo lograron. Con sólo 16 años, Montoya recibió el honor de Múltiple Campeón de Carts. Desde entonces, su carrera profesional ha continuado acelerando. Entre sus otros honores más destacados son Campeón Mundial de la Fórmula 3.000 y Ganador de las 500 Millas de Indianapolis.

Personalidades del **Mundo 21.** Completa las siguientes oraciones. Luego compara tus oraciones con las de un(a) compañero(a).

1. Los cuadros de Fernando Botero adoptan la forma de . . .
2. Paternostro cree en la importancia de . . .
3. Macondo es un pueblo imaginario que . . .
4. En *Cien años de soledad* . . .
5. Durante años, Montoya y su padre . . .

COLOMBIA: LA ESMERALDA DEL CONTINENTE

Colombia es a la vez un país caribeño, andino y amazónico. Es la única nación de Sudamérica con costa tanto en el mar Caribe como en el océano Pacífico. Su cultura es intensamente española. Es el país de las esmeraldas, pues su producción de estas piedras preciosas supera en varias veces a la del resto del mundo.

CULTURAS PRECOLOMBINAS

Diferentes pueblos indígenas ocupaban el territorio colombiano antes de la conquista española. La cultura conocida como la de San Agustín, desaparecida muchos siglos antes de la llegada de los europeos, todavía causa admiración por sus enormes ídolos de piedra. Los pueblos chibchas ocupaban las tierras altas de la región central y cultivaban el maíz, la papa y el algodón. Su centro más importante se llamaba Bacatá, nombre del cual se deriva Bogotá, capital de Colombia.

Escultura precolombina de San Agustín

EXPLORACIÓN Y CONQUISTA ESPAÑOLAS

Aunque la costa del mar Caribe de Colombia fue explorada en 1499, la colonización de la región se inicia en 1525 con la fundación del puerto de Santa Marta. El conquistador español Gonzalo Jiménez de Quesada invadió el centro de la poderosa confederación chibcha y encontró la capital chibcha abandonada. En sus cercanías fundó la ciudad de Santa Fe de Bogotá en 1538, dándole a la región el nombre de Nueva Granada.

Pronto se conoció la leyenda de El Dorado sobre un reino fabulosamente rico donde el jefe se bañaba en oro antes de sumergirse en un lago. Esto motivó la exploración y conquista de los territorios del interior de Colombia en la década de 1530. En 1550 se creó la Real Audiencia de Santa Fe de Bogotá, el centro administrativo de Nueva Granada que a su vez dependía del Virreinato del Perú establecido sobre las ruinas del imperio inca.

La leyenda de El Dorado

LA COLONIA

Después de la conquista española, la población indígena del país disminuyó considerablemente. En pocos años el español y el catolicismo reemplazaron a las lenguas y religiones nativas. Con gran rapidez se produjo también el proceso de mestizaje racial. En la costa del Caribe se instalaron esclavos africanos para trabajar en las minas y en las plantaciones de caña de azúcar.

De 1719 a 1723 y después, definitivamente a partir de 1740, se estableció el Virreinato de Nueva Granada, el cual incluía aproximadamente el

Iglesia colonial, Villa de Leiva

territorio de las que hoy son las repúblicas de Venezuela, Colombia, Ecuador y Panamá.

Esmeraldas

Mina de esmeraldas

EL PROCESO DE INDEPENDENCIA

El 20 de julio de 1810, el último virrey español, Antonio Amar y Borbón, fue destituido de su cargo y conducido con su familia a Cartagena donde se le obligó a tomar un barco para España. Ésta es la fecha en que se conmemora la independencia de Colombia.

Los españoles no se dieron por vencidos e invadieron Nueva Granada en 1816. Simón Bolívar, líder de las fuerzas independentistas, derrotó a los españoles en la batalla de Boyacá, el 7 de agosto de 1819. Así, el 17 de diciembre de ese año se proclamó la República de la Gran Colombia que incluía los territorios hoy llamados Venezuela, Colombia, Ecuador y Panamá. Bolívar

Simón Bolívar

fue nombrado presidente.

Bolívar luego consiguió en el Perú la expulsión definitiva de los españoles del continente en 1826. Pero desacuerdos entre los diferentes sectores políticos obligaron a Bolívar a renunciar a la presidencia en abril de 1827. Poco después, lo que había sido el Virreinato de la Nueva Granada quedó dividido en tres estados independientes: Venezuela, Ecuador y la República de Nueva Granada, hoy Colombia, que incluía el territorio de Panamá.

LUCHAS ENTRE CONSERVADORES Y LIBERALES

Entre 1899 y 1903, tuvo lugar la más sangrienta de las guerras civiles colombianas, la "guerra de los mil días", que dejó al país exhausto. En noviembre de ese último año, Panamá declaró su independencia. El gobierno estadounidense apoyó esta acción pues facilitaba considerablemente su plan de abrir un canal a través del istmo centroamericano. En 1914, Colombia reconoció la independencia de Panamá y recibió una compensación de 25 millones de dólares por parte de EE.UU.

El café fue el producto que trajo una relativa prosperidad económica después de la Primera Guerra Mundial. Pero la gran depresión de la década de 1930 ocasionó un colapso de la economía colombiana y, paradójicamente, impulsó la industrialización del país. Muchos productos manufacturados que se importaban tuvieron que ser sustituidos por productos elaborados en el país.

Cafetal en Caldas, Colombia

LA VIOLENCIA

El asesinato de José Eliécer Gaitán, popular líder del Partido Liberal, el 9 de abril de 1948 resultó en una ola de violencia generalizada que se llama "el bogotazo". La violencia continuó por varios años resultando en un golpe de estado en junio de 1953 y un golpe militar en 1957. Desde 1958 se han efectuado regularmente elecciones para presidente en Colombia. Los candidatos del Partido Liberal han resultado triunfadores en estas elecciones desde 1974.

LA DÉCADA DE 1990

En 1990 César Gaviria Trujillo, el candidato del Partido Liberal, fue elegido presidente. Su gobierno se vio atacado por la violencia tanto de grupos guerrilleros que rehusan pactar como por grupos de narcotraficantes, principalmente de Medellín. En 1991 se proclamó una nueva constitución. Aunque los jefes del narcotráfico y sus aliados han acelerado sus ataques terroristas en las ciudades colombianas, el gobierno colombiano tiene el respeto de la opinión pública por su defensa de las instituciones del país. Desgraciadamente, los disturbios civiles, los choques con la guerrilla y el narcotráfico continúan aunque el presidente, Andrés Pastrana, intenta poner fin a los problemas que plagan el país.

Andrés Pastrana

Campaña contra el narcotráfico

■ ¡A ver si comprendiste!

¿Quién? ¿Qué? ¿Cuándo? ¿Recuerdas los datos más importantes de la lectura? Para asegurarte, contesta estas preguntas.

1. ¿En qué se distingue la cultura prehispánica de Colombia conocida como la de San Agustín?
2. ¿Qué pueblos indígenas ocupaban las tierras altas de la región central de Colombia? ¿De qué nombre indígena se deriva el nombre Bogotá?
3. ¿Cuál era el nombre de Colombia durante el período colonial?
4. ¿En qué consiste la leyenda de El Dorado? ¿Qué importancia tiene esta leyenda en la historia de Colombia?
5. ¿Para qué se importaron esclavos africanos durante la colonia?
6. ¿En qué fecha se conmemora la independencia de Colombia? ¿Qué sucedió ese día?
7. ¿Quién fue elegido presidente de la República de la Gran Colombia? ¿Qué países formaron parte de la Gran Colombia?
8. ¿Qué producto agrícola le trajo prosperidad a Colombia después de la Primera Guerra Mundial?
9. ¿En qué consistió lo que se conoce como "el bogotazo"?
10. ¿Qué tipo de gobierno ha tenido Colombia desde 1958?

INTERNET
Prueba interactiva
www.mcdougallittell.com

Campesina cosechando café

La Gran Colombia: sueño de Simón Bolívar

Nacido en Caracas en 1783, Simón Bolívar se convirtió en el Libertador de América. Su sueño era liberar las colonias españolas y unirlas en una gran patria. Bolívar se acercó a su sueño cuando, después de alcanzar muchos éxitos militares, en 1819, el congreso de Angostura proclamó la República de la Gran Colombia y lo nombró presidente. La Gran Colombia incluía los territorios que hoy son Colombia, Venezuela, Panamá y Ecuador. En 1821, el congreso de Cúcuta promulgó la constitución definitiva de la nueva república y ratificó la presidencia de Bolívar. En 1826, Bolívar convocó en Panamá un congreso para promover la unión de las repúblicas hispanoamericanas, su máximo ideal. Bolívar había llegado al punto culminante de su poder: era presidente de la Gran Colombia, jefe supremo del Perú y presidente de Bolivia. Este congreso fracasó debido a divisiones entre las nuevas naciones. En 1827, Bolívar se vio obligado a renunciar a la presidencia del Perú, y en 1828, en un último intento de evitar la separación de la Gran Colombia, se proclamó dictador. Pero en 1829, Bolivia se independizó, y poco después Venezuela se separó de Colombia. El 17 de diciembre de 1830, Bolívar murió en una hacienda cerca de Santa Marta sin realizar su sueño.

La primera Cumbre Iberoamericana que tuvo lugar en Guadalajara, México, en 1991, fue la primera ocasión en la cual se reunieron todos los gobernantes de las diecinueve repúblicas hispanoamericanas, junto con Brasil, España y Portugal. Esta cumbre hizo realidad el antiguo sueño de Bolívar.

Simón Bolívar

La Gran Colombia. Busca las respuestas a estas preguntas.

1. ¿Por qué lleva Simón Bolívar el título de Libertador?
2. ¿Cuáles de los países hispanoamericanos actuales formaron parte del territorio de la Gran Colombia?
3. ¿Cuál fue el sueño de Bolívar? ¿Lo logró?
4. ¿Qué relación hay entre la primera Cumbre Iberoamericana realizada en Guadalajara, México en 1991 y el antiguo sueño de Bolívar?

Y ahora, ¡a leer!

■ *Anticipando la lectura*

A. Una visita al dentista. Al pensar en una visita al dentista, algunas personas reaccionan con terror, otras con indiferencia y unas cuantas con gusto o alegría. ¿A qué categoría perteneces tú? Decídelo, luego con dos o tres compañeros que piensan como tú, preparen una lista de todo lo que los hace reaccionar de esa manera.

Vocabulario útil
sacar rayos equis
sacar un diente/una muela
rellenar una muela
limpiar/pulir los dientes
tener un dolor de diente/muela
tener un absceso
insistir en/odiar la anestesia
temer la fresa
hacer buches de agua

B. Profesionales deshonestos. En el cine y en la televisión, a veces se presenta a los dentistas como villanos o asesinos. ¿Cuáles son algunos escenarios donde ocurre esto? En grupos de tres, describan unos dos o tres escenarios de este tipo. Digan si hay algunas circunstancias donde se pueden justificar las acciones de los dentistas en sus escenarios.

C. Vocabulario en contexto. Decide cuál es el significado de las palabras en negrilla a base del contexto de la oración o de otras estrategias que has aprendido para llegar al significado de palabras desconocidas.

1. Parecía no pensar en lo que hacía, pero trabajaba con **obstinación,** sin pausas.

    a. dificultad   *b.* mucho cuidado   *c.* determinación

2. Se había afeitado la parte izquierda de la cara, pero en la otra, tenía **una barba** de cinco días. El dolor no le permitía afeitarse allí.

    a. un dolor   *b.* pelo facial   *c.* una mancha

3. Después de observar el diente dañado, le ajustó la boca con una **cautelosa** presión de los dedos.

    a. cuidadosa   *b.* dolorosa   *c.* horrible

4. Llevó a la mesa de trabajo la cacerola con los instrumentos **hervidos** y los sacó del agua, todavía sin apresurarse.

    a. musicales   *b.* viejos   *c.* esterilizados

5. Hizo todo sin mirar al alcalde. Pero el alcalde **no lo perdió de vista.**

    a. no quiso mirarlo   *b.* no pudo mirarlo
        c. no dejó de mirarlo

6. Inclinado sobre el lavamanos, buscó **el pañuelo** en el bolsillo del pantalón. El dentista le dio uno limpio.

    a. algo para limpiarse   *b.* algo para pagarle al dentista
        c. algo para comer

7. El alcalde **se puso de pie,** se despidió con un saludo militar y se dirigió a la puerta.

    a. levantó un pie   *b.* se levantó   *c.* se puso los zapatos

Conozcamos al autor

Gabriel García Márquez, ganador del Premio Nóbel de Literatura en 1982, es uno de los principales narradores latinoamericanos del siglo XX. En muchas de las narraciones de García Márquez convergen el humor y la crítica social con una visión fabulada de la historia que se ha llamado realismo mágico. El cuento "Un día de estos" es parte de la colección titulada *Los funerales de la Mamá Grande* (1962). El contexto histórico del cuento se sitúa en el período conocido como "La Violencia", una década de terror que comienza en 1948 y que dividió a Colombia en dos bandos y causó miles de muertos.

Don Aurelio Escovar, dentista sin título

Un día de estos

por Gabriel García Márquez

INTERNET
Cibertarjetas
www.mcdougallittell.com

El lunes amaneció *tibio* y sin lluvia. Don Aurelio Escovar, dentista sin título y buen madrugador, abrió su *gabinete* a las seis. Sacó de la *vidriera* una dentadura postiza artificial montada aún en el molde de *yeso* y puso sobre la mesa un puñado de instrumentos que ordenó de mayor a menor, como en una exposición. Llevaba una camisa a rayas, sin cuello, cerrada arriba con un botón dorado, y los pantalones sostenidos con cargadores elásticos. Era rígido, *enjuto*, con una mirada que raras veces correspondía a la situación, como la mirada de los sordos.

Cuando tuvo las cosas dispuestas sobre la mesa rodó la *fresa* hacia el sillón y se sentó a *pulir* la dentadura postiza. Parecía no pensar en lo que hacía, pero trabajaba con obstinación, pedaleando en la fresa incluso cuando no se servía de ella.

ni frío ni caluroso

oficina

escaparate

material blanco y blando

delgado

herramienta del dentista

alisar

LECCIÓN 1:   COLOMBIA

277

Después de las ocho hizo una pausa para mirar el cielo por la ventana y vio dos gallinas que se secaban al sol en el techo de la casa vecina. Siguió trabajando hasta que la voz *destemplada* de su hijo de once años lo sacó de su abstracción.

disonante

—Papá.

—Qué.

—Dice el alcalde que si le sacas una muela.

—Dile que no estoy aquí.

Estaba puliendo un diente de oro. Lo retiró a la distancia del brazo y lo examinó con los ojos a medio cerrar. En la salita de espera volvió a gritar su hijo.

—Dice que sí estás porque te está oyendo.

El dentista siguió examinando el diente. Sólo cuando lo puso en la mesa con los trabajos terminados, dijo:

—Mejor.

Volvió a operar la fresa. De una cajita de cartón donde guardaba las cosas por hacer, sacó un puente de varias piezas y empezó a pulir el oro.

—Papá.

—Qué.

Aún no había cambiado de expresión.

—Dice que si no le sacas la muela te pega un tiro.

Sin *apresurarse,* con un movimiento extremadamente tranquilo, dejó de pedalear en la fresa, la retiró del sillón y abrió por completo *la gaveta* inferior de la mesa. Allí estaba el revólver.

darse prisa

el cajón

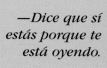

—*Dice que sí estás porque te está oyendo.*

—Bueno —dijo—. Dile que venga a pegármelo.

Hizo *girar* el sillón hasta quedar de frente a la puerta, la mano apoyada en el borde de la gaveta. El alcalde apareció en *el umbral*. Se había afeitado la *mejilla* izquierda, pero en la otra, hinchada y dolorida, tenía una barba de cinco días. El dentista vio en sus ojos marchitos muchas noches de desesperación. Cerró la gaveta con la punta de los dedos y dijo suavemente:

—Siéntese.

—Buenos días —dijo el alcalde.

—Buenos —dijo el dentista.

Mientras hervían los instrumentos, el alcalde apoyó el cráneo en el cabezal de la silla y se sintió mejor. Respiraba un olor glacial. Era un gabinete pobre: una vieja silla de madera, la fresa de pedal, y una vidriera con *pomos de loza*. Frente a la silla, una ventana con *un cancel* de tela hasta la altura de un hombre. Cuando sintió que el dentista se acercaba, afirmó los talones y abrió la boca.

Don Aurelio Escovar le movió la cara hacia la luz. Después de observar la muela dañada, ajustó la *mandíbula* con una *cautelosa* presión de los dedos.

—Tiene que ser sin anestesia —dijo.

—¿Por qué?

—Porque tiene un absceso.

El alcalde lo miró en los ojos.

—Está bien —dijo, y trató de sonreír. El dentista no le correspondió. Llevó a la mesa de trabajo la cacerola con los instrumentos hervidos y los sacó del agua con unas *pinzas* frías, todavía sin apresurarse. Después *rodó* la escupidera con la punta del zapato y fue a lavarse las manos. Hizo todo sin mirar al alcalde. Pero el alcalde no lo perdió de vista.

Glosas al margen:

- rotar
- la entrada
- lado de la cara
- frascos de barro fino
- una división
- maxilar inferior / moderada
- tenazas
- movió

—Aquí nos paga veinte muertos, teniente.

Era una cordal inferior. El dentista abrió las piernas y apretó la muela con *el gatillo caliente*. El alcalde *se aferró* a las barras de la silla, descargó toda su fuerza en los pies y sintió un vacío helado en los *riñones,* pero no soltó un suspiro. El dentista sólo movió la *muñeca*. Sin rencor, más bien con una amarga ternura, dijo:

    —Aquí nos paga veinte muertos, teniente.

    El alcalde sintió un *crujido* de huesos en la mandíbula y sus ojos se llenaron de lágrimas. Pero no suspiró hasta que no sintió salir la muela. Entonces la vio a través de las lágrimas. Le pareció tan extraña a su dolor, que no pudo entender la tortura de sus cinco noches anteriores. Inclinado sobre la escupidera, sudoroso, *jadeante*, se desabotonó *la guerrera* y buscó a tientas el pañuelo en el bolsillo del pantalón. El dentista le dio un trapo limpio.

    —Séquese las lágrimas —dijo.

    El alcalde lo hizo. Estaba temblando. El dentista regresó secándose las manos.

    —Acuéstese —dijo— y *haga buches* de agua de sal. —El alcalde se puso de pie, se despidió con un *displicente* saludo militar y se dirigió a la puerta estirando las piernas, sin abotonarse la guerrera.

    —Me pasa la cuenta —dijo.

    —¿A usted o al *municipio?*

    El alcalde no lo miró. Cerró la puerta, y dijo, a través de la *red metálica:*

    —Es la misma *vaina.*

De Los funerales de la Mamá Grande,
Buenos Aires, 1982.

Glosas (margen):
- fórceps / se agarró
- órganos situados cerca de la espalda / hueso que une la mano con el brazo
- chasquido
- agitado / la chaqueta militar
- enjuáguese el interior de la boca
- indiferente
- ayuntamiento
- reja
- cosa

■ ¿Comprendiste la lectura?

A. ¿Sí o no? Decide si estás de acuerdo o no con los siguientes comentarios. Si no lo estás, explica por qué no.

1. Don Aurelio Escovar había recibido el título de dentista.
2. Comenzaba a trabajar muy temprano antes del almuerzo.
3. Inmediatamente aceptó recibir al alcalde cuando éste llegó a su gabinete.
4. El dentista guardaba un revólver en la gaveta inferior de la mesa.
5. El alcalde se había afeitado la mejilla izquierda, pero en la otra, hinchada y dolorida, tenía una barba de cinco días.
6. El dentista y el alcalde no se saludaron cuando el segundo entró al gabinete del primero.
7. El alcalde tenía dañada una muela.
8. El dentista decidió darle anestesia al alcalde antes de sacarle la muela.
9. El dentista le dio un trapo limpio para que el alcalde se secara las lágrimas.
10. El alcalde le pagó ahí mismo al dentista.

B. Hablemos de la lectura. Contesten estas preguntas en grupos de tres o cuatro.

1. ¿A qué horas comenzaba a trabajar el dentista don Aurelio Escovar?
2. ¿Qué hacía el dentista cuando lo interrumpió la voz de su hijo?
3. ¿Qué le dijo a su hijo cuando éste le informó que el alcalde quería que le sacara una muela?
4. ¿Cómo amenazó el alcalde al dentista si éste no le sacaba la muela?
5. ¿Por qué guardaba el dentista un revólver en una gaveta de la mesa?
6. ¿Por qué le dijo el dentista al alcalde que no podía usar anestesia? ¿Crees que dijo esto por precaución médica o por venganza?
7. ¿Por qué le dijo el dentista al alcalde: "Aquí nos paga veinte muertos, teniente"?
8. ¿Qué pueden significar las últimas líneas del cuento?
9. ¿Hasta qué punto crees que la venganza del dentista es algo lógico y aceptable?

INTERNET
Más lecturas
www.mcdougallittell.com

Palabras como clave: *cuenta*

Para ampliar el vocabulario. La palabra **cuenta** tiene varios significados en español según el contexto y la expresión idiomática en que se use. Discutan en parejas los diferentes significados de cada expresión en negrilla.

1. Camarero, páseme la **cuenta.**
2. Ayer abrí una **cuenta** de cheques en el banco local.
3. **Cuenta** conmigo para la fiesta del domingo. Definitivamente pienso ir.
4. No te olvides. Hay que tener en **cuenta** que entre la Ciudad de México y Los Ángeles existen dos horas de diferencia.
5. Podemos inventar muchas excusas, pero en resumidas **cuentas,** no tuvimos tiempo de terminar la tarea.

Dramatizaciones

A. **Una visita al dentista.** En grupos de tres o cuatro, dramaticen una visita al dentista. Traten de inventar una situación interesante, como la de "Un día de estos".

B. **¡No quiero ir!** En grupos de tres o cuatro, dramaticen una situación en la cual alguien tiene que pedirle ayuda o un servicio a un profesional (un médico, abogado, policía, etc.) en quien no confían.

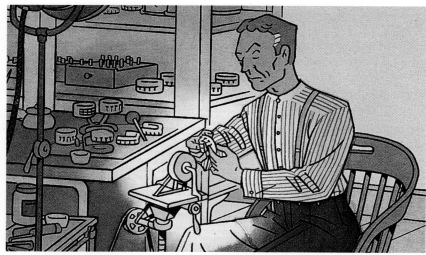

Don Aurelio Escovar

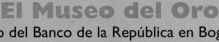

Ventana al Mundo 21

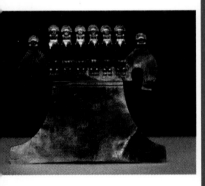

El Museo del Oro

El Museo del Oro del Banco de la República en Bogotá se fundó en 1939 con el propósito de coleccionar y preservar las obras metalúrgicas de oro prehispánicas que permanecían sin ser verdaderamente apreciadas. A pesar de su indudable valor arqueológico, muchas de estas piezas prehispánicas eran valoradas sólo por su contenido de oro y muchas veces eran derretidas en barras. Actualmente el Museo tiene una colección de 20.000 piezas. Varias exposiciones, tanto en el interior de Colombia como en el exterior, han sido organizadas por el Museo del Oro.

La elaboración de objetos de oro se inicia en lo que ahora es Colombia hace más de 2.000 años. La mayoría de los objetos de oro prehispánicos eran para el adorno personal y los más comunes eran los adornos que se colgaban de la nariz. Pero el oro también tenía un sentido religioso para los indígenas. Por ejemplo, el mito de El Dorado se originó de un antiguo ritual de los chibchas en el que envolvían a su jefe en polvo de oro para después lavarlo en un baño ceremonial en el lago Guatavita. Los chibchas habían abandonado esta costumbre mucho tiempo antes de la llegada de los españoles pero la leyenda aún subsistía. Los objetos que se exhiben en el museo demuestran que los artistas indígenas habían alcanzado un avanzado nivel técnico y estético al crear estas hermosas obras de arte.

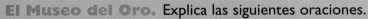

El Museo del Oro. Explica las siguientes oraciones.

1. El Museo del Oro colecciona y preserva obras de oro prehispánicas que antes no habían sido verdaderamente apreciadas.
2. A pesar de su valor arqueológico, muchas de estas piezas prehispánicas eran derretidas en barras.
3. Varias exposiciones en el exterior han sido organizadas por el Museo del Oro.
4. El oro también tenía un sentido religioso para los indígenas.
5. Estos objetos demuestran que los artistas indígenas habían alcanzado un alto nivel técnico y estético.

Cultura en vivo

Teatro para ser leído

Siguiendo la tradición del teatro colombiano, ahora ustedes van a adaptar el cuento de Gabriel García Márquez, "Un día de estos", a un guión de teatro para ser leído. Luego, ¡van a presentarlo!

¿Qué es el *teatro para ser leído*? Es una forma de teatro en el cual los actores no tienen que memorizar sus líneas porque las leen en el escenario. Tampoco tienen que actuar mucho porque generalmente están sentados mientras leen. Por lo tanto, ¡todos ustedes pueden ser actores!

Preparación del guión. Todos pueden ser dramaturgos también, porque simplemente van a adaptar un cuento que ya está escrito. Empiecen a preparar el guión siguiendo estas instrucciones.

1. Reduzcan el cuento, "Un día de estos", a sólo el diálogo, nada más.
2. Luego añadan un poco de narración para mantener transiciones lógicas entre los diálogos. Es muy importante mantener la narración a un mínimo.
3. Añadan indicaciones para la escenificación, informando a los lectores-actores de todos los movimientos o acciones que tendrán que hacer. A continuación hay una lista parcial de indicaciones útiles.

Gira a la derecha.	Finge operar la fresa.
Gira a la izquierda	Sin cambiar de expresión.
Gira media vuelta.	Finge dolor de muela.
Cara al público.	Finge afirmar los talones y abrir
De espaldas al público.	la boca.
Con énfasis.	Finge presión de los dedos.
Quejándose.	Finge sacarle la muela.
Con amarga ternura.	Finge llorar del dolor.
Temblando.	Finge darle un trapo limpio.
Se pone de pie.	Finge darle un saludo militar.
Sonriendo.	Finge abotonarse la guerrera.
Finge pulir una dentadura postiza.	

4. Preparen de seis a ocho copias del guión: para cada lector-actor, para los narradores, para el (la) director(a) y para su profesor(a). La siguiente es una muestra de cómo debe aparecer su guión.

Un día de estos por *Gabriel García Márquez*

Adaptación de los estudiantes de *(nombre de su profesor[a])*

Reparto: Narrador 1   Dentista   Alcalde   Hijo   Narrador 2

Al empezar, Narrador 1 está de pie a la izquierda del escenario, cara al público. El dentista, el alcalde y el hijo están sentados en bancos, de espaldas al público. El narrador 2 está de pie a la derecha del escenario, de espaldas al público.

Narrador 1: El dentista, don Aurelio Escovar, está en su gabinete a las ocho de la mañana.
(Dentista gira media vuelta a la izquierda y finge pulir una dentadura postiza.)
Su hijo de once años lo interrumpe.
(Hijo gira media vuelta a la izquierda. Cara al público.)

Hijo: —Papá.

Dentista: *(Desinteresado.)* —Qué.

Hijo: —Dice el alcalde que si le sacas una muela.

Dentista: —Dile que no estoy aquí.

Narrador 2: El dentista sigue puliendo la dentadura postiza, hasta que oye a su hijo gritar de la salita de espera.

Hijo: *(Gritando.)* —Papá.

Dentista: *(Desinteresado.)* —Qué.

Ensayo para la obra de teatro. Prepárense para el primer ensayo siguiendo estas intrucciones.

1. Decidan quién va a dirigir la obra y cuántos narradores y lectores-actores van a necesitar para el reparto: el dentista, el hijo del dentista, el alcalde y uno o dos narradores (depende de la cantidad de narración).

2. Decidan cómo va a aparecer el reparto en el escenario. Una posibilidad sería:
   Narrador 1   Dentista   Alcalde   Hijo   Narrador 2

3. Decidan quiénes se van a sentar y quiénes van a estar de pie en el escenario. Una sugerencia sería que los dos narradores estén de pie y el dentista, el hijo y el alcalde estén sentados en un banco con asientos rotativos, como los bancos de piano.

4. Ensayen los primeros movimientos: girar en los bancos, cara al público, de espaldas al público, etc.

5. Ensayen sus líneas en voz alta, sin movimiento.

6. Luego, ensayen las líneas y los movimientos apropiados a la vez.

Presentación. Túrnense en presentarle la obra a la clase. Seleccionen a los mejores lectores-actores para que les presenten la obra a otras clases de español o a la comunidad, si es apropiado.

Lección

2

Panamá

Nombre oficial:
República de Panamá

Extensión:
77.082 km²

Principales ciudades:
Ciudad de Panamá (capital), San Miguelito, Colón, David

Moneda:
Balboa (B)

Gente del Mundo 21

Mireya Moscoso, líder del opositor Partido Arnulfista (PA, derecha), se convirtió en la primera mujer electa presidenta de Panamá y en la figura que recibió el canal interoceánico. Hija de un maestro de escuela y un ama de casa, Moscoso nació en una familia tradicional en 1946 en la capital panameña. Se graduó en 1963 como bachiller en comercio y desde el exilio, logró el título de diseñadora de interiores en el Miami Dade Community College en 1974 y el de técnica en computación en 1988.

Rubén Blades, músico, compositor, actor y político nacido en 1948, es hijo de un músico/atleta/político panameño y una cantante cubana. Se recibió de abogado en Panamá antes de ir a Nueva York en 1974. Ha realizado presentaciones musicales en Europa y toda América con su grupo musical, Seis del Solar. Con su álbum *Tiempos* trata de desarrollar y promover los ritmos latinos. Ha actuado en muchas películas como *Crossover Dreams* y *Milagro Beanfield War.* En diciembre de 1993 anunció su candidatura a la presidencia de Panamá para trabajar contra la injusticia y mostrar la importancia de apoyar a su país.

286

UNIDAD 6

Juan Carlos Navarro, ambientalista panameño nacido en 1961, viajó a los Estados Unidos y estudió geografía y administración pública en las universidades de Dartmouth y Harvard. Poco después de graduarse, regresó a Panamá y decidió que iba a hacer algo útil por su país. Convenció a un grupo de empresarios para que le dieran capital a fin de crear la Asociación para la Conservación de la Naturaleza (ANCON). ANCON se convirtió en una organización que se dedica a proteger la selva tropical y defender el ambiente. Hoy en día emplea a 125 personas y sus gestos han dado lugar a que las autoridades hayan establecido cinco parques nacionales. Dice Navarro: "América Latina cuenta con recursos naturales y humanos de incomparable valor. El siglo XXI será nuestro siglo".

Bertalicia Peralta, escritora panameña, nació en la Ciudad de Panamá en 1939. Ha tenido una trayectoria muy activa en la poesía, la narrativa, el periodismo y el profesorado. Más de quince libros de poemas y colecciones de sus cuentos se han publicado. Ha sido directora de muchas revistas literarias y secciones literarias de varios periódicos. Es la organizadora del concurso nacional de literatura infantil. En reconocimiento de sus valiosas actividades culturales, la Ciudad de Panamá la ha declarado "Hija Meritoria", otorgándole las llaves de la ciudad.

Personalidades del *Mundo 21*. Después de leer las biografías, pídele a tu compañero(a) que cierre su libro y te diga quién diría lo siguiente: Mireya Moscoso, Rubén Blades, Juan Carlos Navarro o Bertalicia Peralta.

1. Me interesan muchas profesiones. Soy compositor, cantante, abogado y actor de cine.
2. Soy un ambientalista. Empleo a 125 personas y nos dedicamos a proteger la selva tropical y defender al ambiente.
3. Soy persona de muchas carreras. Soy poeta, novelista, periodista y profesora.
4. Mi padre fue un hombre de mucho talento. Fue político, atleta y músico.
5. Soy la primera mujer electa presidenta de Panamá y recibí el control del canal de Panamá en 1999.

PANAMÁ: EL PUENTE ENTRE LAS AMÉRICAS

La historia de Panamá así como su vida social, económica y política contemporánea ha sido dominada por su determinante posición geográfica. Su territorio está formado por un istmo que en la parte más estrecha es de sólo 50 kilómetros y une Norteamérica con Sudamérica. Por siglos, Panamá ha servido de puente y zona de tránsito entre continentes y océanos. Es un país de muchas culturas: hispana, africana e indígena.

LOS PRIMEROS EXPLORADORES

Entre los principales grupos indígenas que habitaban el istmo antes de la llegada de los europeos se encontraban los cunas, los guaymíes y los chocoes. Sus descendientes forman los tres grupos de indígenas más numerosos que continúan viviendo en la región.

Rodrigo de Bastidas fue el primer explorador del istmo de Panamá en 1501. Un año después en su cuarto viaje, Cristóbal Colón tocó varios puntos del istmo, entre ellos el puerto natural después conocido como Portobelo. En 1508, Diego de Nicuesa fue nombrado gobernador de la Castilla del Oro, como fue denominado el territorio. Dos años después, Nicuesa fundó el puerto de Nombre de Dios.

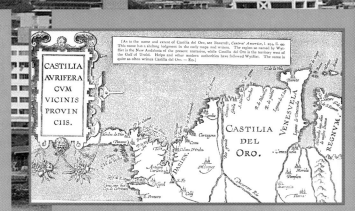

Mapa de Castilla del Oro, 1597

Vasco Núñez de Balboa consiguió cruzar el istmo y en septiembre de 1513 descubrió el océano Pacífico, al que llamó mar del Sur. Pedrarias Dávila, gobernador de la Castilla del Oro, fundó en 1519 la Ciudad de Panamá. "Panamá" en la lengua indígena del lugar significa "donde abundan los peces".

LA COLONIA

La Ciudad de Panamá experimentó un gran desarrollo gracias a la construcción del Camino Real que la unía con Nombre de Dios, en la costa del Caribe. El tráfico de mercancías por el istmo se intensificó. En 1538 se creó la Real Audiencia de Panamá para administrar el territorio que iba de

Nicaragua al Cabo de Hornos. Esta audiencia fue suprimida en 1543, pero veinte años más tarde se restableció con jurisdicción sobre el territorio que corresponde a lo que sería la nación panameña.

El oro enviado desde el Perú a España y todas las mercancías y personas que transitaban entre esa rica colonia y la metrópoli tenían que pasar por Panamá atravesando el camino entre la Ciudad de Panamá y Nombre de Dios. La Ciudad de Panamá era considerada como una de las ciudades más bellas y opulentas del Nuevo Mundo.

Las riquezas que pasaban por el istmo atrajeron a piratas que atacaban tanto puertos como barcos. En 1671, la Ciudad de Panamá fue saqueada y quemada por el pirata Henry Morgan. Dos años más tarde, una nueva ciudad fue fundada a ocho kilómetros al oeste de las ruinas de la antigua ciudad. El tráfico marítimo se vio seriamente afectado y decayó. En 1739, Panamá pasó a

El pirata Henry Morgan en Portobelo

formar parte del Virreinato de Nueva Granada que se había separado del Virreinato del Perú.

LA INDEPENDENCIA Y LA VINCULACIÓN CON COLOMBIA

Panamá permaneció aislada de los movimientos independentistas ya que su único medio de comunicación por barco estaba controlado por las autoridades españolas. La independencia se produjo sin violencia cuando una junta de notables declaró la independencia en la Ciudad de Panamá el 28 de noviembre de 1821, que se conmemora como la fecha oficial de la independencia de Panamá. Pocos meses más tarde, Panamá se integró a la República de la Gran Colombia, junto con Venezuela, Colombia y Ecuador.

En la Ciudad de Panamá se realizó el primer Congreso Interamericano, convocado por Simón Bolívar en 1826. Después de la desintegración de la Gran Colombia, Panamá siguió siendo parte de Colombia aunque entre 1830 y 1840 hubo tres intentos fallidos de separar el istmo de ese país.

EL ISTMO EN EL SIGLO XIX

El descubrimiento de oro en California en 1848 revitalizó el istmo, convirtiéndolo en la vía marítima obligada entre las costas oriental y occidental de EE.UU. En 1855, la "Panama Railroad Company" de capital norteamericano completó la construcción del ferrocarril interoceánico por el istmo de Panamá. El ferrocarril creó la nueva ciudad de Colón en la costa del mar Caribe.

Entre 1848 y 1869, más de 375.000 personas cruzaron el istmo del Caribe al Pacífico y 225.000 cruzaron en dirección contraria. Este nuevo tráfico le trajo prosperidad a Panamá.

La construcción abandonada de la compañía francesa

En 1880, se iniciaron las obras para la construcción de un canal bajo la dirección del constructor del canal de Suez, Ferdinand de Lesseps. La compañía encargada de las obras, de capital principalmente francés, no

pudo resolver muchas de las dificultades que se presentaron y abandonó la obra en 1889.

Poco después de este fracaso, el gobierno de EE.UU. y el de Colombia concluyeron un tratado para la construcción del canal, aunque el Senado colombiano se negó a ratificarlo.

LA REPÚBLICA DE PANAMÁ

Un movimiento separatista apoyado por EE.UU. proclamó la independencia de Panamá respecto a Colombia el 3 de noviembre de 1903. EE.UU. reconoció de inmediato al nuevo estado y envió fuerzas navales para impedir la llegada de tropas colombianas al istmo.

Pocos días más tarde, el Secretario de Estado estadounidense John Hay firmó el Tratado Hay-Bunau Varilla. El representante diplomático de Panamá, el ciudadano francés Philippe Bunau-Varilla, también representaba

"The Biggest Obstacle Removed", caricatura sobre la construcción del Canal de Panamá

los intereses de la compañía de Lesseps. Este tratado le concedía a EE.UU. el uso, control y ocupación a perpetuidad de la Zona del Canal, una franja de 16 kilómetros de ancho a través del istmo panameño. Este tratado ha sido la causa de mucho resentimiento entre Panamá y EE.UU.

En 1904 se reanudó la construcción del canal, que fue abierto al tráfico el 15 de agosto de 1914. Panamá se convirtió de hecho en un protectorado de EE.UU., pues la constitución de 1904 autorizaba la intervención de las fuerzas armadas de EE.UU. en la república en caso de desórdenes públicos.

LA ÉPOCA CONTEMPORÁNEA

En 1968 un golpe de estado estableció una junta militar dirigida por Omar Torrijos. El 7 de septiembre de 1977 Torrijos y el presidente Carter firmaron dos tratados por

El presidente Carter, el Secretario General y Omar Torrijos

los cuales EE.UU. concedía la cesión permanente del Canal a Panamá en el año 2000. Torrijos, como jefe de la Guardia

La transferencia de control del Canal de Panamá en 1999

Nacional, controló el gobierno hasta su muerte en un accidente de aviación en 1981.

Manuel Antonio Noriega tomó, en 1983, la jefatura de la Guardia Nacional y aunque con diferente nombre (Fuerzas de Defensa de Panamá—FDP) siguió siendo el verdadero poder político de Panamá. En 1987 fue acusado por un coronel de haber ordenado el asesinato del líder de la oposición y de la muerte del general Omar Torrijos, ocurrida en un accidente aéreo. Estas revelaciones aumentaron el descontento general entre los panameños, molestos por la crisis económica y la corrupción oficial. Por otro lado, cuando en 1988 Noriega fue acusado de ayudar a traficantes de drogas y otros crímenes en una corte estadounidense, la oposición a su gobierno creció.

Esta oposición culminó en las elecciones nacionales de 1989, cuando Noriega las anuló después de un aparente triunfo de la oposición. En diciembre de 1989, Noriega fue derrocado por una intervención militar estadounidense. Guillermo Endara, aparente vencedor de las elecciones de mayo, fue nombrado presidente. En 1992, un tribunal de Miami encontró culpable a Noriega y lo sentenció a cuarenta años de prisión. Luego, en 1999, la presidenta Mireya Moscoso supervisó la transferencia del control del Canal de Panamá el 16 de diciembre de 1999.

■ ¡A ver si comprendiste!

¿Quién? ¿Qué? ¿Cuándo? ¿Recuerdas los datos más importantes de la lectura? Para asegurarte, contesta estas preguntas.

1. ¿Qué posición geográfica ha determinado la historia de Panamá?
2. ¿Cómo fue denominado el territorio de Panamá durante el período colonial?
3. ¿Quién fue el primer europeo que cruzó el istmo de Panamá y vio por primera vez el océano Pacífico? ¿Cómo llamó a este océano?
4. ¿Qué significa "Panamá" en la lengua indígena del lugar donde se estableció esta ciudad?
5. ¿Por qué todo el comercio entre el Perú y España tenía que pasar por Panamá durante el período colonial?
6. ¿Qué causó que la Ciudad de Panamá fuera movida en 1673 a ocho kilómetros de su localidad original?
7. ¿Qué congreso tuvo lugar en la Ciudad de Panamá en 1826? ¿Quién lo organizó? ¿Qué resultados tuvo?
8. ¿Qué trajo prosperidad al istmo de Panamá en la segunda mitad del siglo XIX?
9. ¿Por qué ha causado el Tratado Hay-Bunau Varilla resentimiento entre Panamá y EE.UU.?
10. ¿Quiénes firmaron los dos tratados por los cuales EE.UU. le cederá el canal a Panamá el 31 de diciembre de 1999? ¿Cuándo fueron firmados estos tratados?

INTERNET
Prueba interactiva
www.mcdougallittell.com

Ciudad de Panamá

Los cunas

En 1989, se calculaba que la población de los cunas de Panamá era aproximadamente 30.000 personas, o sea, un tercio de la totalidad de la población indígena del país. Este grupo indígena se concentra en las islas de San Blas al este de Colón en la costa del mar Caribe. Los cunas han mantenido con mucho éxito su independencia y su manera tradicional de vivir. Resistieron la autoridad del gobierno panameño con la misma tenacidad con que antes habían resistido la autoridad de España y Colombia. En 1925, después de una rebelión, el gobierno panameño firmó un tratado de paz con los cunas que, en efecto, reconoce a San Blas como un territorio semiautónomo. La constitución de 1972 estableció una reserva indígena cuna en la Comarca de San Blas. Muchos de los hombres cunas trabajan en forma temporal fuera de la región mientras que una encuesta hecha a mediados de la década de 1970 indicaba que sólo el 4% de las mujeres cunas de la comarca vivía fuera de ella. La cultura cuna sigue teniendo un sentido de identidad muy fuerte. El arte cuna, conocido a través de textiles con bordados multicolores, es ahora muy apreciado en el mundo, especialmente las *molas* o blusas en lengua cuna. Los diseños de las *molas* muchas veces incluyen símbolos religiosos de una antigua visión indígena junto con elementos de la vida contemporánea.

>─┼─◇─┼─◇─┼─<

Los cunas. Imagínate que eres un(a) indígena cuna. Tu compañero(a) es un(a) estudiante estadounidense que está de visita en Panamá. Preparen una dramatización en la cual el (la) estadounidense entrevista al representante de la nación cuna para tratar de entender cómo ha sobrevivido su pueblo cuando tantos grupos de indígenas han desaparecido totalmente.

Y ahora, ¡a leer!

■ *Anticipando la lectura*

A. Músicos favoritos. La vida de los músicos siempre es muy interesante y animada; pero aun más interesante es saber cómo llegaron a ser músicos. En parejas, escojan un músico favorito de ambos y escriban un párrafo sobre su vida y de cómo llegó a ser músico. Léanle su párrafo a la clase.

B. Vocabulario en contexto. Decide cuál es el significado de las palabras en negrilla a base del contexto de la oración o de otras estrategias que has aprendido para llegar al significado de palabras desconocidas.

1. A principios de los años setenta, un joven flaco y medio rubio empezó a **destacar** en los lugares salseros de Panamá. Este muchacho no sólo proyectaba un carisma muy diferente a los músicos tradicionales sino que era fuente de composiciones originales.

   a. tocar   *b.* sobresalir   *c.* cantar

2. Poco después de su graduación, el joven abogado, que ya era un salsero reconocido en su país, hizo sus maletas, **agarró** su guitarra y se fue a Nueva York, donde la compañía Fania le había ofrecido un contrato.

   a. desempacó   *b.* abandonó   *c.* tomó

3. "Llegó tan entusiasmado", recuerda Víctor Gallo, vicepresidente de la compañía, "que se le olvidó la guitarra en el aeropuerto". El panameño le **aseguró** a la empresa disquera que él venía a Nueva York a trabajar con ellos.

    a. mintió   *b.* afirmó   *c.* escribió

4. En medio de tanto triunfo decide posponer su carrera artística y se matricula en un programa de maestría en **derecho** internacional de la prestigiosa Universidad de Harvard.

    a. jurisprudencia   *b.* política   *c.* negocio

5. **Tras** graduarse, regresa a la música y al cine. Pero ya está armado para una cercana fase de su vida, la fase política.

    a. Después de   *b.* Antes de   *c.* Para

6. En 1991 Rubén formó un nuevo partido político panameño, cuyo nombre es **un vocablo** indígena que significa Madre Tierra: *Papá Egoró*.

    a. una lista de palabras   *b.* un diccionario
    c. una expresión

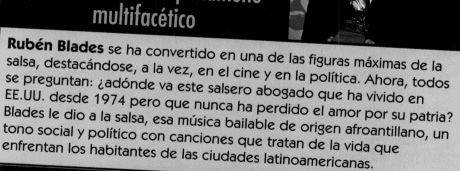

Conozcamos a un panameño multifacético

Rubén Blades se ha convertido en una de las figuras máximas de la salsa, destacándose, a la vez, en el cine y en la política. Ahora, todos se preguntan: ¿adónde va este salsero abogado que ha vivido en EE.UU. desde 1974 pero que nunca ha perdido el amor por su patria? Blades le dio a la salsa, esa música bailable de origen afroantillano, un tono social y político con canciones que tratan de la vida que enfrentan los habitantes de las ciudades latinoamericanas.

LECTURA

La encrucijada° de Rubén Blades

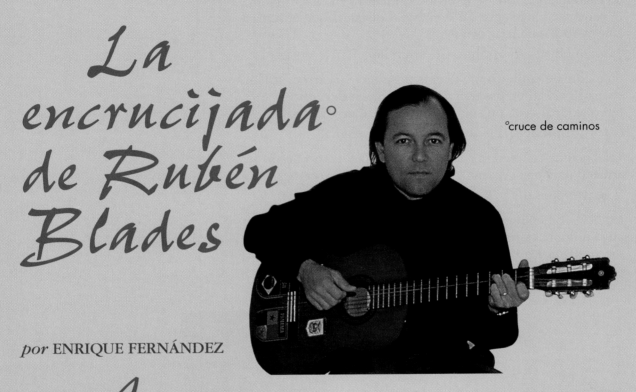

°cruce de caminos

por ENRIQUE FERNÁNDEZ

A principios de los años setenta, un joven flaco y medio rubio empezó a destacar en los *ámbitos* salseros de Panamá. El país del Canal siempre había sido un hervidero musical caribeño, *escala* obligatoria de las grandes orquestas cubanas y puertorriqueñas. Años atrás, en una de esas *giras,* una intérprete cubana de boleros que asumía sólo un nombre, Anoland, se había enamorado de un *apuesto bongosero* panameño de ascendencia anglocaribeña y apellido inglés, Blades, que era además *as* del baloncesto y miembro de la policía secreta. Se casaron.

Conociendo bien las penas del artista popular, ni la bolerista ni el bongosero quisieron que su hijo Rubén siguiera sus pasos y lo alentaron para que terminara una carrera de abogado. Así lo hizo el muchacho, pero tampoco abandonó su vocación artística. Poco después de su graduación, el joven abogado, que ya era un salsero reconocido en su país, hizo sus maletas, agarró su guitarra y se fue a Nueva York, donde la compañía Fania, reina entonces del *boom* de la salsa, le había ofrecido un contrato.

ambientes, lugares

parada
excursiones
guapo tocador del bongó

campeón

Salsero en Nueva York

"Llegó tan entusiasmado", recuerda Víctor Gallo, vicepresidente de la compañía disquera, "que se le olvidó la guitarra en el aeropuerto". El panameño le aseguró a la disquera que él venía a Nueva York "a meter mano" con ellos. Por el momento la única mano que la compañía le pidió que metiera era como mensajero, no había trabajo musical. En uno de sus viajes por los estudios de grabación, Rubén conoció al gran *conguero* Ray Barreto y, por suerte para el panameño, el Manos Duras neorriqueño necesitaba un *sonero*.

persona que toca congas
músico salsero

Fue un éxito inmediato. Este muchacho no sólo proyectaba un carisma muy diferente a los soneros tradicionales sino que era fuente inagotable de composiciones originales. Al pasar a la orquesta de Willie Colón, Rubén Blades *se consagra*. La *portada* del álbum *Willie Colón Presents Rubén Blades* de 1977 muestra a estas dos figuras en la pose de entrenador (Colón) y boxeador (Blades). La canción "Pablo Pueblo" define el estilo de Blades: la *viñeta de barriada*, el personaje popular y la observación social crítica.

triunfa / cubierta

escena de barrios

Al año siguiente los dos socios lanzaron el LP que haría historia en la salsa, *Siembra*, con el tema que hoy se canta en todos los barrios populares latinoamericanos "Pedro Navaja"—el apellido *alude* al del propio Blades. "Me decían que "Pedro Navaja" no podía funcionar", recuerda Rubén, saboreando la ironía. "Era muy largo y contaba una historia compleja de una manera poética". Pero los pesimistas se equivocaron. *Siembra* fue el álbum que más se vendió en la historia de la salsa. "Pedro Navaja" fue un éxito sin precedente que inspiró otras versiones, películas y obras de teatro.

se refiere

Su ingreso al cine

   Pronto, a Rubén Blades lo buscaba un director que quería producir
una película basada en las experiencias de la salsa neorriqueña. De ese
encuentro nació la película que lanzó a Rubén en el cine, *Crossover
Dreams*.

   Como indica el título, *Crossover Dreams* era el drama de un salserito
de barrio que sueña con algo más. También esta película muestra la
cara negativa de la industria disquera que hace que un artista abandone
sus raíces para perseguir el soñado *crossover*. Como el personaje de la
película, Rubén era un salsero y sus orígenes eran también de barriada,
aunque Rubén Blades era abogado y, algo inconcebible en la salsa,
intelectual. "Yo era un esquinero", dice recordando su juventud, "pero
era un esquinero que leía".

   En medio de tanto triunfo decide posponer por un año su carrera
artística y se matricula en un programa de maestría en derecho
internacional de la prestigiosa Universidad de Harvard. Tras graduarse,
regresa a la música y al cine. Pero ya está armado para una cercana
etapa de su vida, la etapa política.   fase

*Con Freddie Fender y Sonia
Braga en* Milagro Beanfield War

Rubén Blades en
Cradle Will Rock

Antecedentes familiares y el llamado de la patria

Los antecedentes familiares de Rubén Blades son tan ricos como los de su patria. Tiene familiares que vienen de Colombia y Nueva Orleáns. Un abuelo apellidado Blades de la isla de Trinidad, que sitúa a Rubén en la corriente cultural que nutre la música antillana panameña. Una abuela llamada Emma que *militó* en las vanguardias de su época como el feminismo y que introduce al joven Rubén en las ideas más avanzadas.

participó

Su interés se ha inclinado cada vez más hacia la política de su país que atraviesa momentos difíciles. En 1991 Rubén formó un nuevo partido político panameño, cuyo nombre es un vocablo indígena que significa Madre Tierra: *Papá Egoró.* Comenzaron de nuevo las especulaciones sobre sus aspiraciones presidenciales. En 1994, Rubén Blades se presentó a las elecciones presidenciales de su país natal en un intento de crear y evidenciar un movimiento social y democrático existente en el país, pero ignorado hasta entonces. Su militancia política está basada en la lucha contra la injusticia social y la defensa de la minorías étnicas, culturales y sociales. "En ningún momento," explica Rubén, "pensé en llegar a presidente o nada por el estilo y, si lo hubiera conseguido, no hubiera sido por deseos de poder. Lo que pretendíamos era poner de manifiesto que hay una parte importante de la población panameña que no está de acuerdo y no se identifica con la política que se les ha impuesto. La campaña que realizamos consiguió sus propósitos totalmente".

Un candidato a la presidencia

Rubén Blades inauguró la década de los noventa firmando un contrato con Sony Music International, A&R Development New York, que abre una nueva etapa en su carrera. Sus últimos álbumes, *Caminando, Amor y Control* y *La Rosa de los Vientos,* conforman una trilogía en la que su obra definitivamente se encamina hacia la universalización de los ritmos y estilos que conforman la música latina. En su álbum más reciente, *Tiempos,* Blades ha dado un paso más en su afán de "culturizar" y engrandecer los ritmos latinos; para ello no ha dudado en incorporar elementos de música clásica contemporánea, como base a todo un despliegue de genio, originalidad y compromiso, tanto musical como social. El resultado es un álbum excepcional destinado a hacer historia.

Adaptado de "La encrucijada de Rubén Blades", Más

■ ¿Comprendiste la lectura?

A. ¿Sí o no? Con un(a) compañero(a), decide si estás de acuerdo o no con los siguientes comentarios. Si no, di por qué no.

1. Rubén Blades se ha destacado como salsero y actor de cine.
2. La madre de Rubén Blades se llamaba Anoland y era inglesa.
3. Rubén Blades se recibió de ingeniero en Panamá.
4. Poco después de su graduación, Blades se fue a Nueva York a proseguir su carrera de salsero.
5. Tuvo que trabajar como mensajero para una compañía disquera porque no había trabajo musical.
6. El álbum que hizo con Willie Colón, *Siembra,* que incluía su canción "Pedro Navaja" no tuvo éxito y vendió pocas copias.
7. La primera película de Rubén Blades se titula *Crossover Dreams.*
8. El personaje de esta película no tenía nada que ver con la vida de Rubén Blades.
9. Decide tomar un año para terminar una maestría en derecho internacional en la Universidad de Harvard.
10. No tiene ningún interés en participar en la política de su país.

B. Hablemos de la lectura. Contesten estas preguntas en grupos de tres o cuatro.

1. ¿Cómo se llama el tipo de música que hizo famoso a Rubén Blades?
2. ¿Quiénes fueron sus padres? ¿A qué se dedicaban?
3. ¿Por qué se fue Rubén Blades a Nueva York después de graduarse?
4. ¿Cómo se llama el primer álbum que Rubén Blades hizo con Willie Colón en 1977? ¿Qué poses tomaron ambos en la portada del disco?
5. ¿Cómo se llama la canción de su álbum *Siembra* que alude a su nombre y que se ha convertido en una de sus más famosas canciones?
6. ¿Cómo se llama la primera película de Blades? ¿Qué significado tiene este título para los cantantes latinos y afroamericanos en EE.UU.?
7. ¿Existe conexión entre el personaje de esta primera película y la vida real de Rubén Blades?
8. ¿Cuáles son los antecedentes familiares de Blades?
9. ¿Cómo se llama el partido político panameño que Blades fundó en 1991? ¿Qué significa este nombre?
10. ¿Qué ha hecho en su carrera artística durante los años 90?

Palabras como clave: *sabor*

Para ampliar el vocabulario. De la palabra **sabor** se derivan varias palabras como el verbo **saborear,** el adjetivo **sabroso** y el sustantivo **sabrosura.**

En parejas, contesten las siguientes preguntas.

1. ¿Qué prefieres, **saborear** o sentarte a comer en seguida?
2. En tu familia, ¿quién cocina la comida más **sabrosa,** tu madre o tu padre?
3. En tu opinión, ¿qué ingrediente le da más **sabrosura** a la comida?
4. ¿Qué **sabores** de helado puedes mencionar? ¿Cuál es tu favorito?

Dramatizaciones

A. El Canal de Panamá. En grupos de tres o cuatro, dramaticen la participación de EE.UU. en la decisión de construir el Canal de Panamá después del fallido canal francés. Tal vez quieran leer un poco más sobre el canal en alguna enciclopedia, antes de preparar su dramatización.

B. Rubén Blades. En grupos de tres o cuatro, dramaticen algún aspecto de la vida de Rubén Blades: su llegada a Nueva York y primera grabación, su vida de actor de cine o su vida en la política.

Rubén Blades

Ventana al Mundo 21

El Canal de Panamá

Con el Tratado Hay-Bunau Varilla de 1903 el gobierno de EE.UU. obtuvo el derecho de construir el canal de Panamá. Los constructores estadounidenses rechazaron los planes de construir un canal a nivel del mar como el que habían intentado los franceses; decidieron usar un sistema de compuertas y esclusas. El canal de Panamá es uno de los mayores logros de la ingeniería del siglo XX. Se construyó entre 1904 y 1914. Tiene una longitud de 82 kilómetros y una anchura mínima de 33,5 metros.

La construcción del canal incluyó la creación del enorme lago artifical de Gatún en medio del istmo y la excavación de canales desde cada costa. Se instalaron tres grupos de esclusas para elevar y bajar los barcos. El primer grupo de tres esclusas eleva los barcos al nivel del lago Gatún, 26 metros sobre el nivel del mar Caribe. Luego la esclusa de Pedro Miguel y las dos de Miraflores hacen descender los barcos al nivel del Pacífico.

Su construcción costó 400 millones de dólares y, sólo en 1913, más de 65.000 trabajaron en ella. Las cámaras de las esclusas son de 304 metros de largo por 33 metros de ancho; estas dimensiones no permiten que pasen por el canal los supertanques y los grandes barcos de carga. En 1986, 11.925 barcos cruzaron el canal, generando $321 millones de dólares en cuotas. Pueden cruzar el canal 42 barcos al día como máximo. En 1987, los barcos tomaban un promedio de 15 horas en cruzar; la mitad de este tiempo era en espera.

En 1977, los dos tratados Torrijos-Carter establecieron la transferencia a Panamá, a partir del 1º de octubre de 1979, de ciertas responsabilidades para el funcionamiento de la Zona del Canal. La cesión completa del canal tomó lugar el 31 de diciembre de 1999.

El Canal de Panamá. Prepara cinco preguntas sobre el Canal de Panamá. Hazles las preguntas a tus compañeros de clase.

Vocabulario personal

¿Qué te pasa? Tú estás bien dormido(a) cuando de repente te despiertas gritando, ¡Ahhhhh! Tus padres entran corriendo a tu cuarto a preguntarte qué te pasa y tú les dices que estabas soñando . . . , que estabas en una situación muy incómoda . . . , que . . . Ellos te piden que escribas todos los detalles de tus sueños para poder analizarlos mejor. En preparación para hacer eso, prepara una lista de vocabulario que podrías usar para describir las siguientes situaciones incómodas: 1) una visita al dentista, 2) un examen final dificilísimo, 3) la primera visita con los padres de tu novio(a) y 4) otras palabras y expresiones útiles. Tal vez debes volver a las lecturas "Un día de estos" y "La encrucijada de Rubén Blades" para encontrar vocabulario apropiado.

Una visita al dentista

1. cauteloso(a)
2. la fresa
3. una muela
4. . . .
5. . . .
6. . . .
7. . . .
8. . . .

Un examen final dificilísimo

1. lágrimas
2. apresurarse
3. amargo(a)
4. . . .
5. . . .
6. . . .
7. . . .
8. . . .

La primera visita con los padres de mi novio(a)

1. entusiasmado(a)
2. se equivocaron
3. aspiraciones
4. . . .
5. . . .
6. . . .
7. . . .
8. . . .

Otras palabras y expresiones

1. conmovedor(a)
2. puñado
3. pulir
4. . . .
5. . . .
6. . . .
7. . . .
8. . . .

Escribamos
ahora

1. **Usos de diálogo.** El diálogo por escrito tiene muchos usos al escribir. Lee los comentarios que aparecen a continuación y di si estás de acuerdo con ellos o no.

   a. El diálogo facilita la participación del lector en el cuento.
   b. Con frecuencia el diálogo revela la personalidad o actitud de los personajes.
   c. El diálogo ayuda a establecer el ambiente o tono de la obra.
   d. Por medio del diálogo, el autor puede expresar su filosofía, sus opiniones o su punto de vista.
   e. El diálogo permite adelantar la acción del cuento con cierta rapidez.

   ¿Estás de acuerdo con todos los comentarios? Explica por qué estás o no estás de acuerdo. Piensa en ejemplos de diálogo que muestren cómo el diálogo puede lograr lo dicho.

2. **Influencia del diálogo.** Lee estos trozos del diálogo del cuento de García Márquez, "Un día de estos" y contesta las preguntas que siguen.

   —Papá.
   —Qué.
   —Dice el alcalde que si le sacas una muela.
   —Dile que no estoy aquí.

   —Dice que sí estás porque te está oyendo . . .

   —Mejor.
   —Papá.
   —Qué.
   —Dice que si no le sacas la muela te pega un tiro . . .
   —Bueno. Dile que venga a pegármelo.

   a. ¿Qué le sugiere el diálogo al lector acerca del padre?
   b. ¿Qué le sugiere el diálogo al lector acerca del hijo?
   c. ¿Qué le sugiere el diálogo al lector acerca de la relación que existe entre padre e hijo?
   d. ¿Qué efecto tiene el diálogo en todo el cuento?

3. **Diálogo en las tiras cómicas.** El diálogo en las tiras cómicas es de suma importancia. El humor casi siempre se basa en una terminación o reacción verbal inesperada. Las tiras que aparecen a continuación son de **Mafalda,** un personaje cómico popular por toda Latinoamérica. Las dos tiras tratan de la visita al dentista del padre de Mafalda. Ahora, crea tus propios diálogos para estas dos tiras.

4. **Incómodo.** En las tiras cómicas de Mafalda, el tema central era lo incómodo que se sentía su padre al ir al dentista. ¿Cuándo te sientes incómodo tú? Piensa en situaciones en que tú y tus amigos se sienten incómodos. Anótalas en una columna y en otra, indica por qué.

Situación	Problema
Una visita al dentista / médico	
Primera visita a los padres de mi novio(a)	
Un examen final dificilísimo	
¿ . . . ?	

B. El primer borrador

Escribe un diálogo basado en una de las situaciones incómodas de la lista que preparaste en la actividad anterior. Tal vez tengas que usar una que otra oración narrativa para presentar a los personajes principales y para establecer el escenario, pero debes tratar de desarrollar el tema central y tus personajes (edad, actitud, estado emocional, acción, reacción, etc.), por medio de lo que ellos dicen.

LECCIÓN 2: PANAMÁ

Venezuela

Nombre oficial:
República de Venezuela

Extensión:
912.050 km²

Principales ciudades:
*Caracas (capital),
Maracaibo, Valencia,
Barquisimeto, Maracay*

Moneda:
Bolívar (Bs.)

Gente del Mundo 21

José Luis Rodríguez, cantante venezolano, es conocido popularmente como "El Puma" después de interpretar un personaje con ese nombre en una telenovela. Ahora Rodríguez tiene una trayectoria que abarca tres décadas, durante las cuales ha recibido los más importantes galardones del medio. En 1996 su trabajo discográfico *La llamada del Amor* reafirmó el puesto que ocupa en la música romántica. En 1997 concretó un proyecto de grabar junto al trío Los Panchos. Su disco *Inolvidable* superó la barrera de un millón de copias, obteniendo disco de oro y de platino en todos las países donde fue editado. Hoy día sigue igualmente exitoso.

Teresa de la Parra (1890–1936), novelista venezolana, nació en París de padres venezolanos. Se crió desde los dos años en una hacienda cercana a Caracas. Fue educada en España después de los ocho años y no volvió a su patria hasta los dieciocho años. En 1923, a los treinta y cuatro años, se estableció en París. Aunque únicamente publicó dos novelas, *Ifigenia* (1924) y *Las memorias de Mamá Blanca* (1929), Teresa de la Parra es actualmente reconocida como una de las primeras novelistas hispanoamericanas que refleja la perspectiva de la mujer. En 1980, la televisión venezolana realizó, logrando gran éxito, una telenovela basada en *Ifigenia*.

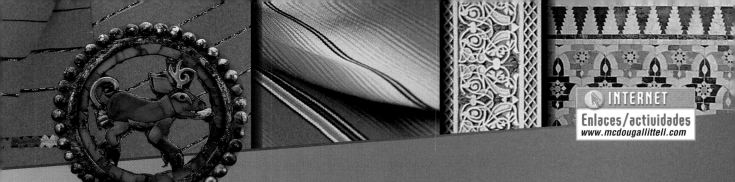

María Conchita Alonso, aunque nació en Cuba en 1957, ha realizado su carrera de artista en Venezuela. Alonso empezó en los concursos de belleza y fue elegida "Miss Teenager of the World" (1971) y "Miss Venezuela" (1975). En Venezuela, ha aparecido en cuatro películas, diez telenovelas, y también tuvo su propio programa de televisión. Alonso ha logrado también muchas películas en inglés como *Moscow on the Hudson* (1984), *Running Man* (1987) y *Colors* (1988). También es una artista nominada para un "Grammy". Ha recibido el premio de Mujer Hispana del Año de la Fundación de Oportunidades Mexicano Americanas por sus contribuciones a la industria del entretenimiento y a la comunidad hispana.

Rómulo Betancourt (1908–1981), político venezolano, fue líder del partido político denominado Acción Democrática y es reconocido como el guía de la democratización de Venezuela. En 1958 Betancourt fue elegido presidente y gobernó hasta 1964. En 1960 su gobierno rompió relaciones diplomáticas con la República Dominicana después de un atentado contra su vida. En 1961 también rompió relaciones con Cuba por el apoyo del gobierno de Fidel Castro a las guerrillas venezolanas.

Personalidades del Mundo 21. Prepara dos o tres preguntas sobre cada persona y luego hazle las preguntas a un(a) compañero(a) de clase. Contesta las preguntas que te haga a ti.

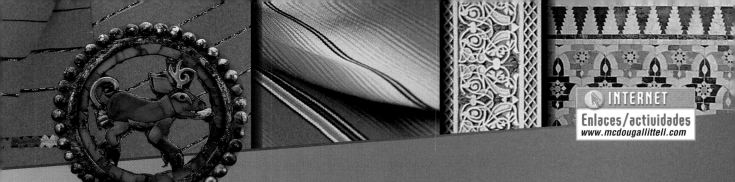
INTERNET
Enlaces/actividades
www.mcdougallittell.com

VENEZUELA: LOS LÍMITES DE LA PROSPERIDAD

A fines de la década de 1970, Venezuela alcanzó un alto nivel de crecimiento económico debido al incremento del precio del petróleo, su principal producto de exportación. En relativamente poco tiempo, se convirtió en el país con el ingreso per cápita más alto de Sudamérica. Pero en la década última, la economía venezolana no ha podido asegurar esta prosperidad y esto ha puesto en crisis al sistema económico y político del país.

LOS PRIMEROS EXPLORADORES

En las tierras que hoy pertenecen a Venezuela no existieron grandes civilizaciones como las de otros países andinos y mesoamericanos. Las costas del Caribe fueron pobladas por los indígenas arawak que habían sido progresivamente conquistados por los caribes.

En su tercer viaje, Cristóbal Colón fue el primer europeo en pisar tierra firme en la península de Paria en Venezuela el 1º de agosto de 1498. Un año después, Américo Vespucio denominó al país "Venezuela", o sea, "pequeña Venecia". Se dice que seleccionó este nombre al ver que las casas sobre pilotes que habitaban los indígenas de las orillas del lago de Maracaibo eran como las que existían en Venecia, Italia.

Casas puestas sobre pilotes

Al principio, las perlas y los rumores de metales preciosos atrajeron exploradores. Santa Ana de Coro, primera ciudad de la Venezuela continental, fue fundada en 1528. Pero el territorio les fue concedido un año después a los banqueros alemanes de la casa de Welser por el emperador Carlos V. Los alemanes se retiraron en 1546 cuando no pudieron encontrar las fabulosas riquezas de El Dorado.

Años después, Diego de Losada consiguió apoderarse de la región ocupada por los indígenas caracas, donde fundó la ciudad de Santiago de León de Caracas en 1567. Pronto Caracas se convirtió en la ciudad más importante de la región. Estaba situada en un fértil valle y cerca del puerto conocido después como La Guaira. En reconocimiento a su crecimiento, Caracas fue convertida en la sede de la Capitanía General de Venezuela.

LA COLONIA

Durante los próximos doscientos años, el gobierno español no le prestó mucha atención a este territorio. Su principal valor para los conquistadores era geográfico, pues les proveía seguridad a las flotas españolas. En 1719 la colonia pasó a depender del Virreinato de Nueva Granada.

En 1728 se creó la Compañía Guipuzcoana de Caracas que pronto estableció un monopolio del cacao, lo cual en 1749 causó la primera rebelión en la colonia, la cual fue sofocada. El cultivo y el comercio del cacao, semilla de donde proviene el chocolate, tuvo un extraordinario desarrollo en la colonia. Se establecieron plantaciones que empleaban esclavos africanos.

Helado de chocolate

Plantación de cacao

Chocolate

LA INDEPENDENCIA

Venezuela fue el primer país en que tuvo lugar una rebelión para lograr la independencia de España. En 1806 Francisco de Miranda fracasó en su primer intento de

Miranda y Bolívar declaran la independencia

rebelión. Pero el 5 de julio de 1811, un congreso en Caracas declaró la independencia de Venezuela y en diciembre promulgó la constitución de la primera república. Este gobierno duró sólo once meses y Miranda, jefe de las fuerzas republicanas, se vio obligado a rendirse. Fue hecho prisionero y llevado a España, donde murió en 1816.

Simón Bolívar, un criollo nacido en Caracas, continuó la lucha y consiguió tomar Caracas en agosto de 1813, con lo que le dio comienzo a la segunda república. En septiembre de 1814 tropas de llaneros mestizos leales a España obligaron a Bolívar a abandonar Caracas dándole fin a la segunda república.

En 1816 Bolívar tomó control de la parte oriental de la colonia. El congreso de Angostura de 1819, estableció la tercera república y nombró a Bolívar presidente. En 1821 el congreso de Cúcuta promulgó la constitución de la República de la Gran Colombia y reafirmó a Bolívar como presidente. La Gran Colombia, que incluía los territorios de Colombia, Venezuela, Ecuador y Panamá, estableció su capital en Bogotá. El nacionalismo venezolano resentía este gobierno centrado en la lejana Bogotá y en 1829 el general José Antonio Páez consiguió la independencia de Venezuela. Bolívar murió desilusionado en Santa Marta, Colombia, el 17 de diciembre de 1830.

UN SIGLO DE CAUDILLISMO

Después de su independencia, Venezuela fue gobernada durante más de un siglo por una sucesión de dictadores y por una aristocracia de terratenientes. Los caudillos o jefes que tomaban el poder a la fuerza ejercían un poder autoritario y represivo. De 1908 a 1935, Venezuela estuvo gobernada por el dictador más sanguinario de todos ellos, Juan Vicente Gómez. El verdadero desarrollo económico y social se inicia con la explotación de petróleo en la región de Maracaibo después de 1918. Una nueva clase media urbana comienza a crecer alrededor de los servicios prestados a la industria petrolera.

En 1928 unos estudiantes de la Universidad Central de Venezuela en Caracas organizaron protestas y fueron duramente reprimidos por el gobierno de Gómez. De

Universidad Central de Venezuela

esta llamada "generación de 1928" salieron muchos de los líderes de los diferentes movimientos políticos posteriores como Rómulo Betancourt, Rafael Caldera Rodríguez y Raúl Leoni. El dictador Gómez murió en 1935.

LA CONSOLIDACIÓN DE LA DEMOCRACIA MODERNA

En 1945 triunfó una rebelión popular dirigida por oficiales jóvenes del ejército y por Rómulo Betancourt del partido Acción Democrática (AD). El candidato propuesto por este partido, el famoso novelista Rómulo Gallegos, fue elegido presidente y tomó el

Rómulo Gallegos

poder en febrero de 1948. Pero sus reformas radicales causaron mucha oposición y nueve meses después fue derrocado por el ejército. En el país se impuso una dictadura militar que duró diez años hasta 1958 cuando, a su vez, fue derrocada.

Rómulo Betancourt fue elegido presidente en 1958. Su gobierno consolidó las instituciones democráticas a través de una alianza de su partido AD, con el Comité de Organización Política Electoral Independiente (COPEI), el segundo partido político del país. En 1961 fue aprobada una nueva constitución para el país. Desde entonces no se ha roto el orden constitucional.

EL DESARROLLO INDUSTRIAL

En la década de 1960 Venezuela alcanzó un gran desarrollo económico que atrajo a muchos inmigrantes de Europa y de otros países sudamericanos. En 1973 los precios del petróleo se cuadruplicaron como resultado de la guerra árabe-israelí y la política de la Organización de Países

Exportadores de Petróleo (OPEP), de la cual Venezuela era socio desde su fundación en 1960. La idea de un cartel del petróleo había sido propuesta primero por Juan Pablo Pérez de Alfonso, Ministro de Minas e Hidrocarburos de Venezuela. En 1976 el presidente Carlos Andrés Pérez nacionalizó la industria petrolera, lo que proveyó al país mayores ingresos para impulsar el desarrollo industrial.

El crecimiento económico de Venezuela disminuyó durante los siguientes dos gobiernos: el de Luis Herrera Campins del COPEI que ganó las elecciones de 1978 y el de Jaime Lusinchi de AD que triunfó en las elecciones de 1983. Cuando Carlos Andrés Pérez fue nuevamente elegido y tomó la presidencia en 1989, Venezuela atravesaba por una seria crisis económica debido a la baja de los precios del petróleo y a la recesión económica mundial. En 1997, el gobierno anunció que iba a hacer una operación de minería de oro y diamante de gran magnitud para mejorar la economía y crear más empleo. En 1999, Hugo Chávez fue

Hugo Chávez

elegido el presidente. La meta principal de Chavez era reformar la constitución del país y ha tenido que trabajar durante el mayor desastre de los últimos siglos: las inundaciones de 1999 que causaron más de 10.000 muertos y forzaron la evacuación de más de 70.000 personas.

La industria petrolera en el lago de Maracaibo

■ ¡A ver si comprendiste!

¿Quién? ¿Qué? ¿Cuándo? ¿Recuerdas los datos más importantes de la lectura? Para asegurarte, contesta estas preguntas con un(a) compañero(a).

1. ¿Cuál es el origen del nombre de "Venezuela"?
2. ¿Quién fundó la ciudad de Caracas? ¿En qué año? ¿Cuál es el origen del nombre "Caracas"?
3. ¿Cómo se llama la semilla de donde proviene el chocolate? ¿Qué importancia tiene su cultivo y comercio en la historia de Venezuela?
4. ¿Quién fue Simón Bolívar? ¿Por qué fracasó su sueño de incorporar Venezuela a la República de la Gran Colombia?
5. ¿A quiénes se conoce como "caudillos" en la historia de Venezuela? ¿Cómo tomaban el poder? ¿Eran democráticos o autoritarios?
6. ¿Qué industria crea una nueva clase media urbana en Venezuela?
7. ¿Por qué es importante la llamada "Generación de 1928" en Venezuela?
8. ¿En qué año fue derrocado el último dictador venezolano? ¿Cómo han sido desde entonces los gobiernos venezolanos?
9. ¿Qué presidente venezolano nacionalizó la industria petrolera? ¿En qué año? ¿Por qué es importante este hecho?
10. ¿Qué pasó en Venezuela en 1999? ¿Cómo afectó al país?

INTERNET
Prueba interactiva
www.mcdougallittell.com

Caraballeda, Venezuela

Caracas:
una ciudad ultramoderna

Caracas, la capital de Venezuela es una ciudad llena de contrastes. El centro histórico de la ciudad incluye una catedral reconstruida en 1674 frente a la típica Plaza Bolívar. Cerca de ahí se encuentra la Casa Natal, la residencia colonial donde nació y vivió Simón Bolívar y que ahora es un museo nacional. Pero las torres gemelas del Centro Simón Bolívar que se elevan a una altura de 32 pisos representan la nueva Caracas que se levanta hacia el cielo. Este complejo de edificios incluye una gigantesca zona comercial y de negocios, entrecruzada por rampas subterráneas para automóviles y peatones. Modernas autopistas y rascacielos se levantan por toda la ciudad, muchas veces a sólo unos pasos de los "ranchitos" o casas improvisadas construidas por inmigrantes llegados a la capital de las zonas rurales, y que forman el cinturón urbano de población marginada. Por otra parte, el metro de Caracas o Cametro fue inaugurado en 1983 y es uno de los más modernos del mundo. Un teleférico parte del terminal Maripérez y va desde la ciudad hasta el Cerro Ávila, a una altura de 2.111 metros sobre el nivel del mar, desde donde se puede apreciar la rápida transformación de la ciudad. Elegantes casas y "ranchitos" se extienden por las laderas de este pulmón verde de la megalópoli.

Caracas: ultramoderna ciudad. Pídele a un(a) compañero(a) que haga dos de estas descripciones y haz las otras dos tú mismo(a).
1. Describe el centro histórico de Caracas. Nombra por lo menos tres sitios históricos allí.
2. Describe el Centro Simón Bolívar.
3. ¿Qué son los "ranchitos" de Caracas?
4. Describe el metro de Caracas.

Luz,
cámara,
acción

Antes de empezar el video

Contesta estas preguntas para ver qué contacto has tenido tú con el metro.

1. ¿Te has paseado alguna vez en el metro?
   Si contestas que sí: ¿Dónde? ¿Te gustó? ¿Por qué?
   Si contestas que no: ¿Te gustaría hacerlo alguna vez? ¿Por qué?
2. ¿Qué has visto tú personalmente o en películas en los metros que te ha dejado una impresión negativa? ¿una impresión positiva? Explica tu respuesta.
3. En tu imaginación, ¿con qué relacionas un paseo en el metro? ¿Es como otras experiencias que has tenido? ¿Cuáles? ¿Por qué?
4. En tu opinión, ¿qué es esencial para que el metro llegue a ser aceptado como el medio de transporte principal de la mayoría de los ciudadanos en cualquier ciudad?

ESCENARIO

El metro de Caracas

Como muchas ciudades modernas, la ciudad de Caracas tiene un transporte colectivo llamado "metro" que comunica diferentes zonas residenciales con el centro de la ciudad. La Línea 1, que fue la primera línea del metro caraqueño en construirse, corre de oeste a este. La Línea 2, que se comenzó a construir en 1977, corre de norte a sur. Una línea adicional unida a la línea principal para formar una "Y" llegaría también a las estaciones Ruiz Pineda y Las Adjuntas. Las obras realizadas durante la construcción de la Línea 2 incluyen grandes túneles, plataformas elevadas, trece estaciones diferentes y un conjunto de edificios para el servicio y mantenimiento de los trenes.

■ ¡A ver si comprendiste!

¿Quién? ¿Qué? ¿Cuándo? ¿Recuerdas los datos más importantes de la lectura? Para asegurarte, contesta estas preguntas con un(a) compañero(a).

1. ¿En qué dirección corre la Línea 1 del metro de Caracas?
2. ¿Cuándo se comenzó a planificar la Línea 2?
3. ¿Cómo se llaman las estaciones hasta donde llega la línea adicional?
4. ¿A cuántas diferentes estaciones comunica la Línea 2?

Y ahora,

¡veámoslo!

En este video se hará un recuento de cómo se construyó la Línea 2 del metro de Caracas, uno de los más modernos del mundo. También se visitará el conjunto de edificios localizados al final de la Línea 2 que incluyen áreas de servicio y mantenimiento para los trenes y una torre de control. Junto con el narrador, tomarán uno de los cómodos trenes con aire acondicionado de la Línea 2 hasta llegar a la estación El Silencio que es el punto de transferencia con la Línea 1.

El video: La realización de la Línea 2 Caricuao-Centro

EL METRO DE CARACAS

Caracas

El tren

■ *A ver cuánto comprendiste . . .*

A. Dime si entendiste. Después de ver el video, contesta estas preguntas.

1. ¿Cuáles son las dos estaciones finales de la Línea 2?
2. ¿Por qué fue necesario construir subestaciones eléctricas a lo largo del metro de Caracas? ¿Qué tipo de energía usan los trenes del metro?
3. ¿Por qué es importante tener un gran patio al final de la Línea 2?
4. ¿Qué hay dentro de la torre de control del patio de mantenimiento? ¿Por qué son importantes estos instrumentos?

B. ¿Y qué dices tú? Contesten estas preguntas en grupos de tres o cuatro. Luego díganle a la clase cómo contestaron cada pregunta.

1. ¿Crees que es preferible construir una línea de metro a construir una autopista para coches en una ciudad populosa como Caracas? Explica tu respuesta.
2. ¿Por qué fue necesario construir una torre en el patio donde se les da servicio y mantenimiento a los trenes del metro?
3. ¿Por qué existen máquinas automáticas expendedoras de boletos y de cambio en todas las estaciones del metro de Caracas?
4. ¿Por qué hay aire acondicionado en los vagones de los trenes del metro de Caracas?
5. ¿Qué piensas del metro de Caracas después de ver el video? ¿Usarías este medio de transporte en vez de manejar un coche?

PASAPORTE *cultural*

Un crucigrama cooperativo. Tu profesor(a) te va a dar un crucigrama con las claves verticales y a tu compañero(a) le va a dar uno con las claves horizontales. Haz tu parte del crucigrama mientras tu compañero(a) hace la suya. Luego para completarlo, pídele las claves que necesitas a tu compañero(a) y dale las que te pida a ti. No se permite comparar crucigramas hasta terminar la actividad.

Escribamos ahora

Intercambia tu redacción con la de un(a) compañero(a), léela cuidadosamente y contesta las preguntas que siguen.

1. ¿Sabes quiénes son los personajes?
2. ¿Sabes qué relación hay entre ellos?
3. ¿Se establece bien el ambiente y la situación en la cual se encuentran los personajes?
4. ¿Sabes cómo se sienten los personajes y cómo reaccionan a lo que está pasando?
5. ¿Es natural el diálogo? ¿Va bien con cada personaje y con la situación?
6. ¿Es lógica la conclusión a la cual llegan los personajes? ¿Quedas convencido(a)?

No dejes de decirle a tu compañero(a) lo que más te gusta de su redacción y lo que consideras muy efectivo. Hazle sugerencias específicas para mejorar su diálogo.

B. Segundo borrador

Antes de escribir el segundo borrador, compara este trozo de diálogo escrito en español con el inglés para ver cuántas diferencias encuentras.

—Siéntese.	*"Sit down."*
—Buenos días —dijo el alcalde.	*"Good morning," said the mayor.*
—Buenos —dijo el dentista.	*"Good morning," answered the dentist.*

Ahora escribe una segunda versión de tu comparación teniendo en cuenta la puntuación del diálogo escrito en español y las sugerencias que te hizo tu compañero(a).

C. Segunda revisión

Ahora intercambia redacciones con un(a) compañero(a) de clase y dale una rápida ojeada a su diálogo para asegurarte de que no haya errores. Fíjate en particular en la puntuación y en el uso de verbos en tiempo futuro o condicional.

1. ¿Usa guiones (—) en vez de comillas ("")?
2. ¿Evita el uso de comas antes de un guión?
3. ¿Evita el uso de guiones en oraciones donde no se especifica quién habla?
4. ¿Usa un acento escrito en todos los verbos en futuro, menos en la primera persona plural?
5. ¿Usa acento escrito en todos los verbos en condicional?

D. Versión final

Considera los comentarios de tus compañeros sobre la puntuación y el uso de verbos en el futuro y el condicional y revisa tu redacción por última vez. Como tarea, escribe la copia final en la computadora. Antes de entregarla, dale un último vistazo a la concordancia.

E. Publicación

Cuando tu profesor(a) te devuelva la redacción corregida, léesela a tres compañeros y escucha mientras ellos leen las suyas. Luego decidan cuál de los cuatro diálogos les gusta más y prepárense para hacerle una lectura dramática de ese diálogo a la clase.

INTERNET
Taller de escritura
www.mcdougallittell.com

Unidad 7

Perú, Ecuador y Bolivia: camino al sol

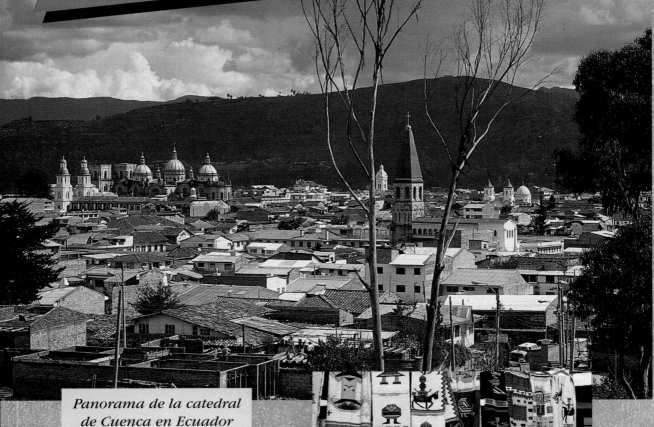

Panorama de la catedral de Cuenca en Ecuador

Edificios de apartamentos y oficinas en La Paz, Bolivia

Panorama de Cuzco, Perú, con la Plaza de Armas en el centro

▶ **ENFOQUE** Los Andes le dan una unidad geográfica a estos tres países cuyos territorios de oriente también forman parte de la Amazonia. La extensión de las lenguas indígenas quechua y aymará por toda esta región andina es prueba de una larga historia común. Magníficas civilizaciones precolombinas se sucedieron hasta llegar al imperio inca que unificó vastos territorios. Esta unidad política perduró en el Virreinato del Perú durante la colonia. Pero desde la independencia, su desarrollo como naciones ha sido un proceso lento y difícil. Sus pueblos marcan el camino al sol y la unidad cultural se sigue celebrando en su música andina.

Lección

1

Perú

Nombre oficial:
República del Perú

Extensión:
1.285.216 km²

Principales ciudades:
*Lima (capital),
Arequipa, El Callao,
Trujillo*

Moneda:
Nuevo sol (S/.)

Gente del Mundo 21

Javier Pérez de Cuéllar, diplomático peruano, fue secretario general de la Organización de las Naciones Unidas (ONU) de 1982 a 1992. Nació en 1920 en Lima. Estudió en la Universidad Católica de su ciudad natal. En 1944 inició su carrera diplomática. De 1964 a 1968 fue embajador de su país en Suiza y, después de desempeñar el cargo de primer embajador peruano en la Unión Soviética entre 1969 y 1971, fue nombrado representante permanente peruano en las Naciones Unidas. Como secretario general de las Naciones Unidas, puso gran énfasis en la resolución de diferentes conflictos armados a través de negociaciones.

Susana de la Puente nació en 1960 en una familia de banqueros. Estudió economía y administración en la Universidad de Perú en Lima y luego administración en el Instituto Tecnológico de Massachusetts. Al terminar sus estudios trabajó con J.P. Morgan en Wall Street y en 1988 realizó una transacción que encabezó la apertura de los mercados para compañías latinoamericanas. En 1993 J.P. Morgan le dio la oportunidad de regresar a su país, donde se ha hecho cargo de la región andina y donde ha sido un elemento clave en la transformación de la economía peruana.

Mario Vargas Llosa, escritor peruano, nació en Arequipa en 1936. En 1950 se estableció en Lima, donde pasó dos años en una academia militar e hizo estudios en la Universidad de San Marcos. Se doctoró en la Universidad de Madrid. Su primera novela, *La ciudad y los perros* (1963), basada en experiencias personales en una escuela militar, lo consagró como novelista. Desde entonces ha sido considerado uno de los escritores más representativos del llamado "boom" de la novela latinoamericana. Entre sus otras novelas se encuentran: *La casa verde* (1966), *La tía Julia y el escribidor* (1977) y *Los cuadernos de don Rigoberto* (1998). Escribió *La llama sacrificial* (1994) como recuerdo de su experiencia como candidato a presidente de Perú en 1990.

Tania Libertad, la voz "sin fronteras", inició su carrera como cantante a los cinco años en su ciudad natal, Chiclayo. Es representante del nuevo canto latinoamericano en el que el lirismo musical se une al compromiso social. Sus canciones surgen de su vida y sus experiencias. Ha grabado más de treinta títulos que incluyen el estilo caribeño, el bolero, el folclor, el rock y la ranchera. En su trabajo musical no existen límites. Explica: "A la música que yo canto le han puesto muchas etiquetas, pero yo propongo que se la llame simplemente música popular latinoamericana".

Personalidades del Mundo 21. Prepara una frase para describir cada persona. Tu compañero(a) adivinará a quién describes. Explica qué persona admiras más y por qué.

DEL PASADO al presente

EL PERÚ: PIEDRA ANGULAR DE LOS ANDES

Su territorio está dividido en tres zonas principales, cada una con sus propias características: el desierto en la costa, las tierras altas de la cordillera de los Andes y las selvas amazónicas. El Perú tiene una de las historias más ricas del continente: fue cuna de notables civilizaciones precolombinas, parte central del imperio inca y joya colonial del imperio español.

Muralla inca, Cuzco

LAS GRANDES CIVILIZACIONES ANTIGUAS

Miles de años antes de la conquista española, las tierras que hoy forman el Perú estaban habitadas por sociedades complejas y refinadas. La primera gran civilización de la región andina se conoce con el nombre de Chavín y floreció entre los años 900 y 200 a.C. en el altiplano y la zona costera del norte del Perú. Después siguió la cultura mochica

Cerámica mochica

(200 a.C–700 d.C), que se desarrolló en una zona más reducida de la costa norte del Perú. Los mochicas construyeron las dos grandes pirámides de adobe que se conocen como Huaca del Sol y Huaca de la Luna. Una extraordinaria habilidad artística caracteriza las finas cerámicas de los mochicas.

La cultura chimú (¿1330 –1490?) surgió en la misma zona costera de la cultura mochica anterior. A finales del siglo XV, los incas conquistaron la ciudad de Chan Chan, la capital del reino chimú. De allí se llevaron sus riquezas y artesanos a su capital, Cuzco, localizada a 600 millas al sureste. Desde la segunda mitad del siglo XV y en menos de cien años, los incas lograron dominar a sus pueblos vecinos y formaron el mayor de los imperios conocidos en la

Las ruinas de Chan Chan

Sudamérica precolombina. A la llegada de los españoles, el imperio inca, también llamado Tahuantinsuyo o "las cuatro direcciones", incluía los territorios de lo que ahora son el Perú, Ecuador, Bolivia, y el norte de Argentina y de Chile. Las ruinas de Machu Picchu, descubiertas en 1911, son un bello ejemplo de la arquitectura inca.

LA CONQUISTA

Entre 1524 y 1527 Francisco Pizarro y sus seguidores exploraron la costa occidental de Sudamérica y dieron al nuevo país el nombre de Perú, que tomaron posiblemente del cercano río Virú. A comienzos de 1531, Pizarro, al mando de 180 hombres y 37 caballos, desembarcó en la costa y se dirigió al encuentro del emperador inca en Cajamarca. Atahualpa acababa de asumir el poder y estaba en guerra civil contra su medio hermano Huáscar. Pizarro aprovechó las circunstancias y capturó a Atahualpa. Éste, desde su cautiverio, mandó matar a Huáscar. Además ofreció una enorme cantidad de oro por su propia libertad. Pizarro, en lugar de liberarlo, lo condenó a la muerte en 1533. Ese mismo año, los españoles ocuparon Cuzco y se apoderaron del imperio inca.

Koricancha, fortaleza inca en Cuzco

LA COLONIA

Cerca de la costa central, Pizarro fundó la ciudad de Lima el 6 de enero de 1535, el día de los Reyes Magos, por eso Lima se conoce como "la Ciudad de los Reyes". Su nombre se deriva del río Rímac en cuya desembocadura se encuentra el puerto marítimo de El Callao. Lima se convertiría en la capital del Virreinato del Perú que se estableció en 1543

Estatua de Pizarro, Lima

y llegó a ser una de las principales ciudades del imperio español. En Lima se estableció la Universidad de San Marcos, una de las primeras universidades del continente. La extracción de oro y plata y su embarque a Europa fueron las actividades económicas más importantes de la colonia.

En 1739, la creación del Virreinato de Nueva Granada separó de la autoridad de Lima los territorios de lo que después serían Panamá, Colombia y Ecuador. En 1776, el establecimiento del Virreinato del Río de la Plata, con capital en Buenos Aires, disminuyó aún más el territorio gobernado desde Lima. Una gran revuelta indígena en la cual murió el líder Túpac Amaru II, duró de 1780 a 1783, cuando fue suprimida violentamente por las autoridades españolas.

Catedral, Plaza de Armas, Lima

LA INDEPENDENCIA

Tras la invasión francesa de España en 1808, el Perú se mantuvo fiel a la monarquía española. Mientras que en otras regiones del imperio ocurrían rebeliones de líderes criollos contra las autoridades peninsulares, en el Perú los aristócratas criollos permanecieron ajenos al conflicto pues temían más una rebelión de la mayoría indígena.

Después de lograr la liberación de Argentina y Chile, el general José de San

Martín decidió atacar el poder español en el Perú. Tomó Lima en julio de 1821 y regresó a Chile después de entrevistarse con Simón Bolívar en Guayaquil en 1822. Bolívar acababa de liberar el Virreinato de Nueva Granada y tomó la iniciativa contra los españoles. En diciembre de 1822 se proclamó la República del Perú y en 1824 los españoles fueron definitivamente derrotados.

LA JOVEN REPÚBLICA

Los primeros años de vida independiente fueron difíciles para el Perú. No había una figura central que uniera al país. En 1826 el Alto Perú se declaró independiente con el nombre de República de Bolívar (Bolivia). Bolívar, quien había sido nombrado presidente vitalicio renunció al cargo en 1827. Conflictos fronterizos causaron varias guerras con Colombia, Bolivia y Chile.

El Perú logró una cierta estabilidad política durante la presidencia del general Ramón Castilla que tuvo dos períodos: de 1845 a 1851 y de 1855 a 1862. Gozó de una expansión económica debido a la explotación del guano, excremento dejado por los pájaros en las islas de la costa que se usa como fertilizante.

LA GUERRA DEL PACÍFICO

La importancia de los depósitos minerales localizados en el desierto de Atacama provocó conflictos entre Chile y Bolivia. El Perú había firmado un tratado de defensa mutua con Bolivia que Chile interpretó como un acto hostil. Al fracasar las negociaciones, Chile les declaró la guerra al Perú y a Bolivia el 5 de abril de 1879. El ejército chileno rápidamente derrotó a los del Perú y Bolivia y ocupó Lima durante dos años.

Por el Tratado de Ancón de 1883, el Perú le cedió a Chile la provincia de Tarapacá y dejó bajo administración chilena durante diez años las de Tacna y Arica. No fue hasta

1929 cuando este asunto se resolvió con la mediación de EE.UU. Por el Tratado de Tacna-Arica, Chile le devolvió la provincia de Tacna y conservó la de Arica.

LA ÉPOCA CONTEMPORÁNEA

Durante el siglo XX la Alianza Popular Revolucionaria Americana era un factor importante en la política. Con su apoyo, Fernando Belaúnde Terry fue elegido presidente en 1963. Él impulsó reformas sociales, pero un golpe militar en 1968 derrocó al gobierno.

Tras una alternancia de gobiernos elegidos y gobiernos militares desde el siglo XIX, el Perú regresó a la democracia en 1980, pero a finales de los años 80 la crisis económica, el narcotráfico y el terrorismo agobiaban cada vez más al país. Alberto Fujimori, presidente elegido en 1990, disolvió el congreso en 1992 y asumió poderes autoritarios. Aunque ha sido criticado por su estilo de gobernar, durante su presidencia se redujo la tasa inflacionaria y los grupos insurgentes se desintegraron. En 1995 fue reelegido.

Alberto Fujimori

En 1997 un grupo terrorista peruano invadió la embajada japonesa. Una operación militar controversial, aprobada por Fujimori, liberó a más de 70 rehenes, pero ocasionó la muerte de varias personas. En 1999 firmó un tratado con Ecuador que resolvió un desacuerdo histórico sobre su frontera. Aunque fue reelegido en el año 2000, hubo una controversia sobre las elecciones y decidió refugiarse en el extranjero.

La sociedad peruana sigue con los problemas de desempleo y subempleo. Enfrenta el siglo XXI tratando de recobrar la confianza en su desarrollo.

■ ¡A ver si comprendiste!

¿Quién? ¿Qué? ¿Cuándo? ¿Recuerdas los datos más importantes de la lectura? Para asegurarte, contesta estas preguntas.

1. ¿Cuáles son las tres zonas principales del Perú? ¿Qué características tienen?
2. ¿Con qué nombre se conoce la primera gran civilización de la región andina? ¿En qué años floreció?
3. ¿Quiénes construyeron las grandes pirámides que se conocen como Huaca del Sol y Huaca de la Luna?
4. ¿Cuál era la capital del imperio inca? ¿Cuánto tiempo tardaron los incas en establecer su gran imperio?
5. ¿Quién fue el conquistador español que capturó a Atahualpa, el emperador inca? ¿Cómo trataron los españoles al emperador inca?
6. ¿Por qué se conoce a Lima como la "Ciudad de los Reyes"?
7. ¿Por qué no se rebelaron los criollos de Lima contra los españoles como lo hicieron los criollos de otras partes del imperio español en la década de 1810?
8. ¿Qué producto trajo al Perú una expansión económica a mediados del siglo XIX? ¿Para qué se usa este producto?
9. ¿Qué resultados trajo para el Perú la Guerra del Pacífico?
10. ¿Quién ganó las elecciones presidenciales de los años 90 en el Perú? ¿Cuáles son algunas de las medidas que tomó este presidente?

INTERNET
Prueba interactiva
www.mcdougallittell.com

La fortaleza de Sacsahuamán en Cuzco

LECCIÓN 1: PERÚ

Una de las tumbas

*Los arqueólogos
Susana Meneses y
Walter Alva*

*Figurilla de oro
encontrada en una
de las tumbas*

LOS TESOROS DE SIPÁN

Durante casi dos mil años, los Señores de Sipán permanecieron enterrados en el olvido, hasta que *huaqueros* o ladrones de tumbas encontraron una de las tumbas en 1987 y comenzaron a saquearla. Cuando los tesoros empezaron a aparecer en el mercado del arte, el gobierno del Perú tomó medidas decisivas para acabar con este saqueo. Pronto se localizó el sitio arqueológico cerca del pueblo de Sipán y se realizó una excavación cuidadosa de la tumba. Sipán ha sido identificado con la civilización mochica que prosperó en el norte del Perú, entre los años 100 y 600 d.C., siglos antes del establecimiento del imperio inca. El arqueólogo peruano Walter Alva, del Museo Brüning, en Lambayeque, Perú, encontró y excavó en este sitio otra tumba, una de las más ricas que se hayan encontrado jamás en las Américas. Contenía los restos adornados en oro de un gobernador muerto a los treinta y cinco años de edad. Junto a él se había enterrado también a su perro y a varias mujeres y hombres que seguramente eran miembros de su familia o sirvientes suyos. En un cofre junto a su momia había un fabuloso tesoro de sombreros emplumados, ornamentos de oro, una armadura dorada, exóticos caracoles, bellísimos ropajes y gran número de finas armas.

Los mochicas no dejaron documentos escritos, pero se puede reconstruir su organización social por medio de los dibujos que dejaron en sus piezas de cerámica y objetos de metal. Las obras de la civilización mochica dejaron de reproducirse alrededor del 750 d.C., lo cual indica que este pueblo desapareció debido quizás a drásticos cambios climatológicos o rebeliones internas.

LOS TESOROS DE SIPÁN. Si visitaras el Museo Arqueológico Brüning en Lambayeque, Perú, ¿qué diría su director de lo siguiente? Decídelo con un(a) compañero(a).

1. Los Señores de Sipán
2. Los huaqueros
3. Los mochicas
4. El gobernador muerto

Y ahora, ¡a leer!

■ *Anticipando la lectura*

A. Personajes buenos y malos. Los cuentos populares, en particular las leyendas, siempre permiten a unos personajes representar el bien y a otros el mal. Pero parece haber alguna fórmula que determina qué personajes pueden ser buenos y cuáles deben ser malos. ¿Cómo clasificas a los siguientes personajes?

1. una familia rica
2. una princesa
3. un caballo
4. una serpiente
5. un lobo
6. una niña
7. una familia pobre
8. un hombre con barba y bigotes

B. Personajes con otras características. Hay otros personajes que representan otras características muy específicas. ¿Qué característica (a–h) asocias con los siguientes personajes? ¿Te acuerdas de algún cuento o leyenda donde aparecen?

1. el búho

2. el cisne

3. el cuervo

4. el hada madrina

5. el zorro

6. el tío rico

7. el unicornio

8. la madrastra

a. mala suerte
b. poderes mágicos
c. avaricia
d. maldad
e. elegancia
f. gran felicidad
g. inteligencia
h. astucia

C. Vocabulario en contexto. Decide cuál es el significado de las palabras en negrilla a base del contexto de la oración o de otras estrategias que has aprendido para llegar al significado de palabras desconocidas.

1. Un hombre llevaba una carta por un lugar **boscoso** y vio una serpiente debajo de una gran piedra.

    a. lleno de animales   *b.* denso de árboles   *c.* peligroso

2. —No te vayas todavía —le dijo la serpiente—. Te **agradeceré** todavía pues. ¿Con qué retornaré el favor que me has hecho?

    a. daré las gracias   *b.* cobraré   *c.* necesitaré

3. Te lo pagaré pues con un mal, porque cuando a uno le hacen un bien justamente **se paga** con un mal, y un mal se retorna con un bien.

    a. se devuelve   *b.* se ahorra   *c.* se siente

4. Yo le he servido a mi **patrón** durante nueve años. Me mandó a trabajar a todas partes.

    a. primo   *b.* padre   *c.* jefe

5. Yo serví a mi patrón hasta **envejecer.**

    a. hacerme viejo   *b.* hacerme joven   *c.* hacerme guapo

6. Lo **salvé** muchas veces de la muerte cuando fue a las guerras.

    a. llevé   *b.* protegí   *c.* acompañé

7. Y ahora que ya no tengo **fuerzas**, me abandona a este lugar.

    a. dinero   *b.* amigos   *c.* energía

8. —¡A ver! –dijo el juez—. ¿Debajo de qué clase de piedra estaba la serpiente?
    —Una piedra de **este tamaño** —dijo el hombre.

    a. este rancho   *b.* esta dimensión   *c.* este material

Conozcamos la tradición oral quechua

El relato "El hombre y la víbora" fue recogido por el etnógrafo alemán Max Uhle a finales del siglo XIX en el Perú. La versión original le fue comunicada a Uhle en quechua, la lengua indígena hablada en el altiplano peruano. La traducción del quechua al español fue realizada por Edmundo Bendezú y publicada por primera vez en su libro *Literatura quechua* (Caracas, Venezuela: Biblioteca Ayacucho, 1980). Este cuento es una muestra de la rica tradición oral que sobrevive entre el pueblo quechua hasta la época contemporánea. Este cuento no sale de la pluma de un autor específico sino de la memoria colectiva de un pueblo.

LECTURA

El hombre ve a la víbora

El hombre y la víbora

Un hombre llevaba una carreta por un lugar *boscoso* y vio una víbora casi aplastada por una gran piedra. El hombre pasó por ahí y, cuando ya se iba, la víbora lo llamó:

—¡Señor! ¡Señor!

—¿Quién me llama ahí? —preguntó el hombre y siguió su camino. Otra vez lo llamó la víbora; entonces, el hombre regresó mirando a un lado y a otro. En eso la víbora le dijo:

con árboles

INTERNET
Cibertarjetas
www.mcdougallittell.com

—Señor. Hazme un gran favor. Sácame de esta piedra que me va a matar aplastándome.

—¡De ningún modo te sacaría! —le contestó el hombre—. Si te saco, me picarás. Además estoy muy de prisa.

—Así pues sácame por favor —le rogó la víbora—. No te voy a picar.

Entonces el hombre a duras penas quitó la piedra. La víbora se estiró y se encogió y el hombre le dijo:

—Ahora sí, ya debo irme, he retirado ya la piedra que te aplastaba.

El hombre salva a la víbora

LECCIÓN 1:   PERÚ

El hombre y la víbora discuten

—No te vayas todavía —le dijo la víbora—. Te agradeceré
todavía pues. ¿Con qué retornaré el favor que me has hecho? Te lo
pagaré pues con un mal, porque cuando a uno le hacen un bien
justamente se paga con un mal, y a un mal se retorna con un bien.
Así es pues y, por eso, te voy a picar ahora.

—¿Por qué me vas a picar? —le dijo el hombre—. ¿Por el favor
que te hice? Si es así, antes tenemos que pasar por la decisión de
tres jueces. Tienes que ganarme en los tres jueces y entonces me
picarás.

Y así, se fueron donde un juez. Ese juez era un *buey* muy viejo
en figura de hombre.

animal vacuno

—Señor —le dijo el hombre—. Al estar caminando por un
bosque, vi a esta culebra aplastada por una enorme piedra. Ella me
llamó hasta tres veces cuando ya me iba. Regresé y me dijo que le
hiciera el favor de sacarla de
debajo de la piedra. Yo le dije
que de ninguna manera lo haría
porque podía picarme. Ella dijo
que no me picaría. Cuando quité
la piedra se estiró y se puso de
lado. Yo le dije que ya me iba en
ese momento. Y ella me dijo que
me iba a picar por el favor que le
había hecho explicándome que
un bien se devuelve con un mal.
Me quiere pues picar, señor; por
eso, he venido a pedir tu justicia.

Cuando el hombre le dijo todo
eso, el buey le replicó:

—¡Oh! Tú has venido a
quejarte de esas zonceras. Yo le
he servido a mi patrón durante

El primer juez

El juez buey

nueve años. Me mandó a trabajar a todas partes. Y ahora que ya no tengo fuerzas me ha botado a este cerro seco, sin agua y sin *pasto*. Así por desagradecimiento. ¡Y tú me vienes a quejarte de

hierba

zonceras! ¡Que te coma pues la culebra! —le dijo el buey al hombre. Éste se marchó pensando que era un buey muy viejo. La víbora lo detuvo y le dijo:

—¡Vamos a ver! ¿Cómo, no te he ganado acaso? Ahora te voy a picar pues.

—Todavía no puedes picarme —le dijo el hombre— Cuando hayamos pasado por los tres jueces podrás hacerlo.

Se fueron y el hombre se quejó ante un caballo viejo:

—Señor, a esta culebra la libré de que muriera aplastada por una piedra y ahora ya me quiere comer. Señor, ¿está bien que me pague con ese malagradecimiento?

Y el juez le respondió:

—¡Oh! ¿Y de eso vienes a quejarte tú? Si yo te contara lo que he pasado. Yo serví a mi patrón hasta envejecer. Lo salvé muchas veces de la muerte cuando fue a las guerras. Cuando *me alquiló* a otras gentes, me hicieron andar sin

El segundo juez

me arrendó

comer. Yo mantuve a toda su familia cuando me alquilaban. Y ahora que ya no tengo fuerzas, me hace botar a este arroyo seco. Hasta el cóndor ya no me quiere por esa ingratitud. Y tú me vienes con esas zonceras de quejas. ¡Que la culebra te pique, pues!

Y el hombre se fue diciendo que al fin y al cabo era sólo un caballo viejo. Pero la víbora ya se preparaba para devorarlo:

—Ya te gané pues con dos jueces. Ahora sí te he de comer porque ya tengo hambre.

—¿Por qué me vas a comer? —le dijo el hombre—. Si solamente hemos pasado por dos jueces. Todavía tenemos que pasar por el tercero. Cuando hayamos pasado por los tres jueces, entonces me comerás.

El tercer juez

Así se fueron donde otro juez. Entonces el hombre entró en una capilla y allí rezó muy bien para ganarle a la víbora en la última queja. Al partir de nuevo se encontraron con un señor vestido de marrón. El hombre lo saludó con mucha atención y luego le dijo:

—Señor, le voy a pedir un favor. Atiéndame pues una queja. A esta culebra la salvé de la muerte, empujando a duras penas una piedra grande que la aplastaba, porque me lo pidió mucho, y ahora me quiere comer porque, dice ella, yo le hice ese favor.

—Bueno, te aceptaré la queja si me das dos de tus *borregos* —le dijo al hombre el juez, que no era otro sino el zorro.

corderos jóvenes

—¡Cómo no señor! —dijo el hombre—. Te los daré.

—¡A ver! —dijo el juez—. ¿En qué estado la encontraste y con qué clase de piedra estaba aplastada esta culebra?

—Con una piedra de este tamaño —dijo el hombre— estaba aplastada, señor juez.

—¡Oh! —exclamó la víbora—. No era de este tamañito la piedra. Era mucho más grande.

—¡A ver! —dijo el juez—. ¡Machúcala ahora con una piedra grande! ¡Así! Con eso haré justicia luego.

El hombre aplastó a la víbora con una piedra aún más grande que la original. Y el juez zorro sentenció:

—¡Tú! ¡Tal como la encontraste, así la dejarás! —y luego—, ¡Salta! ¡Vete! —le dijo el zorro quien había salvado al hombre.

El juez zorro

■ ¿Comprendiste la lectura?

A. ¿Sí o no? Con un(a) compañero(a), decide si estás de acuerdo o no con los siguientes comentarios. Si no, di por qué no.

1. Al principio del cuento un hombre se encontró con una víbora casi aplastada por un árbol caído.
2. La víbora amenazó picar al hombre si no la ayudaba.
3. El hombre rehusó ayudar a la víbora y siguió su camino.
4. La víbora le dijo al hombre que lo iba a picar porque un bien se paga con un mal.
5. El hombre le propuso a la víbora que tres jueces hicieran la decisión.
6. El primer juez fue un buey que estuvo de acuerdo con el hombre y le prohibió a la culebra que mordiera al hombre.
7. Un caballo viejo que fue el segundo juez, después de quejarse que su patrón lo botó a un arroyo seco, le dijo al hombre: "¡Que la culebra te pique, pues!"
8. El último juez fue un zorro que le pidió al hombre dos borregos antes de escuchar su queja.
9. Al final del cuento, la víbora ganó y picó al hombre.

B. Hablemos de la lectura. En grupos de tres o cuatro, contesten estas preguntas.

1. ¿Cuántas veces llamó la víbora al hombre al comienzo del cuento?
2. ¿Por qué el hombre no quería ayudar a la víbora?
3. ¿Qué le aseguró la culebra al hombre?
4. ¿Cómo iba a recompensar la culebra al hombre por ayudarla?
5. ¿Por qué el buey estuvo de acuerdo con la culebra?
6. ¿Qué le había pasado al segundo juez que era un caballo viejo?
7. ¿A qué lugar entró el hombre antes de buscar al tercer juez? ¿Qué hizo una vez adentro?
8. ¿Cómo salvó al hombre el zorro de la víbora?
9. ¿Cuál es la moraleja de este cuento? Explica.

La víbora

Palabras como clave: *picar*

Para ampliar el vocabulario. De la palabra **picar** se derivan muchas palabras como **picadillo, picadura, picante, picazón.** Con un(a) compañero(a), analiza el significado de la palabra en negrilla de cada oración.

1. La víbora quiere **picar** al hombre en el cuento.
2. Para hacer salsa, es necesario **picar** tomates, cebollas y chiles.
3. Para prepara el **picadillo** hay que **picar** finamente la carne y después guisarla con verduras.
4. Usa este repelente para evitar la **picadura** de mosquitos.
5. ¿Te gusta el **picante** sobre los tacos?
6. No sé qué insecto me dejó una **picazón** en las piernas.

Dramatizaciones

A. Las tumbas reales de Sipán. En preparación para visitar la exhibición "Las tumbas reales de Sipán" que viaja por cinco ciudades de EE.UU., tú y un(a) amigo(a) están tratando de recordar todo lo que ya saben sobre la cultura mochica. Dramaticen su conversación.

B. Interpretación. El cuento "El hombre y la víbora" se presta para varias interpretaciones y moralejas. En grupos de cuatro, preparen un debate sobre las posibles interpretaciones y preséntenselo a la clase.

Los tesoros de Sipán

La papa

La papa es una planta originaria de la región andina donde comenzó a cultivarse hace unos cinco mil años. Su nombre original, *papa,* proviene del quechua y así se le conoce por toda Hispanoamérica.

La primera referencia por escrito a la papa la hace Cieza de León en la *Crónica del Perú,* publicada en Sevilla en 1553. Se sabía que los quechuas en el Perú y Bolivia cultivaban la papa en el altiplano, donde hacía demasiado frío para cultivar maíz o trigo. Ya cosechada, estos indígenas caminaban sobre la papa para sacarle el agua y la ponían al sol a secar. De la papa seca, hacían una especie de harina que llamaban *chuño.* Del chuño hacían pan. Esta manera de preservar la papa sigue usándose hoy día entre los indígenas del Perú y Bolivia.

La papa fue una bendición para los pueblos del centro y norte de Europa donde el rigor del clima y del suelo hizo siempre difícil el cultivo del trigo. Hoy día la papa tiene un papel muy importante en la alimentación de la humanidad. "Actualmente es el arma principal en la guerra contra el hambre", asegura el doctor Richard Sawyer, director del Centro Internacional de la Papa en Lima; "en Asia y África la producción de papas está creciendo más rápidamente que la de cualquier otro alimento". Se calcula que en 1988 el volumen mundial habría sido de 297 millones de toneladas de papas.

Hoy, explorando los más remotos rincones de los Andes, los científicos del Centro Internacional de la Papa han logrado reunir unas cinco mil variedades silvestres y semisilvestres de la especie que, cruzadas con los tipos domesticados, están dando variedades resistentes a virus y enfermedades.

Adaptado de Conocer y saber, *Buenos Aires*

La papa. Con el libro cerrado, descríbele el origen de la papa y algunos de sus usos a tu compañero(a) y escucha mientras te explica la importancia mundial de la papa en el siglo XXI. Pueden ayudarse al hablar, si es necesario.

Cultura en vivo

Los incas: arquitectos e ingenieros por excelencia

Los incas fueron excelentes arquitectos. Lograron construir impresionantes ciudades y caminos en total armonía con la naturaleza que los rodeaba en uno de los terrenos más difíciles, los Andes. Lo hicieron principalmente tallando piedras gigantescas a pesar de que no tenían el uso de la rueda ni existía la maquinaria moderna que facilita ese trabajo hoy día. Es impresionante ver que esas construcciones sobreviven todavía, a pesar de estar en una zona de frecuentes terremotos.

Lo extraordinario de los incas no se limitaba a su arquitectura solamente. También fueron excelentes ingenieros. Las cuatro fotos que siguen son muestras de la sobresaliente arquitectura e ingeniería de los incas. En grupos de tres, decidan cuál fue el uso práctico de lo que ven en cada foto y explíquenselo a la clase. Si no saben, tendrán que adivinar.

Machu Picchu

Sacsahuamán, Cuzco

Machu Picchu

Nazca

LECCIÓN 1: PERÚ

339

Lección 2

Ecuador

Nombre oficial:
República del Ecuador

Extensión:
269.178 km²

Principales ciudades:
Quito (capital), Guayaquil, Cuenca, Portoviejo

Moneda:
Dólar ($)

Gente del Mundo 21

Jorge Icaza (1906–1978), novelista y dramaturgo ecuatoriano, nacido en Quito, es uno de los escritores más reconocidos de su país. Después de trabajar como actor en su juventud se inició como escritor de obras teatrales y novelas. Su obra más conocida es la novela *Huasipungo* (1934) donde describe las condiciones infrahumanas de explotación en que vivían los indígenas ecuatorianos. A partir de 1973, Icaza desempeñó cargos diplomáticos y fue embajador de su país en el Perú y en la Unión Soviética.

Diego Serrano, actor, nació en Quito en 1973. Llegó a Nueva York con su familia a la edad de 10 años. De niño le interesaba ser actor y jugar al fútbol. A partir de ganar un concurso de modelo en "Star Search" a los 17 años, hizo anuncios y videos de música. Cuando trabajó en un video de Gloria Estefan, ella apoyó su interés en ser actor. ¡Sin ese apoyo hubiera ido a Europa a jugar al fútbol como profesional, nos dice el actor! Ha trabajado en los programas de TV "Another World" y "Arli$$", y con Rosie Pérez en la película *24-Hour Woman*.

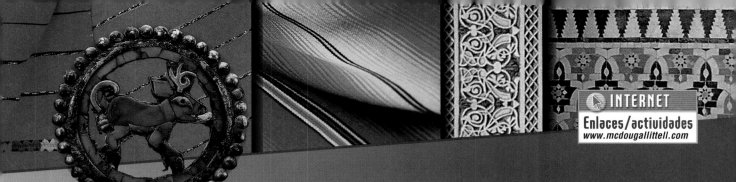

Gilda Holst nació en Guayaquil en 1952. Forma parte de una nueva generación de escritores que prefieren cultivar el cuento. Narraciones suyas fueron incluidas en el libro *Cuatro escritoras,* publicado en Bogotá, Colombia. Su primer libro de cuentos se titula *Salpico de tinta al lector distraído.* Otras obras incluyen *Más sin nombre que nunca* (1989) y *Turba de signos* (1995). Sus cuentos aparecen en *Cuento contigo: antología del cuento ecuatoriano.*

Enrique Tábara, pintor ecuatoriano, nació en Guayaquil en 1930. Fue practicante del "informalismo" a partir de 1955 y durante su permanencia, de varios años, en Barcelona. Esta escuela de pintura moderna usaba únicamente los pigmentos y los materiales básicos de la pintura para comunicar literalmente "sin forma". Ahora prefiere deformar y abstraer a partir de las imágenes naturales. Ha recibido la condecoración Manuel Rendón Seminario, que celebra a este artista, símbolo de Ecuador.

Personalidades del Mundo 21. Prepara dos o tres comentarios que cada una de estas personas harían de sí mismo. Luego léeselos a tu compañero(a) para que adivine la persona que lo diría.

MODELO   *Tú:* **Yo creo que el cuento es la mejor manera de comunicarse con el público. Es corto y directo.**
Compañero(a): **Gilda Holst**

DEL PASADO
al presente

ECUADOR CORAZÓN DE AMÉRICA

"La mitad del mundo", monumento en Ecuador

La línea imaginaria que divide la Tierra en los hemisferios norte y sur le da su nombre a este pequeño país. Dos cadenas paralelas pertenecientes a los Andes dividen el país en tres regiones principales: la costa, la sierra o zona montañosa, y el oriente, perteneciente a la Amazonia. En Ecuador se encuentra el volcán en actividad más alto del mundo, el Cotopaxi, con 5.897 metros de altitud.

El volcán Cotopaxi

ÉPOCA PREHISPÁNICA

Antes de la llegada de los españoles, el territorio ecuatoriano estaba ocupado por diversos pueblos indígenas. En las tierras altas del norte se encontraban los pueblos de lengua chibcha, similares a los que habitaban la región central de lo que ahora

Los colorados

es Colombia, y en las del sur, los pueblos de lengua quichua, parecidos a los quechuas del Perú y Bolivia. Otros grupos indígenas que todavía sobreviven son los colorados y los cayapas, estos últimos en la zona de la costa, y los záparos y los jíbaros, que son particularmente guerreros, en la región oriental.

A mediados del siglo XV, los shiris conquistaron Quito y establecieron un reino que se extendió hacia el sur de la sierra. Aproximadamente en 1480, los incas conquistaron el reino de los shiris y anexaron al imperio inca a los pueblos del norte y sur de Ecuador. Cuando había resistencia fuerte a su dominio, los incas reemplazaban la población aborigen por

Atahualpa

Huáscar

colonos traídos del Perú y Bolivia.

El inca Huayna Cápac, hijo del conquistador Túpac Yupanqui, dividió su imperio antes de su muerte en 1525, entre su hijo Atahualpa, heredero shiri por parte de su madre, y Huáscar, su otro hijo, nacido de una princesa inca. Atahualpa heredó el norte del imperio, cuyo centro principal era Quito, y Huáscar recibió el dominio de Cuzco. Entre ambos medios hermanos se declaró la guerra y Atahualpa acabó por dominar todo el imperio.

ÉPOCA HISPÁNICA

En 1526, llegaron a Ecuador los españoles, dirigidos por Bartolomé Ruiz, que formaba parte de la expedición de Francisco Pizarro. Un capitán de Pizarro, Sebastián de Benalcázar, se apoderó de Quito y continuó su expedición hasta lo que hoy es Colombia. Después de la conquista, el territorio ecuatoriano pasó a ser parte del Virreinato del Perú, creado en 1543. Felipe II estableció, en 1563, la Real Audiencia de Quito, que gozó de bastante autonomía. En 1718, la audiencia fue suprimida—aunque por un período la audiencia fue restablecida—y Ecuador pasó a formar parte del Virreinato de Nueva Granada. En la sierra, los españoles establecieron grandes haciendas trabajadas por peones indígenas. En la costa, donde la población indígena era escasa y el clima muy cálido, se desarrolló una cultura muy diferente de la que existía en la sierra.

PROCESO INDEPENDENTISTA

Entre 1794 y 1812 hubo varias rebeliones independentistas que fueron vencidas por las autoridades españolas. El 9 de octubre de 1820, una revolución militar proclamó la independencia en Guayaquil. Simón Bolívar envió al general Antonio José de Sucre para que ayudara a Guayaquil contra el dominio español. La victoria de Sucre el 24 de mayo de 1822 en Pichincha terminó con el poder español en el territorio ecuatoriano que pasó a ser una provincia de la Gran Colombia. En 1822 tuvo lugar en Guayaquil la famosa reunión entre Simón Bolívar y José de San Martín que resultó en la liberación de toda la región andina. El 13 de mayo de 1830, poco después de la renuncia de Bolívar como presidente de la Gran Colombia, una asamblea de notables proclamó en Quito la independencia y promulgó una constitución de carácter conservador.

ECUADOR INDEPENDIENTE

En el siglo XIX, Ecuador pasó por un largo período de lucha entre liberales y conservadores. La rivalidad entre ambos partidos reflejaba la diferencia entre la sierra y la costa, representadas por las dos principales ciudades, Quito en la sierra y Guayaquil en la costa. Quito era el centro conservador de los grandes hacendados que se beneficiaban del trabajo de los indígenas y

El río Guayas en Guayaquil

plátanos sigue siendo importante, la actividad económica principal está relacionada ahora con el petróleo. Durante los años 70 existió un gobierno militar, pero el país no sufrió mucha violencia. A finales de la década se había introducido elecciones democráticas. En 1992 Sixto Durán Ballén, arquitecto y político nacido en EE.UU. de un padre Consul de Ecuador, fue elegido presidente. Fue el último gobierno estable. Siguió unos gobiernos débiles y en 1998 el país sufrió una crisis económica, debido a los efectos de El Niño, la inflación y la disminución del precio del petróleo. En el año 2000 hubo un golpe de estado, el primero en toda Latinoamérica en una década. Ecuador empieza el siglo XXI con unos retos para el futuro.

se oponían a los cambios sociales. Por otro lado, Guayaquil se convirtió en un puerto cosmopolita, controlado principalmente por comerciantes interesados en la libre empresa e ideas liberales. A finales del siglo XIX, el gobierno fue ejercido por los liberales y durante esta época se construyó el ferrocarril entre Quito y Guayaquil que ayudó a la integración del país.

Después de un período de desarrollo económico que coincidió con la Primera Guerra Mundial, se produjo una fuerte crisis en la década de 1920 que llevó a la intervención del ejército en 1925. Durante estos años de dificultades económicas y violencia política, ocurrió la guerra de 1941 con el Perú, que se apoderó de la mayor parte de la región amazónica de Ecuador. Los desacuerdos sobre este territorio impulsaron unas guerras en 1981 y 1995, pero en 1999 llegaron a un acuerdo los dos gobiernos.

ÉPOCA MÁS RECIENTE

A partir de 1972, cuando se inició la explotación de sus reservas petroleras, Ecuador ha tenido un acelerado desarrollo industrial. Aunque la exportación de

Industria petrolera, Napo, Ecuador

Guayaquil, Ecuador

■ ¡A ver si comprendiste!

¿Quién? ¿Qué? ¿Cuándo? ¿Recuerdas los datos más importantes de la lectura? Para asegurarte, contesta estas preguntas con un(a) compañero(a).

1. ¿Por qué Ecuador se llama así?
2. ¿Cuáles son las características de las tres regiones de Ecuador?
3. ¿Qué lengua hablaban los indígenas que habitaban las tierras altas del norte del actual territorio ecuatoriano?
4. ¿Qué territorio heredó Atahualpa de su padre? ¿y Huáscar?
5. ¿Qué estableció el rey español Felipe II en la ciudad de Quito en 1563? ¿Cuál fue su importancia?
6. ¿Para qué envió Simón Bolívar al general Antonio José de Sucre a Guayaquil? ¿Cuál fue el resultado?
7. ¿Cuál era la ciudad rival de Quito en el siglo XIX? ¿Qué modos de vida reflejaban estas dos ciudades?
8. ¿Cuál fue el resultado de la guerra de 1941 contra el Perú?
9. ¿Qué causó un acelerado desarrollo económico en Ecuador a partir de 1972? ¿Qué efecto tuvo este desarrollo en el país?
10. Nombra tres causas de la crisis económica de 1998.

INTERNET
Prueba interactiva
www.mcdougallittell.com

Quito, Ecuador

Torre de perforación
petrolera

El río Napo

Indígena jíbaro

La zona amazónica: ¿desarrollo o destrucción?

La cuenca del río Amazonas es la más grande de Sudamérica. Venezuela, Colombia, el Perú, Ecuador, Bolivia y Brasil comparten esta vasta región natural llamada Amazonia. Entre 1541 y 1542 el explorador español Francisco de Orellana dirigió una expedición que salió de Quito hacia el oriente en busca de la región de donde se creía que provenía la canela, una especia muy preciada. No cumplió su intención original pero se convirtió en el primer europeo en explorar el gran río desde su origen en la región andina hasta su desembocadura en el Atlántico. Orellana lo nombró "Amazonas" debido a que su expedición fue atacada por una tribu de mujeres guerreras a las que comparó con las legendarias amazonas de la antigüedad.

A lo largo de ríos afluentes como el Napo, los españoles intentaron establecer pueblos aunque sin éxito debido a la oposición de los indígenas locales. La fiebre del oro fue lo que atrajo a muchos inmigrantes a la región. A la fiebre del oro sucedió la del caucho para satisfacer la gran demanda de la industria automovilística. En la actualidad, la migración hacia las tierras del oriente de Ecuador ha llevado consigo una expansión de la agricultura y la ganadería. También se ha iniciado la explotación del petróleo de la zona. Este desarrollo económico ha traído también una destrucción acelerada de los bosques tropicales. Los indígenas también han visto su vida tradicional cada día más amenazada. Uno de los debates internacionales más importantes del momento es: ¿cómo lograr el desarrollo de la Amazonia y al mismo tiempo preservar sus recursos naturales y culturales?

Amazonia. Prepara cuatro o cinco preguntas sobre esta lectura para hacérselas a un(a) compañero(a). Luego contesta las preguntas que te haga a ti.

Y ahora, ¡a leer!

■ Anticipando la lectura

A. Charles Darwin. ¿Cuánto sabes del famoso científico Charles Darwin, considerado por algunos el padre de la biología moderna? Trabaja con un(a) compañero(a). Preparen una lista de todo lo que recuerden de este personaje histórico. Luego, pongan un asterisco (*) al lado de las cosas de su lista que esperan encontrar en esta lectura. Las siguientes preguntas pueden servirles de guía al preparar su lista.

1. ¿Dónde nació Charles Darwin?
2. ¿Adónde viajó?
3. ¿Cómo se llamaba su barco?
4. ¿Cuál fue el propósito de su viaje?
5. ¿Qué descubrió?
6. ¿A qué conclusiones llegó?
7. ¿Cómo llegó a esas conclusiones?
8. ¿Dónde publicó el resultado de su investigación?
9. ¿Cómo se llama su libro más famoso?
10. ¿Crees que Darwin tuvo una vida interesante? Explica tu respuesta.

B. Vocabulario en contexto. Decide cuál es el significado de las palabras en negrilla a base del contexto de la oración o de otras estrategias que has aprendido para llegar al significado de palabras desconocidas.

1. Las islas Galápagos, oficialmente **denominadas** Archipiélago de Colón, también han sido conocidas como las Islas Encantadas.

    a. encontradas por el   *b.* nombradas   *c.* condenadas

2. El navegante inglés Ambrosio Cowley fue el primero en **trazar** mapas de navegación en que aparecen las islas.

    a. dibujar   *b.* cruzar   *c.* comprar

3. Estos reptiles al **alcanzar su madurez** pesan unos 280 kilos y tienen una longevidad que promedia los 250 años.

    a. nacer   *b.* llegar a ser adultos   *c.* morir

4. Se calcula que en **el transcurso de los siglos** se capturaron aproximadamente 100.000 galápagos.

    a. sólo cien años   *b.* los primeros diez años
          c. el paso de los años

5. Los vientos y **las corrientes marinas** transportaron, a lo largo de una docena de millones de años, vegetales y animales que fueron creando las más raras especies.

    a. el flujo del mar   *b.* los barcos militares
          c. los indígenas corriendo

6. En la isla Española predominan los albatros dómines, aves errantes que **sobrepasan los millares** y permanecen ocho meses.

    a. viven miles de años   *b.* suman miles y miles
          c. pesan muchísimo

7. El gobierno ecuatoriano **promulgó** una ley en 1971 que exigía que todas las personas que visitaran este parque nacional fueran acompañadas por un guía competente.

    a. proclamó   *b.* se opuso a   *c.* consideró

8. Actualmente se ofrecen cursos sistemáticos de **capacitación** en la Estación de Investigación Charles Darwin.

    a. protección   *b.* evolución   *c.* instrucción

Conozcamos al autor

Gustavo Vásconez nació en Quito en 1911. Realizó estudios en Inglaterra, Francia y Suiza. Ha mantenido una destacada actividad en la vida pública ecuatoriana. Fue subsecretario de gobierno y embajador de su país en el Vaticano y en Colombia. Ha sido presidente del Ateneo ecuatoriano. Ha publicado cuatro novelas y es un gran conocedor de la historia y la realidad de Ecuador.

LECTURA

Las islas Galápagos: gran zoológico del mundo

por Gustavo Vásconez

Las islas Galápagos, oficialmente denominadas Archipiélago de Colón, también han sido conocidas como las Islas Encantadas por la exótica belleza de sus paisajes y por la extraordinaria riqueza de su *fauna* y su *flora*. Ésta ha constituido un laboratorio viviente para los científicos de todas las épocas.

animales / plantas

Refugio de piratas y balleneros

Las islas fueron descubiertas en 1535 por el obispo español fray Tomás de Berlanga que venía de Castilla del Oro—hoy Panamá. Quedaron abandonadas y olvidadas—excepto por escasas expediciones posteriores— hasta que piratas y bucaneros ingleses las redescubrieron para convertirlas en su refugio y base para sus ataques contra *naves* y puertos españoles en América. El navegante inglés Ambrosio Cowley fue el primero en trazar mapas de navegación en que aparecen las islas, a las que puso nombres de nobles y reyes ingleses.

barcos

Más tarde, entre los siglos XVIII y XIX, los *balleneros* y otros marineros llegaban a las islas por la carne fresca y el excelente aceite que proveían las enormes tortugas terrestres llamadas galápagos. Estos reptiles, al alcanzar su madurez pesan unos 280 kilos, tienen una longevidad que promedia los 250 años y pueden vivir hasta un año sin agua ni *alimento*. Se calcula que en el transcurso de los siglos se capturaron aproximadamente 100.000 galápagos. De las quince variedades distintas que

cazadores de ballenas (enormes mamíferos marinos)

comida

se hallaron en las islas, cuatro desaparecieron. Herman Melville, autor de la famosa novela *Moby Dick,* visitó las islas a su paso en algún barco ballenero durante esta época.

Las islas Galápagos se extienden al norte y sur de la línea ecuatorial, a 600 millas de la República del Ecuador. El archipiélago está compuesto por diecinueve islas que tienen *una superficie* total de 7844 km². Isabel, la más extensa, tiene 4588 km² y Seymur, una de las más pequeñas, tiene sólo 5 km² . Las islas son de origen volcánico y surgieron de erupciones en el océano. Los vientos, las corrientes marinas y otros factores arrastraron, en el transcurso de una docena de millones de años, vegetales y animales que fueron creando las más raras especies. Algunas son únicas en el mundo, con características muy singulares.

un área

Territorio del Ecuador

El 12 de enero de 1832 el primer presidente del Ecuador, el general Juan José Flores, mandó una expedición militar comandada por el coronel Ignacio Hernández a tomar posesión del archipiélago. Desde entonces ha sido un territorio ecuatoriano aunque muchos intentos de colonización fracasaron en el siglo XIX. Aun hoy, la mayoría de las islas siguen despobladas.

Los animales introducidos a la isla por los primeros visitantes como el ganado, *cabras, cerdos,* burros, ratas, perros y otros animales domesticados se han reproducido con relativa facilidad y ahora presentan un peligro para el balance ecológico de las islas.

animales con cuernos enroscados hacia atrás/puercos

Especies animales muy singulares

Los verdaderos señores de las islas son las raras clases de animales que las pueblan como las numerosas *manadas* de leones marinos que se extienden entre las piedras de las orillas. Son animales únicos, aunque conservan algún parecido con los leones marinos de California.

grupos

En la isla Española predominan los albatros dómines, aves errantes que sobrepasan los millares y permanecen ocho meses en la isla. Luego vuelan al sureste y regresan cuatro meses después a poner sus huevos. Son exclusivos del archipiélago y de las trece especies conocidas, la única que habita el trópico. En las islas Galápagos existen muchas especies de pájaros que han desarrollado características especiales para adaptarse al medio ambiente. Por ejemplo,

los pingüinos —únicos en su clase— llegaron de la Antártida a través
de la corriente fría de Humboldt y se han adaptado a vivir en esa zona
tropical.

En la tierra y en el mar abundan las iguanas —también de selección
galapaguense— que llegaron de color amarillo y verde para tornarse
negras en ciertas islas cuando la ley de la supervivencia las obligó a
alimentarse de *algas* y como propia defensa de camuflarse en las rocas
de lava.

plantas acuáticas

Las Galápagos y Charles Darwin

Es probable que estas islas hayan inspirado más que
ningún otro lugar el pensamiento de un joven inglés,
modesto y genial, que es considerado por muchos el
padre de la biología moderna. En octubre de 1835, el
HMS Beagle, buque de investigación
británico, echó ancla en las
Galápagos. Charles Darwin
(1809–1882) venía a bordo como
naturalista del barco. De los 36 días
que el *Beagle* estuvo en las islas,
Darwin bajó a tierra sólo veinte. Pero
fueron suficientes. En 1859, después
de veinte años de reflexión e
investigación cuidadosa, Darwin
publicó *El origen de las especies.*
Esta obra monumental conmovió al
mundo y cambió la visión que la humanidad tenía de sí misma y de los
organismos con los que comparte la Tierra. Fundamentaba su teoría de
la evolución de las especies en los cambios experimentados por
animales y plantas al adaptarse al ambiente en el cual fueron
desarrollándose.

Para conmemorar *el centenario* de la publicación de *El origen de las*
especies, el gobierno del Ecuador, en conjunción con un *consorcio*
multinacional de organizaciones científicas y de conservación,
estableció el Parque Nacional de las Islas Galápagos. La Estación de
Investigación Charles Darwin se fundó también en 1959. Con gran
previsión, el gobierno ecuatoriano promulgó una ley en 1971 que
exigía que todas las personas que visitaran este parque nacional fueran
acompañadas por un guía *capacitado*. Actualmente se ofrecen cursos
sistemáticos de *capacitación* en la Estación de Investigación Charles
Darwin, cuya meta principal es la preservación y estudio de uno de los
lugares más encantados del mundo para beneficio de toda la
humanidad.

los cien años

grupo

competente
instrucción

Adaptado de "Las islas Galápagos",
publicado en Maravilloso Ecuador

■ ¿Comprendiste la lectura?

A. **¿Sí o no?** Con un(a) compañero(a), decide si estás de acuerdo o no con los siguientes comentarios. Si no, di por qué no.

1. El nombre oficial de las islas Galápagos es Archipiélago de Colón.
2. Las islas nunca fueron descubiertas por los españoles.
3. Las islas sirvieron de base a piratas y bucaneros ingleses.
4. Los balleneros que visitaron las islas entre los siglos XVIII y XIX en ninguna manera afectaron la fauna de las islas.
5. Las tortugas terrestres llamadas galápagos tienen un promedio de vida de 250 años.
6. Herman Melville, el autor de la famosa novela *Moby Dick,* visitó las islas Galápagos.
7. Las islas Galápagos se convirtieron en una colonia inglesa en 1832.
8. Los animales traídos por los primeros visitantes ahora son un problema para el balance ecológico de las islas.
9. Charles Darwin, el naturalista inglés, vivió en las islas Galápagos más de un año.
10. El gobierno de Ecuador estableció el Parque Nacional de las Islas Galápagos en 1992.

B. **Hablemos de la lectura.** Contesten estas preguntas en grupos.

1. ¿Por qué se conocen las islas Galápagos también como las Islas Encantadas?
2. ¿Quién las descubrió? ¿En qué año?
3. ¿Para qué utilizaban los piratas ingleses las islas Galápagos?
4. ¿Por qué capturaban los balleneros y otros marinos a las tortugas llamadas galápagos?
5. ¿Cómo llegaron las plantas y los animales a las islas Galápagos?
6. ¿Por qué muchas iguanas cambiaron de color?
7. ¿Quién fue Charles Darwin? ¿Por qué es famoso?
8. ¿Cómo fundamentaba su teoría de la evolución de las especies?
9. ¿Qué piensas que observó Darwin en su visita a las islas Galápagos? ¿Qué importancia tuvo esto en el desarrollo de su pensamiento?
10. ¿En qué consistió la ley que el gobierno ecuatoriano promulgó en 1971 respecto al Parque Nacional de las Islas Galápagos?

Palabras como clave: *isla*

Para ampliar el vocabulario. De la palabra **isla** se derivan muchas palabras añadiendo sufijos, como **isleño, isleta** e **islote**. También usando el prefijo **a-** se derivan palabras como **aislar** y **aislamiento**. Con un(a) compañero(a), analiza el significado de la palabra en negrilla de cada oración.

1. En las Galápagos existen pocos **isleños**.
2. La **isleta** llamada Seymur sólo tiene 5 km^2.
3. Los aztecas fundaron su capital Tenochtitlán sobre un **islote** en el lago de Texcoco en 1325.
4. ¿Es necesario **aislar** a los enfermos de tuberculosis?
5. Muchas personas en las grandes ciudades viven en un **aislamiento** psicológico.

Dramatizaciones

A. Atahualpa y Huáscar. Tú haces el papel del joven Atahualpa y dos compañeros van a hacer los papeles del medio hermano Huáscar, y el padre de ambos Huayna Cápac. Dramaticen el momento en el cual el padre les dice a sus dos hijos que va a dividir el imperio y les especifica qué recibirá cada uno. Incluyan la reacción de los dos hijos frente a su padre y la conversación que ellos tuvieron después de la audiencia con él.

B. Un laboratorio viviente. Es el año 1835 y tú eres el joven Charles Darwin que acaba de regresar a Inglaterra después de un viaje que duró un mes en las islas Galápagos. Has desarrollado una nueva teoría con respecto al origen del hombre. ¿Cómo reaccionan tus colegas científicos cuando les hablas de tu teoría? Dramatiza la situación con dos o tres compañeros.

Quito: tesoro colonial

Capital de la República del Ecuador y de la provincia de Pichincha, la ciudad de San Francisco de Quito está situada a 2.850 metros de altitud, y al sur de la línea ecuatorial. El nombre de Quito se deriva de los indígenas quitus que estaban establecidos en la región. La ciudad colonial fue fundada en 1534 y se convirtió en un importante centro artístico y una de las más hermosas ciudades del imperio español. La ciudad de Quito está situada en un estrecho valle de inigualable belleza natural. El nevado Pichincha sirve de marco a las torres de iglesias y monasterios de una ciudad que ha sabido preservar el carácter del pasado colonial a pesar de también incluir modernos edificios como el nuevo palacio legislativo.

El monumental convento de San Francisco —comenzado en 1538 por fray Jodoco Ricke, primo del emperador Carlos V— es el primer gran edificio religioso que se construyó en Sudamérica y se le conoce como El Escorial del Nuevo Mundo. Entre sus más preciados tesoros están las expresivas estatuas de santos esculpidas por Manuel Chili, un artista indígena conocido por su nombre quichua de Caspirara. La iglesia de la Compañía de Jesús, con su interior revestido de hojas de oro, es una de las mayores obras del barroco hispanoamericano y da testimonio del influjo social que ejercían los jesuitas en el siglo XVII. Para el visitante de nuestros días, el pasado se refleja en el arte y la arquitectura sin paralelo que sobreviven en abundancia. Quito es quizás la ciudad más histórica de Sudamérica y en realidad funciona como un gigantesco museo al aire libre.

Tesoro colonial. Con el libro cerrado, descríbele el Quito colonial a un(a) compañero(a). Luego escucha mientras te describe el convento de San Francisco. Pueden ayudarse al hacer sus descripciones, si es necesario.

Convento de San Francisco

Interior de la iglesia de la Compañía de Jesús

Vocabulario personal

Leyendas. En el folklore de cualquier país hay leyendas con moralejas o lecciones basadas en la relación de los humanos con los animales, o a veces, entre personas. En la sección que sigue, vas a escribir una leyenda original con una moraleja que tú escojas. Prepárate para esa tarea sacando listas de ocho a diez palabras que podrías usar para describir las acciones 1) de un animal, 2) de un hombre y 3) otras palabras y expresiones útiles. Vuelve a la lectura de "El hombre y la víbora" y de "Las islas Galápagos: gran zoológico del mundo" para encontrar nuevas palabras apropiadas.

Acciones de animales

1. picar
2. estirar
3. tener una longevidad
4. . . .
5. . . .
6. . . .
7. . . .
8. . . .

Acciones de humanos

1. retirar
2. machucar
3. quejarse
4. . . .
5. . . .
6. . . .
7. . . .
8. . . .

Otras palabras y expresiones útiles

1. zonceras
2. al fin y al cabo
3. . . .
4. . . .
5. . . .
6. . . .
7. . . .
8. . . .

Escribamos ahora

A. A generar ideas: las moralejas

1. **La moraleja del cuento.** Tal vez te haga pensar el cuento de "El hombre y la víbora" en uno similar donde la serpiente sí muerde al hombre que la rescata diciéndole:

   —¿Por qué te sorprende que te muerda? Ya sabías que yo era serpiente.

   a. ¿Cuál sería entonces la moraleja o lección que deberíamos aprender en esta versión del cuento?
   b. ¿Cuál sería la moraleja de "El hombre y la víbora"?
   c. ¿En qué se parecen las dos moralejas?
   d. ¿Hay algo en los dos cuentos que sugiera cómo deben tratarse los seres humanos?
   e. ¿Puedes pensar en otros cuentos, dichos o leyendas que tengan la misma moraleja?
   f. ¿Puedes pensar en algunos cuentos o leyendas que sugieran todo lo opuesto?

2. **Leyendas.** Ahora vas a crear tu propia leyenda similar a la que acabas de leer. Primero tienes que escoger una moraleja apropiada, como: "No (o Sí) se puede cambiar la naturaleza del hombre o del animal". Luego piensa en algunas confrontaciones posibles entre un ser humano y un animal que ilustren tu moraleja. Tal vez quieras usar un formulario como el siguiente.

Moraleja 1: Debes ayudar a las personas necesitadas.	
Confrontación	**Resultado**
Persona/pájaro en el jardín	Pájaro se come todas las semillas

Moraleja 2: Si quieres tener amigos, debes ayudar a los que necesiten ayuda.	
Confrontación	**Resultado**
Persona/perro lastimado	Perro fiel a la persona

3. **Antes de escribir.** Ahora selecciona una de las moralejas que indicaste en la sección anterior y prepárate para escribir una nueva leyenda. Antes de empezar, piensa un poco acerca de las circunstancias de la confrontación.

   a. ¿Quiénes serán los personajes principales?
   b. ¿Dónde ocurrirá la acción?
   c. ¿Cuál será el problema de la confrontación?
   d. ¿Cómo reaccionará cada personaje?
   e. ¿Qué espera cada personaje de los otros?

B. El primer borrador

1. **¡A organizar!** Escribe ahora un primer borrador de tu leyenda, usando la información que recogiste en la sección anterior. No olvides la moraleja al desarrollar el diálogo y circunstancias entre tus personajes.

2. **¡A escribir!** En "El hombre y la víbora", la víbora y los otros animales tienen un talento que no es común en los animales. ¿Cuál es? En el folklore, es muy común que todos los animales tengan este talento. Sin duda, los animales en tu leyenda necesitarán esta habilidad para poder expresar sus deseos, preocupaciones y reacciones. Al escribir, también ten presente la técnica de la repetición. Esta técnica es muy común en los cuentos con moralejas porque permite al cuentista insistir en el punto clave. ¿Cuántas veces se repite la situación entre el hombre y la serpiente? Tal vez tú quieras usar la misma técnica en tu cuento.

Bolivia

Gente del Mundo 21

Nombre oficial:
República de Bolivia

Extensión:
1.098.581km²

Principales ciudades:
La Paz (administrativa), Sucre (judicial), Santa Cruz, Cochabamba

Moneda:
Boliviano ($b)

Eduardo "Pato" Hoffmann, actor boliviano de descendencia española, alemana, quechua y aymara, nació en La Paz en 1956. Su familia se mudó a Nueva York cuando él tenía cuatro años. Ha vivido en Los Ángeles, San Francisco, la Ciudad de México y Lima, Perú. Actúa en obras de teatro, programas de televisión como *Dr. Quinn, Medicine Woman* y películas como *Gerónimo*. Es bilingüe en español e inglés; además, ha hecho papeles en lenguas indígenas como sioux y quechua. Cuando no actúa, trabaja para mejorar las condiciones de los indígenas de las Américas y ha sido nombrado la celebridad del año por la Exposición Indígena Americana.

Jaime Paz Zamora nació en 1939. Fundó el Movimiento de Izquierda Revolucionaria como partido de oposición. Fue encarcelado, luego exiliado y regresó en 1978. En 1989 accedió a la presidencia y permaneció hasta 1994. Durante su gobierno aplicó una política de liberación económica. En 1997 llegó a ser vicepresidente de la UNESCO. Inició y llevó a cabo la creación de un diccionario multilingüe de términos de salud pública, agronomía y biodiversidad. Incluyó los cinco idiomas más comunes de Sudamérica: español, portugués, quechua, aymará y guaraní.

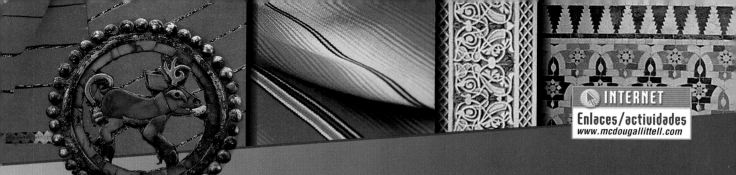

María Luisa Pacheco (1919–1982), pintora boliviana, nació en La Paz. Realizó sus primeros estudios de pintura en 1938, en la Escuela de Bellas Artes de su ciudad natal. En 1951 con una beca del gobierno viajó a España a continuar sus estudios. Fue aprendiz del cubista español Daniel Vásquez Díaz. Vivió muchos años en Nueva York donde fue becaria de la fundación Guggenheim en tres ocasiones. Muchos de sus cuadros, más que representaciones de la realidad boliviana, son verdaderas interpretaciones personales de su tierra natal donde los colores funcionan para reconstruir memorias.

Alcides Arguedas (1879–1946), escritor boliviano, nació en La Paz y se educó originalmente en Bolivia y más tarde en Francia. Después de graduarse en derecho en 1903, representó a Bolivia como diplomático. Su libro *Pueblo enfermo* (1909) es un importante tratado sociológico, aunque incluye afirmaciones controvertidas sobre la inferioridad psíquica del cholo o mestizo. Su *Raza de bronce* (1919) es considerada una de las mejores novelas indigenistas. Arguedas también ensayó la novela de la ciudad con *Vida criolla* (1905), aunque sin mucho éxito. Arguedas dejó instrucciones que sus memorias no se publicaran sino cincuenta años después de su muerte.

Personalidades del **Mundo 21.** Prepara dos o tres preguntas sobre cada una de estas personas. Hazle las preguntas a un(a) compañero(a).

DEL PASADO al presente

BOLIVIA DESDE LAS ALTURAS DE AMÉRICA

El sistema montañoso de los Andes alcanza en Bolivia la altitud media más elevada (3.000 metros) y la máxima anchura (400 kilómetros) de oeste a este. En Bolivia se encuentra la capital nacional más elevada del mundo, La Paz, y el lago navegable también más alto del mundo, el lago Titicaca. Sin salida al mar desde finales del siglo XIX, el país forma lo que puede considerarse como el "techo de América". En el altiplano central se concentra la mayor parte de la población boliviana mientras que las grandes llanuras orientales están escasamente pobladas.

Los aymaras

La Paz

Las ruinas de Tiahuanaco

Puerta del Sol, Tiahuanaco

PERÍODO PREHISPÁNICO

Varios siglos antes de la conquista española, el altiplano boliviano estaba ya densamente poblado. Fue desde el siglo VII centro de la cultura de Tiahuanaco, primer imperio andino que dominó las mesetas y costas del Perú. Se cree que los habitantes de Tiahuanaco fueron los collas, que ahora llamamos aymaras. Las ruinas de Tiahuanaco se hallan a dieciséis kilómetros al sur de las orillas del lago Titicaca. Ahí se encuentra el famoso monumento conocido como Puerta del Sol, un monolito de tres metros de altura y cuatro de ancho que refleja la importancia religiosa del lugar.

Hacia el siglo XI, varios estados regionales reemplazaron a esta gran cultura. En el siglo XV, los reinos aymaras fueron conquistados por los incas y pasaron a integrar una de las cuatro provincias del imperio inca: el Collasuyo. Como parte de la política imperial, se establecieron colonos quechuas en su territorio. Desde entonces, el aymara y el quechua han sido las dos principales lenguas indígenas de Bolivia.

CONQUISTA Y COLONIA

En 1535 Diego de Almagro, el socio de Francisco Pizarro en la conquista del imperio inca, entró al territorio boliviano. Tres años más tarde, Pedro Ansúrez fundó la ciudad de

Chuquisaca hoy conocida como Sucre. En 1545 se descubrieron los grandes depósitos de plata en el cerro de Potosí, al pie del cual, el siguiente año, se fundó la ciudad del mismo nombre. Potosí llegaría a rivalizar con Lima gracias a la gran riqueza minera. A mediados del siglo XVII era la mayor ciudad de América.

Se fundaron otras ciudades en las zonas mineras: La Paz (1548) y Cochabamba (1570). En 1559 se creó la

Potosí

Centro colonial de La Paz

Audiencia de Charcas bajo el Virreinato del Perú. Las minas de plata de Charcas o el Alto Perú, nombre dado por los españoles a la región que ahora llamamos Bolivia, fueron el principal tesoro de los españoles durante la colonia, pero para los indígenas de la región andina estas mismas minas eran lugares donde se les explotaba inhumanamente bajo el sistema de trabajo forzado llamado "mita", que también se aplicaba a la agricultura y al comercio.

LA INDEPENDENCIA Y EL SIGLO XIX

En 1809 hubo rebeliones en contra de las autoridades españolas en las ciudades de Chuquisaca y La Paz que fueron rápidamente derrotadas por tropas enviadas por los virreyes del Río de la Plata y del Perú. El Alto Perú fue la última región importante que se liberó del dominio español. La independencia se declaró el 6 de agosto de 1825 y se eligió el nombre de República Bolívar, en honor de Simón Bolívar, aunque después prevaleció el de Bolivia. El general Antonio José de Sucre, vencedor de los

Antonio José de Sucre

Sucre

españoles en la decisiva batalla de Ayacucho (1824), ocupó la presidencia de 1826 a 1828. La ciudad de Chuquisaca cambió su nombre a Sucre en 1839 en honor de este héroe de la independencia, quien murió asesinado en 1830.

La independencia trajo pocos beneficios para la mayoría de los habitantes de Bolivia. El control del país pasó de una minoría española a una minoría criolla, muchas veces en conflicto entre sí por intereses personales. A finales del siglo XIX, las ciudades de Sucre y La Paz se disputaron la sede de la capital de la nación. Ante la amenaza de una guerra civil, se optó por una solución de compromiso. La sede del gobierno y el poder legislativo se trasladaron a La Paz, mientras que la capitalidad oficial y el Tribunal Supremo permanecieron en Sucre.

GUERRAS TERRITORIALES

Durante su vida independiente, Bolivia perdió una cuarta parte de su territorio original a través de disputas fronterizas con países vecinos. Como resultado de la Guerra del Pacífico (1879–1883), Bolivia tuvo que cederle a Chile la provincia de Atacama, rica en nitratos y su única salida al Pacífico. Para compensar la pérdida, Chile construyó un ferrocarril de La Paz al puerto chileno de Arica. Cuando Argentina se anexó una parte de la región del Chaco, también construyó un ferrocarril que comunicaba a los dos países. Coincidiendo con el auge del caucho, Bolivia le otorgó a Brasil en 1903 la rica

Pérdida de territorios
- ◻ Chile
- ◻ Argentina
- ◼ Paraguay
- ◻ Brasil

Bolivia

Océano Pacífico

región amazónica de Acre. La Guerra del Chaco con Paraguay (1933–1935) provocó enormes pérdidas humanas y territoriales para Bolivia.

DE LA REVOLUCIÓN DE 1952 AL PRESENTE

La derrota del ejército boliviano en la Guerra del Chaco causó un profundo malestar y descontento que llevó a la creación de nuevos partidos en la década de 1940. En abril de 1952 se inició la llamada Revolución Nacional Boliviana bajo la dirección del Movimiento Nacionalista Revolucionario. Víctor Paz Estenssoro, líder del MNR, gobernó de 1952 a 1956. Impulsó una reforma agraria que benefició a los campesinos indígenas, nacionalizó las empresas mineras y abrió las puertas para el avance social de los mestizos.

En 1956 ascendió a la presidencia Hernán Siles Zuazo, quien llevó a cabo una política de estabilización económica. Siles Zuazo fue presidente en dos ocasiones: 1956-1960 y

1982-1984. Paz Estenssoro fue presidente en tres ocasiones: 1952-1956, 1960-1964 y 1985-1989. Ambos eran las figuras políticas más importantes de Bolivia de la segunda mitad del siglo XX.

Hernán Siles Zuazo y Víctor Paz Estenssoro

Jaime Paz Zamora, sobrino de Paz Estenssoro, fue elegido presidente en 1989. Desde entonces se ha mantenido la estabilidad política con las elecciones de Gonzalo Sánchez de Lozada en 1993 y Hugo Bánzer en 1997. Se han apoyado los mercados libres y las luchas contra el narcotráfico y el analfabetismo. En las últimas décadas la población ha logrado un mayor desarrollo, y aunque Bolivia es uno de los países más pobres de las Américas, su economía ha ido mejorando desde 1985. En Bolivia se ha fortalecido la democracia, lo cual ofrece un futuro más prometedor, pese a las graves injusticias del pasado.

■ ¡A ver si comprendiste!

¿Quién? ¿Qué? ¿Cuándo? ¿Recuerdas los datos más importantes de la lectura? Para asegurarte, contesta estas preguntas con un(a) compañero(a).

1. ¿Cuál es la altitud media de Bolivia?
2. ¿En qué región se concentra la mayoría de la población boliviana?
3. ¿Qué es Tiahuanaco? ¿Dónde está situado? ¿Cuál fue su importancia?
4. ¿Cómo se llaman los indígenas que habitan las orillas del lago Titicaca?
5. ¿Qué se descubrió en el cerro de Potosí en 1545? ¿Cuál fue el resultado de este hallazgo?
6. ¿Qué nombres tuvo Bolivia durante la colonia española?
7. ¿Quién fue Antonio José de Sucre? ¿Cuál es su importancia?
8. ¿Por qué Bolivia tiene actualmente dos capitales?
9. ¿Qué territorios perdió Bolivia en conflictos fronterizos con los países vecinos?
10. ¿Cuáles son algunos de los efectos de la Revolución de 1952?
11. Durante los años 1990, ¿en qué asuntos se concentraba el gobierno?

INTERNET
Prueba interactiva
www.mcdougallittell.com

La música andina

Los pueblos de las mesetas andinas comparten una tradición cultural que además de Bolivia incluye Ecuador, el Perú, el norte de Chile y de Argentina. Existe un folklore andino que incluye los usos, las costumbres, la vestimenta, la tradición oral, la danza y la música. Aunque la realidad que representa el folklore es muy antigua, es un campo de estudio relativamente reciente. La música folklórica es anónima, oralmente transmitida de abuelos a padres y de éstos a sus hijos como patrimonio familiar.

El folklore musical de los pueblos andinos es sumamente rico. Existe una gran variedad de instrumentos de viento hechos de cañas como las quenas y los sicus o flautas indígenas. Estos instrumentos parecen imitar el sonido del viento en lo alto de los Andes. Los instrumentos de percusión incluyen los bombos, las cajas y los tambores. Un instrumento mestizo muy utilizado por conjuntos andinos es el charango, una especie de pequeña guitarra hecha de la concha de un armadillo o de madera.

Existe una revitalización de la música andina fomentada por grupos con proyección internacional como el grupo chileno Inti-Illimani e intérpretes populares como el argentino Atahualpa Yupanqui (Héctor Roberto Chavero, 1908–1992). Una composición musical que ejemplifica la melodía andina llena de melancolía fue hecha popular en 1970 en EE.UU. por los cantantes Simon y Garfunkel bajo el título "El cóndor pasa".

La música andina. Con el libro cerrado, dile a tu compañero(a) todo lo que recuerdes del folklore andino en general y escucha mientras te dice lo que recuerda de la música andina en particular.

Luz, cámara, acción

Antes de empezar el video

A. **¡Bodas!** En Estados Unidos, tanto como en cualquier otro país, las bodas son tradiciones rituales que tienen que ver con el novio, la novia, los padres de los novios y que siguen ciertos ritos legales, religiosos y no tan religiosos. Trabajando en parejas, preparen una lista de tradiciones comunes en las bodas que ustedes han observado.

B. **Una boda aymara.** Con tu compañero(a), revisa la lista que prepararon en la actividad anterior y decide cuáles de las actividades en su lista ocurrirían en una boda aymara. Pongan un asterisco al lado de esas actividades.

*L*os aymaras

En las altas montañas de Sudamérica surgió una de las culturas más antiguas del continente: los aymaras. Los arqueólogos generalmente indican que los aymaras aparecieron como un grupo distinto alrededor de 1100 d.C. y que son descendientes de la gran cultura centrada en la ciudad de Tiahuanaco al sur del lago Titicaca. La cultura de Tiahuanaco se desarrolló por casi dos mil años hasta cerca de 1200 d.C., fecha en que desapareció. Muchos de los avances de la civilización inca posterior se basan en la cultura de Tiahuanaco.

Los aymaras constituyen aproximadamente el 25 por ciento de la población actual de Bolivia. Han mantenido su lengua y su cultura a pesar de la imposición cultural que han sufrido desde la conquista española. Han podido hacer esto gracias a la continuidad del ayllu o comunidad que practica una agricultura colectiva y a la aplicación cotidiana de sus creencias, costumbres e idiosincracias. Por ejemplo, en este video vas a ver como siguen construyendo balsas, con el junco que crece a orillas del lago Titicaca, tal como lo hicieron sus antepasados hace más de dos mil años. Verás también otra de las tradiciones que siguen vivas, el ritual del matrimonio.

■ ¡A ver si comprendiste!

¿Quién? ¿Qué? ¿Cuándo? ¿Recuerdas los datos más importantes de la lectura? Para asegurarte, contesta estas preguntas con un(a) compañero(a).

1. ¿Dónde surgió la antigua cultura aymará?
2. ¿Por qué es importante Tiahuanaco?
3. ¿Qué porcentaje de la población de Bolivia constituyen los aymaras actualmente?
4. ¿Cómo han podido mantener los aymaras su lengua y su cultura desde la conquista española?

Y ahora, ¡veámoslo!

En este video visitarán la región de los Andes donde está localizado el lago Titicaca y donde han vivido los aymaras y sus antepasados por miles de años. Verán cómo los aymaras han mantenido sus antiguas tradiciones y asistirán a la celebración de una boda aymara.

El video: A orillas del lago Titicaca con los aymaras

Los aymaras

La boda

■ *A ver cuánto comprendiste. . .*

A. Dime si entendiste. Después de ver el video, contesta estas preguntas.

1. ¿Qué material usan los aymaras para construir sus balsas en el lago Titicaca?
2. ¿Cuáles son las actividades económicas más importantes de las comunidades aymaras?
3. ¿Qué animal tiene las condiciones necesarias para vivir en el altiplano andino? ¿Qué hacen los aymaras con su lana?
4. ¿Qué representan los muñecos que llevan los amigos a la celebración de la boda?
5. ¿Qué creencia aymara encarna una pareja de recién casados?

B. ¿Y qué dices tú? Contesten estas preguntas en grupos de tres o cuatro. Luego díganle a la clase cómo contestaron cada pregunta.

1. ¿Qué piensas de la manera como los aymaras hacen sus balsas tradicionales?
2. ¿Por qué crees que una de las civilizaciones más antiguas del continente americano surgió precisamente a orillas del lago Titicaca?
3. ¿Qué papel tiene la música andina en los rituales y festivales aymaras? ¿Reconoces algunos de los instrumentos que aparecen en el video?
4. ¿Por qué crees que participa toda la comunidad en la construcción de la nueva casa para los recién casados?
5. Según tú, ¿qué es lo más importante en una boda? ¿Crees que esta boda incluyó eso?

PASAPORTE *cultural*

Sopa de letras. Tu profesor(a) les va a dar a ti y a un(a) compañero(a) una sopa de letras con todas las claves y un mensaje misterioso. Busquen los nombres de personas y cosas mencionadas en las claves y táchenlas de la sopa de letras. Luego, para identificar el mensaje misterioso, escriban las letras que sobran en el orden en que aparecen.

Escribamos ahora

A. Primera revisión

Intercambia el primer borrador de tu leyenda con el de un(a) compañero(a) y lee su leyenda cuidadosamente. Empieza por decirle a tu compañero(a) lo que más te gusta de su cuento—los personajes, la moraleja, un incidente en particular, su creatividad, etc. Sugiérele cambios o adiciones que puede hacer para mejorar su leyenda. ¿Queda clara la moraleja? ¿Es lógica la secuencia? ¿Son naturales las reacciones de los personajes? ¿Es comprensible el lenguaje? ¿Hay algunos cambios que quieres sugerir?

B. Segundo borrador

Corrige tu redacción tomando en cuenta las sugerencias de tu compañero(a) y las que se te ocurran a ti.

C. Segunda revisión

Para ayudarte enfocar en el uso del subjuntivo y de los tiempos compuestos, haz las siguientes actividades con un(a) compañero(a).

1. Completa el siguiente párrafo con la forma correcta del imperfecto de subjuntivo o del pretérito, imperfecto o condicional del indicativo.

   En "El hombre y la víbora", un hombre se encontró con una víbora que (hablar). La víbora le pidió que la (sacar) de debajo de una piedra donde estaba aplastada. Él contestó que temía que si le (ayudar), la víbora lo mordería. La serpiente le aseguró que no lo (picar). Entonces el hombre quitó la piedra para que la víbora (poder) salir. Cuando ésta se vio libre, le dijo al hombre que lo (ir) a picar. El hombre la convenció que (esperar) hasta que ellos (poder) hablar con tres jueces.

2. Completa los siguientes párrafos con la forma correcta de los verbos en paréntesis en presente perfecto o pasado perfecto.

La historia de los balleneros y otros marineros que llegaron a las islas Galápagos en los siglos XVIII y XIX es muy interesante. Ellos (encontrar) que las islas eran una buena fuente de alimentos necesarios. (Descubrir) que las enormes tortugas terrestres llamadas galápagos les proveían no sólo de deliciosa carne fresca sino también de un excelente aceite.

Estudios hechos en el siglo XX (indicar) que esos reptiles (alcanzar) 300 kilos en su madurez y que (vivir) casi 300 años. También se (descubrir) que pueden vivir hasta un año sin alimentación. Se calcula que más de 100.000 galápagos (ser) capturados desde los tiempos de los balleneros. Cuatro de las quince variedades que se encontraban en las islas (desaparecer) por completo.

Ahora lee tu leyenda una vez más fijándote en el uso del subjuntivo y de los tiempos compuestos. Tal vez quieras pedirle a un(a) compañero(a) que te la revise también. Haz todas las correcciones necesarias, prestando especial atención no sólo al uso del subjuntivo y los tiempos compuestos, sino también a los verbos en pasado y presente y a la concordancia.

D. Versión final

Considera las correcciones del uso del subjuntivo y los tiempos compuestos y otras que tus compañeros te hayan indicado y revisa tu leyenda por última vez. Como tarea, prepara la copia final en la computadora. Antes de entregarla, dale un último vistazo a la acentuación, a la puntuación y a la concordancia.

E. Publicación

Cuando tu profesor(a) te devuelva la redacción, prepara una versión ilustrada de tu leyenda. Puedes ilustrarla con tus propios dibujos o con ilustraciones recortadas de revistas, tiras cómicas, periódicos, etc. El número de ilustraciones depende de tu talento como artista.

INTERNET
Taller de escritura
www.mcdougallittell.com

LECCIÓN 3: BOLIVIA

Unidad 8

Argentina, Uruguay, Paraguay y Chile: aspiraciones y contrastes

El Obelisco en la Avenida 9 de Julio, símbolo de la ciudad, Buenos Aires; los Andes en la Patagonia, Argentina

Panorama de Asunción, capital de Paraguay

Balneario de Punta del Este, Uruguay

Pueblo de Puerto Varas, Chile, con el lago Llanquihue y el volcán Osorno en el fondo

▶ ENFOQUE

En el río de la Plata desembocan los ríos que marcan la historia y los límites de Argentina, Uruguay y Paraguay. Estos tres países comparten una historia común que incluye haber sido parte del Virreinato del Río de la Plata creado en 1776. Argentina y Uruguay son países que además recibieron una gran inmigración europea a finales del siglo XIX y a principios del XX. Por su parte, Paraguay es una nación bilingüe donde sigue viva la lengua guaraní. La cordillera de los Andes separa a Chile del continente y conforma su geografía alargada. Un dinámico crecimiento económico ha revitalizado a esta nación que ha vuelto a encontrar su tradición democrática.

Argentina y Uruguay

Nombre oficial:
República Argentina

Extensión:
2.776.654 km²

Principales ciudades:
*Buenos Aires (capital),
Córdoba, Rosario,
La Plata*

Moneda:
Peso ($)

Gente del Mundo 21

Jorge Luis Borges (1899–1986), escritor argentino, nació en Buenos Aires y en 1914 se trasladó a Ginebra, Suiza. Allá estudió el bachillerato y aprendió francés y alemán; desde pequeño dominaba el inglés. Viajó por España y otros países europeos asociándose con un movimiento que proponía una forma experimental de escribir. De vuelta a Buenos Aires en 1921, trabajó de bibliotecario y fundó revistas literarias. Publicó varios libros de poesía y de ensayos literarios a partir de 1923. Su fama mundial se debe a las colecciones de cuentos como *Ficciones* (1944), *El Aleph* (1949) y *El hacedor* (1960), donde el autor cuestiona con ironía y gran inteligencia la concepción habitual de la realidad. Hacia 1955 una enfermedad lo dejó ciego y lo obligó a dictar sus textos a partir de entonces. Sus obras han sido traducidas a muchas lenguas extranjeras y son reconocidas como unas de las más importantes del siglo XX.

Paloma Herrera interpretó una escena de ballet en un concurso en Buenos Aires a los diez años y obtuvo el primer premio aunque era la más joven competidora. A los once años estudió ballet en Rusia y poco después llegó a Nueva York para bailar con el American Ballet Theater. Llegó a ser la primera bailarina más joven de la compañía a la edad de 19 años. Reconoce el apoyo de su país y suele regresar a Buenos Aires para bailar y colaborar con varias instituciones de ayuda para niños. Ha sido incluida entre los diez mejores bailarines del siglo XX por la revista *Dance*.

INTERNET
Enlaces/actividades
www.mcdougallittell.com

Nombre oficial:
República Oriental del Uruguay

Extensión:
176.215 km²

Principales ciudades:
Montevideo (capital), Salto, Paysandú, Las Piedras

Moneda:
Peso uruguayo ($U)

Cristina Peri Rossi, escritora uruguaya, nació en Montevideo, en 1941. Al completar su licenciatura en letras en la Universidad de Montevideo, ejerció la docencia y el periodismo. Alternó su producción de narradora con la de poeta. Su primera colección de cuentos, *Viviendo* (1963), inició su prolífica obra narrativa. Sus obras incluyen las novelas *El libro de mis primos* (1969), *La última noche de Dostoievski* (1992) y *Desastres íntimos* (1997). Entre sus libros de poemas se encuentran *Diáspora* (1976), *Otra vez Eros* (1994) y *Aquella noche* (1996). Salió exiliada en 1972 para radicarse en Barcelona, donde continuó su carrera literaria. Sigue viviendo en Barcelona aunque ha acabado el exilio.

Fernando Espuelas, uruguayo, llegó a EE.UU. a los nueve años sin hablar inglés. A los 29 años empezó la compañía que llevó el Internet a Latinoamérica. Estudió mercadeo y a los 25 años regresó a América Latina. En Argentina trabajó en operaciones directas de mercadeo. Tuvo tanto éxito que regresó a Miami para trabajar con una compañía internacional. Después llegó a ser gerente regional de América Latina para otra compañía internacional. Durante unas vacaciones decidió cambiar su vida y juntó dinero para empezar el proyecto que llevó el Internet a Latinoamérica.

Personalidades del Mundo 21. Escribe dos oraciones, una que sea verdadera y otra que no lo sea, para describir a cada persona. Tu compañero(a) decide a quién describes y corrige las oraciones que no sean verdaderas.

LECCIÓN 1: ARGENTINA Y URUGUAY

375

DEL PASADO al presente

ARGENTINA: UN GRAN PAÍS CON UN NUEVO COMIENZO

Argentina es el país de habla hispana con la mayor extensión territorial. La tercera parte de su población y dos terceras partes de su producción industrial se concentran en el área metropolitana de Buenos Aires, la capital argentina y la segunda ciudad más grande del mundo hispano. Es el puerto principal del país, razón por la cual sus habitantes son llamados "porteños".

DESCUBRIMIENTO Y COLONIZACIÓN

En la época del descubrimiento el territorio de la actual Argentina estaba poblado por grupos indígenas de diversos niveles culturales. En las sierras del interior y en los valles de los ríos Paraná y Paraguay se hallaban indígenas que conocían la agricultura. Éstos fueron colonizados a través de reducciones o misiones de jesuitas. La región de la Pampa o gran llanura, la Patagonia en el sur y las zonas costeras estaban habitadas por tribus de cazadores que resistieron a los colonizadores y fueron en su mayoría exterminadas.

En 1516 Juan Díaz de Solís descubrió lo que llamó el mar Dulce. Solís fue atacado y muerto por una tribu guaraní. Diez años después, Sebastiano Caboto exploró los ríos

Sebastiano Caboto

Paraná y Paraguay y confirmó entre los indígenas la leyenda de la "ciudad de los césares" y la sierra hecha de plata. Desde entonces el mar Dulce pasó a ser conocido como el río de la Plata.

Ante la perspectiva de obtener grandes riquezas, Carlos V le encargó a Pedro de Mendoza la conquista y colonización del territorio. Mendoza fundó en 1536 el fuerte de Nuestra Señora Santa María del Buen Aire, la futura ciudad de Buenos Aires, el cual fue abandonado cinco años después como consecuencia de los ataques de los indígenas querandíes. En 1580, el gobernador de Asunción le encargó a Juan de Garay el

Buenos Aires, 1602

Los gauchos

restablecimiento de la ciudad de Buenos Aires que se edificó siguiendo un diseño cuadricular.

En 1617, la gobernación de Paraguay y el Río de la Plata se dividió en dos provincias cuyas capitales fueron Asunción y Buenos Aires, respectivamente. En 1776 la región quedó convertida en el Virreinato del Río de la Plata con Buenos Aires como capital. La ganadería fue la actividad principal durante la colonización. El gaucho o vaquero de las pampas fue la figura predominante de esta época.

LA INDEPENDENCIA Y EL SIGLO XIX

A principios de 1806, una pequeña fuerza expedicionaria británica ocupó Buenos Aires, que fue reconquistada por sus propios habitantes, sin ayuda de las tropas españolas. En 1807 el virrey Rafael Sobremonte fue reemplazado por el jefe de los militares bonaerenses que habían defendido la ciudad. El 25 de mayo de 1810 se formó la primera junta de gobierno en sustitución del virrey. El 9 de julio de 1816, el congreso de Tucumán proclamó la independencia de las Provincias Unidas del Río de la Plata.

Una guerra con Brasil, que se había anexado la Banda Oriental (Uruguay), concluyó con un acuerdo entre Argentina y Brasil que reconoció la independencia de Uruguay en 1828. En 1865, la Triple Alianza formada por Argentina, Brasil y Uruguay tuvo

una sangrienta guerra contra Paraguay. Los aliados vencieron y Argentina adquirió el territorio de Misiones.

Las provincias y Buenos Aires se disputaron durante muchas décadas la supremacía política. El conflicto entre los que pretendían centralizar el poder en Buenos Aires (unitarios) y los que defendían los intereses de las provincias (federalistas) se resolvió en 1880 con la creación del territorio federal de Buenos Aires. La ciudad de La Plata pasó a ser la capital de la provincia de Buenos Aires.

EL "GRANERO DEL MUNDO"

A finales del siglo XIX y comienzos del XX se incrementó notablemente la llegada de inmigrantes europeos, principalmente españoles e italianos, que convirtieron a Buenos Aires en una gran ciudad que recordaba a las capitales europeas. Una extensa red ferroviaria unió las provincias con el gran puerto de Buenos Aires facilitando la exportación de carne congelada y cereales. Argentina pasó a ser el "granero del mundo" y parecía tener asegurada una prosperidad económica.

La crisis económica mundial de 1929 tuvo graves consecuencias sociales en Argentina y puso en evidencia que la prosperidad argentina estaba basada en la dependencia hacia Inglaterra. En 1930 una rebelión militar derrocó al régimen constitucional que se había mantenido durante casi setenta años. Sin embargo, los conflictos sociales y políticos no fueron resueltos por los varios gobiernos militares y civiles que siguieron.

LA ERA DE PERÓN

Como ministro de trabajo, el coronel Juan Domingo Perón se hizo muy popular y cuando fue encarcelado en 1945, las masas obreras consiguieron que fuera liberado. En 1946, tras una campaña en la que participó

muy activamente su segunda esposa María Eva Duarte de Perón (Evita), Perón fue elegido presidente con el 55% de los votos. Durante los nueve años que estuvo en el poder, desarrolló un programa político denominado justicialismo que incluía medidas en las que se mezclaba el populismo (política que busca apoyo en las masas con acciones muchas veces demagógicas) y el autoritarismo (imposición de decisiones anti-democráticas).

Juan Domingo Perón

En 1951 Perón fue reelegido, pero la muerte de su esposa en 1952 lo privó del apoyo de una de las figuras más populares de Argentina. El deterioro progresivo de la economía a partir de 1950 y un enfrentamiento con la Iglesia Católica como consecuencia de la abolición de la enseñanza religiosa obligatoria y la legalización del divorcio, causaron una sublevación militar que obligó la salida de Perón del país en 1955. Esto comenzó un período de inestabilidad política en la que ningún presidente constitucional terminaría su mandato.

En 1972, Perón pudo regresar a su país donde tuvo un gran recibimiento popular. En 1973, fueron elegidos por una gran mayoría Perón y su tercera esposa María Estela Martínez (conocida como Isabel Perón) como presidente y vicepresidenta de la república, respectivamente. Perón murió en 1974 y así su esposa se convirtió en la primera mujer latinoamericana en acceder al cargo de presidenta.

LAS ÚLTIMAS DÉCADAS

Los conflictos sociales, la crisis económica y el terrorismo urbano originaron un golpe

Las madres de la Plaza de Mayo

de estado en 1976. Durante el golpe militar "desaparecieron" 30.000 personas. En 1982 estalló la guerra con Inglaterra por las islas Malvinas *(Falklands),* las cuales siguen todavía en poder de los ingleses.

En 1983 hubo elecciones y se asumió el poder un nuevo gobierno democrático a cargo de Raúl Alfonsín, líder de la Unión Cívica Radical, pero durante su mandato se desató una inflación incontrolable. En 1989, el voto popular eligió como presidente a un peronista, Carlos Menem, quien llevó a cabo una reforma económica por medio de la privatización de empresas estatales y redujo la inflación. Menem volvió a ganar las elecciones siguientes, siendo presidente de Argentina por dos períodos consecutivos.

Carlos Menem

En 1999, también por elecciones democráticas, Fernando de la Rúa se hizo cargo del gobierno, perteneciente a la Unión Cívica Radical y en representación de la Alianza, una fusión de varios partidos políticos que luchan por la estabilidad y el progreso del país.

¡A ver si comprendiste!

¿Quién? ¿Qué? ¿Cuándo? ¿Recuerdas los datos más importantes de la lectura? Para asegurarte, contesta estas preguntas.

1. ¿Quiénes son los "porteños"?
2. ¿Qué sucedió con la mayoría de las tribus de cazadores que habitaban la Pampa, la Patagonia y la costa del Atlántico?
3. ¿Cuál es el origen del nombre "río de la Plata"?
4. ¿Cuándo se estableció el Virreinato del Río de la Plata? ¿Cuál fue su capital?
5. ¿Cómo adquirió Argentina el territorio de Misiones?
6. ¿Por qué Argentina pasó a ser conocida como el "granero del mundo" a finales del siglo XIX y comienzos del XX?
7. ¿Quién fue Juan Domingo Perón?
8. ¿Quién asumió la presidencia de Argentina en 1974?
9. ¿Qué tipo de gobierno tuvo Argentina entre 1976 y 1983?
10. ¿Qué cumplió Carlos Saúl Menem duraute su presidencia? ¿Cuántos años sirvió como presidente?

INTERNET
Prueba interactiva
www.mcdougallittell.com

Avenida 9 de Julio, Buenos Aires

Eva Duarte de Perón: la mujer y el mito

Eva y su esposo

Popularmente conocida como Evita, Eva Duarte de Perón, la segunda esposa del tres veces presidente Juan Domingo Perón, es una figura de la historia argentina contemporánea. Nació en 1919 en Los Toldos. De humilde origen, en su juventud trabajó como actriz y consiguió mucha popularidad gracias a la radio, demostrando una gran habilidad en la oratoria. En 1945 contrajo matrimonio con el entonces coronel Perón y desempeñó un papel importante en su campaña electoral. Peron fue elegido a la presidencia en 1946. Evita participó en su gobierno en favor de los más pobres, a los que ella llamaba sus "descamisados". En 1947 logró que las mujeres argentinas obtuvieran el derecho al voto. Dos años después, fueron elegidas siete mujeres al senado y veinticuatro mujeres a la cámara de diputados. Su labor como mediadora entre el gobierno y los sindicatos aumentó su prestigio y en 1951 fue propuesta como vicepresidenta. No aceptó este puesto porque se encontraba gravemente enferma. Víctima del cáncer, murió el 26 de julio de 1952. Su prematura muerte contribuyó a que se convirtiera en un verdadero mito, en una patrona secular de las causas sociales. Igualmente hay quienes critican la efectividad de sus medidas y señalan que muchas de ellas eran pura propaganda. Sus restos, que permanecieron secretamente en Italia durante años, fueron definitivamente sepultados en Argentina en 1976 con grandes honores. La obra musical "Evita" alcanzó mucho éxito en EE.UU. y Europa a finales de la década de 1970 y en 1996 salió la película con Madonna interpretando el papel de Eva Duarte de Perón.

Madonna interpreta a Evita

Evita. Explica el título de esta ventana con la ayuda de un(a) compañero(a). Di qué papel tuvo Eva Perón en la historia de Argentina y explica en qué consiste el mito de esta extraordinaria mujer.

DEL PASADO
al presente

URUGUAY: LA "SUIZA DE AMÉRICA" EN RECUPERACIÓN

La República Oriental del Uruguay es el segundo país más pequeño de Sudamérica. Es un país de praderas y colinas donde había árboles nativos sólo en las orillas de los ríos. Se puede decir que es una ciudad-estado pues su capital, Montevideo, concentra casi la mitad de la población y la gran mayoría de las actividades administrativas, económicas y culturales del país. Debe su nombre al río Uruguay que marca su frontera al oeste con la República Argentina.

Avenida 18 de Julio, Montevideo

LA BANDA ORIENTAL DEL URUGUAY

A la llegada de los europeos, este territorio estaba poblado por diversas tribus, en su mayoría nómadas charrúas, que resistieron la penetración europea. Esto dificultó la colonización española de la región. En 1603 el gobernador de Paraguay, Hernando Arias de Saavedra exploró el territorio y comprendió la inmensa riqueza ganadera potencial del país. Ordenó soltar a un centenar de cabezas de ganado vacuno y otro centenar de yeguas y caballos que se multiplicaron prodigiosamente en pocos años. Bruno Mauricio de Zabala, el gobernador de Buenos Aires, fundó el fuerte de San Felipe de Montevideo para consolidar el dominio español sobre el territorio en 1726. A excepción de Montevideo y unos pequeños poblados costeros, el país continuó prácticamente despoblado durante el período colonial. En 1777, la llamada Banda Oriental quedó incorporada al Virreinato del Río de la Plata, con capital en Buenos Aires.

EL PROCESO DE LA INDEPENDENCIA

José Gervasio Artigas dirigió una rebelión en 1811, que terminó con el dominio español cuando éstos les entregaron la ciudad de Montevideo a los rebeldes en 1815. Por su parte, Artigas no reconoció a las autoridades de Buenos Aires que pretendían dominar la Banda Oriental. Fuerzas venidas desde Buenos Aires derrotaron a las de Artigas en 1816 pero fueron incapaces de controlar el país. Esta circunstancia fue aprovechada por los portugueses que tomaron Montevideo en 1817 y anexaron la provincia a Brasil en 1821.

En 1825 se produjo la expedición de los "33 orientales" procedentes de Buenos Aires, donde estaban exiliados. Estos "uruguayos" iniciaron una rebelión antibrasileña bajo la dirección de Juan Antonio Lavalleja. Argentina y Brasil firmaron un tratado en 1828 en que reconocían la independencia uruguaya. El general Fructuoso Rivera fue elegido presidente ese mismo año y pronto tuvo que enfrentarse a rebeliones dirigidas por Lavalleja.

LOS BLANCOS Y LOS COLORADOS

Las hostilidades entre los riveristas, integrados por las clases medias urbanas, y los lavallejistas, defensores de los intereses de los grandes propietarios, dieron origen a las dos fuerzas políticas que iban a dominar la historia del Uruguay: el Partido Colorado y el Partido Nacional, popularmente conocido como el de los blancos.

Palacio Legislativo, Montevideo

En 1903 fue elegido presidente el colorado José Batlle y Ordóñez, quien dominó la política uruguaya hasta su muerte en 1929. Impresionado por el consejo ejecutivo de Suiza, Batlle y Ordóñez estableció un consejo nacional modificado y desarrolló un estado de bienestar social que cubría a los ciudadanos desde la cuna hasta la tumba.

AVANCES Y RETROCESOS

A finales del siglo XIX y comienzos del XX, el país se benefició con la inmigración de europeos, principalmente italianos y españoles. Pasó de 450.000 habitantes en 1875 a un millón al finalizar el siglo. Montevideo se convirtió en una gran ciudad.

En la década de 1920, el país conoció un período de gran prosperidad económica y estabilidad institucional. Uruguay comenzó a ser llamado la "Suiza de América". Pero la crisis económica mundial de 1929 provocó en Uruguay bancarrotas, desempleo y paralización de la actividad productiva.

Un golpe de estado en 1933 inició un período de represión política. Sin embargo, la "Suiza de América" y los ideales optimistas del batllismo resurgen durante los años 1947-1958 con la presidencia de Luis Batlle Berres, sobrino de Batlle y Ordóñez. Las elecciones de 1958 llevaron al poder, por primera vez en 93 años, al Partido Nacional o de los blancos. Pero dos gobiernos de los blancos no consiguieron contener el malestar económico y social que existía en el país.

En 1972, el presidente Juan María Bordaberry declaró un "estado de guerra interna" para contener a la guerrilla urbana conocida como los Tupamaros. En 1976 Bordaberry fue sustituido por una junta de militares y civiles, quienes reprimieron toda forma de oposición. Los doce años de gobierno militar devastaron la economía y más de 300.000 uruguayos salieron del país por razones económicas o políticas. La normalidad constitucional retornó con las elecciones presidenciales de 1984. Desde entonces han sido presidentes Julio María Sanguinetti del Partido Colorado y Luis Alberto Lacalle del Partido Nacional. En 1999 eligieron como presidente a Jorge Batlle Ibáñez, hijo del ex presidente Luis Batlle Berres y heredero de la dinastía política familiar. Batlle enfrenta retos económicos al entrar

Punta del Este

en el siglo XXI, pero el país busca restaurar el viejo sueño de una democracia progresista.

■ ¡A ver si comprendiste!

¿Quién? ¿Qué? ¿Cuándo? ¿Recuerdas los datos más importantes de la lectura? Para asegurarte, contesta estas preguntas con un(a) compañero(a).

1. ¿Por qué se puede decir que el Uruguay es una ciudad-estado?
2. ¿Quién fundó Montevideo? ¿Cuándo?
3. ¿Cómo fue conocido el territorio uruguayo durante la época colonial?
4. ¿Quién fue José Gervasio Artigas?
5. ¿Qué países firmaron un tratado en 1828 que reconocía la independencia uruguaya?
6. ¿Cuáles son los orígenes del Partido Colorado y del Partido Nacional? ¿Qué intereses defendía cada uno en el siglo XIX?
7. ¿Por qué comenzó a ser llamado Uruguay la "Suiza de América" en la década de 1920?
8. ¿Qué tipo de gobierno tuvo Uruguay de 1976 a 1984? ¿Qué efecto tuvo en la economía del país?
9. En tu opinión, ¿fue bueno o malo que el candidato del Partido Colorado ganara las elecciones de 1984 y el del Partido Nacional las de 1989? Explica tu respuesta.

INTERNET
Prueba interactiva
www.mcdougallittell.com

La marina de Punta del Este

Fútbol: el deporte sudamericano

El fútbol, balompié o *soccer*, es el deporte más popular del mundo. Aunque la versión del deporte que actualmente se practica tiene su origen en Inglaterra, es en Sudamérica donde el fútbol se ha convertido en un verdadero arte y una pasión colectiva. En 1904 se fundó la Federación Internacional de Fútbol Asociación, el organismo internacional que reglamenta el deporte y supervisa la celebración de los campeonatos mundiales de fútbol cada cuatro años. La primera Copa Mundial se celebró en Montevideo, Uruguay en 1930. Los grandes rivales de la final de ese campeonato fueron Argentina y Uruguay, ganando la copa los uruguayos.

Uruguay también se coronó campeón en 1950 venciendo a Brasil. Por su parte, los brasileños se quedaron permanentemente con la Copa "Jules Rimet" como resultado de haber ganado cuatro veces el campeonato: en 1958, 1962, 1970 y 1994. Los argentinos han sido los campeones en dos ocasiones: en 1978 y 1986. Cuando los equipos sudamericanos se enfrentan en partidos de eliminatoria o de campeonato, las ciudades se encuentran desiertas; las grandes masas se encuentran pegadas a los televisores, siguiendo con emoción y angustia cada jugada. Los efectos del triunfo o la derrota se extienden no sólo a la psicología de los individuos sino también al bienestar político y económico de naciones enteras.

*El equipo uruguayo
en acción*

✦

Fútbol. Contesta las preguntas con un(a) compañero(a).

1. ¿Cuáles son otros nombres para el fútbol? ¿Dónde se originó la versión que se juega hoy día?
2. ¿Cuándo se jugó la primera Copa Mundial? De todos los campeonatos mundiales desde su comienzo, ¿cuántas veces han ganado países sudamericanos? ¿Qué países?
3. ¿Qué efecto tiene el llegar a ser finalista, el ganar o el perder la Copa Mundial en los países sudamericanos?

Y ahora, ¡a leer!

■ *Anticipando la lectura*

A. Imaginación y realidad. A veces lo que nos imaginamos se convierte en realidad. Por ejemplo, puedes imaginarte que está lloviendo y de repente empieza a llover. O a otro nivel, te puedes imaginar una tragedia y luego te dicen que un amigo, un pariente o aun tú mismo(a) estás en un accidente. Piensa si alguna vez te ha ocurrido algo similar a ti y cuéntaselo a la clase.

B. Así se explica. Las leyendas con frecuencia explican la existencia de algún animal particular, o de una flor, de un río o de cualquier otro fenómeno natural. Por ejemplo, la leyenda de Narciso cuenta cómo un joven muy guapo se enamoró de su propia imagen a orillas de un lago y se ahogó. En ese lugar brotó el narciso, una bella flor que nos hace pensar en la hermosura del joven que "se enamoró de sí mismo". ¿Cuáles son otras leyendas similares?

C. Vocabulario en contexto. Decide cuál es el significado de las palabras en negrilla a base del contexto de la oración o de otras estrategias que has aprendido para llegar al significado de palabras desconocidas.

1. Se sentó cómodamente en su sillón favorito, **de espaldas** a la puerta para evitar intrusiones.

    a. con la cara   *b.* al lado de   *c.* en dirección opuesta

2. Su memoria retenía **sin esfuerzo** los nombres y las imágenes de los protagonistas; la ilusión novelesca lo ganó casi en seguida.

    a. fácilmente   *b.* difícilmente   *c.* parcialmente

3. Él **rechazaba** sus besos, pues no había venido para repetir la ceremonia de una pasión secreta.

    a. recibía   *b.* no aceptaba   *c.* apreciaba

4. Hasta sus besos dibujaban abominablemente la figura de **otro cuerpo** que era necesario destruir.

    a. otro documento   *b.* otro animal   *c.* otra persona

5. A partir de esa hora cada instante tenía su empleo minuciosamente **atribuido.**

 a. pagado   *b.* asignado   *c.* eliminado

6. Empezaba a **anochecer** y los dos, pensando en la tarea que los esperaba, se separaron en la puerta de la cabaña.

 a. salir el sol   *b.* hacerse oscuro   *c.* hacer calor

7. Desde **la sangre** galopando en sus oídos le llegaban las palabras de la mujer: primero una sala azul, luego un . . .

 a. la circulación   *b.* el caballo   *c.* el cabello

8. Nadie estaba en la primera **habitación,** nadie en la segunda.

 a. casa   *b.* clóset   *c.* cuarto

Conozcamos al autor

Julio Cortázar (1914–1984), es uno de los escritores argentinos más reconocidos de la segunda mitad del siglo XX. Nació en Bruselas, Bélgica, de padres argentinos, pero se crió en las afueras de Buenos Aires. En 1951 publicó su primer libro de relatos, *Bestiario*, para poco después trasladarse a París, donde residió desde entonces. En 1963 apareció *Rayuela*, novela experimental ambientada en París y Buenos Aires y considerada su obra maestra. En este libro el autor invita al lector a tomar parte activa sugiriéndole diferentes alternativas en el orden de la lectura. Cortázar murió en 1984 en París tras haber contribuido decisivamente a la difusión de la literatura latinoamericana en el mundo.

"Continuidad de los parques" está tomado de su segundo libro de cuentos, *Final del juego* (1956). Este cuento, como muchas otras obras de Cortázar, se desarrolla alrededor de una contraposición entre lo real y lo ficticio, como el mundo "inventado" de la literatura puede afectar el mundo "real" de los lectores.

LECTURA

Había empezado a leer la novela unos días antes.

Continuidad de los parques

por Julio Cortázar

INTERNET
Cibertarjetas
www.mcdougallittell.com

Había empezado a leer la novela unos días antes. La abandonó por negocios urgentes, volvió a abrirla cuando regresaba en tren a la *finca;* se dejaba interesar lentamente por la *trama,* por el dibujo de los personajes. Esa tarde, después de escribir una carta a su *apoderado* y discutir con su mayordomo una cuestión de *aparcerías,* volvió al libro en la tranquilidad del estudio que miraba hacia el parque de los *robles.*

granja
tema
administrador
contratos laborales

Arrellanado en su sillón favorito, de espaldas a la puerta que lo hubiera molestado como una irritante posibilidad de intrusiones, dejó que su mano izquierda acariciara una y otra vez el *terciopelo* verde y se puso a leer los últimos capítulos. Su memoria retenía sin esfuerzo los nombres y las imágenes de los protagonistas;

árbol de madera dura
Extendido cómodamente

pana

Arrellanado en su sillón favorito . . .

la ilusión novelesca lo ganó casi en seguida. Gozaba del placer casi perverso de irse *desgajando* línea a línea de lo que lo rodeaba, y sentir a la vez que su cabeza descansaba cómodamente en el terciopelo del alto respaldo, que los cigarrillos seguían al alcance de la mano, que más allá de los *ventanales* danzaba el aire del atardecer bajo los robles. Palabra a palabra, absorbido por la *sórdida disyuntiva* de los héroes, dejándose ir hacia las imágenes que se *concertaban* y adquirían color y movimiento, fue testigo del último encuentro en la cabaña del monte. Primero entraba la mujer, *recelosa,* ahora llegaba el amante, lastimada

separando

ventanas grandes
indecentes problemas
establecían

temerosa

Ahora llegaba el amante . . .

la cara por el *chicotazo* de la rama. Admirablemente *restañaba ella la sangre* con sus besos, pero él rechazaba sus caricias, no había venido para repetir la ceremonia de una pasión secreta, protegida por un mundo de hojas secas y *senderos* furtivos. El *puñal se entibiaba* contra su pecho y debajo *latía* la libertad agazapada. Un diálogo anhelante corría por las páginas como un arroyo de serpientes, y se sentía que todo estaba decidido desde siempre. Hasta esas caricias que enredaban el cuerpo del amante como queriendo retenerlo y disuadirlo, dibujaban abominablemente la figura de otro cuerpo que era necesario destruir. Nada había sido olvidado: *coartadas, azares,* posibles errores. A partir de esa hora cada instante tenía su empleo minuciosamente atribuido. El doble repaso *despiadado* se interrumpía

golpe / detenía la sangre

caminitos / cuchillo se calentaba
palpitaba

excusas / circunstancias

cruel

Empezaba a anochecer.

apenas para que una mano acariciara una mejilla. Empezaba a anochecer. Sin mirarse ya, atados rígidamente a la tarea que los esperaba, se separaron en la puerta de la cabaña. Ella debía seguir por la senda que iba al norte. Desde la senda opuesta él se volvió un instante para verla correr con el pelo suelto. Corrió a su vez, *parapetándose* en los árboles y los *setos,* hasta distinguir en la *bruma malva* del *crepúsculo* la alameda que llevaba a la casa. Los perros no debían ladrar, y no ladraron. El mayordomo no estaría a esa hora, y no estaba. Subió los tres *peldaños* del porche y entró. Desde la sangre galopando en sus oídos le llegaban las palabras de la mujer: primero una sala azul, después una galería, una *escalera* alfombrada. En lo alto, dos puertas. Nadie en la primera habitación, nadie en la segunda. La puerta del salón, y entonces el puñal en la mano, la luz de los ventanales, el alto respaldo de un sillón de terciopelo verde, la cabeza del hombre en el sillón leyendo una novela.

protegiéndose
arbustos/niebla violeta
anochecer

escalones

serie de escalones

La cabeza del hombre en el sillón leyendo una novela

LECCIÓN 1:   ARGENTINA Y URUGUAY

■ ¿Comprendiste la lectura?

A. ¿Sí o no? Con un(a) compañero(a), decide si estás de acuerdo o no con los siguientes comentarios. Si no, di por qué no.

1. El protagonista que lee una novela al principio del cuento no tiene nombre.
2. El lector se encuentra leyendo esta novela en una biblioteca pública de Buenos Aires.
3. El lector está sentado en su sillón favorito de terciopelo verde.
4. En la novela que absorbía al lector aparecían una mujer y su amante.
5. El último encuentro de esta pareja tuvo lugar en el último piso de un gran edificio de apartamentos.
6. El amante llevaba un revólver escondido en el pecho.
7. El amante entró sin ser visto a una casa siguiendo las indicaciones que le había dado la mujer.
8. Al final del cuento, vemos al amante con un cuchillo en la mano acercándose por detrás a un hombre que está sentado en un sillón de terciopelo verde leyendo una novela.

B. Hablemos de la lectura. Contesten estas preguntas en grupos de tres o cuatro.

1. ¿Cuándo comenzó el protagonista a leer la novela?
2. ¿Por qué abandonó la lectura de la novela?
3. ¿Qué hizo después de ver a su mayordomo?
4. ¿Qué tipo de novela leía? ¿de misterio? ¿de amor? Explica.
5. ¿Qué relación tenían la mujer y el hombre de la novela?
6. ¿Adónde se dirigió el hombre después que la pareja se separó?
7. ¿Por qué no estaba el mayordomo a esa hora?
8. ¿A quién encontró el amante al final del cuento?
9. ¿En qué momento del cuento lo "ficticio" se convierte en lo "real"?
10. ¿Qué sugiere el título del cuento "Continuidad de los parques"?

INTERNET
Más lecturas
www.mcdougallittell.com

En el tren

Palabras como clave: *molestar*

Para ampliar el vocabulario. De la palabra **molestar**, un cognado falso que significa "irritar" o "disgustar", se derivan varias palabras como **molestia, molesto(a)** y **molestamente.** Con un(a) compañero(a), responde a las siguientes preguntas.

1. ¿Qué les **molesta** a tus padres de tus amigos(as)?
2. ¿Te **molesta** que en el cine alguien hable junto a ti?
3. Si no duermes una noche, ¿andas **molesto(a)** al día siguiente?
4. ¿Cuándo le dices a una persona "**no te molestes**"?
5. ¿Hay alguna actividad escolar que consideras una verdadera **molestia**?
6. Si eres vendedor, ¿por qué no puedes hablarles **molestamente** a los clientes?

Dramatizaciones

A. **Drama en un drama.** Con tres compañeros, prepara la dramatización de una situación similar a la de "Continuidad de los parques". Debe ser un drama dentro de un drama.

B. **El balompié.** La ventana sobre el fútbol dice que el balompié es el deporte más popular del mundo. ¿Será posible? ¿Y qué del fútbol americano y del béisbol? En grupos de cinco preparen un debate sobre el tema. Una persona puede servir de moderador, dos deben insistir en que el balompié es el más popular y las otras dos en que el béisbol o el fútbol americano es más popular.

Cultura en vivo

El padre de la criatura

Quino es el nombre artístico del argentino Joaquín Lavado, uno de los dibujantes más importantes del mundo hispano. Su creación, **Mafalda,** es una niña de pelo negro, curiosa y respondona. Aunque Quino dejó de publicar nuevas tiras cómicas en 1973, éstas siguen siendo tan populares que continúan apareciendo en diarios, revistas y libros. Cuando a Julio Cortázar le preguntaron qué pensaba de Mafalda, el escritor contestó: "Bueno, me parece más interesante saber lo que Mafalda piensa de mí".

Conozcamos ahora a las personas importantes en la vida de Mafalda. Luego, en parejas, inventen sus propios personajes y hagan una tira cómica sobre ellos.

MANOLITO

Es bruto y materialista.

LIBERTAD

Es portavoz de la izquierda.

MAFALDA

EL PADRE

Es un oficinista orgulloso.

SUSANITA

Siempre sueña con ser madre.

MIGUELITO

Es un personaje en crisis de adolescencia anticipada.

FELIPE

No está seguro de nada.

LA MADRE

Mafalda está obsesionada por la falta de horizontes de su madre.

GUILLE

Mafalda se ve ante él como una adulta.

AHÍ ESTÁ;.... ESA PALOMITA NO SABE LO QUE ES EL DINERO Y SIN EMBARGO ES FELIZ

¿VOS CREÉS QUE EL DINERO ES TODO EN ESTA VIDA, MANOLITO?

NO, POR SUPUESTO QUE EL DINERO NO ES TODO

...TAMBIÉN ESTÁN LOS CHEQUES

VEAMOS ESTE NUEVO LIBRO DE CUENTOS

En un lejano país vivía un ogro que se comía a los niños

¡Y DALE!... ¡SIEMPRE NOS COMEN!

¿HASTA CUÁNDO VAMOS A SER LOS POLLOS DE LA LITERATURA?

¡YA ME TIENEN CANSADA ESTOS CUENTOS

Nombre oficial:
República del Paraguay

Extensión:
406.752 km²

Principales ciudades:
Asunción (capital), San Lorenzo, Ciudad del Este, Concepción

Moneda:
Guaraní (₲)

Gente del Mundo 21

Josefina Plá (1909-1999), aunque nació en España, es en Paraguay donde realizó su labor intelectual y fue reconocida como una de las escritoras paraguayas más importantes. Igualmente se destacó como ceramista. La actividad literaria de esta brillante poetisa comprende también el periodismo, el teatro, la narrativa y la crítica. Entre sus libros se destacan la colección de poemas *El precio de los sueños* (1934) y la colección de relatos *El espejo* (1957). Publicó varios libros sobre la cultura y literatura paraguaya como *Apuntes para una historia de la cultura paraguaya* (1967) y *Voces femeninas en la poesía paraguaya* (1987).

Alfredo Stroessner, controvertido político y militar, ocupó la presidencia paraguaya durante 35 años. Constituyó uno de los gobiernos personales más largos de la historia. Hijo de un inmigrante alemán, Stroessner nació en Encarnación en 1912. Ingresó en la Escuela Militar de Asunción e hizo una carrera que lo llevó a ocupar, en 1951, el cargo de comandante en jefe del ejército paraguayo. En 1954 participó en un golpe de estado contra el presidente Federico Chávez. Poco después resultó vencedor en las elecciones presidenciales en las que él era el único candidato. Fue reelegido siete veces, debido a su represión sobre la oposición política. En 1989 fue derrocado y marchó al exilio.

INTERNET
Enlaces/actividades
www.mcdougallittell.com

José Luis Chilavert, futbolista de fama mundial, nació en Luque en 1965. Su récord de goles metidos como arquero (más de 35) va a durar muchos años. Empezó su carrera con el club local Sportivo Luqueño y luego jugó en Argentina. Sus logros atrajeron la atención de equipos profesionales europeos y se fue a jugar a España por cuatro años, pero nunca se acostumbró a vivir fuera de Latinoamérica. A pesar de ofertas lucrativas, regresó a jugar a Argentina. El capitán del equipo paraguayo dice: "Creo que si una persona decide hacer algo importante y se dedica a hacerlo, tendrá éxito." Ha sido nombrado "El Mejor Arquero del Mundo" en dos ocasiones, en 1995 y 1997.

Berta Rojas, guitarrista clásica, empezó a estudiar guitarra a los siete años de edad. Al año se compró un piano en casa y empezó a estudiar ese instrumento también. Llevó ambos instrumentos hasta que hizo el profesorado superior en Piano y Guitarra y tuvo que tomar una decisión. Tiene fama internacional, debido a sus brillantes interpretaciones de la música clásica en los conciertos que lleva presentando en todo el mundo. Su calidad interpretativa fue elogiada en escenarios de América y Europa. Sigue cosechando éxitos, difundiendo en el exterior tanto la música paraguaya como la clásica. Ha recibido becas del Kennedy Center de Washington, de la Organización de Estados Americanos y la Universidad de Johns Hopkins en Baltimore. Se considera una de las guitarristas jóvenes más prometedoras del mundo.

Personalidades del Mundo 21. Completa las siguientes oraciones.
Luego compara tus oraciones con las de un(a) compañero(a).

1. Fui reelegido siete veces porque . . .
2. El hecho de que metí muchos goles como arquero sugiere que . . .
3. Aunque nací en España, me considero paraguaya porque . . .
4. Dejé de tocar el piano porque . . .
5. Salí al exilio en 1989 porque . . .

DEL PASADO al presente

PARAGUAY: LA NACIÓN GUARANÍ SE MODERNIZA

Las cataratas de Iguazú

Paraguay se distingue de otras naciones latinoamericanas en la persistencia de la cultura guaraní mezclada con la hispánica. La mayoría de la población paraguaya habla ambas lenguas. El guaraní se emplea como lenguaje familiar, mientras que el español se habla en la vida comercial. El nombre de Paraguay proviene de un término guaraní que quiere decir "aguas que corren hacia el mar" y que hace referencia al río Paraguay que, junto con el río Uruguay, desemboca en el río de la Plata.

EL PUEBLO GUARANÍ Y LA COLONIZACIÓN

Siglos antes de la llegada de los europeos, el territorio situado entre los ríos Paraguay y Paraná estaba habitado por tribus guaraníes seminómadas que habitaban en aldeas fortificadas llamadas *tavas*. Se dedicaban a la caza y al cultivo del maíz, la mandioca y otros productos. La región conocida como el Gran Chaco estaba poblada por grupos nómadas como los guaicurúes, que con frecuencia atacaban a los guaraníes.

Una expedición portuguesa dirigida por Aleixo García en busca de un mítico "Rey Blanco" partió por tierra de la costa brasileña y cruzó el Chaco hasta encontrar fortificaciones incas al pie de los Andes en 1524. Aunque García y otros europeos murieron durante la expedición, la noticia de un reino donde abundaba la plata llegó a los oídos de exploradores españoles. En 1526, las naves de Sebastiano Caboto exploraron los ríos Paraná y Paraguay.

En agosto de 1537, Juan Salazar de Espinosa fundó, en una colina junto al río Paraguay, el fuerte de Nuestra Señora de la Asunción, que en pocos años se convirtió en el núcleo de lo que se conoció como la Provincia Gigante de Indias. En la región los españoles encontraron una población guaraní amistosa con la que de inmediato comenzó un proceso de mestizaje.

LAS REDUCCIONES JESUÍTICAS

Desde el siglo XVII, los jesuitas llevaron a cabo una intensa labor de evangelización y colonización. Organizaron un total de treinta y dos reducciones, o misiones, que llegaron a tener más de cien mil indígenas. Las reducciones jesuíticas llegaron a constituir un verdadero estado prácticamente independiente. La riqueza de las reducciones se basaba en una próspera producción agrícola y artesanal. En 1639, el Virrey del Perú autorizó el uso de armas por los indígenas de las reducciones que, bajo el mando de jesuitas lograron rechazar a los esclavistas brasileños que atacaban las misiones.

Varios enfrentamientos ocurrieron entre los terratenientes de Asunción que querían apoderarse de las reducciones y los jesuitas que las administraban. En 1750, España y Portugal decidieron repartirse las reducciones. Esto resultó en una guerra que duró once años y fue apoyada por jesuitas que se oponían a este reparto. Con la intención de apoderarse de la riqueza de las reducciones, el rey Carlos III de España decretó en 1767 la expulsión de los jesuitas de todo el imperio español. Debido a esto, en unas pocas décadas la mayoría de las reducciones perdieron su esplendor y se convirtieron en ruinas.

Reducciones jesuíticas

LA INDEPENDENCIA Y LAS DICTADURAS DEL SIGLO XIX

Asunción pasó a depender del Virreinato del Río de la Plata establecido en 1776, con capital en Buenos Aires. Cuando en 1810 Buenos Aires declaró la independencia, Asunción se negó a hacer lo mismo. La independencia de Paraguay se declaró formalmente el 12 de octubre de 1813 y fue el primer país latinoamericano en proclamarse como república. El abogado José Gaspar Rodríguez de Francia gobernó

José Gaspar Rodríguez de Francia

Paraguay primero como cónsul junto con el capitán Fulgencio Yegros durante un año. En 1814 fue declarado dictador supremo y en 1816, dictador perpetuo, cargo que ocupó hasta su muerte en 1840.

El prolongado gobierno de Francia, llamado el Supremo, cerró casi completamente el país a la influencia extranjera y estableció el modelo autoritario que seguiría el gobierno de Paraguay en el siglo XIX. El dictador Carlos Antonio López gobernó como primer cónsul en 1841 y como presidente de la república de 1844 hasta su muerte en 1862. López abrió Paraguay al exterior y favoreció el desarrollo de intercambios comerciales. Su hijo Francisco Solano López gobernó de 1862 hasta su muerte en 1870.

En 1864, el gobierno de Solano López se enfrentó a Brasil y causó un conflicto conocido como la Guerra de la Triple Alianza en la que Brasil, Argentina y Uruguay unieron sus fuerzas contra Paraguay. La guerra fue un desastre para Paraguay. El propio Solano López murió en una batalla en 1870. El ejército paraguayo fue destruido y la población paraguaya, calculada en medio millón a mitad del siglo XIX, fue reducida a menos de 200.000 en la década de 1870. Grandes porciones de territorio paraguayo

Panteón Nacional de los Héroes, Asunción

fueron anexadas por Brasil y por Argentina y el país fue ocupado por tropas brasileñas durante seis años.

LOS COLORADOS Y LOS LIBERALES

Después de la salida de las fuerzas brasileñas de ocupación, el país se reconstruyó lentamente. Los grandes partidos políticos se formaron en ese tiempo: el Colorado y el Liberal. Los colorados, que se proclamaban herederos del patriotismo de Solano López, gobernaron desde 1887 hasta 1904. Ese año, los liberales tomaron el poder a través de una revuelta y lo conservaron durante tres décadas.

Un conflicto fronterizo entre Bolivia y Paraguay resultó en la Guerra del Chaco entre 1932 y 1935, en la que murieron más de 100.000 paraguayos. A través de un tratado de paz firmado tres años más tarde, Paraguay quedó en posesión de tres cuartas partes del Chaco.

ÉPOCA CONTEMPORÁNEA

El 17 de febrero de 1936, una rebelión militar llevó al poder a un grupo de oficiales que emprendió una reforma agraria. Tras un período de inestabilidad política el general Alfredo Stroessner, con el apoyo del ejército y

los colorados, fue nombrado presidente en 1954. Stroessner conservó este cargo por sucesivas elecciones hasta que fue derrocado en 1989 por un movimiento militar.

Un período de desarrollo económico se inició en 1973 con la construcción de la enorme presa de Itaipú en el río Paraná. Este proyecto hidroeléctrico con Brasil le permite a Paraguay la exportación de grandes cantidades de electricidad a su gran vecino.

La presa de Itaipú

Desde el golpe de estado de 1989, encabezado por el general Andrés Rodríguez, ha habido una constante inestabilidad política. Hasta el año 1999 hubo cuatro presidentes; sólo uno completó un término normal. Ocurrió además el asesinato de un vicepresidente, el cual fue impulsado por el propio presidente y el ex general golpista Lino Oviedo. Oviedo había sido descalificado como candidato presidencial por su participación en derrocar otro presidente en 1996. Quedan grandes retos por alcanzar en el Paraguay del nuevo siglo.

¡A ver si comprendiste!

¿Quién? ¿Qué? ¿Cuándo? ¿Recuerdas los datos más importantes de la lectura? Para asegurarte, contesta estas preguntas.

1. ¿Cómo distingue la lengua guaraní a Paraguay de otras naciones latinoamericanas?
2. ¿Cuáles son los dos principales ríos de este país?
3. ¿Quién fue el primer explorador europeo de Paraguay? ¿Qué ocurrió durante esta expedición?
4. ¿Qué religiosos fundaron las reducciones?
5. ¿Quién fue José Gaspar Rodríguez de Francia? ¿Cómo lo llamaban? ¿Por qué lo llamaban así?
6. ¿En qué consistió la Guerra de la Triple Alianza? ¿Qué resultados tuvo para Paraguay?
7. ¿Contra qué país luchó Paraguay en la Guerra del Chaco? ¿Qué efectos tuvo esta guerra?
8. ¿Quién es Alfredo Stroessner? ¿Cuánto tiempo estuvo en el poder?
9. ¿Qué se ha construido en Itaipú? ¿Cómo ha afectado esto a la economía paraguaya?

INTERNET
Prueba interactiva
www.mcdougallittell.com

Asunción, Paraguay

Ventana al Mundo 21

Los guaraníes

Los guaraníes de Paraguay son miembros de la familia lingüística tupí-guaraní que incluye a muchos grupos indígenas que habitaban grandes extensiones de Sudamérica. A la llegada de los europeos estas tribus vivían en la región al sur del río Amazonas y a lo largo de la costa del Atlántico desde la desembocadura de este río en el actual Brasil hasta Uruguay. Los guaraníes poblaban principalmente el territorio comprendido entre el río Paraná y el Paraguay. Tradicionalmente las mujeres se encargaban del cultivo del maíz, el poroto, la mandioca, la batata y el maní. Por su parte, los hombres se dedicaban a la caza y la pesca. La práctica de la agricultura de roza (*cortar y quemar la selva*) requería que los guaraníes cambiaran de lugar cada cinco o seis años y llevaran una vida seminómada. Con la llegada de los españoles se inició un proceso de rápido mestizaje. Los jesuitas desarrollaron una forma de escritura para la lengua guaraní en el siglo XVI. Esta lengua se ha mantenido a través de los siglos y les da un sentido de identidad nacional a los paraguayos. La mayoría de la población contemporánea en Paraguay es mestiza y habla guaraní.

En la actualidad existen cuatro grupos de indígenas guaraníes en la región oriental de Paraguay que habían permanecido aislados por muchos años. En las últimas décadas su modo tradicional de vida ha cambiado radicalmente con la pérdida de sus tierras. Eso los ha obligado a convertirse en trabajadores de las plantaciones y los pueblos que han surgido con el desarrollo de la región. Es posible que el mundo moderno finalmente destruya una antigua cultura que tiene miles de años en Sudamérica.

Los guaraníes. Con un compañero(a), compara los recientes cambios en la vida de los guaraníes con los cambios que han sufrido los indígenas en EE.UU.

Y ahora, ¡a leer!

■ Anticipando la lectura

A. ¿Nosotros? ¿Los galardonados? Es el año 2020 y tú y dos compañeros acaban de recibir una noticia fabulosa. ¡Acaban de ser seleccionados para recibir el Premio Nóbel por el excelente trabajo que han hecho en su área de especialización! Obviamente las cadenas de televisión quieren entrevistarlos inmediatamente. ¿Qué van a decir en la entrevista? Preparen los comentarios que harán, agradeciéndoles a los individuos apropiados y a la Fundación Nóbel el haber sido seleccionados para este gran honor.

B. Vocabulario en contexto. Decide cuál es el significado de las palabras en negrilla a base del contexto de la oración o de otras estrategias que has aprendido para llegar al significado de palabras desconocidas.

1. Me inclino, pues, ante sus majestades, con **mi reconocimiento** y gratitud. En este homenaje va implícito el de mi pueblo paraguayo, lejano y presente a la vez.

    a. mi apreciación   *b.* mis recuerdos
            c. mis memorias

2. Es un verdadero placer estar aquí en esta ciudad ilustre, en esta Universidad de Alcalá de Henares, **patria chica** de Cervantes, sede de su inmortal presencia y foco de su proyección universal.

    a. antepasados   *b.* padre   *c.* lugar de nacimiento

3. La segunda afortunada circunstancia que realiza para mí **el otorgamiento** del máximo galardón es su coincidencia con un cambio histórico, político y social de gran trascendencia para el futuro de Paraguay.

    a. el anuncio   *b.* la concesión   *c.* la competición

4. Señala este hecho el comienzo de la restauración moral y material de mi país. Significa, **asimismo,** el fin del exilio para el millón de ciudadanos, que ahora pueden volver a la tierra natal.

    a. difícilmente   *b.* al contrario   *c.* a la vez

5. La concesión del Premio Cervantes, en la iniciación de esta nueva época para mi patria **oprimida** durante tanto tiempo, es para mí un hecho tan significativo que no puedo atribuirlo a una mera casualidad.

    a. subyugada   *b.* libre   *c.* opulenta

6. Son como profetas que operan en el contexto de una familia de naciones con la función de sobrepasar los hechos **anormales** y restablecer su equilibrio.

    a. reconocidos   *b.* regulares   *c.* no normales

7. El Premio Cervantes —el más eminente galardón en el mundo de nuestras letras castellanas— viene a **coronar** una larga batalla de mi vida.

    a. crear   *b.* honrar   *c.* cuestionar

8. La concesión del premio me confirmó la **certeza** de que también la literatura es capaz de ganar batallas contra la adversidad.

    a. seguridad   *b.* duda   *c.* incertidumbre

Conozcamos al autor

Augusto Roa Bastos es el escritor paraguayo que ha alcanzado más proyección internacional. Forzado a vivir en el exilio, siguió unido a su país a través de sus obras literarias. Es autor de dos novelas, siete colecciones de cuentos, tres libros de cuentos para niños y tres poemarios en los que está incluido uno escrito en guaraní y español, *El génesis de los apapokuva-guaraní* (1971). Su novela *Yo, el supremo* (1974), considerada su obra maestra, está inspirada en la vida del dictador José Gaspar Rodríguez de Francia que gobernó Paraguay de 1814 a 1840. En 1976 Roa Bastos se estableció en Tolosa, Francia, donde fue profesor universitario de literatura latinoamericana y de lengua guaraní. En 1983 retornó a Paraguay donde fue recibido con gran despliegue de medios informativos. Ese mismo año el gobierno paraguayo lo expulsó violentamente y le retiró el pasaporte. Fue entonces cuando España le concedió su nacionalidad. Fue galardonado con el Premio Miguel de Cervantes 1989. Este prestigioso premio fue instituido en 1976 por el gobierno español para reconocer la obra de los mejores escritores de lengua castellana de uno y otro lado del Atlántico.

A continuación aparece la parte inicial de su discurso pronunciado al recibir el premio en el Paraninfo de la Universidad de Alcalá de Henares en marzo de 1990.

Discurso de Augusto Roa Bastos en la entrega del Premio Cervantes 1989 (Fragmento)

Cervantes

El Premio Cervantes es el más alto honor que se ha concedido a mi obra. Tres razones principales le dan un *realce* extraordinario ante mi espíritu. La primera es el hecho mismo de recibirlo de manos de su majestad don Juan Carlos I, rey de España, que nuestros pueblos admiran y respetan por sus virtudes de gobernante, por su *infatigable* tarea en favor de la amistad y unidad de nuestros pueblos de habla hispánica.

importancia

incansable

Junto al rey Juan Carlos, en preeminente *sitial,* su majestad la reina doña Sofía, que ama las artes, las letras y las ciencias, que *religa* su devoción hacia las obras del espíritu con su preocupación por el bien social: la serenísima reina —para invocarla con palabras de Cervantes—, *enaltece* este acto con el honor de su presencia.

trono
combina

exalta

Me inclino, pues, ante sus majestades, con mi reconocimiento y gratitud. En este homenaje va implícito el de mi pueblo paraguayo, lejano y presente a la vez en este acto con su *latido multitudinario;* aquí en esta ciudad ilustre, en esta Universidad de Alcalá de Henares, patria chica de Cervantes, sede de su inmortal presencia y foco de su proyección universal.

palpitación / de toda la gente

Por otra parte, esta toga que visto es también un símbolo: corresponde al doctorado honoris causa en Letras Humanas por la Universidad de Toulouse-Le Mirail —que me ha sido concedido en significativa coincidencia el mismo día del otorgamiento del Premio Cervantes—. Ello me permite, por tanto, reunir simbólicamente a tres países muy *caros a mi afecto,* España, Francia y Paraguay, lo que imparte una significación internacional e interuniversitaria a este acto.

queridos por mí

INTERNET
Cibertarjetas
www.mcdougallittell.com

*Augusto Roa Bastos en
su estudio*

La segunda afortunada circunstancia que realiza para mí el
otorgamiento del máximo galardón es su coincidencia con un
cambio histórico, político y social de gran trascendencia para el
futuro de Paraguay: el derrocamiento, en febrero del pasado año, de
la más larga y *oprobiosa* dictadura que registra la cronología de los
regímenes de fuerza en suelo sudamericano.

       humillante

Señala este hecho el comienzo de la restauración moral y material
de mi país en un sistema de pacífica convivencia; la entrada de
Paraguay en el concierto de naciones democráticas del continente.
Significa, asimismo, el fin del exilio para el millón de ciudadanos de
la *diáspora* paraguaya, que ahora pueden volver a la tierra natal,
derrumbado el muro del poder totalitario que hizo de Paraguay un
país aislado.

       dispersión
       caído

La concesión del Premio Cervantes, en la iniciación de esta nueva
época para mi patria oprimida durante tanto tiempo, es para mí un
hecho tan significativo que no puedo atribuirlo a una mera
casualidad. Pienso que es el resultado —en todo caso es el símbolo—
de una conjunción de esas fuerzas que operan en el contexto de una
familia de naciones con la función de sobrepasar los hechos
anormales y restablecer su equilibrio, en la solidaridad y en el mutuo
respeto de sus similitudes y diferencias.

El tercer motivo *enlaza* para mí la satisfacción espiritual con un
cierto escrúpulo moral —acaso un prejuicio—, fundado en la
desproporción que siento que existe entre el valor intrínseco del
premio y la conciencia de mis limitaciones como autor de obras
literarias. Me satisface el pensar que mi obra fuera premiada por
haber sido creada teniendo como modelo la obra maestra cervantina.

       une

La concesión del premio me confirmó la certeza de que también la
literatura es capaz de ganar batallas contra la adversidad sin más
armas que la letra y el espíritu, sin más poder que la imaginación y el
lenguaje. No es entonces la literatura —me dije con un definitivo
deslumbramiento— un mero y solitario pasatiempo para los que
escriben y para los que leen, separados y a la vez unidos por un libro,
sino también un modo de influir en la realidad y de transformarla con
las fábulas de la imaginación que en la realidad se inspiran. Ésa es la
primera gran lección de las obras de Cervantes . . .

       iluminación

■ ¿Comprendiste la lectura?

A. ¿Sí o no? Con un(a) compañero(a), decide si estás de acuerdo o no con los siguientes comentarios. Si no, di por qué no.

1. El Premio Cervantes es otorgado por el gobierno español para reconocer la obra de los mejores escritores de lengua castellana de España y Latinoamérica.
2. Roa Bastos recibió el Premio Cervantes en Tolosa, Francia.
3. A la entrega del Premio Cervantes asistieron los reyes de España.
4. Ese mismo día, Roa Bastos también recibió un doctorado *honoris causa* concedido por la Universidad de Toulouse-Le Mirail.
5. Roa Bastos dijo que el derrocamiento de la dictadura en Paraguay significaba el fin del exilio de diez mil ciudadanos paraguayos.
6. Según Roa Bastos, la literatura no puede ganar ninguna batalla porque no ofrece armas efectivas para pelear.
7. Al final de este fragmento de su discurso, Roa Bastos afirmó que la literatura no es sólo un pasatiempo sino también un modo de influir en la realidad y que ésa era la primera gran lección de las obras de Cervantes.

B. Hablemos de la lectura. Contesten estas preguntas en grupos de tres o cuatro.

1. ¿Quién es Augusto Roa Bastos?
2. ¿Qué enseñó como profesor en la Universidad de Toulouse-Le Mirail en Francia?
3. ¿Por qué crees que el premio otorgado a los mejores escritores en lengua castellana lleva el nombre de "Premio Cervantes"?
4. ¿Por qué piensas que asistieron los reyes de España a la entrega del premio?
5. ¿Por qué viste Roa Bastos toga universitaria en esa ocasión?
6. ¿Por qué España, Francia y Paraguay son países muy queridos por él?
7. Según Roa Bastos, ¿cuáles son las tres razones principales por las que este premio tiene mucha importancia para él?
8. ¿Admira el autor paraguayo la obra de Miguel de Cervantes Saavedra? ¿Qué indicación de esto hay en el discurso?

Palabras como clave: *fortuna*

Para ampliar el vocabulario. De la palabra **fortuna** se derivan varias palabras como **afortunado(a), afortunadamente, desafortunado(a), desafortunadamente** y expresiones como **por fortuna,** un sinónimo de **afortunadamente.** Con un(a) compañero(a), responde a las siguientes preguntas.

1. ¿A cuánto asciende la **fortuna** de Bill Gates?
2. ¿Cuándo te sientes más **afortunado(a),** cuando recibes una "A" en un examen o cuando recibes una carta de un(a) amigo(a)?
3. ¿Por qué dice todo el mundo que **afortunadamente** el terremoto en Los Ángeles de enero de 1994 ocurrió a las 4:30 de la mañana?
4. El año pasado, ¿tuviste alguna experiencia que te hizo sentir **desafortunado(a)**? Explica brevemente.

Dramatizaciones

A. La misión. Tú y un(a) compañero(a) son jesuitas en una reducción de Paraguay a principios del siglo XVIII. Viendo como los colonizadores españoles están tratando a los guaraníes, deciden hacer una defensa de los indígenas frente al gobernador español. Dramatiza la audiencia frente al gobernador con dos compañeros de clase. Uno puede hacer el papel de gobernador mientras los otros dos hacen el de los jesuitas.

B. Elocuencia. El discurso de Augusto Roa Bastos cuando recibió el Premio Cervantes 1989 fue un discurso muy elocuente. La retórica en tales situaciones es una parte muy importante de la cultura latina. Con un(a) compañero(a), prepara una lista de expresiones retóricas que usó Roa Bastos en su discurso, y úsenlas para elaborar un discurso elocuente que pudieran darles a su familia y a sus amigos en la ocasión de su graduación.

Misión jesuítica

La presa gigante de Itaipú

El río Paraná forma la frontera suroriental de Paraguay, primero con Brasil y luego con Argentina, y es su única salida al mar. Es un río que marca la historia paraguaya desde el establecimiento de aldeas guaraníes en sus márgenes. También es ahora fuente de energía y de riqueza con la construcción de la gran presa de Itaipú, la planta hidroeléctrica más grande del mundo. Este gigantesco proyecto resultó de un acuerdo entre Paraguay y Brasil, firmado en abril de 1973. Este acuerdo estableció Itaipú Binacional, una empresa que ambos países comparten por partes iguales.

La construcción de la presa comenzó ese mismo año y terminó en 1982, con un costo calculado de 19 mil millones de dólares. Durante la "euforia de Itaipú" se crearon más de 100.000 empleos en Paraguay y la presa se convirtió en la locomotora del desarrollo de la región. Aunque el tratado binacional especificaba que el 50% de todos los grandes contratos serían para compañías paraguayas, muchos observadores piensan que las compañías brasileñas realizaron el 75% de las obras.

La presa que retiene las aguas del Paraná es tan alta como un edificio de sesenta pisos y tiene una longitud de punta a punta de cinco millas. En octubre de 1984 se comenzó a producir electricidad. Existen dieciocho enormes generadores de electricidad en Itaipú. Como Paraguay sólo puede utilizar una fracción de la electricidad que le corresponde, le vende el resto a Brasil a un precio predeterminado. Muchos analistas piensan que Paraguay podría obtener una mayor compensación. En un futuro cercano, Paraguay también se beneficiará de otros proyectos hidroeléctricos situados en el río Paraná, como el de Yacyretá, que comparte con Argentina.

Itaipú. Con un(a) compañero(a), prepara un resumen de esta ventana. Incluye en el resumen los acontecimientos más importantes en el orden en que ocurrieron.

Vocabulario personal

La realidad mágica. En **Escribamos ahora,** vas a escribir un cuento original en el que la realidad y la imaginación se van a combinar y hacerse una nueva realidad mágica. En preparación para esa tarea, prepara una lista de vocabulario que crees que vas a necesitar para darle mucho colorido 1) a la realidad de la situación inicial, 2) a lo imaginario de la situación resultante y 3) otras palabras o expresiones útiles. Tal vez debas volver a la lectura "Continuidad de los parques" para encontrar vocabulario apropiado.

La realidad

1. robles
2. terciopelo
3. ventanales
4. . . .
5. . . .
6. . . .
7. . . .
8. . . .

Lo imaginario

1. furtivo(a)
2. bruma malva
3. crepúsculo
4. . . .
5. . . .
6. . . .
7. . . .
8. . . .

Otras palabras y expresiones

1. receloso(a)
2. chicotazo
3. mejilla
4. . . .
5. . . .
6. . . .
7. . . .
8. . . .

Escribamos ahora

A. A generar ideas: la realidad y la imaginación

1. **El realismo mágico.** En esta unidad, la lectura "Continuidad de los parques" combina la realidad y la imaginación para crear una nueva realidad en la que el lector de una novela en la primera escena se convierte en la víctima en la escena final.

Juanito en la laguna de Antonio Berni

Este cuadro también representa contrastes de la realidad y la imaginación. Estúdialo y luego contesta las preguntas que siguen con un(a) compañero(a). Compartan sus ideas con la clase.

a. ¿Quién es Juanito Laguna? ¿Qué representa?
b. En el cuadro de Berni, ¿qué representa la realidad y qué representa lo imaginario?
c. ¿Dónde está Juanito en el cuadro? ¿En qué consiste "la tierra"? En tu opinión, ¿qué sugiere Berni en este cuadro?

2. **Desarrollo de ideas.** En esta unidad vas a redactar un cuento que combine la realidad y la imaginación. El cuento puede basarse en algún cuadro de arte que tú selecciones de cualquier libro de arte o, si prefieres, en tus propias experiencias. Piensa en algunas experiencias personales y prepara una lista de "realidades". Luego, en una segunda columna, suelta tu imaginación e interpreta las "realidades" de una manera diferente e imaginativa.

Realidad	Imaginación
Estás en casa, cenando con la familia.	Estás en otro planeta. Eres el (la) invitado(a) de honor en un banquete.
Estás en tu clase de literatura.	Hay un titiritero tirando las cuerdas y controlando a todos en la clase. Profesor(a) y estudiantes, todos son títeres.
. . .	. . .

Comparte tus ideas para un cuento con uno o dos compañeros de clase. Explica lo que piensas desarrollar y escucha sus ideas y sugerencias. Haz comentarios también acerca del cuento que ellos piensan desarrollar y ofrece ideas para ayudarlos a elaborar sus ideas.

3. **Organización antes de escribir.** Selecciona una de las ideas que desarrollaste y empieza a organizar tu cuento. Tal vez quieras empezar por hacer un esquema o diagrama que te ayude a ordenar los elementos principales y los detalles de tu cuento.

B. El primer borrador

Siguiendo el esquema o diagrama que desarrollaste en la sección anterior, prepara un primer borrador de tu cuento. No olvides de incluir suficientes detalles descriptivos y de seleccionar palabras que le den colorido a lo que quieras comunicar.

Chile

Nombre oficial:
República de Chile

Extensión:
736.905 km²

Principales ciudades:
*Santiago (capital),
Concepción,
Valparaíso,
Viña del Mar*

Moneda:
Peso chileno (Ch$)

Gente del Mundo 21

Roberto Matta, artista, nació en 1911 en Santiago. Finalizó la carrera de arquitectura y trabajó en Francia con el famoso arquitecto Le Corbusier. Comenzó a pintar en 1938, uniéndose al movimiento surrealista centrado en París. Emigró a Nueva York en tiempos de la Segunda Guerra Mundial. Ha vivido en Francia e Italia. Tuvo un gran impacto en el desarrollo del movimiento del expresionismo abstracto en EE.UU. En sus pinturas, que sirven para crear analogías intuidas del mundo, existe una explosión de colores. Matta es considerado como el máximo exponente del surrealismo latinoamericano. Ha recibido varios premios internacionales en España y Japón.

Isabel Allende, chilena, nació en Lima en 1942. A los diecisiete años empezó a trabajar como periodista y comenzó a escribir en 1981 durante su exilio en Venezuela. Publicó su novela *La casa de los espíritus* en 1982, obra en la cual fue basada la película de Hollywood de 1995 que lleva el mismo título. Sus obras incluyen *Eva Luna* (1987), *El plan infinito* (1991) y *La hija de la fortuna* (1999). El libro *Paula* (1995) fue escrito para contarle la historia de su familia en Chile a su hija enferma, quien permanecía inconsciente durante su enfermedad. El arduo proceso de redactar esta novela sirvió de aliento para sobrellevar la muerte de su hija. Vive actualmente en EE.UU.

Pablo Neruda (1904-1973), poeta chileno, nació en Parral. Su nombre original era Neftalí Ricardo Reyes Basoalto pero desde la publicación de su primer libro, *Crepusculario* (1923), usó el nombre de Pablo Neruda tomado de un poeta checo. Su segundo libro de poemas, *Veinte poemas de amor y una canción desesperada* (1924), publicado cuando tenía sólo veinte años, lo hizo uno de los más célebres escritores chilenos. Como diplomático chileno vivió en varios países de Asia donde escribió su libro *Residencia en la tierra* (1933). También vivió en España donde la Guerra Civil Española lo inspiró a escribir *España en el corazón* (1937). En 1945 fue elegido senador chileno por el Partido Comunista pero tres años después el gobierno lo persiguió y se vio obligado a salir del país. En su obra *Canto general* (1950) hace un recorrido poético por el continente. En 1971 recibió el Premio Nóbel de Literatura y dos años más tarde murió en su residencia de Isla Negra, trece días después de la caída del gobierno de Salvador Allende.

Violeta Parra (1917-1967), artista, era hija de un profesor de música y una campesina guitarrista y cantante. A los 12 años compuso sus primeras canciones. Viajando por las zonas rurales, grabó y recopiló la música folclórica chilena. Su interés en lo folclórico la impulsó a ser pintora, escultora, bordadora y ceramista. Fue la primera de todos los artistas latinoamericanos en exponer sus obras en el Museo del Louvre en Paris. Gracias a que la cantante popular argentina Mercedes Sosa ha grabado mucha de su música, Parra es ahora reconocida mundialmente como una gran compositora.

Personalidades del Mundo 21. Prepara tres preguntas sobre cada personaje. Luego hazle las preguntas a un(a) compañero(a) de clase y contesta las preguntas que te haga a ti.

DEL PASADO al presente

CHILE: UN LARGO Y VARIADO DESAFÍO AL FUTURO

Chile es un estrecho y largo país que se extiende entre la ladera occidental de la cordillera de los Andes y el océano Pacífico. El nombre de Chile proviene de la palabra aymara *chilli*, que significa "confines de la Tierra" y describe a este país que se encuentra prácticamente aislado del resto de Sudamérica por los impenetrables Andes.

Santiago de Chile con Los Andes en el fondo

LA CONQUISTA Y LA COLONIA ESPAÑOLA

A la llegada de los españoles, el territorio chileno estaba habitado por unos 500.000 indígenas. El norte estaba ocupado por pueblos incorporados al imperio inca, como los atacameños y diaguitas. En la zona central y al sur del río Bío-Bío vivían los mapuches —llamados araucanos por los españoles— que resistieron durante siglos a la colonización.

Fernando de Magallanes fue el primer europeo que vio las tierras chilenas durante su viaje alrededor del mundo. Un estrecho en el extremo sur lleva su nombre. En 1536, Diego de Almagro, un colaborador de Francisco Pizarro, exploró el territorio esperando conquistar "otro Perú", pero regresó decepcionado al no encontrar metales preciosos. En 1540, Pedro de Valdivia inició la colonización de la región y al siguiente año fundó Santiago, que pronto se vio atacada por los indígenas. En 1553, el cacique

Pedro de Valdivia

araucano Lautaro logró capturar y matar a Valdivia en la zona sur del país. A pesar de formar parte del Virreinato del Perú, la colonia permaneció muy aislada y era pobre en comparación con otras colonias del imperio español. Esto se debió a la falta de metales preciosos y al aislamiento del terreno.

LA INDEPENDENCIA

En 1810, se estableció en Santiago un gobierno provisional que realizó importantes reformas como la proclamación de la libertad económica y la promoción de la educación.

Pero cuatro años más tarde Chile volvió a quedar bajo el dominio español. El general argentino José de San Martín y el chileno Bernardo O'Higgins comandaron un ejército que atravesó los Andes y derrotó a los españoles en 1817. O'Higgins tomó Santiago y pasó a gobernar el país con el título de director supremo. El 12 de febrero de 1818 se proclamó la independencia y Chile se convirtió en una república. En 1822, O'Higgins promulgó la primera constitución pero ante una creciente oposición abandonó el poder el siguiente año.

Bernardo O'Higgins

EL SIGLO XIX

Entre 1823 y 1830 existió un caos político; en siete años treinta gobiernos tomaron el poder. La crisis terminó cuando Diego Portales tomó control del país en 1830 y promulgó, tres años más tarde, una nueva constitución con un sistema político centralizado. De 1830 a 1973 la historia política de Chile se distingue de otras naciones latinoamericanas por tener gobiernos constitucionales democráticos y civiles interrumpidos únicamente por dos interludios de gobiernos militares.

Mina de nitrato

La necesidad de equilibrar la balanza de pagos llevó al gobierno chileno a interesarse por las minas de nitrato o salitre de la frontera norte, de la provincia boliviana de Antofagasta, y las peruanas de Arica y Tarapacá. Chile inició la Guerra del Pacífico (1879–1883) y su victoria sobre la coalición peruano-boliviana le permitió la anexión de estos territorios.

LOS GOBIERNOS RADICALES Y DEMÓCRATAS CRISTIANOS

Comenzando en 1924 se inició un período de caos político causado por una crisis económica; entre 1924 y 1932 se sucedieron veintiún gabinetes. En 1938 tomó el poder una coalición de izquierda que incluía el partido Radical, Socialista y Comunista. Durante los catorce años de gobierno radical se produjo un claro desarrollo industrial y aumentó el porcentaje de población urbana, que alcanzó el 60% en 1952.

Eduardo Frei Montalva en 1964

En 1957 se fundó el partido Demócrata Cristiano, que era un partido reformista de centro. Eduardo Frei Montalva, candidato de este partido, ganó las elecciones de 1964 con la consigna "revolución en libertad" e impulsó una reforma agraria que limitaba las propiedades agrícolas a ochenta hectáreas.

EL EXPERIMENTO SOCIALISTA Y EL GOBIERNO MILITAR

La coalición de izquierda denominada Unidad Popular, fundada en 1969, obtuvo el triunfo para su candidato, el socialista Salvador Allende, en las elecciones de 1970.

Valparaíso, Chile

Allende se proponía una transición pacífica al socialismo que incluía mejoras sociales para el beneficio de las clases más desfavorecidas. Pero la hiperinflación, la paralización de la producción y el boicoteo del capital extranjero, principalmente estadounidense, aumentaron la oposición de las clases medias y altas al gobierno.

El 11 de septiembre de 1973 las fuerzas armadas tomaron el poder. Allende murió durante el asalto al palacio presidencial de la Moneda. Una junta militar, presidida por Augusto Pinochet, jefe del ejército, revocó las decisiones políticas de Allende. El congreso fue disuelto —acción sin precedente en la historia de Chile. Todos los partidos políticos fueron prohibidos y miles salieron al exilio. Se calcula que cerca de

Augusto Pinochet

4.000 personas "desaparecieron". En 1981 una nueva constitución prolongó hasta 1989 el régimen existente.

EL REGRESO DE LA DEMOCRACIA

A finales de la década de 1980 el país gozó de una intensa recuperación económica. En 1988 el gobierno perdió un referéndum que habría mantenido a Pinochet en el poder hasta 1997. En 1990 asumió el poder un nuevo presidente elegido democráticamente, el demócrata cristiano Patricio Aylwin, quien mantuvo la exitosa estrategia económica del régimen anterior, pero buscó liberalizar la vida política. En diciembre de 1993 fue elegido presidente el candidato del partido Demócrata Cristiano Eduardo Frei Ruiz-Tagle, hijo del ex presidente Eduardo Frei Montalva.

En 1998 Pinochet viajó a Inglaterra para recibir tratamiento médico. Fue detenido para ser juzgado por la Comunidad Europea por abusos cometidos durante su gobierno. Sin embargo se le dio el derecho de regresar a Chile, donde estuvo procesado.

En enero de 2000 Ricardo Lagos fue elegido el primer presidente socialista en treinta años. Chile se ha constituido en una sociedad donde florece el progreso económico y crece la democracia.

Patricio Aylwin y Eduardo Frei Ruiz-Tagle

■ ¡A ver si comprendiste!

¿Quién? ¿Qué? ¿Cuándo? ¿Recuerdas los datos más importantes de la lectura? Para asegurarte, contesta estas preguntas.

1. ¿De qué palabra aymara proviene el nombre de Chile? ¿Qué significa?
2. ¿Cómo llamaron los españoles a los indígenas mapuches?
3. ¿Quién fundó Santiago? ¿Qué fin tuvo este conquistador español?
4. ¿Quién fue Bernardo O'Higgins?
5. ¿En qué consistió la Guerra del Pacífico? ¿Qué territorios adquirió Chile como resultado de esta guerra?
6. ¿Cuál era la consigna de Eduardo Frei Montalva, el candidato del partido Demócrata Cristiano en las elecciones presidenciales de 1964?
7. ¿Qué proponía Salvador Allende, candidato de la coalición de izquierda Unidad Popular?
8. ¿Qué ocurrió el 11 de septiembre de 1973? ¿Qué consecuencias tuvo este evento en la historia de Chile?
9. ¿Por qué piensas que el gobierno del general Pinochet perdió el referéndum de 1988 en que proponía extender su poder hasta 1997?

INTERNET
Prueba interactiva
www.mcdougallittell.com

Mercado en Valdivia

Chile: frutería del mundo

Desde finales de la década de 1980, la economía chilena ha crecido a un paso acelerado. En 1974 la inflación alcanzó un 505%, mientras que en 1993 sólo llegó a 12%. Ese mismo año el porcentaje de desempleo en Chile era del 4%, el más bajo de toda Latinoamérica. Este éxito económico se basa, en parte, en un aumento de las exportaciones. Hace 20 años las exportaciones contribuían alrededor del 20% del producto doméstico bruto; en la década de 1990 eran típicamente el 35%. Los productos agrícolas, especialmente frutas y hortalizas, han sido unas de las áreas de exportación de mayor crecimiento.

Aprovechando que está situado en el hemisferio sur y por lo tanto sus estaciones del año difieren de las del hemisferio norte, Chile manda por barco y avión frutas que por lo general no se pueden conseguir en el norte a precios competitivos. Así, es posible encontrar en supermercados de EE.UU., en pleno invierno, muchas frutas frescas chilenas como uvas, manzanas, peras, melocotones, frambuesas, guayabas y papayas. Las frutas chilenas han conquistado un gran mercado en los países industrializados del norte. Chile se ha convertido en una verdadera frutería del mundo. ¡Quizás hasta el próximo kiwi que comas provenga de los valles templados chilenos!

Frutería del mundo. Contesta estas preguntas con un(a) compañero(a) y comparen sus respuestas con las del resto de la clase.
1. ¿Qué frutas se pueden comprar en los supermercados de su ciudad en el invierno?
2. ¿De dónde vienen estas frutas? (Si no lo saben, pregúntenle a la persona encargada de la sección de frutas y verduras.)
3. ¿Por qué creen Uds. que EE.UU. importa frutas de Chile, el país sudamericano más lejano, en vez de importarlas de otros países más cercanos?

Luz, cámara, acción

Antes de empezar el video

Poco después de independizarse de España, la mayoría de las naciones hispanoamericanas optaron por un sistema republicano de gobierno, con separación de poderes (ejecutivo, legislativo y judicial) y con elecciones democráticas. La práctica de la democracia ha sido una de las aspiraciones más anheladas no sólo de los pueblos hispanohablantes sino del mundo entero. ¿Por qué será esto?

1. Con uno o dos compañeros de clase, piensa en los muchos aspectos de la democracia y prepara una lista de todo lo que la democracia es para ustedes. Luego combinen su lista con las de otros dos grupos para ver cuántos elementos distintos de la democracia pueden nombrar.
2. Si en EE.UU. se perdiera la democracia, ¿qué es lo que más echarías de menos? Explica tu respuesta.
3. En tu opinión, ¿cuál poder es más importante en una democracia, el ejecutivo, el legislativo o el judicial? ¿Por qué crees eso?

El retorno de la democracia

La larga historia de democracia en Chile se vio violentada por el golpe militar contra el presidente Salvador Allende en 1973. El general Augusto Pinochet impuso una dictadura que fue rechazada por los votantes chilenos en 1988, cuando votaron en contra de una enmienda a la constitución chilena que le permitiría al general Pinochet permanecer en el poder hasta 1997.

En diciembre de 1989, Patricio Aylwin, candidato del partido Demócrata Cristiano, fue elegido presidente y en marzo de 1990 tomó el poder en una emotiva ceremonia en el Estadio Nacional de Santiago de Chile. Eduardo Frei Ruiz-Tagle, candidato del partido Demócrata Cristiano e hijo del presidente Eduardo Frei Montalva (1964–1970), fue a su vez elegido presidente en las elecciones de diciembre de 1993.

■ ¡A ver si comprendiste!

¿Quién? ¿Qué? ¿Cuándo? ¿Recuerdas los datos más importantes de la lectura? Para asegurarte, contesta estas preguntas con un(a) compañero(a).

1. ¿Quién es Augusto Pinochet?
2. ¿Qué rechazaron los votantes chilenos en 1988?
3. ¿Cuándo fue elegido presidente Patricio Aylwin? ¿Cuándo y en dónde tomó posesión del cargo de presidente?
4. ¿Qué relación hay entre Eduardo Frei Montalva y Eduardo Frei Ruiz-Tagle?

Y ahora,

¡veámoslo!

En este video verán un segmento de la ceremonia de la toma de posesión de Patricio Aylwin como presidente de Chile que se realizó en el Estadio Nacional de Santiago de Chile en marzo de 1990. El discurso del presidente Aylwin está acompañado de diversas imágenes que ilustran la historia y la vida cotidiana de Chile.

El video: Chile— los frutos de la paz

La bandera chilena en el Estadio Nacional

El presidente Patricio Aylwin

■ *A ver cuánto comprendiste . . .*

A. Dime si entendiste. Después de ver el video, contesta estas preguntas.

1. ¿Qué expresión usa el presidente Aylwin al tomar posesión de la presidencia?
2. ¿Qué formaron cientos de chilenos en el campo del Estadio Nacional durante la inauguración presidencial? ¿Qué formas y colores utilizaron?
3. ¿Qué significa el dicho mencionado por el presidente Aylwin: "lo cortés no quita lo valiente"?
4. ¿Qué hace un joven al mismo tiempo que dice "los jóvenes no tenemos un pelo de tontos"? ¿Por qué piensas que hizo esto?
5. Después de ver el video, ¿qué visión tienes de Chile? ¿Es diferente de la que tenías antes?

B. ¿Y qué dices tú? Contesten estas preguntas en grupos de tres o cuatro. Luego díganle a la clase cómo contestaron cada pregunta.

1. ¿Por qué se titula la primera sección del video: "Aprender a caminar de nuevo"?
2. ¿Por qué al comienzo del video aparecen unos caballos encerrados que luego rompen su encierro y corren libres por una colina?
3. ¿Por qué dice el presidente Aylwin "Chile es uno solo"?
4. ¿Cómo interpretas el lema: "Por el derecho de vivir en paz, Chile da la cara"?
5. ¿Qué imágenes aparecen en la penúltima sección titulada "Abrimos todas las ventanas"?
6. ¿Cuál es la imagen que más te impresionó de todo el video? ¿Por qué?

PASAPORTE cultural

¡Veinte preguntas! Trabajen en grupos de cuatro o seis. Divídanse en dos equipos y usen las tarjetas que su profesor(a) les va a dar para jugar **¡Veinte preguntas!** Hay dos juegos de tarjetas: el juego **A** para un equipo y el juego **B** para el otro. En cada juego hay un total de veinte preguntas. Los equipos deben turnarse al hacerse las preguntas. Todos los miembros de un equipo pueden participar en contestar las preguntas. Cada respuesta correcta vale un punto. Las respuestas correctas aparecen al dorso de cada tarjeta. ¡Buena suerte!

Escribamos ahora

A. Primera revisión

Intercambia tu redacción (de la página 411) con la de un(a) compañero(a), léela cuidadosamente y considera las siguientes preguntas.

1. ¿Es clara y comprensible la primera situación? ¿Parece estar completa o te gustaría tener más información?
2. ¿Puedes sugerir algunas palabras descriptivas que le den más colorido a la primera situación?
3. ¿Es fácil seguir la transición de la primera situación a la segunda?
4. ¿Puedes sugerir más detalles o información para darle más colorido a la situación resultante?

Menciona lo que te gusta del cuento de tu compañero(a) tanto como lo que sugieres que haga para mejorarlo.

B. Segundo borrador

Escribe una segunda versión de tu cuento incorporando algunas de las sugerencias que tu compañero(a) te hizo y otras que se te ocurran a ti.

C. Segunda revisión

Prepárate para revisar tu cuento con las siguientes actividades.

1. Hojea el cuento de Julio Cortázar e indica cuáles de los siguientes tiempos verbales usa en "Continuidad de los parques".

presente indicativo	pretérito
futuro	imperfecto
presente de subjuntivo	condicional
presente progresivo	presente perfecto
mandatos	pluscuamperfecto

   Hay algunas oraciones donde el autor usa varios tiempos verbales en la misma oración. ¿Puedes encontrar unos ejemplos? ¿Qué tiempos verbales tienden a aparecer juntos?

2. Ahora indica qué tiempos verbales usa el cuentista uruguayo Mario Levrero en este trozo del cuento "Siukville".

> —No esté tan seguro, Karl. Y, de todos modos, se necesita tanto valor para tomar una decisión como para no tomar ninguna. Recuérdelo, Karl: el tiempo pasa, y no tomar decisiones equivale a tomar la decisión más terrible.
> El viejo ríe entre dientes, sin alegría.
> —Tal vez, un día, Siukville llegue a usted, mágicamente —dijo.
> —Tal vez —respondí, y regresé a mi silla, tomé las cartas del viejo sin mirarlas y se las alcancé—. Es su turno —dije.

¿Usa sólo tiempos verbales en el pasado o usa el presente también? ¿Qué determina los tiempos verbales que se usan?

3. Ahora dale una rápida ojeada a tu composición para asegurarte de que no haya errores en el uso de tiempos verbales. Luego intercambia composiciones con un(a) compañero(a) y revisa su uso de tiempos verbales.

D. Versión final

Considera los comentarios de tu compañero(a) sobre el uso de tiempos verbales y revisa tu cuento por última vez. Como tarea, escribe la copia final a máquina o en la computadora. Antes de entregarla, dale un último vistazo a la acentuación, la puntuación y la concordancia.

E. Publicación

Cuando tu profesor(a) te devuelva la composición corregida, prepara una versión para publicar. Incluye dos ilustraciones, una representando la situación inicial y la otra la situación imaginativa. Tal vez encuentres unas fotos o dibujos que puedas usar o quizás quieras pedirle a un(a) amigo(a) que dibuja bien que te ayude.

INTERNET
Taller de escritura
www.mcdougallittell.com

Manual de gramática

LP.1 Sustantivos

Género de los sustantivos

Los sustantivos en español tienen género masculino o femenino. El género de la mayoría de los sustantivos es arbitrario, pero hay reglas que te pueden servir de guía.

■ La mayoría de los sustantivos que terminan en **-a** son femeninos; los que terminan en **-o** son masculinos.

la gracia	el mundo
la literatura	el premio

Algunas excepciones de uso común son:

la mano	el día
la foto (=la fotografía)	el mapa
la moto (=la motocicleta)	el cometa

■ Los sustantivos que se refieren a varones son masculinos y los que se refieren a mujeres son femeninos.

el enfermero	la enfermera
el escritor	la escritora
el hombre	la mujer
el padre	la madre

■ Algunos sustantivos, tales como los que terminan en **-ista**, tienen la misma forma para el masculino y el femenino. El artículo o el contexto identifica el género.

el artista	la artista
el cantante	la cantante
el estudiante	la estudiante
el pianista	la pianista

■ La mayoría de los sustantivos que terminan en **-d, -ión** y **-umbre** son femeninos.

la realidad	la confusión	la costumbre
la comunidad	la cuestión	la muchedumbre
la pared	la tradición	la certidumbre

Algunas excepciones a esta regla son:

el césped	el avión
el ataúd	el camión

■ Los sustantivos **persona** y **víctima** son siempre femeninos, incluso si se refieren a un varón.

Matilde es una persona muy creativa.
Pedro es una persona muy imaginativa.

- Algunos sustantivos de uso común terminados en **-ma** son masculinos.

el idioma	el problema	el clima
el poema	el programa	el tema

- La mayoría de los sustantivos que terminan en **-r** o **-l** son masculinos.

el favor	el papel
el lugar	el control

Algunas excepciones a esta regla son:

la flor	la catedral
la labor	la sal

- Los sustantivos que nombran los meses y los días de la semana son masculinos; son igualmente masculinos los que nombran océanos, ríos y montañas.

el jueves	el Pacífico
el cálido agosto	el Everest

La palabra **sierra**, en el sentido de cadena de montañas, es femenina: **la** sierra Nevada.

- Algunos sustantivos tienen dos géneros; el significado del sustantivo determina el género.

el capital *(dinero)*	la capital *(ciudad)*
el corte *(del verbo **cortar**)*	la corte *(del rey, o la corte judicial)*
el guía *(un varón que guía)*	la guía *(un libro; una mujer que guía)*
el modelo *(un ejemplo; un varón que modela)*	la modelo *(una mujer que modela)*
el policía *(un varón policía)*	la policía *(la institución; una mujer policía)*

Ahora, ¡a practicar!

A. La tarea. Ayúdale a Pepito a hacer la tarea. Tiene que identificar el sustantivo de género diferente, según el modelo.

MODELO   opinión, avión, satisfacción, confusión
        el avión (los otros usan el artículo **la**)

1. mapa, literatura, ciencia, lengua
2. ciudad, césped, variedad, unidad
3. problema, tema, cama, poema
4. calor, color, clamor, labor
5. metal, catedral, canal, sol
6. moto, voto, estilo, proceso

B. **¿Fascinante?** Indica si en tu opinión lo siguiente es o no es fascinante.

MODELO   variedad cultural
La variedad cultural es fascinante. o **La variedad cultural no es fascinante.**

1. artista Wifredo Lam
2. idioma español
3. diversidad multicultural de EE.UU.
4. capital de nuestro estado
5. programa "El espejo enterrado"
6. guía turística de mi estado
7. pintura "El jaguar y la serpiente" de Rufino Tamayo
8. foto de Machu Picchu

El plural de los sustantivos

Para formar el plural de los sustantivos se siguen las siguientes reglas básicas.

■ Se agrega una **-s** a los sustantivos que terminan en vocal.

lengua	lenguas
instante	instantes
candidato	candidatos
tribu	tribus

■ Se agrega **-es** a los sustantivos que terminan en consonante.

escritor	escritores
origen	orígenes

■ Los sustantivos que terminan en **-es** o en **-is**, con vocal inacentuada, usan la misma forma para el singular y el plural.

el lunes	los lunes
la crisis	las crisis

Cambios ortográficos

■ Los sustantivos que terminan en **-z** cambian la **z** en **c** en el plural.

la voz	las vo**c**es
la raíz	las raí**c**es

■ Los sustantivos que terminan en una vocal acentuada seguida de **-n** o **-s** pierden el acento ortográfico en el plural.

la misión	las misiones
el interés	los intereses

Ahora, ¡a practicar!

Contrarios. Tú y tu mejor amigo(a) son completamente diferentes. ¿Qué dices tú cuando tu amigo(a) hace estos comentarios?

MODELO   No asisto a ninguna fiesta.
                Asisto a muchas fiestas.

1. No tengo ningún interés.
2. No asisto a ningún festival folklórico.
3. No reconozco a ninguna actriz hispana.
4. No escribo sobre ningún tema.
5. No conozco a ningún hablante de náhuatl.
6. No paso por ninguna crisis ahora.
7. No tratamos ninguna cuestión importante.
8. No me gusta ninguna ciudad grande.

LP.2   Artículos definidos e indefinidos

Artículos definidos

Formas

	Masculino	Femenino
Singular	el	la
Plural	los	las

■ El género y el número del sustantivo determina la forma del artículo.

valle	→	*masculino singular*	→	**el** valle
calle	→	*femenino singular*	→	**la** calle
colores	→	*masculino plural*	→	**los** colores
labores	→	*femenino plural*	→	**las** labores

■ Nota las siguientes contracciones.

    a + el = al
    de + el = del

    ¿Conoces **al** autor **del** cuento "El Aleph"?
    La diversidad es una **de las** cuestiones centrales **del** siglo XXI.

■ El artículo **el** se usa con sustantivos femeninos singulares que comienzan con **a-** o **ha-** acentuada. En tal caso, va inmediatamente delante del sustantivo; de otro modo, se usa la forma **la** o **las**.

> **El arma** más poderosa para combatir la pobreza es la educación.
> **El agua** de este lago está contaminada.
> **Las aguas** de muchos ríos están contaminadas.

Nombres femeninos de uso común que comienzan con **a-** o **ha-** acentuada:

águila	área
agua	aula
ala	habla
alba	hada
alma	hambre

Usos

El artículo definido se usa en los siguientes casos:

■ Con sustantivos usados en sentido general o abstracto.

> **Las culturas** nacen y renacen en el contacto con los otros.
> **Las lenguas** son más vastas que **las naciones**.
> Respetamos **la** diversidad cultural.

Nota para el bilingüe: En contraste con el español, el inglés omite el artículo definido con sustantivos usados en sentido general o abstracto: _Cultures are born and reborn in their contact with others._

■ Con partes del cuerpo o artículos de ropa cuando va precedido de un verbo reflejo o cuando es claro quién es el poseedor.

> ¿Puedo sacarme **la** corbata?
> Me duele **el** hombro.

Nota para el bilingüe: En estos casos el inglés usa un adjetivo posesivo con partes del cuerpo o artículos de ropa: _Can I take off my shirt?_

■ Con nombres de lenguas, excepto cuando siguen a **en, de** o a las formas del verbo **hablar**. A menudo se omite el artículo después de verbos de uso frecuente con las lenguas: **aprender, enseñar, entender, escribir, estudiar, saber y leer**.

> **El** español y **el** quechua son las lenguas oficiales de Perú.
> Este libro está escrito en portugués. Yo no entiendo (**el**) portugués, pero un amigo mío es profesor de portugués.

■ Con títulos, excepto **San/Santa** y **don/doña**, cuando se habla acerca de alguien. Se omite el artículo cuando se habla directamente a alguien.

> Necesito hablar con **el** profesor Núñez.
> —Doctora Cifuentes, ¿cuáles son sus horas de oficina?
> ¿Conoces a **don** Eugenio?
> Hoy es el día de **Santa** Teresa.

Nota para el bilingüe: En contraste con el español, el inglés omite el artículo con títulos cuando se habla a alguien: *I need to speak with professor Núñez.*

■ Con los días de la semana para indicar cuándo ocurre algo.

> Te veo **el** martes.

Nota para el bilingüe: En estos casos el inglés usa la preposición *on* con los días de la semana: *I'll see you on Tuesday.*

■ Con las horas del día y con las fechas.

> Son **las** nueve de la mañana.
> Salimos **el** dos de septiembre.

Nota para el bilingüe: En contraste con el español, el inglés omite el artículo con las horas del día: *It's nine A.M.*

■ Con los nombres de ciertas ciudades y países en los cuales el artículo forma parte del nombre, como en **Los Ángeles, La Habana, Las Antillas y El Salvador.**
El artículo definido es optativo con los siguientes países:

(la) Argentina	(el) Ecuador	(el) Perú
(el) Brasil	(los) Estados Unidos	(el) Uruguay
(el) Canadá	(el) Japón	
(la) China	(el) Paraguay	

■ Con sustantivos propios modificados por un adjetivo o una frase.

> Quiero leer sobre **el** México colonial.
> ¿Dónde está **la** pequeña Lucía?

■ Con unidades de peso o de medida.

> Las naranjas cuestan dos dólares **el kilo**.

Nota para el bilingüe: El inglés usa el artículo indefinido *a* con unidades de peso o de medida: *Those apples cost $1.50 a pound.*

Ahora, ¡a practicar!

A. Viajero. Vas a visitar algunos países hispanos. Indica por qué te interesa visitar estos países.

> MODELO   Argentina / Buenos Aires, capital
> **Voy a visitar (la) Argentina porque quiero conocer Buenos Aires, la capital.**

1. Bolivia / Sucre, antigua capital
2. México / Teotihuacán, ciudad de los dioses
3. Ecuador / Guayaquil, puerto principal
4. Brasil / Amazonas, río más largo de América
5. Perú / Machu Picchu, ruinas incaicas
6. Venezuela / Caracas, cuna del Libertador Simón Bolívar
7. Chile / Isla de Pascua, lugar misterioso lleno de gigantescos monolitos de piedra

B. Preparativos. ¿Quién es responsable de enviar las invitaciones? Para saberlo, escribe el artículo definido sólo en los espacios donde sea necesario.

—___1___ Señora Olga, ¿cuándo es la próxima exposición de ___2___ doña Carmen?
—Es ___3___ viernes próximo.
—___4___ señor Cabrera se ocupa de las invitaciones, ¿verdad?
—¿Enrique Cabrera? No, ___5___ pobre Enrique está enfermo. Tú debes enviar ___6___ invitaciones esta vez.

C. ¿Eres bilingüe? Da tus respuestas a las siguientes preguntas que te hace el(la) reportero(a) del periódico estudiantil.

1. ¿Qué lenguas hablas?
2. ¿Qué lenguas lees?
3. ¿Qué lenguas escribes?
4. ¿Qué lenguas consideras difíciles? ¿Por qué?
5. ¿Qué lenguas consideras importantes? ¿Por qué?

Artículos indefinidos

Formas

	Masculino	**Femenino**
Singular	un	una
Plural	unos	unas

■ El artículo indefinido, tal como el artículo definido, concuerda en género y número con el sustantivo al cual modifica.

> Eso es **un** error.
> "Gracias" es **una** palabra importante en todas las lenguas.

■ Cuando el artículo está inmediatamente delante de un sustantivo singular feminino que comienza con **a-** o **ha-** acentuada, se usa la forma **un**.

Ese joven tiene **un** alma noble.

Usos

El artículo indefinido indica que el sustantivo no es conocido del oyente o del lector. Una vez que se ha mencionado el sustantivo, se usa el artículo definido.

—Hoy en el periódico aparece **un** artículo sobre Gloria Estefan.
—¿Y qué dice **el** artículo?

Omisión del artículo indefinido

El artículo indefinido no se usa:

■ Detrás de **ser** y **hacerse** cuando va seguido de un sustantivo que se refiere a profesión, nacionalidad, religión o afiliación política.

Carlos Fuentes es escritor.
Mi primo es profesor, pero quiere hacerse abogado.

Sin embargo, el artículo indefinido se usa cuando el sustantivo está modificado por un adjetivo o por una frase descriptiva.

Octavio Paz es un escritor mexicano. Es un escritor de renombre mundial.

■ Con las palabras **cien(to), cierto, medio, mil, otro y tal.**

¿Quieres que te preste mil dólares?
¿De dónde voy a sacar tal cantidad?

■ Después de las preposiciones **sin** y **con**.

Nunca sale **sin sombrero**.
Vive en una casa **con piscina**.

■ En oraciones negativas y después de ciertos verbos como **tener, haber** y **buscar** cuando el concepto numérico de **un(o)** o **una** no es importante.

No tenemos coche. Necesitamos coche esta noche.
Busco solución a mi problema.

Nota para el bilingüe: En inglés no se omite el artículo indefinido en estos casos: *Octavio Paz is a writer; he is a Mexican writer. Do you want me to lend you a thousand dollars? He never leaves without a hat. We don't have a car.*

Otros usos

■ Delante de un número, los artículos indefinidos **unos** y **unas** indican una cantidad aproximada.

Unas cuatro mil palabras españolas se derivan del árabe.

■ Los artículos indefinidos **unos** y **unas** pueden omitirse delante de sustantivos plurales cuando no son el sujeto de la oración.

Necesitamos (unos) voluntarios para este fin de semana.
Veo (unos) errores en ese artículo.

Para poner énfasis en la idea de cantidad, se usa **algunos** o **algunas**.

Náhuatl, Zapotec y Zoque son **algunas** de las lenguas indígenas de México.

Ahora, ¡a practicar!

A. Personajes. Di quiénes son las siguientes personas.

MODELO   Camilo José Cela / español / novelista / novelista español
              Camilo José Cela es español. Es novelista. Es un novelista español.

1. Jorge Luis Borges / argentino / escritor / escritor argentino
2. Pablo Neruda / chileno / poeta / poeta chileno
3. Gloria Estefan / cubanoamericana / cantante / cantante cubanoamericana
4. Frida Kahlo / mexicana / pintora / pintora mexicana

B. Fiesta. Completa este párrafo con los artículos definidos o indefinidos apropiados, si son necesarios.

Me gusta asistir a ___1___ fiestas y me encanta preparar ___2___ postres. ___3___ sábado próximo voy a asistir a ___4___ fiesta y voy a preparar ___5___ torta. Vienen ___6___ (=aproximadamente) veinticinco personas a ___7___ fiesta. Debo llevar ___8___ cierta torta de frutas que es mi especialidad. Tengo ___9___ mil cosas que hacer, pero ___10___ postre va a estar listo.

C. Un científico. Completa este párrafo para conocer a Luis Walter Álvarez, un científico chicano. Presta atención porque en algunos casos debes usar la contracción **del**.

Luis Walter Álvarez es ___1___ profesor de origen hispano que enseña en ___2___ Universidad de California en Berkeley. En 1968 recibió ___3___ Premio Nóbel de Física. ___4___ profesor Álvarez es más conocido por su teoría sobre ___5___ desaparecimiento de ___6___ dinosaurios. Según ___7___ teoría de ___8___ profesor Álvarez, ___9___ dinosaurios desaparecieron a causa ___10___ choque de ___11___ gran meteoro contra ___12___ tierra.

Formas

	Verbos en -*ar*	Verbos en -*er*	Verbos en -*ir*
	comprar	**vender**	**decidir**
yo	compr**o**	vend**o**	decid**o**
tú	compr**as**	vend**es**	decid**es**
Ud., él, ella	compr**a**	vend**e**	decid**e**
nosotros(as)	compr**amos**	vend**emos**	decid**imos**
vosotros(as)	compr**áis**	vend**éis**	decid**ís**
Uds., ellos, ellas	compr**an**	vend**en**	decid**en**

■ Para formar el presente de indicativo de los verbos regulares, se quitan las terminaciones **-ar, -er** o **-ir** del infinitivo y se agregan a la raíz verbal las terminaciones que corresponden a cada pronombre, como se ve en el cuadro.

■ Para hacer oraciones negativas, se coloca la partícula **no** directamente delante del verbo.

A veces **leo** periódicos hispanos, pero **no compro** revistas hispanas.

■ Cuando el contexto o las terminaciones verbales indican claramente cuál es el sujeto, por lo general se omiten los pronombres sujetos. Sin embargo, hay que usar los pronombres sujetos para poner énfasis, para indicar claramente cuál es el sujeto o para establecer contrastes entre sujetos.

—¿Son mexicanos Gabriela Mistral y Octavio Paz?
—No, **él** es mexicano, pero **ella** es chilena.

Nota para el bilingüe: Los pronombres sujetos *it* y *they* del inglés, cuando se refieren a objetos o conceptos, no tienen equivalente en español. *It is necessary to consult the experts* = **Es necesario consultar a los expertos;** *What are those things that shine; are they gold medals?* = **¿Qué son esas cosas que brillan; son medallas de oro?**

Usos

■ Para expresar acciones que ocurren en el presente, incluyendo las acciones en curso en el momento de hablar.

> **Soy** estudiante. Me **interesa** la biología.
> —¿Qué **haces** en este momento?
> —**Estudio** para mi examen de química.

■ Para indicar acciones pre-planeadas que tendrán lugar en un futuro próximo.

> El miércoles próximo nuestra clase de ciencias **visita** el Museo de Historia Natural.

■ Para reemplazar los tiempos pasados en las narraciones, de modo que éstas resulten más vívidas y animadas.

> Octavio Paz **nace** el 31 de marzo de 1914 en el barrio Mixcoac de la Ciudad de México.

Ahora, ¡a practicar!

A. Primer Premio Nóbel hispanoamericano. Para conocer a la poeta chilena Gabriela Mistral, completa el párrafo que sigue. Usa el presente de indicativo.

> Lucila Godoy Alcayaga, más conocida como Gabriela Mistral, __1__ (nacer) en Chile, en el valle de Elqui, en 1889. Primero se __2__ (dedicar) a la enseñanza; __3__ (practicar) su profesión de maestra en muchas escuelas de Chile. Más tarde, __4__ (aceptar) cargos consulares en Europa y en América. __5__ (Publicar) su primer libro, *Desolación,* en 1922. En 1945 __6__ (recibir) el Premio Nóbel de Literatura. __7__ (Ser) la primera vez que alguien de Hispanoamérica __8__ (recibir) este premio. __9__ (Dejar) de existir en 1957, en un hospital de Nueva York.

B. Información personal. Estás en una fiesta y hay una persona muy interesada en conocerte. ¿Cómo contestas sus preguntas?

1. ¿Dónde vives?
2. ¿Con quién vives?
3. ¿Trabajas en algún lugar? ¿Ah, sí?, ¿dónde?
4. ¿Tomas el autobús para ir a clase?
5. ¿Miras mucha o poca televisión?
6. ¿Qué tipos de libros lees?
7. ¿Qué tipos de música escuchas?
8. … (inventen otras preguntas)

C. Planes. Tú y dos amigos(as) van a pasar una semana en la Playa Juan Dolio, en la costa de la República Dominicana. Di qué planes tienen para esa semana de vacaciones.

MODELO   lunes / salir hacia la República Dominicana
El lunes salimos hacia la República Dominicana.

1. martes / nadar y descansar en la playa
2. miércoles / practicar deportes submarinos
3. jueves / visitar el acuario en el Faro de Colón
4. viernes / comprar regalos para la familia
5. sábado / regresar a casa
6. domingo / descansar todo el día

D. Presente histórico. Narra de nuevo la vida de Octavio Paz que aparece a continuación, esta vez usando el presente de indicativo.

Octavio Paz nació (1) en un barrio de la Ciudad de México en 1914. Se educó (2) en la Universidad Nacional Autónoma de México. En 1933 publicó (3) *Luna silvestre*, su primer libro de poemas. En 1937 viajó (4) a España donde participó (5) en un congreso de escritores antifascistas. En 1943 recibió (6) una beca Guggenheim y viajó (7) a Estados Unidos; se quedó (8) en este país dos años. A fines de 1945 entró (9) en el servicio diplomático de México. En 1950 apareció (10) *El laberinto de la soledad*, su libro de ensayos más famoso. En 1968 renunció (11) a su cargo de embajador en la India. En 1981 recibió (12) el Premio Cervantes en España y en 1990 el Premio Nóbel de Literatura.

E. Mi vida actual. Describe tu situación personal en este momento.

MODELO   **Vivo en San José. Asisto a clases por la mañana y por la tarde. Una de las materias que más me fascina es la historia …**

INTERNET
Prueba interactiva
www.mcdougallittell.com

Lección 1

1.1   Usos de los verbos **ser** y **estar**

Usos de ser

■ Para identificar, describir o definir al sujeto de la oración.

> Henry Cisneros **es** un político hispano.
> Aztlán **es** la tierra originaria de los antiguos aztecas.

■ Para indicar el origen, la posesión o el material de que algo está hecho.

> Sabine Ulibarrí **es** de Nuevo México.
> Esos muebles antiguos **son** de mi abuelita. **Son** de madera.

■ Para describir cualidades o características inherentes de las personas, los animales y los objetos.

> Adolfo Miller **es** rubio; **es** listo y amable. **Es** pobre y su ropa **es** vieja.

■ Con el participio pasado para formar la voz pasiva. (Consúltese la *Unidad 4, p. G63* sobre la voz pasiva.)

> El Suroeste **fue** poblado por anglosajones en el siglo XIX.
> La ciudad de Albuquerque **fue** fundada en el siglo XVIII.

■ Para indicar la hora, las fechas y las estaciones del año.

> Hoy **es** miércoles. **Son** las diez de la mañana.
> **Es** octubre; **es** otoño.

■ Para indicar la hora o la localización de un evento.

> La próxima reunión del sindicato de trabajadores **es** el jueves a las siete de la
>   noche.
> La fiesta de los estudiantes hispanos **es** en el Centro Estudiantil.

■ Para formar ciertas expresiones impersonales.

> **Es** importante luchar por los derechos de los grupos minoritarios.
> **Es** fácil olvidar que muchas familias chicanas han vivido en este país por tres siglos.

Usos de estar

■ Para indicar localización.

> Mis padres son de California, pero ahora **están** en Texas.
> Nuevo México **está** al sur de Colorado.

■ Con el gerundio (la forma verbal que termina en **-ndo**) para formar los tiempos progresivos.

> La población hispana en California **está** aumenta**ndo** cada día.

■ Con un adjetivo para describir estados o condiciones o para describir un cambio en alguna característica.

> Adolfo Miller **está** triste porque Francisquita se va a casar con Víctor.
> No puedes comerte esa banana porque no **está** madura todavía.
> ¡Este café **está** frío!

■ Con un participio pasado para indicar la condición que resulta de una acción. En este caso, el participio pasado funciona como adjetivo y concuerda en género y número con el sustantivo al cual se refiere.

Acción:	*Condición resultante:*
Pedrito rompió la taza.	La taza **está rota.**
Adolfo terminó sus quehaceres.	Sus quehaceres **están terminados.**

Ser y estar con adjetivos

■ Algunos adjetivos tienen un significado diferente cuando se usan con **ser** o **estar.** Los más comunes son los siguientes:

ser	**estar**
Es aburrido. (persona que cansa)	Está aburrido. (cansado, malhumorado)
Es bueno. (bondadoso)	Está bueno. (sano)
Es interesado. (egoísta)	Está interesado. (se interesa por algo)
Es limpio. (pulcro, aseado)	Está limpio. (se ha lavado)
Es listo. (astuto)	Está listo. (preparado)
Es loco. (persona demente)	Está loco. (irreflexivo, imprudente)
Es malo. (malvado)	Está malo. (enfermo)
Es verde. (color)	Está verde. (no maduro)
Es vivo. (vivaz, despierto)	Está vivo. (no muerto)

Ese muchacho **es** aburrido. Como no tiene nada que hacer, **está** aburrido.
Ese estudiante **es** listo. Pero nunca **está** listo para sus exámenes.
Esas manzanas **son** verdes, pero no **están** verdes.

UNIDAD 1

Ahora, ¡a practicar!

A. Los chicanos. Completa la siguiente información acerca de los méxicoamericanos con la forma apropiada de **ser** o **estar**.

   ___1___ el grupo hispano más numeroso. Los chicanos ___2___ en este país desde hace más de tres siglos. La población chicana ___3___ concentrada en los estados del suroeste de EE.UU. Ésta ___4___ una región que antes fue de México. Muchos creen que los chicanos actuales ___5___ descendientes de los antiguos aztecas, originarios de Aztlán. Este grupo hispano ___6___ participando activamente en la vida política del país. Aumentan cada vez más los chicanos que ___7___ en puestos políticos importantes.

B. Comienzos de Adolfo Miller. Completa la información sobre el personaje principal del cuento de Sabine Ulibarrí con la forma apropiada de **ser** o **estar**.

   Adolfo Miller ___1___ un gringo simpático y listo. Siempre ___2___ listo para hacer todos los quehaceres que le pide don Anselmo. No ___3___ aburrido porque siempre cuenta historias divertidas. Siempre tiene mucho trabajo que hacer; nunca ___4___ aburrido. ___5___ generoso, no ___6___ interesado; ___7___ interesado en progresar y en cumplir bien sus responsabilidades. ___8___ ordenado y limpio; la caballeriza donde vive siempre ___9___ limpia.

C. Preguntas personales. Un(a) compañero(a) quiere saber más de ti. Responde a sus preguntas.

1. ¿De dónde es tu familia?
2. ¿Son pocos o muchos los miembros de tu familia?
3. ¿Cómo estás tú hoy?
4. ¿Eres pesimista u optimista?
5. ¿Eres realista o idealista?
6. ¿Estás interesado(a) en el arte chicano?

1.2 Adjetivos descriptivos

Formas

■ Los adjetivos que terminan en **-o** en el masculino singular tienen cuatro formas: masculino singular, masculino plural, femenino singular y femenino plural.

	Masculino	Femenino
Singular	hispano	hispana
Plural	hispanos	hispanas

■ Los adjetivos que terminan en cualquier otra vocal en el singular tienen sólo dos formas: el masculino y femenino singular y el masculino y femenino plural.

pesimista	pesimistas
arrogante	arrogantes

■ Los adjetivos de nacionalidad que terminan en consonante en el masculino singular tienen cuatro formas.

español	española	españoles	españolas
francés	francesa	franceses	francesas

■ Los adjetivos que terminan en **-án, -ín, -ón** o **-dor** en el masculino singular tienen también cuatro formas.

holgazán	holgazana	holgazanes	holgazanas
pequeñín	pequeñina	pequeñines	pequeñinas
juguetón	juguetona	juguetones	juguetonas
hablador	habladora	habladores	habladoras

■ Otros adjetivos que terminan en consonante en el masculino singular tienen sólo dos formas.

cultural	culturales	feliz	felices
cortés	corteses	común	comunes

■ Unos pocos adjetivos tienen dos formas para el masculino singular: la forma más corta se usa cuando el adjetivo precede a un sustantivo masculino singular. Algunos adjetivos de este tipo son:

bueno:	**buen** viaje	hombre **bueno**
malo:	**mal** amigo	individuo **malo**
primero:	**primer** hijo	artículo **primero**
tercero:	**tercer** capítulo	artículo **tercero**

El adjetivo **grande,** que indica tamaño, también tiene una forma corta, **gran,** la cual se usa delante de un sustantivo singular y significa notable, célebre, distinguido: **un gran amor, una gran idea, un gran hombre.**

Concordancia de los adjetivos

■ Los adjetivos concuerdan en género y número con el sustantivo al cual modifican.

Francisquita y su madre son **bellas** y **atractivas.**
Víctor es **orgulloso** y quizás **vanidoso.**

■ Si un solo adjetivo sigue y modifica a dos o más sustantivos y uno de ellos es masculino, se usa la forma masculina plural del adjetivo.

En esta calle hay tiendas y negocios hispa**nos.**

■ Si un solo adjetivo precede y modifica a dos o más sustantivos, concuerda con el primer sustantivo.

Al comienzo, Adolfo hace peque**ñas** tareas y trabajos para don Anselmo.

Posición de los adjetivos

■ Los adjetivos descriptivos siguen normalmente al sustantivo al cual modifican; generalmente restringen, clarifican o especifican el significado del sustantivo.

> Nuestra familia es de origen **mexicano**.
> Vivimos en una casa **amarilla.**
> La industria **ganadera** es importante todavía en Nuevo México.

■ Los adjetivos descriptivos se colocan delante del sustantivo para poner énfasis en una característica asociada comúnmente con ese sustantivo.

> En ese cuadro se ve un **fiero** león que descansa entre **mansas** ovejas.
> Vemos un ramo de **bellas** flores sobre la mesa.

■ Algunos adjetivos tienen diferente significado según vayan detrás o delante del sustantivo. Cuando el adjetivo sigue al sustantivo, tiene a menudo un significado objetivo o concreto; cuando el adjetivo precede al sustantivo tiene un significado abstracto o figurado. La siguiente es una lista de este tipo de adjetivos.

	Detrás del sustantivo	**Delante del sustantivo**
antiguo	civilización antigua	mi antiguo profesor
cierto	una prueba cierta	cierto individuo
medio	el plano medio	media naranja
mismo	Lo hice yo mismo	Tenemos el mismo trabajo
nuevo	un coche nuevo	un nuevo empleado
pobre	mujer pobre	pobre mujer (desgraciada)
propio	clima propio de esta zona	mi propio padre
viejo	una persona vieja	un viejo amigo

> Don Federico no es un hombre **viejo**. Él y mi tío Miguel son **viejos** amigos.
> A veces veo a mi **antiguo** profesor de historia; le gustaba hablar de la Roma **antigua.**

■ Cuando varios adjetivos modifican a un sustantivo, se aplican las mismas reglas que se usan en el caso de un solo adjetivo. Los adjetivos siguen al sustantivo para restringir, clarificar o especificar el significado del sustantivo. Preceden al sustantivo para poner énfasis en características inherentes, en juicios de valores o en una actitud subjetiva.

> En 1869 terminan de construir la vía **ferroviaria transcontinental.**
> Adolfo tiene un **hondo** y **violento** resentimiento contra Víctor.
> Sabine Ulibarrí es un **distinguido** escritor **chicano**.

Lo + adjetivos de género masculino singular

■ **Lo**, la forma neutra del artículo definido, se usa con un adjetivo masculino singular para describir ideas abstractas o cualidades generales.

> **Lo bueno** es que el muchacho es trabajador.
> **Lo indiscutible** es que los hispanos enriquecen el mosaico cultural de EE.UU.

> **Nota para el bilingüe:** Esta construcción es muy poco común en inglés: *We prepared for the worst* = Nos preparamos para lo peor. *What is good / The good thing is that the boy is hard-working* = Lo bueno es que el muchacho es trabajador.

Ahora, ¡a practicar!

A. Tierra Amarilla. Completa el texto para saber más de la vida en Tierra Amarilla durante la época de Adolfo Miller. Presta atención a la forma correcta del adjetivo que debes usar.

Tierra Amarilla es un pueblo __1__ (pequeño) que está en la parte __2__ (norte) de Nuevo México. La gente no lleva una vida __3__ (agitado); lleva una vida muy __4__ (apacible). La mayoría de las personas tienen trabajos __5__ (agrícola). Los sábados por la noche hay bailes __6__ (animado) que atraen a los muchachos y muchachas __7__ (joven) del lugar. A veces, se forman grupos __8__ (alegre) donde se cuentan historias __9__ (divertido).

B. Un escritor nuevomexicano. Usa la información dada entre paréntesis para hablar de Sabine Ulibarrí, autor del cuento Adolfo Miller.

MODELO   Sabine Ulibarrí tiene una _____. (carrera/distinguida/literaria)
        Sabine Ulibarrí tiene una distinguida carrera literaria.

1. Sabine Ulibarrí es un _____. (profesor/universitario)
2. Es también un _____. (escritor/excelente/nuevomexicano)
3. Es autor de _____. (ensayos/críticos/importantes)
4. Es un _____. (cuentista/chicano/famoso)
5. Muchos de sus cuentos están inspirados en _____. (episodios/familiares)
6. Sus historias reflejan _____ (tradición/hispana/larga) de Nuevo México.

C. Continuación de la historia. Completa el siguiente texto sobre una posible continuación de la historia de Adolfo Miller. Pon atención a la posición del adjetivo.

Muchos creen que con los $30.000 Adolfo comienza una __1__ (vida/nueva). Tiene ahora su __2__ (rancho/propio) y cree que es dueño de su __3__ (destino/propio). Ya no es el __4__ (muchacho/pobre) que vive con don Anselmo; pero es un __5__ (hombre/pobre) porque no vive con él Francisquita, su __6__ (amor/gran/grande). Pasan los años y es un __7__ (hombre/viejo) que no vive en el presente; vive de los recuerdos de aquellos bellos tiempos en Tierra Amarilla.

D. Impresiones. Expresa tus impresiones sobre los méxicoamericanos.

MODELO   Pocos saben que los méxicoamericanos tienen una larga historia. (malo)

Lo malo es que pocos saben que los méxicoamericanos tienen una larga historia.

1. Los chicanos llevan mucho tiempo en EE.UU. (cierto)
2. La población chicana es joven. (positivo)
3. La edad promedio de los chicanos es de diecinueve años. (sorprendente)
4. La cultura hispana enriquece la vida norteamericana. (bueno)
5. La participación política de las minorías continúa. (importante)

INTERNET
Prueba interactiva
www.mcdougallittell.com

Lección 2

1.3   Verbos con cambios en la raíz

En el presente de indicativo, la última vocal de la raíz de ciertos verbos cambia de **e** a **ie**, de **o** a **ue** o de **e** a **i** cuando lleva acento fonético. Este cambio afecta a las formas verbales de todas las personas del singular y a la tercera persona del plural. La primera y segunda persona del plural (**nosotros** y **vosotros**) son regulares porque el acento fonético cae en la terminación, no en la raíz.

	pensar	**recordar**	**pedir**
	e → ie	*o → ue*	*e → i*
yo	p**ie**nso	rec**ue**rdo	p**i**do
tú	p**ie**nsas	rec**ue**rdas	p**i**des
Ud., él, ella	p**ie**nsa	rec**ue**rda	p**i**de
nosotros(as)	pensamos	recordamos	pedimos
vosotros(as)	pensáis	recordáis	pedís
Uds., ellos, ellas	p**ie**nsan	rec**ue**rdan	p**i**den

En este texto los verbos con cambios en la raíz se escriben con el cambio entre paréntesis después del infinitivo: **pensar (ie), recordar (ue), pedir (i).**

■ Los siguientes son algunos verbos de uso común que tienen cambios en la raíz.

e → ie	o → ue	e → i (sólo verbos en -ir)
cerrar	almorzar	conseguir
empezar	aprobar	corregir
nevar	contar	despedir(se)
recomendar	mostrar	elegir
	probar	medir
atender	sonar	reír
defender	volar	repetir
entender		seguir
perder	devolver	servir
querer	llover	sonreír
	mover	vestir(se)
convertir	poder	
divertir(se)	resolver	
mentir	volver	
preferir		
sentir(se)	dormir	
sugerir	morir	

■ Los verbos **adquirir, jugar** y **oler** se conjugan como verbos con cambios en la raíz.

adquirir (i → ie)	jugar (u → ue)	oler (o → hue)
adqu**ie**ro	j**ue**go	**hue**lo
adqu**ie**res	j**ue**gas	**hue**les
adqu**ie**re	j**ue**ga	**hue**le
adquirimos	jugamos	olemos
adquirís	jugáis	olís
adqu**ie**ren	j**ue**gan	**hue**len

Ahora, ¡a practicar!

A. Un gringo listo. Completa el texto en el presente para contar la vida de Adolfo Miller cuando llega a Tierra Amarilla.

Adolfo le __1__ (pedir) trabajo a don Anselmo. __2__ (Conseguir) trabajo y __3__ (comenzar) a hacer pequeñas tareas. __4__ (sentirse) como un miembro de la familia; __5__ (almorzar) con don Anselmo y su hija; __6__ (dormir) en la caballeriza. __7__ (Adquirir) más experiencia y __8__ (atender) los negocios de su patrón.

B. Almas gemelas. Indica que eres como los hermanos Ramírez.

MODELOS   Entendemos muy bien el español hablado.
           Yo también entiendo muy bien el español hablado.

           No entendemos el francés, ni hablado ni escrito.
           Yo tampoco entiendo el francés, ni hablado ni escrito.

1. Reímos cuando contamos chistes.
2. No mentimos nunca.
3. Jugamos al básquetbol por las tardes.
4. Elegimos cursos interesantes.
5. No olemos las rosas porque sentimos comezón *(itching)* en la nariz.
6. Conseguimos buenos trabajos durante el verano.
7. Dormimos hasta tarde los domingos.
8. No resolvemos muy rápidamente los problemas matemáticos.

C. Obra teatral. Tu compañero(a) te hace preguntas acerca de *Zoot Suit,* una obra del Teatro Campesino que acabas de ver.

MODELO   ¿Muestra esta obra la realidad de los chicanos? (sí, de algunos chicanos)
           Sí, muestra la realidad de algunos chicanos.

1. ¿A qué hora comienza la obra? (7:00 p.m.)
2. ¿Se divierte la gente con la obra? (sí, muchísimo)
3. ¿Entienden los angloamericanos la obra? (sí, completamente)
4. ¿Se duermen los espectadores? (no)
5. ¿Se ríen los espectadores? (sí, bastante)
6. ¿Vuelven algunos espectadores a ver la obra de nuevo? (sí, varias veces)
7. ¿Recomiendas la obra a todo el mundo? (sí, sin reserva)

1.4   Verbos con cambios ortográficos y verbos irregulares

Verbos con cambios ortográficos

Algunos verbos requieren un cambio ortográfico para mantener la pronunciación de la raíz.

■ Los verbos que terminan en **-ger, -gir** cambian la **g** en **j** en la primera persona del singular.

dirigir   dirijo, diriges, dirige, dirigimos, dirigís, dirigen
proteger   protejo, proteges, protege, protegemos, protegéis, protegen

Otros verbos terminados en **-ger** o **-gir**:

corregir   elegir   recoger
coger   exigir

■ Los verbos que terminan en **-guir** cambian **gu** en **g** en la primera persona del singular.

distinguir   distin**g**o, distingues, distingue, distinguimos, distinguís, distinguen

Otros verbos terminados en **-guir**:

conseguir   proseguir
extinguir   seguir

■ Los verbos que terminan en **-cer, -cir** precedidos de una consonante, cambian la **c** en **z** en la primera persona del singular.

convencer   conven**z**o, convences, convence, convencemos, convencéis, convencen

Otros verbos en esta categoría:

ejercer   vencer
esparcir

■ Los verbos que terminan en **-uir** cambian la **i** en **y** delante de **o** y **e**.

construir   constru**y**o, constru**y**es, constru**y**e, construimos, construís, constru**y**en

Otros verbos terminados en **-uir:**

atribuir   distribuir   obstruir   destruir   influir
contribuir   incluir   concluir   excluir   substituir

■ Algunos verbos que terminan en **-iar** y **-uar** cambian la **i** en **í** y la **u** en **ú** en todas las formas excepto nosotros y vosotros.

enviar   env**í**o, env**í**as, env**í**a, enviamos, enviáis, env**í**an
acentuar   acent**ú**o, acent**ú**as, acent**ú**a, acentuamos, acentuáis, acent**ú**an

Otros verbos en esta categoría:

ampliar   enfriar   situar
confiar   guiar   graduar(se)
efectuar

Los siguientes verbos terminados en **-iar** y **-uar** son regulares:

anunciar   cambiar   estudiar
apreciar   copiar   limpiar
averiguar

UNIDAD 1

Verbos irregulares

■ Los siguientes verbos de uso frecuente tienen varias irregularidades en el presente de indicativo.

decir	estar	ir	oír	ser	tener	venir
digo	estoy	voy	oigo	soy	tengo	vengo
dices	estás	vas	oyes	eres	tienes	vienes
dice	está	va	oye	es	tiene	viene
decimos	estamos	vamos	oímos	somos	tenemos	venimos
decís	estáis	vais	oís	sois	tenéis	venís
dicen	están	van	oyen	son	tienen	vienen

Los verbos derivados de cualquiera de estas palabras tienen las mismas irregularidades:

decir: **contradecir**

tener: **contener, detener, mantener, obtener**

venir: **convenir intervenir, prevenir**

■ Los siguientes verbos son irregulares en la primera persona del singular solamente.

caber:	**quepo**	saber:	**sé**
dar:	**doy**	traer:	**traigo**
hacer:	**hago**	valer:	**valgo**
poner:	**pongo**	ver:	**veo**
salir:	**salgo**		

Los verbos derivados muestran las mismas irregularidades.

hacer: **deshacer, rehacer, satisfacer**

poner: **componer, imponer, oponer, proponer, reponer, suponer**

traer: **atraer, contraer, distraer(se)**

■ Los verbos que terminan en **-cer** o **-cir** precedido de una vocal, agregan una **z** delante de la **c** en la primera persona del singular.

ofrecer: ofre**z**co, ofreces, ofrece, ofrecemos, ofrecéis, ofrecen

Otros verbos en esta categoría:

agradecer	establecer	conducir
aparecer	obedecer	deducir
complacer	parecer	introducir
conocer	permanecer	producir
crecer	pertenecer	reducir
desconocer	reconocer	traducir

Ahora, ¡a practicar!

A. Retrato de un puertorriqueño. Walter nos habla de su vida. Completa lo que dice con la forma apropiada del verbo que aparece entre paréntesis.

Me llamo Walter Martínez. __1__ (ser) puertorriqueño. Como todo puertorriqueño, yo __2__ (tener) ciudadanía estadounidense. __3__ (vivir) ahora en Nueva York, pero __4__ (ir) con frecuencia a San Juan, donde __5__ (estar) mi familia. Me __6__ (mantener) en contacto con mis parientes y amigos de la isla. Aquí en Nueva York __7__ (conocer) a muchos amigos de San Juan con quienes __8__ (salir) a menudo. Los fines de semana me __9__ (distraer) escuchando música y bailando salsa en una discoteca.

B. Somos individualistas. Cada uno de los miembros de la clase menciona algo especial acerca de sí mismo(a). ¿Qué dicen?

MODELO   pertenecer al Club de Español
             Pertenezco al Club de Español

1. traducir del español al francés
2. saber hablar portugués
3. construir barcos en miniatura
4. dar lecciones de guitarra
5. distinguir el acento de los cubanos y de los puertorriqueños
6. conducir un Toyota de 1985
7. componer canciones de amor
8. satisfacer a mis profesores en mis clases
9. reconocer de dónde son muchas personas por su modo de hablar
10. convencer a mis compañeros en nuestros debates

C. Club Latino. Contesta las preguntas que te hace un(a) amigo(a) que quiere informarse acerca del Club Latino.

MODELO   ¿Dónde se reúne el Club Latino? (Centro Estudiantil)
             Generalmente nos reunimos en el Centro Estudiantil.

1. ¿Eres miembro del Club Latino? (sí)
2. ¿Quién dirige el club este año? (yo)
3. ¿Cuántos miembros tiene el club? (cerca de cuarenta)
4. ¿Se reúnen todas las semanas? (no, todos los meses)
5. ¿Atraen a estudiantes angloamericanos? (sí, a muchos)
6. ¿Traen a conferenciantes hispanos? (sí, dos o tres cada año)
7. ¿Dónde anuncian las actividades del club? (periódico universitario)
8. ¿Qué se proponen con el club? (mejor conocimiento de la cultura hispana)

INTERNET
Prueba interactiva
www.mcdougallittell.com

Lección 3

1.5   Adjetivos y pronombres demostrativos

Adjetivos demostrativos

	Cerca		No muy lejos		Lejos	
	Singular	Plural	Singular	Plural	Singular	Plural
Masculino	este	estos	ese	esos	aquel	aquellos
Femenino	esta	estas	esa	esas	aquella	aquellas

■ Los adjetivos demostrativos se usan para señalar gente, lugares y objetos. **Este** indica que algo está cerca del hablante. **Ese** sirve para señalar a personas y objetos que no están muy lejos del hablante y que a menudo están cerca del oyente / de la persona a quien el hablante se dirige. **Aquel** se refiere a personas y objetos que están lejos tanto del hablante como del oyente.

> **Este** edificio no tiene tiendas; **ese** edificio que está enfrente sólo tiene apartamentos. Las tiendas que buscamos están en **aquel** edificio, al final de la avenida.

Los adjetivos demostrativos preceden al sustantivo al cual modifican y concuerdan en género y número con tal sustantivo.

Pronombres demostrativos

	Cerca		No muy lejos		Lejos	
	Singular	Plural	Singular	Plural	Singular	Plural
Masculino	éste	éstos	ése	ésos	aquél	aquéllos
Femenino	ésta	éstas	ésa	ésas	aquélla	aquéllas
Neutro	esto	—	eso	—	aquello	—

■ Los pronombres demostrativos masculinos y femeninos tienen las mismas formas que los adjetivos demostrativos y, con la excepción de las formas neutras, llevan un acento escrito. También concuerdan en género y número con el sustantivo al que se refieren.

> —¿Vas a comprar este periódico?
> —No, **ése** no; quiero **éste** que está aquí.

■ Los pronombres neutros **esto, eso** y **aquello** son invariables. Se usan para referirse a objetos no específicos o no identificados, a ideas abstractas o a acciones y situaciones en sentido general.

—¿Qué es **eso** que llevas en la mano?

—¿**Esto**? Es un afiche de mi artista favorito.

Ayer en el show de Cristina hablaron de los matrimonios interculturales. ¡Qué polémico fue **eso**!

Hace un mes asistí a un concierto de rock. **Aquello** fue muy ruidoso.

Ahora, ¡a practicar!

A. Decisiones, decisiones. Estás en una tienda de comestibles junto a Tomás Ibarra, el dueño. Él siempre te pide que decidas qué producto vas a comprar.

MODELO

¿Deseas estos tacos o aquéllos?
Deseo aquéllos. o **Deseo éstos.**

1. ¿Quieres esas tortillas o aquéllas?
2. ¿Te vas a llevar aquellos frijoles o éstos?
3. ¿Vas a comprar estos tamales o ésos?
4. ¿Prefieres esos chiles verdes o aquéllos?
5. ¿Te doy estos jitomates o ésos?

B. Sin opinión. Tu compañero(a) contesta de modo muy evasivo tus preguntas.

MODELO ¿Qué opinas de la pólitica? (complicado; no entender mucho)
Eso es complicado. No entiendo mucho de eso.

1. ¿Crees que Puerto Rico se va a independizar de EE.UU.? (controvertido; no saber mucho)
2. ¿Crees que los chicanos son descendientes de los aztecas? (discutible; no comprender mucho)
3. ¿Qué sabes de los sudamericanos en Nueva York? (complejo; no estar informado/a)
4. ¿Van a controlar la inmigración ilegal? (difícil; no entender)
5. ¿En tu opinión deben pagar impuestos federales los puertorriqueños? (problemático; no tener opinión)

1.6 Comparativos y superlativos

Comparaciones de desigualdad

■ Para expresar superioridad o inferioridad se usan las siguientes construcciones.

Adolfo es **menos** educado **que** Víctor.

más / menos + $\begin{Bmatrix} \text{adjetivo} \\ \text{adverbio} \\ \text{sustantivo} \end{Bmatrix}$ **+ que**
verbo + **más / menos + que**

Adolfo se ríe **más** a menudo **que** Víctor.
Adolfo tiene **más** experiencia **que** Víctor.
Adolfo trabaja **más que** Víctor.

■ En comparaciones en las que se usan las palabras **más** o **menos** delante de un número se usa **de** en vez de **que.**

Nueva York tiene **más de** doce periódicos en español.

Comparaciones de igualdad

■ Para expresar igualdades se usan las siguientes construcciones.

tan + $\begin{Bmatrix} \text{adjetivo} \\ \text{adverbio} \end{Bmatrix}$ **+ como**
tanto(a / os / as) + sustantivo + **como**
verbo + **tanto como**

Soy **tan** alta **como** mi madre.
Hablo **tan** lentamente **como** mi padre.

Tengo **tantos** amigos **como** mi hermano.
Camino **tanto como** mi tío Julio.

Superlativos

■ El superlativo expresa el grado máximo de una cualidad cuando se comparan personas o cosas a otras del mismo grupo o categoría.

UNIDAD
1

> **el / la / los / las** + sustantivo + **más / menos** + adjetivo + **de**

Tomás es el estudiante más alto de la clase.
Miami es la ciudad más próspera de todo el mundo hispanohablante.

Nota para el bilingüe: En esta construcción en inglés se usa la preposición **en**, no **de**: *Tomás is the tallest student in the class.*

■ Para indicar el grado máximo de una cualidad, se pueden también colocar delante del adjetivo adverbios tales como **muy, sumamente** o **extremadamente** o se puede agregar al adjetivo el sufijo **-ísimo/a/os/as**.

Nota para el bilingüe: El inglés no tiene equivalente a esta estructura. Se limita a usar *very* o *extremely*: *She is very difficult and he's extremely difficult.*

El cuadro que sigue muestra los cambios ortográficos más comunes que ocurren cuando se agrega el sufijo **-ísimo** a un adjetivo.

la vocal final desaparece	alto	→	altísimo
el acento escrito desaparece	fácil	→	facilísimo
-ble se transforma en **-bil-**	amable	→	amabilísimo
c se transforma en **qu**	loco	→	loquísimo
g se transforma en **gu**	largo	→	larguísimo
z se transforma en **c**	feroz	→	ferocísimo

San Antonio es una ciudad **sumamente** (**muy/ extremadamente**) atractiva.
Cristina Saralegui siempre está **ocupadísima**.
Algunos de los invitados de Cristina parecen **loquísimos**.

Comparativos y superlativos irregulares

Unos pocos adjetivos tienen, además de la construcción comparativa regular, formas comparativas y superlativas irregulares. Las formas irregulares son más frecuentes que las regulares.

Formas comparativas y superlativas de **bueno** y **malo**

Comparativo		Superlativo	
Regular	**Irregular**	**Regular**	**Irregular**
más bueno(a)	mejor	el(la) más bueno(a)	el(la) mejor
más buenos(as)	mejores	los(las) más buenos(as)	los(las) mejores
más malo(a)	peor	el(la) más malo(a)	el(la) peor
más malos(as)	peores	los(las) más malos(as)	los(las) peores

■ Para indicar un grado de excelencia, se usan las formas comparativas y superlativas **mejor(es)** y **peor(es).** Las formas comparativas y superlativas regulares **más bueno(a/os/as)** y **más malo(a/os/as),** cuando se usan, se refieren a cualidades morales.

Según tu opinión, ¿cuál es **el mejor** programa de televisión esta temporada?
El Desfile Puertorriqueño fue **mejor** este año que el año anterior.
Este es el **peor** invierno que he pasado en esta ciudad.
Tu padre es el hombre **más bueno** que conozco.

Formas comparativas y superlativas de **grande** y **pequeño**

Comparativo		Superlativo	
Regular	**Irregular**	**Regular**	**Irregular**
más grande	mayor	el(la) más grande	el(la) mayor
más grandes	mayores	los(las) más grandes	los(las) mayores
más pequeño(a)	menor	el(la) más pequeño(a)	el(la) menor
más pequeños(as)	menores	los(las) más pequeños(as)	los(las) menores

■ Las formas comparativas y superlativas irregulares **mayor(es)** y **menor(es)** se refieren a edad en el caso de personas y al mayor o menor grado de importancia en el caso de objetos o conceptos. Las formas comparativas y superlativas regulares **más grande(s)** y **más pequeño(a/os/as)** se refieren normalmente a tamaño.

Mi hermana es **mayor** que yo.
Mi hermano **menor** es **más grande** que yo.
La representación política es una de las **mayores** preocupaciones de las minorías.
Guadalajara es una ciudad **más pequeña** que la Ciudad de México.

Ahora, ¡a practicar!

A. Dos estados del Suroeste. Lee las estadísticas que siguen acerca de Arizona y Colorado y contesta las preguntas que aparecen a continuación.

Estado	Área (millas cuadradas)	Población (1991)	Hispanos (%)	Ingreso per capita	Ingresos por turismo
Arizona	114.000	3.749.693	19	$16.401	$5.600.000.000
Colorado	104.091	3.376.669	13	$19.440	$5.600.000.000

1. ¿Cuál estado es más grande?
2. ¿Cuál estado tiene más habitantes?
3. ¿En qué estado hay menos hispanos?
4. ¿En qué estado ganan las personas menos dinero como promedio *(average)*?
5. ¿Gastan más dinero los turistas en Colorado que en Arizona?

B. Hispanos en Estados Unidos. Lee las estadísticas que aparecen a continuación y contesta las preguntas que siguen.

Minoría hispana	Población (1990)	Cuatro o más años de educación universitaria	Menos de doce años de escolaridad	Negocios por cada 1000 personas
Chicanos	13.495.938	6 %	56 %	19
Puertorriqueños	2.727.754	10 %	42 %	11
Cubanos	1.043.932	19 %	39 %	63

1. ¿Cuál es el grupo hispano más numeroso?
2. ¿Cuál es el grupo hispano con la menor población?
3. ¿Qué grupo hispano tiene más personas con educación universitaria?
4. ¿Cuál es el grupo hispano con el más alto porcentaje de personas que terminan la educación secundaria?
5. ¿Cuál es el grupo hispano con menor escolaridad?
6. ¿Cuál es el grupo hispano más activo en los negocios?
7. De todos los grupos hispanos, ¿cuál tiene menos negocios que los otros?

C. Disciplinas. Los estudiantes dan su opinión acerca de las materias que estudian. Atención: el símbolo "=" indica una comparación de igualdad; "+", una comparación de superioridad y "−", una comparación de inferioridad.

MODELO   matemáticas / = difíciles / física
          Para mí las matemáticas son tan difíciles como la física.

1. antropología / + interesante / ciencias políticas
2. química / = complicada / física
3. historia / − aburrida / geografía
4. literatura inglesa / + fácil / filosofía
5. psicología / = fascinante / sociología
6. español / − difícil / alemán
7. biología / + entretenida / informática

Lección 1

2.1 Pretérito: Verbos regulares

Formas

Verbos en -ar	Verbos en -er	Verbos en -ir
preparar	**comprender**	**recibir**
preparé	comprendí	recibí
preparaste	comprendiste	recibiste*
preparó	comprendió	recibió
preparamos	comprendimos	recibimos
preparasteis	comprendisteis	recibisteis
prepararon	comprendieron	recibieron

■ Las terminaciones del pretérito de los verbos regulares terminados en **-er** e **-ir** son idénticas.

■ Las formas correspondientes a **nosotros** en los verbos regulares terminados en **-ar** e **-ir** son idénticas en el pretérito y en el presente de indicativo. El contexto normalmente clarifica el sentido.

> **Gozamos** ahora con las aventuras de don Quijote. Y también **gozamos** cuando las leímos por primera vez.

Cambios ortográficos en el pretérito

Algunos verbos regulares requieren un cambio ortográfico para mantener la pronunciación de la raíz.

■ Los verbos que terminan en **-car, -gar, -guar** y **-zar** sufren un cambio ortográfico en la primera persona del singular.

c → qu	buscar: busqué
g → gu	llegar: llegué
u → ü	averiguar: averigüé
z → c	alcanzar: alcancé

---

* Aunque se escuchan también en el mundo hispano las terminaciones **-astes/-istes** (preparastes, comprendistes, recibistes) y **-ates/-ites** (preparates, comprendites, recibites), **-aste/-iste** son las terminaciones reconocidas como norma estándar.

Otros verbos en estas categorías:

almorzar	entregar	pagar
atestiguar	indicar	sacar
comenzar	jugar	tocar

Comencé mi trabajo de investigación sobre los visigodos hace una semana y lo **entregué** ayer.

- Ciertos verbos terminados en **-er** e **-ir** que terminan en una vocal cambian la **i** en **y** en las terminaciones de tercera persona del singular y del plural.

  leí, leíste, le**yó**, leímos, leísteis, le**yeron**
  oí, oíste, o**yó**, oímos, oísteis, o**yeron**

Otros verbos en esta categoría:

caer	creer	influir
construir	huir	

Los estudiantes **leyeron** acerca de la cultura árabe, la cual **influyó** en toda Europa.

Uso

- El pretérito se usa para describir una acción, un acontecimiento o una condición considerada acabada en el pasado. Puede indicar el comienzo o el fin de una acción.

  Los árabes **llegaron** a España en el año 711. **Salieron** del territorio español en 1492. Su estadía en el país **duró** casi ocho siglos.

Ahora, ¡a practicar!

A. Lectura. Usa el pretérito para completar la siguiente narración acerca de la historia que leyó un estudiante.

Ayer __1__ (llegar/yo) a casa un poco antes de las seis. Después de cenar, __2__ (buscar) mi libro de español. __3__ (Comenzar) a leer. __4__ (Leer) la aventura de los molinos de don Quijote. Este caballero andante __5__ (creer) ver unos gigantes en el campo, pero su escudero Sancho Panza sólo __6__ (ver) unos molinos de viento y __7__ (tratar) de corregir a su amo. Don Quijote no __8__ (escuchar) las palabras de Sancho. Montado en su caballo Rocinante, __9__ (correr) hacia los molinos y los __10__ (atacar). Pero __11__ (caer) al suelo cuando el viento __12__ (agitar) las aspas de los molinos. __13__ (Reír/yo) un poco con la aventura, pero también me __14__ (causar) un poco de pena el caballero.

B. **Hacer la tarea de nuevo.** Tu profesor(a) te pide que escribas de nuevo la tarea acerca de los primitivos habitantes de la península ibérica. Esta vez quiere que emplees el pretérito en vez del presente histórico.

Muchos pueblos pasan (1) por el territorio español. Antes del siglo XI a.C., los fenicios se instalan (2) en el sur del país. Hacia el siglo VII llegan (3) los griegos, quienes fundan (4) varias colonias. En el año 206 a.C. comienza (5) la dominación romana. Los romanos gobiernan (6) el país por más de seis siglos. Le dan (7) al país su lengua; construyen (8) anfiteatros, puentes y acueductos; establecen (9) un sistema legal y contribuyen (10) al florecimiento cultural del país.

C. **Semestre en Sevilla.** Contesta las preguntas que te hace un(a) amigo(a) acerca del semestre que pasaste en Sevilla.

MODELO   ¿Cuánto tiempo viviste en Sevilla? (cinco meses)
           Viví allí cinco meses.

1. ¿Cuándo llegaste a Sevilla? (en septiembre)
2. ¿Con quién viviste? (con una familia)
3. ¿Qué día comenzaste las clases? (el lunes 15 de septiembre)
4. ¿Qué materias estudiaste? (la literatura medieval, la historia de España)
5. ¿Conociste a jóvenes españoles de tu edad? (sí, a varios)
6. ¿Te gustó tu estadía en Sevilla? (sí, muchísimo)
7. ¿Visitaste otras ciudades? (sí; Granada, Córdoba y Madrid)
8. ¿Influyó en tu vida esta experiencia? (sí, bastante)

2.2 Pronombres de objeto directo e indirecto y la a personal

Formas

Directo	Indirecto
me	me
te	te
lo* / la	le
nos	nos
os	os
los* / las	les

---

* En algunas regiones de España, **le** y **les** se usan como pronombres de objeto directo en lugar de **lo** y **los** cuando se refieren a personas: Los musulmanes atacaron al rey Rodrigo y **le** derrotaron.

■ El objeto directo de un verbo responde a la pregunta *qué* o a *quién;* el objeto indirecto responde a la pregunta a *quién* o *para quién.*

	Objeto directo nominal	Objeto directo pronominal
Vi ... (¿qué?)	Vi **la película.**	**La** vi.
Vi ... (¿a quién?)	Vi **al actor.**	**Lo** vi.
	Objeto indirecto nominal	**Objeto indirecto pronominal**
Hablé ... (¿a quién?)	Hablé **a la actriz.**	**Le** hablé.

■ Las formas del pronombre de objeto directo e indirecto son idénticas, excepto en la tercera persona del singular y del plural.

> El profesor **nos** (directo) saludó. Luego **nos** (indirecto) habló de la aventura de los molinos.
> Cuando Sancho vio a don Quijote, **lo** (directo) llamó y **le** (indirecto) describió los molinos.

■ Los pronombres objeto preceden inmediatamente los verbos conjugados y los mandatos negativos.

> La historia de España **me** fascina.
> Las aventuras de don Quijote no **nos** han aburrido en absoluto.
> Sancho, no **me** hables de molinos.

■ Los objetos pronominales se colocan al final de los mandatos afirmativos con el cual forman una sola palabra. Se debe colocar un acento escrito si el acento fonético cae en la antepenúltima sílaba.

> Cuénta**me** tu visita a la Mancha. Di**me** qué lugar te impresionó más.

■ Cuando un infinitivo o un gerundio sigue al verbo conjugado, los pronombres de objeto directo e indirecto se colocan al final del infinitivo o del gerundio, formando una sola palabra, o se colocan delante del verbo conjugado como palabra independiente. Cuando los pronombres se colocan al final del infinitivo o del gerundio, se debe colocar un acento escrito si el acento fonético cae en la penúltima sílaba.

> El profesor va a explicar**nos** un poema de Santa Teresa. (El profesor **nos** va a explicar un poema de Santa Teresa.)
> —¿Terminaste el informe sobre los romanos en España?
> —No, todavía estoy escribiéndo**lo**. (No, todavía **lo** estoy escribiendo.)

■ Los pronombres de objeto indirecto preceden a los pronombres de objeto directo cuando los dos se usan en la misma oración.

—¿Nos mostró la profesora las diapositivas sobre la Alhambra?
—Sí, **nos las** mostró ayer.

■ Los pronombres de objeto indirecto **le** y **les** cambian a **se** cuando se usan con los pronombres de objeto directo **lo, la, los** y **las**. El significado de **se** puede aclararse usando frases tales como **a él/ella/usted/ellos/ellas/ustedes.**

—Mi hermano quiere saber dónde está su libro sobre las pinturas de Picasso.
—**Se lo** devolví hace una semana.
Mónica y Eduardo quieren ver las cuevas de Altamira, pero no pueden ir juntos.
Se las mostraré **a ella** primero.

■ Se puede poner énfasis o aclarar a quién se refiere el pronombre de objeto indirecto usando frases tales como a **mí/ti/él/nosotros** etc.

¿**Te** gustó **a ti** la película *Los reyes del mambo?* **A mí me** pareció fascinante.
Irene dice que no le devolví las fotos de la Mancha, pero yo estoy segura de que **se las** di **a ella** hace una semana.

■ En español, las oraciones con un objeto indirecto nominal (que tiene un sustantivo) también incluyen normalmente un pronombre de objeto indirecto que se refiere a ese sustantivo.

Sancho **le** dio buenos consejos **a don Quijote.**
Don Quijote **les** pidió **a los gigantes** que no huyeran.

La a personal

■ La **a** personal se usa delante de un objeto directo que se refiere a una persona o personas específicas.

Los árabes derrotaron **a Rodrigo**, el último rey visigodo.
Don Quijote atacó **a los gigantes.**

> **Nota para el bilingüe:** La **a** personal no existe en inglés: *The Arabs defeated Rodrigo.*

■ La **a** personal no se usa delante de sustantivos que se refieren a personas anónimas o no específicas.

Necesito **un voluntario**.
Don Quijote ve **magos** por todas partes.

■ La **a** personal se usa siempre delante de **alguien, alguno, ninguno, nadie** y **todos** cuando estas palabras se refieren a personas.

Don Quijote ve **a algunos gigantes** en el campo; pero Sancho no ve **a nadie**; él sólo ve molinos.

■ La **a** personal no se usa normalmente después del verbo **tener.**

Tengo **varios amigos** que se han alojado en paradores.

Ahora, ¡a practicar!

A. Ausente. Como no asististe a la última clase de Historia de España, tus compañeros te cuentan lo que pasó.

> MODELO   profesor / hablarnos de la civilización musulmana
> **El profesor nos habló de la civilización musulmana.**

1. profesor / entregarnos el último examen
2. dos estudiantes / mostrarnos fotos de Córdoba
3. profesor / explicarnos la importancia de la cultura árabe en España
4. Rubén / contarle a la clase su visita a Granada
5. unos estudiantes / hablarle a la clase de la arquitectura árabe

B. Estudios. Contesta las preguntas que te hace un(a) amigo(a) acerca de tus estudios.

> MODELO   ¿Te aburren las clases de historia?
> **Sí, (a mí) me aburren esas clases. o No, (a mí) no me aburren esas clases. Me fascinan esas clases.**

1. ¿Te interesan las clases de ciencias naturales?
2. ¿Te parecen importantes las clases de idiomas extranjeros?
3. ¿Te es difícil memorizar información?
4. ¿Te falta tiempo siempre para completar tus tareas?
5. ¿Te cuesta mucho trabajo obtener buenas notas?

C. Trabajo de jornada parcial. Han entrevistado a tu amiga para un trabajo en la oficina de unos abogados. Un amigo quiere saber si ella obtuvo ese trabajo.

> MODELO   ¿Cuándo entrevistaron a tu amiga? (el lunes pasado)
> **La entrevistaron el lunes pasado.**

1. ¿Le pidieron recomendaciones? (sí)
2. ¿Le sirvieron sus conocimientos de español? (sí, mucho)
3. ¿Le dieron el trabajo? (sí)
4. ¿Cuándo se lo dieron? (el jueves)
5. ¿Cuánto le van a pagar por hora? (ocho dólares)
6. ¿Conoce a su jefe? (no)
7. ¿Por qué quiere trabajar con abogados? (fascinarle las leyes)

D. Expulsión de los judíos. Usando el presente histórico, narra un momento de intolerancia religiosa en la historia de España.

> MODELO   un gran número de judíos / habitar / España
> muchos / admirar / los judíos
> **Un gran número de judíos habitan España.**
> **Muchos admiran a los judíos.**

1. Fernando e Isabel, los Reyes Católicos / gobernar / el país
2. en general, la gente / admirar y respetar / los Reyes
3. por razones de intolerancia religiosa algunos / no querer / los judíos
4. los Reyes / firmar / un edicto el 31 de marzo de 1492
5. el edicto / expulsar de España / todos los judíos
6. los judíos / abandonar / su patria / y / dispersarse por el Mediterráneo

INTERNET
Prueba interactiva
www.mcdougallittell.com

Lección 2

2.3 Pretérito: Verbos con cambios en la raíz y verbos irregulares

Verbos con cambios en la raíz

■ Los verbos que terminan en **-ar** y **-er** que tienen cambios en la raíz en el presente son completamente regulares en el pretérito. (Consúltese la *Unidad 1, 1.3* para verbos con cambios en la raíz en el presente.)

> Antes de la batalla, don Quijote **pen**só en Dulcinea; en realidad, a menudo **pien**sa en ella.

■ Los verbos terminados en **-ir** que tienen cambios en la raíz en el presente también son regulares en el pretérito, excepto en las formas de tercera persona del singular y del plural. En estas dos formas, cambian **e** en **i** y **o** en **u**.

sentir	pedir	dormir
e → i	e → i	o → u
sentí	pedí	dormí
sentiste	pediste	dormiste
s**i**ntió	p**i**dió	d**u**rmió
sentimos	pedimos	dormimos
sentisteis	pedisteis	dormisteis
s**i**ntieron	p**i**dieron	d**u**rmieron

> Los moros siempre s**i**ntieron mucho respeto por el Cid.
> Cristóbal Colón m**u**rió en Valladolid.

Verbos irregulares

■ Algunos verbos de uso frecuente tienen una raíz irregular en el pretérito. Nota que las terminaciones **-e** y **-o** de estos verbos son irregulares ya que no llevan acento escrito.

Verbo	Raíz en *-u-* e *-i-*	Terminaciones	
andar caber estar haber poder poner querer saber tener venir	anduv - cup - estuv - hub - pud - pus - quis - sup - tuv - vin -	e iste o	imos isteis ieron
Verbo	**Raíz en *-j-***	**Terminaciones**	
decir producir traer	dij - produj - traj -	e iste o	imos isteis **eron**

Los verbos que se derivan de los mencionados en el cuadro tienen las mismas irregularidades, por ejemplo:

decir: contradecir, predecir   tener: detener, mantener, sostener
poner: componer, proponer   venir: convenir, intervenir

Córdoba **tuvo** una gran importancia cultural en la Edad Media.
Los dramaturgos del Siglo de Oro **produjeron** un nuevo tipo de teatro.
Cervantes **compuso** poesías además de novelas.

■ Otros verbos irregulares:

dar		hacer		ir / ser	
di	dimos	hice	hicimos	fui	fuimos
diste	disteis	hiciste	hicisteis	fuiste	fuisteis
dio	dieron	hizo	hicieron	fue	fueron

Los verbos **ir** y **ser** tienen formas idénticas en el pretérito. Normalmente el contexto deja en claro qué significado se quiere expresar.

Me **dieron** tantas tareas ayer que no las **hice** todas.
Una amiga mía fue a Córdoba por unos días. **Fue** una visita muy interesante, me dijo.

UNIDAD 2

Ahora, ¡a practicar! _____

A. Mala noche. Tú les cuentas a tus padres lo que te contó un amigo.

MODELO   *Amigo:*   Dormí mal la noche anterior.
             Tú: **Durmió mal la noche anterior.**

—Dormí (1) mal la noche anterior. Dormí (2) muy pocas horas. Me desperté (3) temprano. Me vestí (4) rápidamente. Preferí (5) tomar desayuno en el café de enfrente. Pedí (6) café con leche y pan tostado. Después de comer, me sentí (7) mejor. Luego, pedí (8) la cuenta. Me despedí (9) del camarero.

B. Fecha clave. Completa la siguiente información acerca de la importancia del año 1492 en la historia de España, usando el pretérito.

El año 1492 es muy importante en la historia de España. Ese año los árabes ____1____ (ser) derrotados en la batalla de Granada; así ____2____ (terminar) la dominación árabe que ____3____ (durar) casi ocho siglos. Ese año el pueblo judío ____4____ (ser) expulsado de España; esta comunidad ____5____ (repartirse) por el Mediterráneo, pero nunca ____6____ (olvidar) sus raíces hispanas y tampoco ____7____ (perder) su lengua, el sefardí o judeo-español, idioma de base española. Ese mismo año Cristóbal Colón ____8____ (salir) del puerto de Palos y ____9____ (llegar) a las Antillas; América ____10____ (incorporarse) al reino español, lo cual ____11____ (aumentar) las riquezas de España.

C. Museo interesante. Una amiga escribe en su diario las impresiones de su visita al Centro de Arte Reina Sofía (CARS). Completa este fragmento usando el pretérito.

Unos amigos me ____1____ (decir): "Debes visitar el CARS". Yo me ____2____ (proponer) hacer la visita el martes pasado, pero no ____3____ (poder), porque ____4____ (tener) muchas otras cosas que hacer ese día. Finalmente, el jueves ____5____ (ir) al museo. Lo primero que ____6____ (hacer) ____7____ (ser) ir a la sala central. ____8____ (Ver) por mí misma el *Guernica* de Picasso. ____9____ (saber) por qué le gusta tanto a la gente. ____10____ (Querer) quedarme más tiempo, pero no ____11____ (poder). Como recuerdo le ____12____ (traer) a mi padre un libro sobre la historia de ese cuadro famoso.

D. Lucha entre hermanos. En la siguiente información acerca de la Guerra Civil Española, cambia el presente histórico al pretérito.

La guerra civil es (1) uno de los acontecimientos más traumáticos en la historia reciente de España. Comienza (2) en 1936 y concluye (3) casi tres años más tarde, en 1939. Sus antecedentes inmediatos empiezan (4) en 1931. Ese año, después que los republicanos obtienen (5) la victoria en las elecciones municipales, el rey Alfonso XIII abandona (6) España, sin abdicar. A continuación se proclama (7) la república. En 1936, el general Francisco Franco se rebela (8) contra el gobierno republicano. Se inicia (9) así una confrontación que opone (10) a los nacionalistas contra los republicanos. Los nacionalistas vencen (11) y el general Franco se convierte (12) en el nuevo jefe de gobierno. Gobierna (13) España con mano de hierro hasta 1975.

2.4 Gustar y construcciones semejantes

El verbo gustar

■ El verbo **gustar** se usa en estructuras con sujeto, verbo y objeto indirecto. Normalmente el objeto indirecto precede al verbo y el sujeto sigue al verbo.

Objecto indirecto	Verbo	Sujeto
Me	gustan	los cuadros de Picasso.

> **Nota para el bilingüe:** El verbo **gustar** significa en inglés *to be pleasing: Picasso's paintings are pleasing to me.* Más comúnmente, sin embargo, **gustar** equivale al verbo inglés *to like,* que se usa en estructuras con sujeto, verbo y objeto directo; el objeto directo del inglés es sujeto en español y el sujeto del inglés es objeto indirecto en español: *I like Picasso's paintings* = **Me gustan los cuadros de Picasso;** *I like them* = **Me gustan.**

■ Cuando el objeto indirecto tiene un sustantivo, la oración incluye también un pronombre de objeto indirecto.

   A **mi hermano** no le gustaron las tapas.

■ Para aclarar o poner énfasis en el pronombre de objeto indirecto, se usa la frase **a** + pronombre preposicional.

   Hablaba con los Morales. **A ella le** gusta mucho caminar por las calles, pero **a él** no **le** gustan esas caminatas.
   A mí me gustó la última película de Almodóvar, pero **a ti** no **te** gustó nada.

■ Los siguientes verbos tienen la misma estructura que **gustar.**

agradar	fascinar	molestar
disgustar	importar	ofender
doler	indignar	preocupar
encantar	interesar	sorprender
enojar		

   —¿Te **agrada** el *Guernica* de Picasso?
   —Me **gusta** muchísimo. También me **fascinan** los bocetos del *Guernica.*
   A los españoles todavía les **duele** la experiencia de la última guerra civil.

■ Los verbos **faltar, quedar** y **parecer** son semejantes a **gustar** ya que se pueden usar con un objeto indirecto. Sin embargo, a diferencia de **gustar**, se usan también a menudo sin objeto indirecto en aseveraciones impersonales.

> **Nos faltan** recursos para promover las bellas artes.
> **Faltan** recursos para promover las bellas artes.
> **A mí me parecen** incomprensibles muchas pinturas surrealistas.
> Muchas pinturas surrealistas **parecen** incomprensibles.

Ahora, ¡a practicar!

A. Gustos. Tú y tus amigos hablan de sus gustos personales.

MODELO   gustar / viajar a otros países
         A mí me gusta viajar a otros países.

1. fascinar / los bailes folklóricos españoles
2. agradar / leer acerca de la civilización romana
3. gustar / ir a fiestas con mis amigos
4. interesar / la fotografía
5. encantar / las películas de amor

B. Cine español. Tú y tus amigos hacen comentarios acerca del cine español.

MODELO   a todo el mundo / fascinar las películas de Buñuel
         A todo el mundo le fascinan las películas de Buñuel.

1. a algunos / encantar las películas de Pedro Almodóvar
2. a otros / ofender Almodóvar
3. a los norteamericanos / agradar el cine de Almodóvar
4. a mí / disgustar algunas películas de Buñuel
5. a mucha gente / encantar los temas gitanos de Carlos Saura

C. Picasso y el *Guernica*. Una amiga tuya entiende mucho de pintura. Tú le haces algunas preguntas.

MODELO   ¿Por qué te interesa Picasso? (por su gran originalidad)
         Me interesa por su gran originalidad.

1. ¿Le dolió a Picasso el bombardeo de Guernica? (sí, mucho)
2. Le indignó también, ¿verdad? (sí, por supuesto, enormemente)
3. ¿Cuánto tiempo le tomó terminar el *Guernica*? (un poco más de un mes)
4. ¿Le gustó a la gente el *Guernica*? (sí, y todavía gusta)
5. ¿Qué otros cuadros de Picasso te agradan? (los cuadros del período azul)

Lección 3

2.5   Imperfecto

Formas

Verbos en -ar	Verbos en -er	Verbos en -ir
ayudar	aprender	escribir
ayud**aba**	aprend**ía**	escrib**ía**
ayud**abas**	aprend**ías**	escrib**ías**
ayud**aba**	aprend**ía**	escrib**ía**
ayud**ábamos**	aprend**íamos**	escrib**íamos**
ayud**abais**	aprend**íais**	escrib**íais**
ayud**aban**	aprend**ían**	escrib**ían**

■ Nota que las terminaciones del imperfecto de los verbos terminados en **-er** e **-ir** son idénticas.

■ Sólo tres verbos son irregulares en el imperfecto: **ir, ser** y **ver**.

ir: iba, ibas, iba, íbamos, ibais, iban
ser: era, eras, era, éramos, erais, eran
ver: veía, veías, veía, veíamos, veíais, veían

> **Nota para el bilingüe:** El inglés sólo tiene un tiempo pasado que equivale a ambos el pretérito y el imperfecto. Cuando el inglés usa *would* o *used to* para señalar el pasado, el español usa el imperfecto: *We would go there every summer* = **Íbamos allí cada verano.** *He used to call me every day* = **Él me llamaba todos los días.**

Usos

El imperfecto se usa para:

■ expresar acciones que estaban realizándose en el pasado.

Ayer, cuando tú viniste a verme, yo **leía** un libro sobre la Guerra Civil Española.

UNIDAD 2

■ narrar descripciones en el pasado. Este incluye tanto el trasfondo o ambiente de las acciones como condiciones físicas, emocionales y mentales.

> Después de pasar tres horas en el CARS me **sentía** cansado, pero **estaba** contento porque **tenía** la cabeza llena de bellas imágenes.
> **Era** sábado. El cielo **estaba** despejado y **hacía** bastante calor. De pronto, …

■ narrar acciones habituales o que ocurrían con cierta regularidad en el pasado.

> Cuando yo vivía en Salamanca, **iba** a clases por la mañana. Por la tarde me **juntaba** con mis amigos y **salíamos** a pasear, **íbamos** al cine o **charlábamos** en un café.

■ expresar la hora en el pasado.

> **Eran** las nueve de la mañana cuando la encontré.

Ahora, ¡a practicar!

A. Periodista. Completa la descripción de un periodista que vio la manifestación de apoyo a los republicanos españoles en París.

El año 1937 yo __1__ (estar) en París. __2__ (Vivir) en el Barrio Latino. El sábado 11 de mayo hubo una manifestación. Durante la manifestación yo __3__ (marchar) junto con obreros, artistas, estudiantes, profesionales y otras personas. __4__ (Ser/nosotros) miles y miles y miles de manifestantes; todos nosotros __5__ (apoyar) la causa de la república española. __6__ (Caminar) hacia la Plaza de la Bastilla. __7__ (Cantar), __8__ (gritar) y en general __9__ (protestar) contra el bombardeo de Guernica cometido __10__ (hacer) cinco días.

B. Un barrio de Madrid. Completa la siguiente descripción del barrio madrileño de Argüelles que aparece en el poema "Explico algunas cosas" del chileno Pablo Neruda, quien vivía en España durante la Guerra Civil Española.

Yo __1__ (vivir) en un barrio
de Madrid, con campanas,
con relojes, con árboles.
Desde allí se __2__ (ver)
el *rostro* seco de Castilla   *cara, superficie*
como un océano de cuero.
Mi casa __3__ (ser) llamada
la casa de las flores, porque por todas partes
__4__ (*estallar*) geranios: __5__ (ser)   *explotaban*
una bella casa
con perros y *chiquillos*.   *niños*

C. Al teléfono. Di lo que hacían los miembros de tu familia y tú cuando recibieron una llamada telefónica.

MODELO **Mi perro miraba la televisión en el cuarto de mi hermano.**

1. hermanita	3. papá	5. yo
2. hermano	4. mamá	6. gato

D. Un semestre como los otros. Di lo que acostumbrabas hacer el semestre pasado.

MODELO estudiar todas las noches
Estudiaba todas las noches.

1. poner mucha atención en la clase de español
2. asistir a muchos partidos de básquetbol
3. ir a dos clases los martes y jueves
4. leer en la biblioteca
5. no tener tiempo para almorzar a veces
6. trabajar los fines de semana
7. estar ocupado(a) todo el tiempo

2.6 El infinitivo

El infinitivo puede usarse:

■ como el sujeto de una oración. El artículo definido **el** puede preceder al infinitivo.

El leer sobre el bombardeo de Guernica indignó a Picasso. (A Picasso le indignó **leer** sobre el bombardeo de Guernica.)
Me fascina **escuchar** zarzuelas.

■ como el objeto de un verbo. En este caso, algunos verbos requieren una preposición delante del infinitivo.

Verbo + *a* + Infinitivo	Verbo + *de* + Infinitivo	Verbo + *con* + Infinitivo
aprender a	acabar de	contar con
ayudar a	acordarse de	soñar con
comenzar a	dejar de	
decidirse a	quejarse de	**Verbo + *en* + Infinitivo**
empezar a	tratar de	pensar en
enseñar a	tratarse de	
volver a		

Algunas novelas de Hemingway me **ayudaron a entender** mejor a los españoles.

Víctor **insiste en volver a ver** la película *Tristana* de Buñuel.

Sueño con pasar mis vacaciones en la Costa Brava.

■ como objeto de una preposición.

España usó el oro y la plata de América **para financiar** guerras **en vez de desarrollar** la economía.

Ayer, **después de cenar,** mis amigos y yo salimos **a dar** un paseo.

Nota para el bilingüe: Tras una preposición, en inglés se usa la forma verbal terminada en *-ing,* no el infinitivo: *After eating, we went for a walk* = **Después de comer, fuimos de paseo.**

La construcción **al** + infinitivo indica que dos acciones ocurren al mismo tiempo. Equivale a *en el momento en que* o *cuando.*

Al llegar al Museo del Prado, descubrí que estaba cerrado. (En el momento en que llegué/ Cuando llegué …)

Nota para el bilingüe: Esta construcción equivale al inglés *upon/on* + verbo terminado en *-ing* o una oración introducida por *when: Upon/On reaching the museum, …; When I reached the museum, …*

■ como un mandato impersonal. Esta construcción aparece frecuentemente en letreros.

No **fumar.**   No **estacionar.**

Ahora, ¡a practicar!

A. Valores. Tú y tus amigos mencionan valores que son importantes.

> MODELO   importante / tener objetivos claros
> **Es importante tener objetivos claros.**

1. esencial / respetar a los amigos
2. necesario / seguir sus ideas
3. indispensable / tener una profesión
4. fundamental / luchar por sus ideales
5. bueno / saber divertirse

B. Letreros. Trabajas en un museo y tu jefe te pide que prepares nuevos letreros, esta vez usando mandatos impersonales.

> MODELO   No abra esta puerta.
> **No abrir esta puerta.**

1. No haga ruido.
2. Guarde silencio.
3. No toque los muebles.
4. No fume.
5. No saque fotografías en la sala.

C. Opiniones. Tú y tus amigos expresan diversas opiniones acerca de la guerra.

> MODELO   todos nosotros / tratar / evitar las guerras
> **Todos nosotros tratamos de evitar las guerras.**

1. los pueblos / necesitar / entenderse mejor
2. el fanatismo / ayudar / prolongar las guerras
3. todo el mundo / desear / evitar las guerras
4. la gente / soñar / vivir en un mundo sin guerras
5. los diplomáticos / tratar / resolver los conflictos
6. los fanáticos / insistir / imponer un nuevo sistema político
7. la gente / aprender / convivir en situaciones difíciles durante una guerra

D. Robo. Algunas personas han presenciado el robo al Banco de Santander y comentan lo que vieron o escucharon al entrar o al salir del banco.

> MODELO   ver a los sospechosos
> **Vi a los sospechosos al entrar en el banco.** o
> **Al salir del banco vi a los sospechosos.**

1. ver a dos hombres con máscaras
2. escuchar unos ruidos extraños
3. oír a alguien que gritaba: "¡Quietos todos!"
4. notar a un hombre que corría hacia la salida
5. reconocer el vehículo en que los hombres huían

INTERNET
Prueba interactiva
www.mcdougallittell.com

Lección 1

3.1 Pretérito e imperfecto: Acciones acabadas y acciones que sirven de trasfondo

■ En una narración, el imperfecto da información sobre el trasfondo de una acción pasada y el pretérito informa acerca de acciones acabadas.

> **Eran** las ocho de la mañana. **Hacía** un sol hermoso. **Cogí** el periódico, me **instalé** en mi sillón favorito y **empecé** a leer.

■ El imperfecto se usa para describir estados o condiciones físicas, emocionales o mentales; el pretérito se usa para indicar un cambio en una condición física, mental o emocional.

> Ayer, cuando tú me viste, **tenía** un dolor de cabeza terrible y **estaba** muy nervioso.
>
> Ayer, cuando leí una noticia desagradable en el periódico, me **sentí** mal y me **puse** muy nervioso.

■ La siguiente es una lista de expresiones temporales que tienden a usarse ya sea con el pretérito o con el imperfecto.

Normalmente con el pretérito	*Normalmente con el imperfecto*
anoche	**a menudo**
ayer	**cada día**
durante	**frecuentemente**
el (verano) pasado	**generalmente, por lo general**
la (semana) pasada	**mientras**
hace (un mes)	**muchas veces**
	siempre
	todos los (días)

> **Hace** dos días me **sentí** mal. **Durante** varias horas **estuve** con mareos. **Ayer** **noté** una cierta mejoría.
>
> **Todos los días compraba** el diario local. **Generalmente** lo **leía** por la mañana **mientras tomaba** el desayuno.

Ahora, ¡a practicar!

A. De viaje. Tu amigo(a) te pide que le digas cómo te sentías la mañana de tu viaje a México.

MODELO   sentirse entusiasmado(a)
          Me sentía muy entusiasmado(a).

1. estar inquieto(a)
2. sentirse un poco nervioso(a)
3. caminar de un lado para otro en el aeropuerto
4. querer estar ya en la Ciudad de México
5. no poder creer que salía hacia México
6. esperar poder usar mi español
7. tener miedo de olvidar mi cámara

B. Sumario. Cuenta tu primer día en la Ciudad de México.

MODELO   llegar a la Ciudad de México a las cuatro de la tarde
          Llegué a la Ciudad de México a las cuatro de la tarde.

1. pasar por la aduana
2. llamar un taxi para ir al hotel
3. decidir no deshacer las maletas todavía
4. salir a dar un paseo por la Zona Rosa
5. sentirse muy cansado(a) después de una hora
6. regresar al hotel
7. dormir hasta el día siguiente

C. Mito. Completa la siguiente narración para descubrir el mito de cómo fue fundada la Ciudad de México.

Los aztecas __1__ (buscar) un sitio donde establecerse. Un día, en el año 1325, mientras __2__ (pasar) por el lago Texcoco, __3__ (ver) un espectáculo impresionante. Encima de un cactus llamado nopal __4__ (haber) un águila con las alas extendidas. __5__ (Tener) en su pico una serpiente que todavía se __6__ (mover). Los jefes __7__ (decidir) que ése __8__ (ser) el signo anunciado por los profetas antiguos y allí __9__ (fundar) la ciudad de Tenochtitlán.

D. México colonial. Completa la narración sobre la época colonial en México.

La época colonial en México __1__ (durar) tres siglos: __2__ (comenzar) en 1521 y __3__ (terminar) en 1821. En ese tiempo, México __4__ (formar) parte del Virreinato de la Nueva España y __5__ (ser) una de las regiones más ricas del imperio español, pues __6__ (haber) mucho oro y plata que se __7__ (enviar) a España. Hacia el fin del período, las luchas entre los gachupines y los criollos __8__ (terminar) con la victoria de los criollos, quienes __9__ (declarar) la independencia del país en 1821.

Forma breve: adjetivos		Forma larga: adjetivos/pronombres	
Singular	**Plural**	**Singular**	**Plural**
mi	mis	mío(a)	míos(as)
tu	tus	tuyo(a)	tuyos(as)
su	sus	suyo(a)	suyos(as)
nuestro(a)	nuestros(as)	nuestro(a)	nuestros(as)
vuestro(a)	vuestros(as)	vuestro(a)	vuestros(as)
su	sus	suyo(a)	suyos(as)

■ Todas las formas posesivas concuerdan en género y número con el sustantivo al cual modifican—esto es, concuerdan con el objeto o persona que se posee, no con el poseedor.

> **Tus** abuelos son de Michoacán. **Los míos** son de Jalisco.
> Él escribe la letra de **las canciones suyas.**
> Ella escribe la letra de **las canciones suyas.**

> **Nota para el bilingüe:** En inglés, las formas de tercera persona singular *his* y *her* concuerdan con el poseedor: *his book* = su libro (de él); *her book* = su libro (de ella).

Adjetivos posesivos

■ Las formas cortas de los adjetivos posesivos se usan más frecuentemente que las formas largas. Preceden al sustantivo al cual modifican.

> **Mi** casa está en un barrio popular de la capital.

■ Las formas largas se usan a menudo para énfasis o contraste o en construcciones con el artículo indefinido: un (amigo) mío. Siguen al sustantivo al cual modifican y son precedidas por un artículo.

> **La** región **nuestra** produce frutas tropicales.
> Según el médico, mi malestar era sólo una fantasía **mía.**

■ Las formas **su, sus, suyo(a), suyos(as)** pueden ser ambiguas ya que tienen significados múltiples.

> ¿Dónde vive **su** hermano? (de él, de ella, de Ud., de Uds., de ellos, de ellas)

En la mayoría de los casos, el contexto identifica el significado que se quiere expresar. Para evitar cualquier ambigüedad del adjetivo o pronombre posesivo, se pueden usar frases tales como **de él, de ella, de usted,** etc. detrás del sustantivo. El artículo definido correspondiente precede al sustantivo.

¿Dónde trabaja **el** hermano **de él**?
La familia **de ella** vive cerca de la capital.

■ En español, se usa generalmente el artículo definido en vez de una forma posesiva cuando uno se refiere a las partes del cuerpo o a un artículo de ropa.

Me duele **el** brazo.
La gente se quita **el** sombrero cuando entra en la iglesia.

Pronombres posesivos

■ Los pronombres posesivos, los cuales usan las formas posesivas largas, reemplazan a un adjetivo posesivo + un sustantivo: **mi casa** → **la mía.** Se usan generalmente con el artículo definido.

—Mi familia vive en una aldea de Jalisco. ¿Y **la tuya**?
—**La mía** vive en la capital, en Guadalajara.

■ El artículo generalmente se omite cuando el pronombre posesivo sigue inmediatamente al verbo **ser**.

Esas fincas son **nuestras.**

Ahora, ¡a practicar!

A. ¿El peor? Compartes tu cuarto con un hermano. Los dos son bastante desordenados. ¿Quién es el peor?

MODELO   libros (de él) / estar por el suelo
Sus libros están por el suelo.

1. sillón (de él) / estar cubierto de manchas
2. calcetines (míos) / estar por todas partes
3. pantalones (de él) / aparecer en la cocina
4. álbum de fotografías (mío) / estar sobre su cama
5. zapatos (de él) / aparecer al lado de los míos

B. Gustos diferentes. Tú y tu hermano(a) no tienen las mismas preferencias. ¿Cómo varían?

MODELO   Su muralista favorito es Rivera. (Siqueiros)
El mío es Siqueiros.

1. Su ciudad favorita es Morelia. (Guadalajara)
2. Mi período histórico favorito es la Revolución. (la Colonia)
3. Su novelista favorito es Mariano Azuela. (Carlos Fuentes)
4. Mi autora favorita es Rosario Castellanos. (Elena Poniatowska)
5. Su lugar favorito para vacaciones es Cancún. (Guaymas)

C. Comparaciones. Tú hablas con Emilio Bustamante, un estudiante extranjero. ¿Qué diferencias le dices que notas entre su cultura y la tuya?

MODELO   costumbres
Nuestras costumbres son diferentes a las tuyas.

1. lengua
2. gestos
3. modo de caminar
4. manera de escribir el número "7"
5. uso del cuchillo y del tenedor

Lección 2

3.3   Expresiones indefinidas y negativas

Expresiones indefinidas	Expresiones negativas
algo	nada
alguien	nadie
alguno	ninguno
alguna vez	nunca, jamás
siempre	nunca, jamás
o	ni
o . . . o	ni . . . ni
también	tampoco
cualquiera	

—¿Sabes **algo** de los mayas?
—Antes no sabía **nada** de ellos, pero ahora sé un poco más.
—¿Ha leído **alguien** una novela de Miguel Ángel Asturias?
—No, **nadie** ha leído a ese autor guatemalteco.
—¿Has visitado las ruinas de Tikal o de Chichén Itzá?
—No he estado **ni** en Tikal **ni** en Chichén Itzá. **Tampoco** he estado en Palenque.

Alguno y ninguno

■ Alguno y ninguno son adjetivos y, por tanto, concuerdan con el sustantivo al cual se refieren. **Alguno** varía en género y número —**alguno, alguna, algunos, algunas, mientras que ninguno** se usa en el singular solamente: **ninguno, ninguna.**

¿Has visto **algunas** muestras de la escritura maya?
He visto **algunos** símbolos, pero no tengo **ninguna** idea de cómo interpretarlos.

- **Alguno** y **ninguno** pierden la **-o** final delante de un sustantivo masculino singular.

  Ningún presidente ha resuelto el problema de la inflación.
  ¿Conoces **algún** pueblo de la región del Quiché?

- Cuando **alguien, nadie, alguno/a/os/as** o **ninguno/a/os/as** introducen un objeto directo que se refiere a personas, son precedidos por la preposición **a**.

  ¿Conoces **a alguien** de Guatemala?
  No conozco **a nadie** de allá.

Nunca y jamás

- **Nunca** y **jamás** son sinónimos. **Nunca** se usa con mayor frecuencia en el habla cotidiana. **Jamás** o **nunca jamás** pueden usarse para enfatizar.

  Nunca he estado en Quezaltenango.
  ¡Jamás pensé que Guatemala me gustaría tanto!
  —¿Has probado el café guatemalteco?
  —**¡Nunca jamás!**

- En preguntas, **jamás** es sinónimo de **alguna vez**; **jamás** se prefiere cuando se espera una respuesta negativa.

  ¿Te has interesado **alguna vez (jamás)** por la arqueología?
  —¿Has visto **jamás** artesanías de Guatemala?
  —**Nunca jamás.**

No

- **No** se coloca delante del verbo en una oración. Los pronombres de objeto se colocan entre **no** y el verbo.

  No recibí la tarjeta postal que mandaste desde Quezaltenango. **No la** enviaste a mi dirección antigua, ¿verdad?

- Las oraciones negativas en español pueden contener una o más palabras negativas. La partícula **no** se omite cuando otra expresión negativa precede al verbo.

  —Yo **no** he leído **nada** sobre la astronomía maya.
  —Yo **tampoco** he leído nada.
  Ella **no** toleró **nunca ninguna** injusticia social. Ella **nunca** toleró **ninguna** injusticia social.

> **Nota para el bilingüe:** En inglés formal sólo se admite una expresión negativa por oración: *I <u>never</u> said anything to anyone.* El español acepta múltiples partículas negativas: **No le dije nunca nada a nadie;** sin embargo, tal como se dijo, si una o más partículas negativas preceden al verbo, no se usa la partícula **no: Nunca le dije nada a nadie.**

Cualquiera

■ **Cualquiera** se puede usar como adjetivo o como pronombre. Cuando se usa como adjetivo delante de un sustantivo singular, **cualquiera** pierde la **a** final y se convierte en **cualquier**.

> **Cualquier** pirámide maya muestra la grandeza de esa civilización.
> Gozamos de libertad de expresión y **cualquiera** puede expresar sus opiniones.

Ahora, ¡a practicar!

A. ¿Cuánto sabes? Contesta estas preguntas para ver cuánto sabes sobre la cultura guatemalteca.

> MODELO   ¿Has visitado alguna vez El Quiché?
> **Nunca he visitado El Quiché.** o
> **Sí, visité El Quiché en 1991.**

1. ¿Has leído alguna vez acerca de las matemáticas mayas?
2. ¿Conoces alguna lengua indígena guatemalteca?
3. ¿Has estudiado mucho acerca de la astronomía maya?
4. ¿Has leído algo de Miguel Ángel Asturias?
5. ¿Has leído algunos cuentos guatemaltecos?
6. ¿Entiendes algo de la política actual de Guatemala?
7. ¿Sabes mucho de la reforma agraria en Guatemala?
8. ¿Has visitado alguna vez algunas ruinas mayas?
9. ¿Has estado en Escuintla o en Quetzaltenango?

B. Opiniones opuestas. Tu compañero(a) contradice cada afirmación que tú haces.

> MODELO   Todos quieren resolver los problemas ecológicos.
> **Nadie quiere resolver los problemas ecológicos.**

1. Siempre se va a encontrar solución a un conflicto.
2. Un gobernante debe consultar con todos.
3. La economía ha mejorado algo.
4. El gobierno debe conversar con todos los grupos políticos.
5. Ha habido algunos avances en la lucha contra el narcotráfico.

3.4 Pretérito e imperfecto: Acciones simultáneas y recurrentes

■ Cuando dos o más acciones o condiciones pasadas se consideran juntas, es común usar el imperfecto en una cláusula para describir el ambiente, las condiciones o las acciones que rodeaban la acción pasada; el pretérito se usa en la otra cláusula para expresar lo que pasó. Las cláusulas pueden aparecer en cualquier orden.

> Cuando nuestro avión **aterrizó** en el aeropuerto de la Ciudad de Guatemala, eran las cuatro de la tarde y **estaba** un poco nublado.
> **Eran** las cuatro de la tarde y **estaba** un poco nublado cuando nuestro avión **aterrizó** en el aeropuerto de la Ciudad de Guatemala.
> Unos amigos nos **esperaban** cuando **salimos** del avión.

■ Cuando se describen acciones o condiciones recurrentes, el pretérito indica que las acciones o condiciones han tenido lugar y se consideran acabadas en el pasado; el imperfecto pone énfasis en acciones o condiciones habituales o repetidas.

> El verano pasado **seguimos** un curso de Historia de México en la Universidad Nacional Autónoma de México. Por las tardes, **asistimos** a muchas conferencias y conciertos.
> El verano pasado, **íbamos** a un curso de Historia de México en la Universidad Nacional Autónoma de México y por las tardes **asistíamos** a conferencias o conciertos.

■ **Conocer, poder, querer** y **saber** se refieren a estados mentales cuando se usan en el imperfecto y a acciones o intenciones específicas cuando se usan en el pretérito.

> **Nota para el bilingüe:** Como el inglés carece del contraste entre el pretérito y el imperfecto, en estos casos el inglés emplea verbos diferentes para dejar en claro la diferencia.

Verbo	Imperfecto	Pretérito
conocer	*to know*	*to meet* (first time)
poder	*to be able to*	*to manage*
querer	*to want*	*to try* (affirmative);
no querer	*to not want*	*to refuse* (negative)
saber	*to know*	*to find out*

> Anoche yo quería alquilar un video, pero mi compañero de cuarto **no quiso** llevarme a la tienda porque nevaba. **Quise** ir a pie, pero abandoné la idea porque hacía mucho frío.
> Yo no **conocía** a tu padre; lo **conocí** ayer = *I didn't <u>know</u> your father; I <u>met</u> him yesterday.*

A. Último día. Explica lo que hiciste el último día de tu estadía en Guatemala.

> MODELO   salir del hotel después del desayuno
> **Salí del hotel después del desayuno.**

1. ir a muchas tiendas de artesanías
2. comprar regalos para mi familia y mis amigos
3. tomar mucho tiempo en encontrar algo apropiado
4. pasar tres horas en total haciendo compras
5. regresar al hotel
6. hacer las maletas rápidamente
7. llamar un taxi
8. ir al aeropuerto

B. Verano guatemalteco. Le cuentas a tu compañero(a) lo que tú y tus amigos hacían el verano pasado cuando estudiaban en Antigua, Guatemala.

> MODELO   ir a clases por la mañana
> **Íbamos a clases por la mañana.**

1. vivir con una familia guatemalteca
2. regresar a casa a almorzar
3. por las tardes, pasear por la ciudad
4. a veces ir de compras
5. de vez en cuando cenar en restaurantes típicos
6. algunas noches ir a bailar a alguna discoteca
7. salir de excursión los fines de semana

C. Arte mural. Completa la historia con la forma del verbo más apropiado para saber del arte mural en una ciudad norteamericana.

    Hasta hace poco yo no __1__ (sabía/supe) nada de pinturas murales. Pero la semana pasada __2__ (aprendía/aprendí) mucho durante una corta visita que __3__ (hacía/hice) a San Francisco. Cuando alguien me __4__ (decía/dijo) que __5__ (había/hubo) pinturas murales en el barrio de la calle *Mission,* de inmediato __6__ (quería/quise) verlas. Afortunadamente, durante una tarde libre, __7__ (podía/pude) por fin admirar los murales. __8__ (Veía/Vi) paredes y más paredes con pinturas de colores brillantes que __9__ (contaban/contaron) la historia de los latinos. __10__ (Sabía/Supe) entonces que el arte mural es un arte vivo, que forma parte de la experiencia diaria de esa comunidad.

D. Sábado. Los miembros de la clase dicen lo que hacían el sábado por la tarde.

MODELO   estar en el centro comercial / ver a mi profesor de historia
           Cuando (Mientras) estaba en el centro comercial, vi a mi
           profesor de historia.

1. mirar un partido de básquetbol en la televisión / llamar por teléfono mi abuela
2. preparar un informe sobre el Premio Nóbel / llegar unos amigos a visitarme
3. escuchar mi grupo favorito de rock / los vecinos pedirme que bajara el volumen
4. andar de compras en el supermercado / encontrarme con unos viejos amigos
5. caminar por la calle / ver un choque entre una motocicleta y un automóvil
6. estar en casa de unos tíos / ver unas fotografías de cuando yo era niño(a)
7. tomar refrescos en un café / presenciar una discusión entre dos novios

Lección 3

3.5   Las preposiciones **para** y **por**

Para se usa:

■ para expresar movimiento o dirección hacia un objetivo o destino.

  Salgo **para** la Ciudad de México el viernes próximo.

■ para indicar el tiempo en que se realizará una acción.

  Ese mural ya estará terminado **para** Navidad.

■ para expresar propósito, objetivo, uso o destino.

  Queremos ir a México **para** visitar las pirámides de Teotihuacán.
  En esta pared hay espacio **para** un mural.
  Esta tarjeta postal es **para** ti.

■ para expresar una comparación de desigualdad implícita.

  México está bastante industrializado **para** ser un país del Tercer Mundo.
  Para ser tan joven, tú entiendes bastante de política internacional.

■ para indicar la persona o personas que mantienen una opinión o que hacen un juicio.

  Para muchas personas, los murales de Diego Rivera reflejan la esencia de la
  cultura mexicana. **Para** mí, expresan un fuerte mensaje social.

Por se usa:

■ para expresar movimiento a lo largo o a través de un lugar.

  Es agradable caminar **por** el Parque de Chapultepec.

- para indicar período de tiempo. **Durante** también se puede usar en este caso o se puede omitir la preposición por completeo.

   La cultura de Teotihuacán dominó Mesoamérica **por casi ocho siglos** (**durante** casi ocho siglos/casi ocho siglos).

- para indicar la causa, motivo o razón de una acción.

   Rigoberta Menchú recibió el Premio Nóbel **por** su infatigable labor en favor de su gente.
   Muchos turistas visitan el Museo de Antropología **por** curiosidad.

- para expresar la persona o cosa a favor o en defensa de la cual se hace algo.

   Rigoberta Menchú lucha **por** los derechos de los indígenas.
   Debemos hacer muchos sacrificios **por** el bienestar del país.
   Según las encuestas, la mayoría va a votar **por** el candidato liberal.

- para expresar el cambio o substitución de una cosa por otra.

   ¿Cuántos pesos mexicanos dan **por** un dólar?

- para expresar el agente de una acción en una oración pasiva. (Consúltese la *Unidad 4, p. G63* para el tratamiento de las construcciones pasivas.)

   Guatemala ha sido gobernada **por** muchos militares.
   Esos murales fueron pintados **por** Orozco.

- para indicar un medio de transporte o de comunicación.

   Llamaré a Carlos **por** teléfono para decirle que viajaremos **por** tren, no **por** autobús.

- para indicar frecuencia, proporciones o una unidad de medida.

   México tiene un médico **por** cada seiscientos habitantes.
   Rigoberta Menchú ganaba veinte céntimos **por** día.

- en las siguientes expresiones de uso común.

   por ahora
   por cierto
   por consiguiente
   por eso
   por fin
   por la mañana (tarde, noche)
   por lo menos
   por lo tanto
   por más (mucho) que
   por otra parte
   por poco
   por supuesto
   por último

Ahora, ¡a practicar!

A. Admiración. ¿Por qué los guatemaltecos admiran a Rigoberta Menchú?

MODELO   infatigable labor
La admiran por su infatigable labor.

1. obra en favor de los indígenas
2. defensa de los derechos humanos
3. valentía
4. activismo político
5. espíritu de justicia social
6. lucha contra la discriminación

B. Planes. Menciona algunos planes generales del gobierno guatemalteco para resolver algunos de los problemas del país.

MODELO   planes: controlar la inflación
**El gobierno ha propuesto nuevos planes para controlar
la inflación.**

1. programas: mejorar la economía
2. leyes: prevenir los abusos de los derechos humanos
3. resoluciones: combatir el tráfico de drogas
4. regulaciones: proteger el medio ambiente
5. negociaciones: reconciliar a la oposición

C. La Ciudad de los Dioses. Completa la siguiente información acerca de Teotihuacán, usando la preposición **para** o **por,** según convenga.

1. Muchas personas visitan México principalmente _____ ver las impresionantes pirámides de Teotihuacán.
2. No sabemos _____ quiénes fue construida esta ciudad.
3. No sabemos si los habitantes de Teotihuacán usaban este nombre _____ hablar de su ciudad.
4. _____ una ciudad antigua, Teotihuacán era realmente impresionante.
5. Teotihuacán fue y es famosa _____ sus pirámides y templos magníficos.
6. La ciudad no fue destruida _____ una civilización rival, sino _____ facciones internas.
7. Hoy sentimos respeto _____ las ruinas misteriosas de esta ciudad.
8. _____ todo el mundo, Teotihuacán es una ciudad fascinante y misteriosa.

D. Paseo. Completa el párrafo con la preposición **para** o **por,** según el sentido, para descubrir lo que hace Milagros durante su paseo.

Ayer di un paseo ___1___ (=propósito) visitar el Museo Nacional de Antropología. Caminé ___2___ (=a lo largo) el Paseo de la Reforma; iba ___3___ (=hacia) el Parque de Chapultepec, que es donde queda el museo. No quise tomar un taxi o el metro ___4___ estar el tiempo tan bueno. Cuando llegué al museo, pagué quince pesos ___5___ la entrada. Vi, ___6___ supuesto, la réplica de las pirámides de Teotihuacán construidas ___7___ los indígenas hace más de quince siglos. Admiré también la Piedra del Sol, el famoso calendario usado ___8___ los aztecas ___9___ resumir su visión del cosmos. Estuve en el museo ___10___ varias horas pero no pude verlo todo. Pienso volver otro día ___11___ ver más cosas. ___12___ regresar al hotel tomé el metro, porque estaba muy cansada.

Lección 1

4.1   El participio pasado

Formas

Verbos en *-ar*	Verbos en *-er*	Verbos en *-ir*
terminar	aprender	recibir
termin**ado**	aprend**ido**	recib**ido**

■ Para formar el participio pasado de los verbos regulares, se agrega **-ado** a la raíz de los verbos terminados en **-ar** e **-ido** a la raíz de los verbos terminados en **-er** e **-ir.**

■ El participio pasado de los verbos que terminan en **-aer, -eer** e **-ír** lleva acento ortográfico.

    caer: **caído**   creer: **creído**   oír: **oído**
    traer: **traído**   leer: **leído**   reír(i): **reído**

■ Algunos verbos tienen participios pasados irregulares.

    abrir: **abierto**   poner: **puesto**
    cubrir: **cubierto**   resolver: **resuelto**
    decir: **dicho**   romper: **roto**
    escribir: **escrito**   ver: **visto**
    hacer: **hecho**   volver: **vuelto**
    morir: **muerto**

■ Los verbos que se derivan de los infinitivos anotados arriba también tienen participios pasados irregulares.

    cubrir: descubrir → **descubierto**
    escribir: describir → **descrito;** inscribir → **inscrito**
    hacer: deshacer → **deshecho;** satisfacer → **satisfecho**
    poner: componer → **compuesto;** imponer → **impuesto;** suponer → **supuesto**
    volver: devolver → **devuelto;** revolver → **revuelto**

Usos

El participio pasado se usa:

■ con el verbo auxiliar **haber** para formar tiempos perfectos. En este caso, el participio pasado es invariable. (Consúltese *la Unidad 7, p. G103* para los tiempos perfectos.)

    Muchos cubanoamericanos no **han visitado** Cuba.

■ con el verbo **ser** para formar la voz pasiva. En esta construcción, el participio pasado concuerda en género y número con el sujeto de la oración. (Consúltese la p. G63 de esta unidad para las oraciones pasivas.)

En 1953 Fidel Castro y su hermano Raúl **fueron encarcelados** por Batista.

■ con el verbo **estar** para expresar una condición o estado que resulta de una acción previa. El participio pasado concuerda en género y número con el sujeto. (Consúltese *la Unidad 1, p. G14–G15* para **ser** y **estar** + participio pasado.)

Abrieron esa tienda a las nueve. La tienda **está abierta** ahora.

■ como adjetivo para modificar sustantivos. En este caso, el participio pasado concuerda en género y número con el sustantivo al cual modifica.

Compré unas herramientas **fabricadas** en México.

Ahora, ¡a practicar!

A. Breve historia de Cuba. Completa la siguiente información acerca de Cuba con el participio pasado del verbo indicado entre paréntesis.

Cuba es ___1___ (conocer) como la Perla de las Antillas. Está ___2___ (situar) a 180 kilómetros al sur de la Florida y a 77 kilómetros al oeste de Haití. Fue ___3___ (descubrir) por Colón durante su primer viaje y a principios del siglo XVI fue ___4___ (colonizar) por Diego de Velázquez. Fue ___5___ (declarar) república independiente a comienzos del siglo XX. Actualmente las zonas más ___6___ (poblar) son las provincias del Este y La Habana. Según la constitución ___7___ (promulgar) en 1976, Cuba es una República Democrática y Socialista ___8___ (dividir) en catorce provincias.

B. Trabajo de investigación. Un(a) compañero(a) te pregunta acerca de un trabajo de investigación sobre Cuba que tienes que presentar en tu clase de español.

MODELO ¿Empezaste el trabajo sobre la historia de Cuba? (Sí)
Sí, está empezado.

¿Terminaste la investigación? (Todavía no)
No, todavía no está terminada.

1. ¿Hiciste las lecturas preliminares? (Sí)
2. ¿Consultaste la bibliografía? (Sí)
3. ¿Empezaste el bosquejo de tu trabajo? (No)
4. ¿Transcribiste tus notas? (Todavía no)
5. ¿Decidiste cuál va a ser el título? (Sí)
6. ¿Escribiste la introducción? (No)
7. ¿Devolviste los libros a la biblioteca? (No)
8. ¿Resolviste las dudas que tenías? (Todavía no)

Construcciones pasivas

Voz pasiva con ser

■ Las acciones pueden expresarse en la voz activa o en la voz pasiva. En las oraciones activas el sujeto ejecuta la acción. En las oraciones pasivas el sujeto recibe la acción. Nota cómo el objeto directo de las oraciones activas es el sujeto de las oraciones pasivas y cómo el sujeto de las oraciones activas aparece precedido por la preposición **por** en las oraciones pasivas.

Voz activa		
sujeto	verbo	objeto directo
Wifredo Lam	**pintó**	*La selva*

Voz pasiva		
sujeto	**ser** + participio pasado	por + agente
La selva	*fue* pintada	**por** Wifredo Lam

■ En la voz pasiva, **ser** puede usarse en cualquier tiempo verbal y el participio pasado concuerda en género y número con el sujeto de la oración. El agente puede omitirse en una oración pasiva.

Cuba **fue colonizada** por Diego de Velázquez.
Cuba **es conocida** como la Perla de las Antillas.

Sustitutos de las construcciones pasivas

La voz pasiva con **ser** no se usa muy frecuentemente en el español escrito o hablado. En su lugar se prefiere la construcción pasiva con **se** o un verbo en la tercera persona del plural sin sujeto especificado.

■ Cuando se desconoce o no interesa mencionar a la persona que ejecuta una acción, se puede usar la construcción pasiva con **se**. En este caso el verbo está siempre en la tercera persona del singular o del plural.

Para cortar madera, **se usa** un serrucho.
Esas herramientas no **se encuentran** en muchas tiendas.
Se escuchan ritmos africanos por todo el país.

Nota para el bilingüe: La construcción con **se** tiene varios equivalentes en inglés. Ya sea a una oración pasiva o a una oración impersonal con sujetos indeterminados como *one, they, you,* o *people.*

Se esperan grandes cambios.

{
Great changes are expected.
One expects great changes.
They expect great changes.
You expect great changes.
People expect great changes.

■ Un verbo conjugado en la tercera persona del plural sin pronombre sujeto también se puede usar como substituto de la voz pasiva con **ser** cuando no se expresa el agente.

Aprobaron la nueva constitución.
Aquí no **respetan** los derechos individuales.

Ahora, ¡a practicar!

A. **¿Qué sabes de Cuba?** Usa la información siguiente para mencionar algunos datos importantes de la historia de Cuba.

MODELO   reconocer / por Colón en 1492
Fue reconocida por Colón en 1492.

1. poblar / por taínos y ciboneyes
2. colonizar / por Diego de Velázquez
3. ceder / a EE.UU. por España en 1898
4. declarar / república independiente en 1902
5. transformar / enormemente por la Revolución de 1959

B. **Poeta nacional.** Completa la siguiente información acerca del poeta cubano Nicolás Guillén usando **ser** + *el participio pasado* del verbo indicado.

Nicolás Guillén nació en Camagüey en 1902. Sus primeros versos __1__ (publicar) en una revista de Camagüey en 1917. Se hizo famoso con *Motivos de son,* obra que __2__ (publicar) en 1930. __3__ (encarcelar) dos veces por el gobierno de Fulgencio Batista. Salió al exilio y volvió cuando triunfó la revolución de Fidel Castro en 1959. __4__ (aclamar) como el poeta nacional de Cuba y también __5__ (elegir) presidente de la Unión de Escritores y Artistas de Cuba. __6__ (admirado) como un gran poeta tanto dentro como fuera de su país. Murió en 1989.

C. Economía cubana. Contesta las siguientes preguntas acerca de la economía de Cuba usando **se** + *un verbo en tercera persona.*

> MODELO ¿Cuál es el principal producto agrícola de Cuba? (cultivar / caña de azúcar principalmente)
> **Se cultiva la caña de azúcar principalmente.**

1. ¿Qué otros productos agrícolas tiene Cuba? (cultivar / también frutas tropicales)
2. ¿Qué maderas hay? (explotar / maderas preciosas)
3. ¿Hay minerales? (Sí, extraer / varios minerales, como el níquel y el cobre)
4. ¿Siembran la caña de azúcar en toda la isla? (Sí, pero cosechar / en el oeste de la isla especialmente)
5. ¿Es famoso el tabaco cubano? (Sí, conocer / en todo el mundo por su calidad)
6. ¿Es una economía de base industrial? (No, basar / en la agricultura)

D. Noticias. Tú y tus compañeros mencionan diversas noticias que han leído en el periódico de hoy.

> MODELO anunciar / una gran tormenta de nieve
> **Anuncian una gran tormenta de nieve.**

1. aconsejar / ir a votar temprano en las próximas elecciones
2. informar / acerca de nuevos avances en la medicina
3. pronosticar / que la economía va a mejorar
4. creer / que las negociaciones entre el gobierno y los trabajadores van a tener éxito
5. denunciar / abusos en algunos bancos locales

Lección 2

4.3 Las formas del presente de subjuntivo y el uso del subjuntivo en las cláusulas principales

■ Los dos modos verbales principales del español son el *indicativo* y el *subjuntivo.* El modo indicativo narra o describe algo que se considera definido, objetivo o real. El modo subjuntivo expresa emociones, dudas, juicios de valor o incertidumbre acerca de una acción.

> Santo Domingo **es** la ciudad más antigua de América. (Indicativo)
> Quizás Santo Domingo **sea** la capital con más edificios coloniales. (Subjuntivo)

■ El subjuntivo se usa con mucho mayor frecuencia en español que en inglés. Aparece generalmente en cláusulas subordinadas introducidas por **que.**

> Dudo **que** tus amigos **conozcan** algunas canciones de José Luis Guerra.

Formas

Verbos en -*ar*	Verbos en -*er*	Verbos en -*ir*
progresar	aprender	vivir
progrese	aprenda	viva
progreses	aprendas	vivas
progrese	aprenda	viva
progresemos	aprendamos	vivamos
progreséis	aprendáis	viváis
progresen	aprendan	vivan

■ Para formar el presente de subjuntivo de todos los verbos regulares y de la mayoría de los verbos irregulares, se quita la terminación -**o** de la primera persona del singular del presente de indicativo y se agregan las terminaciones apropiadas. Nota que todas las terminaciones de los verbos terminados en -**ar** tienen en común la vocal -**e,** mientras que todas las terminaciones de los verbos terminados en -**er** e -**ir** tienen en común la vocal -**a.**

■ La mayoría de los verbos que tienen una raíz irregular en la primera persona del singular del presente de indicativo mantienen la misma irregularidad en todas las formas del presente de subjuntivo. Los siguientes son algunos ejemplos.

conocer (**conozc**): conozca, conozcas, conozca, conozcamos, conozcáis, conozcan
decir (**dig**): diga, digas, diga, digamos, digáis, digan
hacer (**hag**): haga, hagas, haga, hagamos, hagáis, hagan
influir (**influy**): influya, influyas, influya, influyamos, influyáis, influyan
proteger (**protej**): proteja, protejas, proteja, protejamos, protejáis, protejan
tener (**teng**): tenga, tengas, tenga, tengamos, tengáis, tengan

Verbos con cambios ortográficos

Algunos verbos requieren un cambio ortográfico para mantener la pronunciación de la raíz. Los verbos que terminan en -**car, -gar, -guar** y -**zar** tienen un cambio ortográfico en todas las personas.

c → **qu**	sacar: saque, saques, saque, saquemos, saquéis, saquen
g → **gu**	pagar: pague, pagues, pague, paguemos, paguéis, paguen
u → **ü**	averiguar: averigüe, averigües, averigüe, averigüemos, averigüéis, averigüen
z → **c**	alcanzar: alcance, alcances, alcance, alcancemos, alcancéis, alcancen

Otros verbos en estas categorías:

atacar	entregar	atestiguar	comenzar
indicar	jugar		empezar
tocar	llegar		almorzar

Verbos con cambios en la raíz

- Los verbos con cambios en la raíz que terminan en **-ar** y en **-er** tienen los mismos cambios en la raíz en el presente de subjuntivo que en el presente de indicativo. Recuerda que todas las formas cambian, excepto **nosotros** y **vosotros.**
  (Consúltese *la Unidad 1, p. G20–G21* para una lista de verbos con cambios en la raíz.)

pensar	volver
e → ie	o → ue
p**ie**nse	v**ue**lva
p**ie**nses	v**ue**lvas
p**ie**nse	v**ue**lva
pensemos	volvamos
penséis	volváis
p**ie**nsen	v**ue**lvan

- Los verbos con cambios en la raíz terminados en **-ir** tienen los mismos cambios en la raíz que en el presente de indicativo, excepto que las formas correspondientes a **nosotros** y a **vosotros** tienen un cambio adicional de **e** a **i** y de **o** a **u.**

mentir	dormir	pedir
e → ie, i	o → ue, u	e → i, i
m**ie**nta	d**ue**rma	p**i**da
m**ie**ntas	d**ue**rmas	p**i**das
m**ie**nta	d**ue**rma	p**i**da
m**i**ntamos	d**u**rmamos	p**i**damos
m**i**ntáis	d**u**rmáis	p**i**dáis
m**ie**ntan	d**ue**rman	p**i**dan

Verbos irregulares

- Los siguientes seis verbos, que no terminan en **-o** en la primera persona del singular del presente de indicativo, son irregulares en el presente de subjuntivo. Nota los acentos escritos en algunas formas de **dar** y **estar.**

haber	ir	saber	ser	dar	estar
haya	vaya	sepa	sea	dé	esté
hayas	vayas	sepas	seas	des	estés
haya*	vaya	sepa	sea	dé	esté
hayamos	vayamos	sepamos	seamos	demos	estemos
hayáis	vayáis	sepáis	seáis	deis	estéis
hayan	vayan	sepan	sean	den	estén

*Nota que **haya** es la forma del presente de subjuntivo que corresponde a la forma **hay** del presente de indicativo: Sé que **hay** una tienda en esa esquina. Dudo que **haya** una tienda en esa esquina.

4

Ahora, ¡a practicar!

A. Deseos. Describe algunos de los deseos del cantante dominicano Juan Luis Guerra.

> MODELO   su esposa / escuchar sus canciones
> **Quiere que su esposa escuche sus canciones.**

1. su familia / vivir en un lugar tranquilo
2. sus amigos / conversar con él a menudo
3. su música / reflejar la realidad dominicana
4. sus canciones / llevar un mensaje social
5. los artistas / funcionar como embajadores de buena voluntad
6. la gente / conocer a los poetas hispanos
7. los artistas / comprender y aceptar sus responsabilidades sociales
8. los pobres / recibir atención médica

B. Opiniones contrarias. Tú y tu compañero(a) expresan opiniones opuestas sobre lo que es bueno para los países del Caribe.

> MODELO   probar otros modelos de gobierno
> *Tú:*   **Es bueno que prueben otros modelos de gobierno.**
> *Compañero(a):*   **Es malo que prueben otros modelos de gobierno.**

1. empezar nuevos experimentos políticos
2. conseguir préstamos extranjeros
3. defender su independencia política y económica
4. cerrar sus fronteras
5. tener elecciones libres
6. convertirse en democracia representativa
7. resolver sus problemas internos pronto

C. Recomendaciones. Di lo que les recomiendas a las personas que inventan nuevos aparatos o herramientas.

> MODELO   hacer aparatos simples
> **Les recomiendo que hagan aparatos simples.**

1. conocer las necesidades de la gente
2. oír la opinión de los expertos
3. construir herramientas resistentes y eficaces
4. producir sus aparatos en grandes cantidades
5. disponer de mucho dinero para la publicidad
6. ofrecer sus aparatos a buenos precios
7. darle al consumidor lo que desea
8. ir a exposiciones industriales
9. ser pacientes

El subjuntivo en las cláusulas principales

■ El subjuntivo se usa siempre después de **ojalá (que)** porque significa **espero que.** El uso de **que** después de **ojalá** es optativo.

> **Ojalá (que)** la gente **use** las herramientas de modo útil.
> **Ojalá (que)** te **recuerdes** de comprar un candado.

■ El subjuntivo se usa después de las expresiones **probablemente** y **a lo mejor, acaso, quizá(s)** y **tal vez** para indicar que algo es dudoso o incierto. El uso del indicativo después de estas expresiones indica que la idea expresada es definida, cierta o muy probable.

> **Probablemente hable** de los cuentos de Juan Bosch en la próxima clase.
>   (menos seguro)
> **Probablemente hablaré** de los cuentos de Juan Bosch en la próxima clase.
>   (más seguro)
> **Tal vez** mi hermano **viaje** a Santo Domingo pronto. (menos seguro)
> **Tal vez** mi hermano **viaja** a Santo Domingo pronto. (más seguro)

Ahora, ¡a practicar!

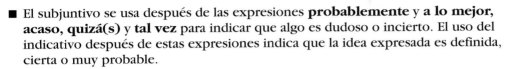

A. Preparativos apresurados. Eres periodista y tu jefe(a) te ha pedido que hagas un reportaje sobre la República Dominicana. Tienes que salir para allá lo más pronto posible.

> MODELO   el pasaporte estar al día
>   **Ojalá que el pasaporte esté al día.**

1. (yo) encontrar un vuelo para el sábado próximo
2. (yo) conseguir visa pronto
3. haber cuartos en un hotel de la zona colonial
4. (ellos) dejar pasar mi computadora portátil
5. la computadora portátil funcionar sin problemas
6. (yo) poder entrevistar a muchas figuras políticas importantes
7. el reportaje resultar todo un éxito

B. Indecisión. Tus amigos te preguntan lo que vas a hacer el próximo fin de semana. No puedes darles una respuesta definitiva, pues no estás seguro(a) de lo que quieres hacer.

> MODELO   ir al cine
>   **Quizás (Tal vez, Probablemente) vaya al cine.**

1. ver una película
2. acompañar a mi amiga al centro comercial
3. asistir a un concierto
4. salir con mis amigos
5. tener que trabajar sobretiempo
6. conducir a la playa

4.4 Mandatos formales y mandatos familiares con tú

Mandatos formales

	Verbos en -*ar*		Verbos en -*er*		Verbos en -*ir*	
	usar		**correr**		**sufrir**	
Ud.	use	no use	corra	no corra	sufra	no sufra
Uds.	usen	no usen	corran	no corran	sufran	no sufran

■ Los mandatos afirmativos y negativos con **usted** y **ustedes** tienen las mismas formas que el presente de subjuntivo.

■ En español, normalmente se omite el pronombre sujeto en los mandatos. Se puede incluir para poner énfasis o establecer un contraste o para indicar cortesía.

> **Espere** unos minutos, por favor.
> **Quédense Uds.** aquí; **vaya usted** solo a la oficina del director. (contraste)
> **Llene usted** este formulario, por favor. (cortesía)

■ En los mandatos afirmativos, los pronombres de objeto directo e indirecto y los pronombres reflexivos se colocan al final del verbo, formando con éste una sola palabra. Se necesita un acento escrito si el mandato lleva el acento fonético en la antepenúltima sílaba.

> Este parque nacional es suyo. **Úselo, cuídelo, manténgalo** limpio.

■ En los mandatos negativos, los pronombres de objeto y los pronombres reflexivos preceden al verbo.

> Guarde ese formulario; no **me lo pase** todavía.

Ahora, ¡a practicar!

A. **Atracciones turísticas.** Eres agente de viaje y un(a) cliente tuyo(a) te consulta sobre los lugares que debería ver durante su próximo viaje a la República Dominicana. ¿Qué recomendaciones le haces?

MODELO   ver la Casa de Diego Colón
               Vea la Casa de Diego Colón.

1. visitar la Catedral; admirar la arquitectura colonial
2. pasearse por la zona colonial; no tener prisa
3. entrar en el Museo de las Casas Reales
4. asistir a un concierto en el Teatro Nacional; hacer reservaciones con tiempo
5. caminar junto al mar por la Avenida George Washington
6. ir al Parque Los Tres Ojos; admirar el Acuario
7. no dejar de visitar el Faro de Colón

B. **¿Qué hacer?** Un(a) amigo(a) y tú desean viajar a la República Dominicana y les piden consejo a los Núñez, unos vecinos que han vivido en ese país. Desgraciadamente, los dos no les dan el mismo consejo.

MODELO   ¿Hacemos el viaje durante el verano?
     Él: **Sí, háganlo durante el verano.**
     Ella: **No, no lo hagan durante el verano; hace mucho calor.**

1. ¿Compramos el billete de avión con mucha anticipación?
2. ¿Visitamos los pueblos pequeños?
3. ¿Practicamos los deportes submarinos?
4. ¿Nos bañamos en las playas del norte?
5. ¿Nos quedamos por lo menos dos semanas en el país?

Mandatos familiares con tú

Verbos en -*ar*	Verbos en -*er*	Verbos en -*ir*
usar	correr	sufrir
usa no uses	corre no corras	sufre no sufras

■ Los mandatos afirmativos con **tú** tienen la misma forma que la tercera persona del singular del presente de indicativo. Los mandatos negativos con **tú** tienen la misma forma que el presente de subjuntivo.

  Conserva tus tradiciones. **No olvides** tus orígenes.
  ¡**Insiste** en tus derechos! ¡No **temas** defenderlos!

■ Sólo los siguientes verbos tienen mandatos afirmativos irregulares con **tú**. Los mandatos negativos correspondientes son regulares.

decir	**di**	salir	**sal**
hacer	**haz**	ser	**sé**
ir	**ve**	tener	**ten**
poner	**pon**	venir	**ven**

Sé bueno. **Haz**me un favor. **Ven** a pasear por la zona colonial conmigo. Pero **pon**te un suéter porque hace frío.

Ahora, ¡a practicar!

A. Receta de cocina. Un(a) amigo(a) te llama por teléfono para pedirte una receta de un plato dominicano que tú tienes. La receta aparece del modo siguiente en tu libro de cocina.

Instrucciones:
1. Cortar las vainitas verdes a lo largo; cocinarlas en un poco de agua.
2. Pelar los plátanos; cortarlos a lo largo; freírlos en aceite hasta que estén tiernos; secarlos en toallas de papel.
3. Mezclar la sopa con las vainitas; tener cuidado: no romper las vainitas.
4. En una cacerola, colocar los plátanos.
5. Sobre los plátanos, poner la mezcla de sopa y vainitas; echar queso rallado encima.
6. Repetir hasta que la cacerola esté llena.
7. Hornear a 350° hasta que todo esté bien cocido.
8. Cortar en cuadritos para servir; poner cuidado; no quemarse.

Ahora dale instrucciones a tu amigo(a) para preparar el plato.

MODELO   **Corta las vainitas verdes a lo largo; cocínalas en un poco de agua.**

B. Elecciones. Le das consejo a un(a) amigo(a) tuyo(a) que va a participar por primera vez en las próximas elecciones.

MODELO   informarse de los programas de los candidatos
                 Infórmate de los programas de los candidatos.

1. leer lo que aparece en el periódico acerca de las elecciones; no creer todo
2. ver las entrevistas a los candidatos en la televisión
3. no perderse los debates televisados
4. ir temprano a votar
5. votar por los que tú consideres los mejores candidatos
6. no sentirse mal si tu candidato pierde

C. Consejos contradictorios. Cada vez que un(a) amigo(a) tuyo(a) te da un consejo sobre cómo debes comportarte como turista en países hispanohablantes, otro(a) amigo(a) te da el consejo opuesto.

MODELO   Deja propina en los restaurantes.
              No dejes propina en los restaurantes.

1. Lee acerca de la historia y las costumbres del país que visitas.
2. Esfuérzate por hablar español.
3. Pide información en la oficina de turismo.
4. Ten el pasaporte siempre contigo.
5. No cambies dinero en los hoteles.
6. No comas en los puestos que veas en la calle.
7. No salgas a pasearte solo(a) de noche.
8. Visita los museos históricos.
9. No regatees los precios en las tiendas.

INTERNET
Prueba interactiva
www.mcdougallittell.com

Lección 3

4.5   El subjuntivo en las cláusulas nominales

Deseos, recomendaciones, sugerencias y mandatos

■ El subjuntivo se usa en una cláusula subordinada cuando el verbo o la expresión impersonal de la cláusula principal indica deseo, recomendación, sugerencia o mandato y hay cambio de sujeto en la cláusula subordinada. Si no hay cambio de sujeto, se usa el infinitivo.

Espero	que	viajes a Puerto Rico.
Espero		viajar a Puerto Rico.

Verbos y expresiones de uso común en esta categoría:

aconsejar	exigir	prohibir
decir	mandar	querer
dejar	pedir	recomendar
desear	permitir	rogar
esperar	preferir	sugerir

ser esencial	ser mejor	ser preciso
ser importante	ser necesario	ser urgente

Prefiero que **pases** dos semanas en Puerto Rico.
Te recomiendo que **vayas** al Viejo San Juan.
Es importante **visitar** el museo de la Casa Blanca.

Duda, incertidumbre, incredulidad y desmentidos

■ Se usa el subjuntivo en una cláusula subordinada después de verbos o expresiones que indican duda, incertidumbre, incredulidad o desmentido. Cuando se usa el opuesto de estos verbos y expresiones, van seguidos del indicativo porque indican certeza.

Verbos y expresiones de uso común en esta categoría:

Subjuntivo: incredulidad/duda	Indicativo: creencia/certidumbre
no creer	creer
dudar	no dudar
no estar seguro(a) (de)	estar seguro(a) (de)
negar	no negar
no pensar	pensar
no ser cierto	ser cierto
no ser evidente	ser evidente
no ser seguro	ser seguro
no ser verdad	ser verdad

No creo que la situación política de Puerto Rico **cambie** en el futuro.
Estoy seguro de que el turismo **trae** mucho dinero, pero **no estoy seguro** de que no **traiga** problemas también.
No dudo de que me **graduaré, pero dudo** de que me **gradúe** el semestre próximo.

■ En oraciones interrogativas, se puede usar tanto el subjuntivo como el indicativo. El uso del subjuntivo indica duda o incredulidad por parte del hablante o escritor. El uso del indicativo señala que la persona que habla o escribe desea simplemente información y no sabe la respuesta a su pregunta.

¿Piensas que el turismo **es** beneficioso para el país? (la persona solicita información y no sabe la respuesta)
¿Piensas que el turismo **sea** beneficioso para el país? (la persona duda que el turismo sea beneficioso)

Emociones, opiniones y juicios de valor

■ El subjuntivo se usa en una cláusula subordinada después de verbos y expresiones que indican emociones, opiniones y juicios de valor cuando hay cambio de sujeto. Si no hay cambio de sujeto, se usa el infinitivo.

Verbos y expresiones de uso común en esta categoría:

alegrarse	lamentar	sorprenderse
enojarse	sentir	temer
estar contento(a) de	ser extraño	ser raro
ser agradable	ser increíble	ser sorprendente
ser bueno	ser malo	ser (una) lástima
ser curioso	ser natural	ser vergonzoso
ser estupendo	ser normal	

Me alegro de que **vayas** al concierto de Chayanne.
Es increíble que tanta gente **viva** en una isla tan pequeña.
Es bueno **tener** preocupaciones sociales.

Ahora, ¡a practicar!

A. Recomendaciones. Tú le indicas a tu compañero(a) cómo debe prepararse cuando hay peligro de huracán.

MODELO   comprar provisiones para varios días
Es necesario (importante, preciso) que compres provisiones para varios días.

1. examinar el tanque de la gasolina de tu vehículo
2. llenarlo si está vacío
3. mantener una radio y una linterna a mano
4. asegurarte de que las pilas funcionan
5. tener recipientes para guardar agua
6. mirar el botiquín de primeros auxilios
7. comprobar que tiene lo que necesita

B. Sugerencias. Un(a) amigo(a) tuyo(a) que quiere cambiar su vida sedentaria te pide consejos acerca de qué tipo de actividades puede hacer. Tú le mencionas algunas posibilidades.

MODELO   ir a un gimnasio
Te recomiendo (aconsejo, sugiero) que vayas a un gimnasio.

1. practicar el béisbol
2. bailar salsa
3. jugar al tenis
4. hacer ejercicios aeróbicos
5. ponerte unos shorts y jugar al baloncesto

C. Opiniones. Tú y tus compañeros dan opiniones acerca de Puerto Rico.

MODELO   ser verdad / Puerto Rico es un territorio rico
Es verdad que Puerto Rico es un territorio rico.

no estar seguro(a) / los puertorriqueños quieren la independencia total
No estoy seguro(a) (de) que los puertorriqueños quieran la independencia total.

1. ser evidente / Puerto Rico es un país de cultura hispana
2. pensar / la economía de Puerto Rico se basa más en la industria que en la agricultura
3. no creer / Puerto Rico se va a separar de EE.UU.
4. no dudar / el idioma español va a seguir como lengua oficial
5. ser cierto / los puertorriqueños no tienen que pagar impuestos federales
6. negar / todos los puertorriqueños desean emigrar a EE.UU.

UNIDAD 4

D. Datos sorprendentes. Tú les cuentas a tus amigos las cosas que te sorprenden de Puerto Rico, lugar que visitas por primera vez.

MODELO Puerto Rico / tener tantos monumentos coloniales
Me sorprende (Es sorprendente) que Puerto Rico tenga tantos monumentos coloniales.

1. la isla / ofrecer tantos sitios de interés turístico
2. tantas personas / vivir en una isla relativamente pequeña
3. los puertorriqueños / mantener sus tradiciones hispanas
4. en la montaña de El Yunque / haber una selva tropical fascinante
5. muy pocos puertorriqueños / querer un estado independiente
6. los puertorriqueños / no necesitar visa para entrar en EE.UU.
7. tantos puertorriqueños / practicar el béisbol
8. los hombres puertorriqueños / tener que inscribirse en el servicio militar de EE.UU.

E. Preferencias. Habla de las preferencias de muchos puertorriqueños.

MODELO el español / ser lengua oficial
Prefieren que el español sea lengua oficial.

(los puertorriqueños) / vivir en la isla
Prefieren vivir en la isla.

1. (los puertorriqueños) / no perder sus costumbres hispanas
2. la isla / permanecer autónoma
3. la isla / no tener sus propias fuerzas armadas
4. (los puertorriqueños) / decidir su propio destino
5. las empresas estadounidenses / no pagar impuestos federales
6. (los puertorriqueños) / gozar de los beneficios de un estado libre asociado
7. Puerto Rico / no convertirse en el estado cincuenta y uno

F. Situación mundial. Tú y tus compañeros dicen lo que les parece importante para mejorar la situación mudial.

MODELO (nosotros) / prevenir / las guerras
Es bueno (mejor, preferible) que prevengamos las guerras.

1. (nosotros) / vivir / en armonía
2. (nosotros) / crear / un mundo de paz
3. todo el mundo / saber / leer y escribir
4. las personas / pensar / en los demás; no pensar / en sí mismas solamente
5. las herramientas / servir / para mejorar la vida de todo el mundo
6. nadie / morir / a causa del hambre
7. (nosotros) / proteger / el medio ambiente
8. (nosotros) / decirles a los líderes políticos lo que queremos
9. haber / más oportunidades de empleo para los jóvenes

INTERNET
Prueba interactiva
www.mcdougallittell.com

Lección 1

5.1 Pronombres relativos

Los pronombres relativos unen una cláusula subordinada a la cláusula principal. En tanto pronombres, remiten a un *antecedente,* o sea, a un sustantivo mencionado previamente en la cláusula principal. Sirven para hacer transiciones de una idea a otra y para eliminar la repetición de un sustantivo. El pronombre relativo no se omite.

> **Nota para el bilingüe:** En inglés es común omitir el pronombre relativo: *Have you seen the house I bought?* = ¿**Has visto la casa que compré?**

antecedente pronombre relativo

Lamentamos la `violencia` `que` vemos en Centroamérica.

Los pronombres relativos principales son: **que, quien(es), el (la, los, las) cual(es), el (la, los, las) que y cuyo.**

Usos de que

■ **Que** es el pronombre relativo de mayor uso. Se puede referir a personas, lugares, gentes o ideas abstractas.

Los indios **que** vivían en Cuzcatlán se llamaban pipiles.
El café y el cacao son algunos de los productos **que** se cultivan en El Salvador.
Había un mercado muy interesante en el pueblo **que** visitamos.

■ **Que** se usa después de las preposiciones simples **a, con, de** y **en** cuando se refiere a lugares, objetos o ideas abstractas, no a personas.

La paz **con que** soñaban los salvadoreños llegó en 1992.
Las campánulas son las plantas **de que** se alimentan los cadejos.

Usos de quien(es)

■ **Quien(es)** se usa después de las preposiciones simples como **a, con, de, en** y **por** para referirse a personas. Nota que concuerda en número con su antecedente.

Las personas **a quienes** entrevistaron eran miembros del FMLN.
No conozco a la artista salvadoreña **con quien (de quien)** hablas.

■ **Quien(es)** también puede usarse en una cláusula separada por comas cuando se refiere a personas.

> Óscar Arnulfo Romero, **quien (que)** era arzobispo de San Salvador, fue asesinado en 1980.
>
> Los diputados salvadoreños, **quienes** duran tres años en su cargo, constituyen el poder legislativo.

Ahora, ¡a practicar!

A. Estilo más complejo. Estás revisando la composición de un(a) compañero(a), en la cual aparecen demasiadas oraciones simples. Le sugieres que combine dos oraciones en una.

> MODELO Claribel Alegría es una famosa escritora salvadoreña. Escribió *Luisa en el país de la realidad.*
> **Claribel Alegría, quien (que) escribió *Luisa en el país de la realidad,* es una famosa escritora salvadoreña.**

1. El líder político José Napoleón Duarte murió en 1990. Fue presidente entre 1984 y 1989.

2. Isaías Mata es el creador de la pintura *Cipotes en la marcha por la paz.* Vive actualmente en EE.UU.

3. Alfredo Cristiani asumió el cargo de presidente en 1991. Firmó un tratado de paz con el FMLN.

4. Óscar Arnulfo Romero fue arzobispo de San Salvador. Luchó por los derechos de los pobres.

5. Manlio Argueta es un reconocido escritor salvadoreño contemporáneo. Recibió el Premio Nacional de Novela en 1980.

B. Conozcamos El Salvador. Para aprender más sobre El Salvador, identifica los siguientes lugares y cosas usando la información dada entre paréntesis.

> MODELO el pipil (idioma indígena / hablarse en algunas partes de El Salvador)
> **El pipil es un idioma indígena que se habla en algunas partes de El Salvador.**

1. San Salvador (ciudad / ser la capital de El Salvador)

2. El Izalco (volcán / estar todavía en actividad)

3. El colón (unidad monetaria / usarse en El Salvador)

4. San Miguel (pueblo / estar al pie de los volcanes Chaparrastique y Chinameca)

5. El Valle de las Hamacas (región del país / estar en continuo movimiento a causa de temblores)

C. Valiosa escritora salvadoreña. Completa la siguiente información acerca de Claribel Alegría.

Claribel Alegría, ___1___ es una célebre escritora salvadoreña, nació en Estelí, ___2___ es un pueblo de Nicaragua. Sin embargo, ella se considera salvadoreña porque desde muy niña vivió en Santa Ana, ___3___ es la segunda ciudad más grande de El Salvador. Su esposo Darwin J. Flakoll, ___4___ es de nacionalidad estadounidense, es también escritor. *Luisa en el país de la realidad,* ___5___ es uno de sus últimos libros, imita en su título el libro *Alicia en el país de las maravillas* de Lewis Carroll. Luisa, ___6___ es la protagonista del libro de Alegría, no vive en el país de las maravillas, sino en el a veces violento, pero siempre fascinante, país de la realidad.

Usos de el cual y el que

Formas de *el cual*		Formas de *el que*	
el cual	los cuales	el que	los que
la cual	las cuales	la que	las que

■ Estas formas son más frecuentes en estilos formales. Se usan para referirse a personas, objetos e ideas y concuerdan en género y número con su antecedente. Aparecen comúnmente después de una preposición.

> El acuerdo **con el cual (con el que)** se puso fin a la violencia salvadoreña se firmó en el castillo de Chapultepec de la Ciudad de México.
> Según ese anciano, los presidentes **bajo los cuales** ha vivido no han mejorado demasiado las condiciones de vida.
> Visité un pueblo **cerca del cual** hay un parque nacional.

■ En cláusulas adjetivales separadas por comas, se puede usar **el cual** en lugar de **que** o **quien,** aunque se prefieren estos dos últimos. Se usa de preferencia **el cual** cuando se pueden evitar ambigüedades.

> El Presidente Arturo Araujo, **quien (el cual)** fue elegido en elecciones libres, duró menos de un año en el cargo.
> El producto principal de esta granja, **el cual** (=producto) genera bastante dinero, es el café.
> El producto principal de esta granja, **la cual** (=granja) genera bastante dinero, es el café.

■ Las formas de **el que** se usan a menudo para referirse a un antecedente no expreso cuando este antecedente ha sido mencionado previamente o cuando el contexto deja en claro a qué sustantivo se refiere.

> —¿Te gustó el cuento folklórico salvadoreño?
> —¿Cuál? **¿El que** cuenta la historia de los perros mágicos?

■ Las formas de **el que** y **quien(es)** se usan para expresar *la persona/las personas que.*

> **Quien (El que)** adelante no mira, atrás se queda.
> **Quienes (Los que)** se esfuerzan triunfarán.

Ahora, ¡a practicar!

A. Necesito explicaciones. Tu profesor(a) te ha dicho que el último ensayo que entregaste no es apropiado. Le haces preguntas para saber exactamente por qué no es apropiado.

MODELO   el tema / escribir sobre
¿El tema sobre el que escribí no es apropiado?

1. la bibliografía / basarse en
2. el esquema / guiarse por
3. la tesis / presentar argumentación para
4. ideas / escribir acerca de
5. las opiniones / protestar contra
6. temas / interesarse por

B. Los cadejos. Para contar la historia de los cadejos, combina las dos oraciones en una usando la forma apropiada de **el cual**.

MODELO   Los cadejos habitan en los volcanes. Son perros mágicos del folklore salvadoreño.
Los cadejos, los cuales son perros mágicos del folklore salvadoreño, habitan en los volcanes.

1. Los cadejos protegen a los niños y a los ancianos. Son tataranietos de los volcanes.
2. Las campánulas constituyen el principal alimento de los cadejos. Son flores que parecen campanas.
3. Don Tonio no quería a los cadejos. Era dueño de la tierra de los volcanes.
4. Los soldados de plomo salieron a cazar cadejos. Seguían órdenes de don Tonio.
5. Los volcanes Tecapa y Chaparrastique lucharon contra los soldados de plomo y los vencieron. Eran amigos de los cadejos.

C. Isaías Mata. Completa el siguiente texto con pronombres relativos apropiados para conocer algunos acontecimientos relativamente recientes en la vida del pintor salvadoreño Isaías Mata.

El artista Isaías Mata, __1__ pinta en sus obras la realidad salvadoreña, nació en 1956. Llegó a ser director de la Facultad de Arte de la Universidad Centroamericana de San Salvador, institución en __2__ había estudiado unos años antes. En 1989 fue detenido por el ejército. Por temor a perder la vida, salió hacia EE.UU., país en __3__ pidió asilo. Se fue a vivir a la Misión, __4__ es el barrio latino de San Francisco donde viven muchos salvadoreños. Entre 1989 y 1993 produjo numerosas obras, entre __5__ hay una __6__ se titula *Cipotes en la marcha por la paz*. Ésta es una pintura __7__ muestra la esperanza __8__ tienen las generaciones jóvenes en un futuro mejor.

Usos de lo cual y lo que

■ Las formas neutras **lo cual** y **lo que** se usan en cláusulas adjetivales, separadas por comas, para referirse a una situación o a una idea mencionada previamente.

En la década de los años 30 comenzaron los conflictos entre los derechistas e izquierdistas, **lo cual (lo que)** llevó al país a una verdadera guerra civil.
En 1992 El Salvador alcanzó la paz, **lo cual (lo que)** hace esperar un futuro más prometedor.

■ **Lo que** también se usa para algo indefinido que no ha sido mencionado antes.

Me gustaría saber **lo que** piensas de los conflictos políticos en Centroamérica.
La paz era **lo que** todos pedían en El Salvador.

Uso de cuyo

Cuyo(a, os, as) es un pronombre relativo que indica posesión. Precede al sustantivo al cual modifica y concuerda en género y número con tal sustantivo.

No conozco a ese pintor centroamericano **cuyos** murales me gustan tanto.
Los indígenas cultivaban el cacao, **cuya** semilla sirve para hacer chocolate.

Ahora, ¡a practicar!

A. ¡Impresionante! Un grupo de viajeros de regreso de El Salvador dicen qué es lo que más les impresionó.

MODELO   ver en las calles
Me impresionó lo que vi en las calles.

1. escuchar en la radio
2. leer en los periódicos
3. descubrir en mis paseos
4. aprender en la televisión
5. ver en el Museo de Historia Natural
6. contarme algunos amigos salvadoreños

B. Reacciones. Usa la información dada para indicar tu reacción al leer diversos datos acerca de El Salvador.

MODELO   El Salvador tiene cuarenta y tres universidades / interesar
Leí que El Salvador tiene cuarenta y tres universidades, lo cual (lo que) me interesó mucho.

1. El Salvador es el país más pequeño y el más densamente poblado de Centroamérica / sorprender
2. El Salvador es el único país de la región sin salida hacia el Mar Caribe / extrañar
3. en 1980 más de veinte mil personas murieron a causa de la violencia / chocar
4. hay más de doscientas variedades de orquídeas en el país / fascinar
5. más de la cuarta parte de la población no sabe ni leer ni escribir / deprimir

C. ¿Cuánto recuerdas? Hazle preguntas a un(a) compañero(a) para ver si recuerda la información presentada en esta lección acerca de El Salvador.

MODELO   el país / el nombre hace referencia a Jesús
¿Cuál es el país cuyo nombre hace referencia a Jesús?

1. el presidente / el período duró entre 1984 y 1989
2. la planta / la semilla se usa para elaborar chocolate
3. el artista / los murales están en San Francisco
4. el grupo político / la inspiración viene de Farabundo Martí
5. la escritora / el esposo es un escritor estadounidense

5.2 Presente de subjuntivo en las cláusulas adjetivales

■ Las cláusulas adjetivales se usan para describir un sustantivo o pronombre anterior (el cual se llama antecedente) en la cláusula principal de la oración. En español, se usa el subjuntivo en la cláusula adjetival cuando describe algo cuya existencia es desconocida o incierta.

Quiero visitar **un pueblo salvadoreño** que **esté** situado al pie de un volcán.

> antecedente desconocido   cláusula adjetival en subjuntivo

Los salvadoreños buscan líderes que **resuelvan** los problemas del país.
El Salvador necesita más industrias que **ayuden** a mejorar su economía.

■ Cuando la cláusula adjetival describe una situación real (alguien o algo que se sabe existe), se usa el indicativo.

Hace poco visité un pueblo salvadoreño que está situado al pie de un volcán.

> antecedente conocido   cláusula adjetival en indicativo

Izalco es un pueblo salvadoreño que **está** situado al pie de un volcán.
El Salvador tiene industrias que **ayudan** a diversificar su economía.

■ Si la cláusula adjetival describe algo que definitivamente no existe, se usa el subjuntivo. Cuando las palabras negativas tales como **nadie, nada** y **ninguno** indican no existencia en una cláusula subordinada, la cláusula adjetival que sigue está siempre en subjuntivo.

Aquí no hay **nadie** que no **conozca** por lo menos un cuento folklórico.
No hay **ningún** país centroamericano que **tenga** una concentración de población mayor que El Salvador.

■ La **a** personal se omite delante del objeto directo de la cláusula principal cuando la existencia de la persona es desconocida o incierta. Sin embargo, se usa delante de **nadie, alguien** y formas de **alguno** y **ninguno** cuando se refieren a personas.

Busco **una persona** que conozca bien la cultura salvadoreña.
No conozco **a nadie** que viva en Sonsonate.

Ahora, ¡a practicar!

A. Información, por favor. Para prepararte para un viaje a San Salvador, escribe algunas de las preguntas que le vas a hacer a tu guía turístico.

MODELO grupos teatrales / dar funciones regularmente
¿Hay grupos teatrales que den funciones regularmente?

1. agencias turísticas / ofrecer excursiones a las plantaciones de café
2. tiendas de artesanía / vender artículos típicos
3. escuela de idiomas / enseñar español
4. Oficina de Turismo / dar mapas de la ciudad
5. libro / describir la flora de la región

B. Pueblo ideal. Te encuentras en San Salvador y deseas visitar un pueblo interesante. Descríbele a tu compañero(a) el pueblo que te gustaría visitar, usando la información dada.

MODELO tener edificios coloniales
Deseo visitar un pueblo que tenga edificios coloniales.

1. quedar cerca de un parque nacional
2. tener playas tranquilas
3. ser pintoresco
4. no estar en las montañas
5. no encontrarse muy lejos de la capital

C. Comentarios. Completa las siguientes oraciones para saber los diversos comentarios u opiniones que expresaron algunos estudiantes de la clase acerca de El Salvador.

1. Es un país que _____ (producir) mucho café.
2. Uno tiene que prestar atención a los terremotos, que _____ (ser) los desastres naturales más comunes.
3. Los salvadoreños necesitan realizar reformas sociales que _____ (beneficiar) a todo el mundo.
4. Necesitan dictar leyes que _____ (proteger) los recursos naturales.
5. Es un país que _____ (tener) una gran densidad de población.
6. Afortunadamente no hay nada que _____ (favorecer) la polarización política.
7. Deben promover medidas que _____ (garantizar) la paz.
8. El Salvador es el único territorio centroamericano que no _____ (bordear) el Mar Caribe.
9. Deben seguir teniendo elecciones que _____ (ser) pacíficas y democráticas.
10. Creo que no hay ningún programa que _____ (ayudar) a diversificar la economía.

INTERNET
Prueba interactiva
www.mcdougallittell.com

Lección 2

5.3 Presente de subjuntivo en las cláusulas adverbiales: Primer paso

Conjunciones que requieren el subjuntivo

■ Como los adverbios, las cláusulas adverbiales responden a las preguntas "¿Cómo?", "¿Por qué", "¿Dónde?", "¿Cuándo?" y son introducidas siempre por una conjunción. Las siguientes conjunciones introducen siempre cláusulas adverbiales que usan el subjuntivo porque indican que la acción principal depende del resultado de otra acción o condición incierta.

a fin de que
a menos (de) que
antes (de) que
con tal (de) que
en caso (de) que
para que
sin que

Salimos para Managua el próximo jueves, **a menos que tengamos** inconvenientes de última hora.

Quiero pasar un semestre en Centroamérica **antes de que termine** mis estudios universitarios.

Los miembros del Grupo Teatral Cadejo han escrito una petición **para que** el gobierno los **ayude.**

Conjunciones que requieren el indicativo

■ Las siguientes conjunciones introducen cláusulas adverbiales que usan el indicativo porque aseveran la razón de una situación o acción, o porque declaran un hecho.

porque
como
puesto que
ya que

La gente de Honduras está contenta **porque tiene** un gobierno estable.

Ya que te **interesa** el poeta Rubén Darío, visita el museo que tienen en Ciudad Darío, su ciudad natal.

Ahora, ¡a practicar!

A. Propósitos. Para saber lo que dicen los miembros del Grupo Teatral Cadejo sobre lo que se proponen cuando hacen teatro, haz oraciones usando **para que** o **a fin de que.**

MODELO   nuestros compatriotas / divertirse
Hacemos teatro para que nuestros compatriotas se diviertan. o
Hacemos teatro a fin de que nuestros compatriotas se diviertan.

1. los niños / tener un entretenimiento diferente a la televisión
2. la gente / pensar en temas importantes
3. nuestra gente / conocer a grandes autores
4. el público / instruirse
5. los niños / interesarse por el arte
6. las personas / darse cuenta de los peligros de la guerra

B. Visita dudosa. Faltan pocos días para que termine tu corta visita a Tegucigalpa y el recepcionista del hotel te pregunta si tienes intenciones todavía de visitar las ruinas de Copán. Tú le aseguras que quieres ir, pero que hay obstáculos.

MODELO   con tal de que / terminar el mal tiempo
Sí, iré pronto, con tal de que termine el mal tiempo.

1. a menos (de) que / tener muchas cosas que hacer durante mi último fin de semana
2. con tal (de) que / conseguir un vuelo temprano por la mañana
3. a menos (de) que / planear otra excursión interesante
4. a menos (de) que / deber adelantar mi salida del país
5. con tal (de) que / el hotel de Copán confirmar mis reservaciones

C. Opiniones. Los miembros de la clase expresan diversas opiniones acerca de Honduras. Usa las conjunciones de la lista siguiente para completar las oraciones.

a fin de que   *con tal (de) que*
a menos (de) que   *porque*
como

1. Los hondureños no van a estar contentos _____ mejore la situación económica.
2. Muchos ciudadanos están contentos _____ hay estabilidad política.
3. La agricultura va a prosperar _____ el gobierno solucione el problema de la distribución de las tierras.
4. _____ la inflación ha bajado en los últimos años, muchos piensan que la economía va a mejorar.
5. Se han dictado nuevas leyes _____ los comerciantes creen nuevas industrias.

D. Un aventurero presidente. Completa la siguiente narración acerca del aventurero estadounidense William Walker, quien fue por un corto tiempo presidente de Nicaragua.

William Walker parte hacia Nicaragua en mayo de 1855 porque ___1___ (ser) invitado por miembros del Partido Liberal a fin de que él los ___2___ (ayudar) en su lucha contra los conservadores. En octubre de ese año, sin que el sorprendido ejército nicaragüense ___3___ (poder) reaccionar, se apodera de la ciudad de Granada. En junio del año siguiente se convierte en presidente, ya que ___4___ (triunfar) en las elecciones. Antes de que su corto período como líder de la nación ___5___ (terminar), es reconocido como gobierno legítimo por EE.UU. En 1857 Walker es derrotado por una coalición de países centroamericanos y en mayo de ese año se entrega a la infantería de marina de EE.UU. para que las fuerzas centroamericanas no lo ___6___ (capturar).

Lección 3

5.4 Presente de subjuntivo en las cláusulas adverbiales: Segundo paso

Conjunciones temporales

■ Tanto el subjuntivo como el indicativo se pueden usar con las siguientes conjunciones temporales.

cuando	tan pronto como
después (de) que	hasta que
en cuanto	mientras que

■ Se usa el subjuntivo en una cláusula adverbial de tiempo si lo que se dice en la cláusula adverbial contiene duda o incertidumbre acerca de una acción o si se refiere a una acción futura.

Cuando **vaya** a San José de Costa Rica, visitaré a unos amigos de la familia.
Tan pronto como **llegue** a Costa Rica, voy a probar las frutas tropicales.

■ Se usa el indicativo en una cláusula adverbial de tiempo si la cláusula adverbial describe una acción acabada, una acción habitual o una declaración de hecho.

Cuando **fuimos** a San José, visitamos el fascinante mundo de los insectos en el Museo de Entomología.
Después de que **visitaba** un museo, siempre compraba algún regalo en la tienda del museo.
Cuando **voy** a San José de Costa Rica, visito a unos amigos de la familia.

Aunque

■ Cuando **aunque** introduce una cláusula que expresa posibilidad o conjetura, va seguida de subjuntivo.

> **Aunque llueva** mañana, iremos a un parque nacional.
> **Aunque** no me **creas**, te contaré que vi un quetzal durante mi visita a la Reserva Forestal de Monteverde.

■ Cuando **aunque** introduce una declaración o una situación de hecho, va seguida de indicativo.

> **Aunque** Costa Rica no **es** un país rico, tampoco es un país con demasiada pobreza.

Como, donde y según

■ Cuando las conjunciones **como, donde** y **según** se refieren a una idea, objeto o lugar desconocido o no específico, van seguidos de subjuntivo. Cuando se refieren a una idea, objeto o lugar conocido, específico, van seguidos de indicativo.

> En esta ciudad la gente es más bien conservadora y no puedes vestirte **como quieras**.
> Para cambiar dólares por colones, puedes ir **donde** te **indiqué** ayer.

Ahora, ¡a practicar!

A. Flexibilidad. Tú y un(a) amigo(a) tratan de decidir lo que van a hacer. Tú quieres ser muy flexible y se lo muestras cuando te hace las siguientes preguntas.

MODELO   ¿Vamos al cine hoy por la tarde o el próximo viernes?
(cuando / [tú] querer)
Pues, cuando tú quieras.

1. ¿Nos encontramos frente al café o frente al cine? (donde / convenirte)
2. ¿Te llamo por teléfono a las tres o a las cinco? (como / [tú] desear)
3. ¿Te espero en casa o en el parque cercano? (donde / [tú] decir)
4. ¿Te devuelvo el dinero hoy o mañana? (según / convenirte)
5. ¿Te dejo aquí o en la próxima esquina? (como / serte más cómodo)
6. ¿Te paso a buscar a las dos o a las tres? (cuando / [tú] poder)

B. Preparativos. ¿Qué dicen tú y tus compañeros cuando planean una excursión a la Reserva Forestal de Monteverde?

MODELO   tan pronto como / (nosotros) terminar la próxima excursión
Vamos a ir tan pronto como terminemos la próxima excursión.

1. después (de) que / (nosotros) visitar la Oficina de Información Turística
2. en cuanto / (nosotros) alquilar equipo para acampar
3. cuando / mejorar el tiempo
4. en cuanto / (nosotros) conseguir los mapas de la región
5. tan pronto como / llamar Mario, quien será nuestro guía

C. Intenciones. Di lo que piensas hacer en San José, a pesar de que puedes tener problemas.

MODELO   tardar algunas horas / buscar artículos de artesanía en las tiendas
Aunque tarde algunas horas, voy a buscar artículos de artesanía en las tiendas.

1. quedar lejos de mi hotel / visitar el Museo de Entomología
2. tener poco tiempo / admirar las antigüedades precolombinas del Museo Nacional
3. estar cansado(a) / dar un paseo por el Parque Central
4. no interesarme la política / escuchar los debates legislativos en el Palacio Nacional
5. no tener hambre / comprar frutas tropicales en el Mercado Borbón
6. no entender mucho de fútbol / asistir a un partido en el Estadio Nacional

D. Parques ecológicos. Completa la siguiente información acerca de los parques nacionales de Costa Rica.

Cuando ___1___ (querer/tú) admirar la variedad y riqueza de los diferentes ecosistemas costarricenses, debes visitar uno de los muchos parques nacionales y reservas naturales. Como el gobierno ___2___ (gastar) mucho dinero en estos parques, están muy bien mantenidos. Aunque estas reservas ___3___ (constituir) un gran atractivo turístico, muchas están situadas en lugares alejados y de difícil acceso. Antes de que ___4___ (viajar/tú) a un parque, es buena idea pasar por las oficinas del Servicio de Parques Nacionales en San José para obtener mapas, información y permisos, en caso de que ___5___ (ser) necesarios. El número de visitantes ha aumentado de modo dramático: mientras que en 1986 sólo 86.000 personas ___6___ (visitar) los parques, en 1991 el total fue de 250.000. Un dato para que ___7___ (apreciar/tú) la variedad de la fauna de los parques: aunque EE.UU. ___8___ (ser) muchísimo más grande que Costa Rica, sólo tiene unas 800 especies diferentes de pájaros; en Costa Rica se han registrado más de 850.

INTERNET
Prueba interactiva
www.mcdougallittell.com

Lección 1

6.1   Futuro: Verbos regulares e irregulares

Formas

Verbos en *-ar*	Verbos en *-er*	Verbos en *-ir*
regresar	**vender**	**recibir**
regresar**é** regresar**ás** regresar**á** regresar**emos** regresar**éis** regresar**án**	vender**é** vender**ás** vender**á** vender**emos** vender**éis** vender**án**	recibir**é** recibir**ás** recibir**á** recibir**emos** recibir**éis** recibir**án**

■ Para formar el futuro de la mayoría de los verbos españoles, se toma el infinitivo y se le agregan las terminaciones apropiadas, que son las mismas para todos los verbos: **-é, -ás, -á, -emos, -éis** y **-án.** Sólo los siguientes verbos tienen raíces irregulares, pero usan terminaciones regulares.

■ Se elimina la **-e-** del infinitivo:

> caber (**cabr-**): **cabr**é, **cabr**ás, **cabr**á, **cabr**emos, **cabr**éis, **cabr**án
> haber (**habr-**): **habr**é, **habr**á, **habr**ás, **habr**emos, **habr**éis, **habr**án
> poder (**podr-**): **podr**é, **podr**ás, **podr**á, **podr**emos, **podr**éis, **podr**án
> querer (**querr-**): **querr**é, **querr**ás, **querr**á, **querr**emos, **querr**éis, **querr**án
> saber (**sabr-**): **sabr**é, **sabr**ás, **sabr**á, **sabr**emos, **sabr**éis, **sabr**án

■ Se reemplaza la vocal del infinitivo por una **-d-:**

> poner (**pondr-**): **pondr**é, **pondr**ás, **pondr**á, **pondr**emos, **pondr**éis, **pondr**án
> salir (**saldr-**): **saldr**é, **saldr**ás, **saldr**á, **saldr**emos, **saldr**éis, **saldr**án
> tener (**tendr-**): **tendr**é, **tendr**ás, **tendr**á, **tendr**emos, **tendr**éis, **tendr**án
> valer (**valdr-**): **valdr**é, **valdr**ás, **valdr**á, **valdr**emos, **valdr**éis, **valdr**án
> venir (**vendr-**): **vendr**é, **vendr**ás, **vendr**á, **vendr**emos, **vendr**éis, **vendr**án

■ **Decir** y **hacer** tienen raíces irregulares:

> decir (**dir-**): **dir**é, **dir**ás, **dir**á, **dir**emos, **dir**éis, **dir**án
> hacer (**har-**): **har**é, **har**ás, **har**á, **har**emos, **har**éis, **har**án

■ Verbos derivados de **hacer, poner, tener** y **venir** tienen las mismas irregularidades. **Satisfacer** sigue el modelo de **hacer.**

deshacer	componer	contener	convenir
rehacer	imponer	detener	intervenir
satisfacer	proponer	mantener	prevenir
	suponer	retener	

Usos

■ El futuro, como lo indica su nombre, se usa principalmente para referirse a acciones futuras.

Llegaremos a Bogotá el sábado por la noche.
Las próximas elecciones para presidente en Colombia **tendrán** lugar en diciembre.

■ El futuro puede también expresar probabilidad en el presente.

—¿Sabes? Roberto no está en clase hoy.
—**Estará** enfermo. No falta a clases casi nunca.

Sustitutos del futuro

■ La construcción **ir + a** seguida de infinitivo puede usarse para referirse a acciones futuras. Esta construcción es más común que el futuro en la lengua hablada.

—¿Dónde **vas a pasar** las vacaciones este verano?
—**Voy a estudiar** español en Cali.

■ El presente de indicativo puede usarse para expresar acciones que tendrán lugar en el futuro próximo. (Consúltese *la Lección preliminar p. G11–G12.*)

Un estudiante de Barranquilla **viene** a vernos la próxima semana.
Mañana **hago** una presentación acerca de los chibchas en mi clase de español.

> **Nota para el bilingüe:** En este uso, en inglés, se emplea el presente progresivo, no el presente simple: *A student from Barranquilla is coming to see us next week.*

Ahora, ¡a practicar!

A. ¿Qué harán? Di lo que harán las personas indicadas el próximo fin de semana.

MODELO **Iremos a una fiesta.**

1. tú

2. yo

3. Catalina y Verónica

4. nosotros

5. ustedes

6. Jaime y sus amigos

7. tú

B. La rutina del dentista. El dentista de la historia de García Márquez parece ser un hombre muy metódico. Di lo que hará mañana.

MODELO   abrir el gabinete a las seis de la mañana
Abrirá el gabinete a las seis de la mañana.

1. sacar una dentadura postiza de la vidriera
2. poner los instrumentos sobre la mesa
3. ordenarlos de mayor a menor
4. rodar la fresa hacia el sillón
5. sentarse
6. pulir la dentadura
7. trabajar con determinación
8. pedalear en la fresa
9. trabajar por unas horas
10. hacer una pausa

C. Promesas de un amigo. Completa con el futuro de los verbos indicados para el párrafo saber lo que te promete una amiga antes de salir hacia Bogotá.

Cuando te escriba, te __1__ (decir) qué aprendí y también cómo me divertí durante mi estadía en Bogotá. __2__ (Tener) muchas cosas que contarte. No __3__ (poder) salir de Bogotá todos los fines de semana, pero __4__ (salir) de la ciudad varias veces. __5__ (Poder/nosotros) hablar largas horas cuando nos veamos.

D. Posibles razones. Varias personas del pueblo ven entrar al alcalde en el consultorio del dentista. Como todos saben que son enemigos, se preguntan las razones de esa visita.

MODELO   estar enfermo
           ¿Estará enfermo?

1. dolerle una muela
2. necesitar atención médica
3. tener un absceso
4. querer hacerse un examen
5. desear hablar de asuntos políticos
6. ir a atacar al dentista

Lección 2

6.2   El condicional: Verbos regulares e irregulares

Formas

Verbos en -*ar*	Verbos en -*er*	Verbos en -*ir*
regresar	**vender**	**recibir**
regresaría	vendería	recibiría
regresarías	venderías	recibirías
regresaría	vendería	recibiría
regresaríamos	venderíamos	recibiríamos
regresaríais	venderíais	recibiríais
regresarían	venderían	recibirían

■ Para formar el condicional, se toma el infinitivo y se le agregan las terminaciones apropiadas, que son las mismas para todos los verbos: **-ía, -ías, -ía, -íamos, -íais** y **-ían.** Nota que las terminaciones del condicional son las mismas del imperfecto en los verbos terminados en **-er** e **-ir.**

■ Los verbos que tienen raíz irregular en el futuro tienen la misma raíz irregular en el condicional.

-e- eliminada	vocal → d	raíz irregular
caber → **cabr-**	poner → **pondr-**	decir → **dir-**
haber → **habr-**	salir → **saldr-**	hacer → **har-**
poder → **podr-**	tener → **tendr-**	
querer → **querr-**	valer → **valdr-**	
saber → **sabr-**	venir → **vendr-**	

Usos

■ El condicional se usa para expresar lo que se haría bajo ciertas condiciones, las cuales son hipotéticas o sumamente improbables. También puede indicar situaciones contrarias a la realidad. El condicional puede aparecer en una oración por sí solo o en una oración que tiene una cláusula con *si* explícita. (Consúltese la página *G95–G96* de esta unidad.)

> Bajo esas condiciones, los países caribeños no **firmarían** ningún acuerdo económico.
> Si Rubén Blades **fuera** el presidente de Panamá, le daría gran importancia al desarrollo de las artes.

■ El condicional se refiere a acciones o condiciones futuras consideradas desde un punto de vista situado en el pasado.

> El Tratado Hay-Bunau Varilla de 1903 estipuló que EE.UU. **ocuparía** a perpetuidad la Zona del Canal.
> En 1978 Rubén Blades y Willie Colón lanzaron un álbum que **sería** todo un éxito.

■ El condicional de verbos tales como **deber, poder, querer, preferir, desear** y **gustar** se usa para solicitar algo de modo cortés o para suavizar el impacto de sugerencias y aseveraciones.

> —¿**Podría** decirnos qué piensa de Noriega?
> —**Preferiría** no hacer comentarios.

■ El condicional puede expresar probabilidad o conjetura acerca de acciones o condiciones pasadas.

> —¿Por qué tuvo tanto éxito la canción "Pedro Navaja"?
> —No sé; **sería** por su letra. O a la gente le **gustaría** la historia que cuenta.

Ahora, ¡a practicar!

A. Entrevista. Eres periodista y Rubén Blades, uno de los candidatos a la presidencia de Panamá, te ha concedido una entrevista. ¿Qué preguntas le vas a hacer?

> MODELO   cómo / mejorar la economía
> **¿Cómo mejoraría Ud. la economía?**

1. qué reformas educacionales / proponer
2. cuánto / diversificar la economía
3. cómo / proteger las selvas tropicales
4. cuántos nuevos empleos / crear
5. cómo / darles más estímulos a los artistas
6. qué medidas / tomar para mejorar la salud pública

B. Suposiciones. Hoy todos los estudiantes hablan de por qué una estudiante panameña de intercambio no vino a hablar de su país el día anterior, como les había prometido.

> MODELO   tener un inconveniente de última hora
> **Tendría un inconveniente de última hora.**

1. caer enferma repentinamente
2. perder el autobús en que viene a clases
3. cambiar de idea
4. no estar preparada para hacer su presentación
5. olvidar que la presentación era ayer

C. Consejos. Un(a) amigo(a) y tú hablan con un(a) panameño(a) a quien conocen. Completa el siguiente diálogo para saber qué consejos les da acerca de posibles lugares que podrían visitar.

Tú: —¿Nos ___1___ (poder/tú) decir qué lugares deberíamos visitar?
Panameño(a):   —___2___ (Deber/Uds.) visitar la Zona del Canal, por supuesto. Y no ___3___ (querer) dejar de pasear por la Ciudad de Panamá.
Amigo(a):   —Nos ___4___ (gustar) visitar algunas ruinas antiguas.
Panameño(a):   —Pues, entonces, ___5___ (poder/Uds.) ir a Panamá Viejo.
Tú: —¿Está cerca de la Ciudad de Panamá? ___6___ (Preferir/nosotros) no viajar demasiado lejos.
Panameño(a):   —Está muy cerca. Un poco más de cinco kilómetros.

D. El club latino. El club latino tendrá una reunión esta noche. Cambia cada frase al tiempo futuro para decir qué harán todos.

> MODELO   A todos les gusta divertirse.
> **Todos se divertirán.**

1. A Lucero le gusta bailar salsa.
2. A los primos Martínez les gusta sacar fotos.
3. A ti te interesa traer los refrescos.
4. A David le gusta cantar.
5. A todos les gusta comer.
6. A mí me gusta pasarlo bien.

INTERNET
Prueba interactiva
www.mcdougallittell.com

Lección 3

6.3 Imperfecto de subjuntivo: Formas y cláusulas con si

Formas

Verbos en -*ar*	Verbos en -*er*	Verbos en -*ir*
tomar	**prometer**	**insistir**
toma**ra**	prometie**ra**	insistie**ra**
toma**ras**	prometie**ras**	insistie**ras**
toma**ra**	prometie**ra**	insistie**ra**
tomá**ramos**	prometié**ramos**	insistié**ramos**
toma**rais**	prometie**rais**	insistie**rais**
toma**ran**	prometie**ran**	insistie**ran**

■ Para formar la raíz del imperfecto de subjuntivo de todos los verbos se elimina **-ron** de la tercera persona del plural del pretérito y se agregan las terminaciones apropiadas, que son las mismas para todos los verbos: **-ra, -ras, -ra, ramos, -rais, -ran.** Nota que las formas de primera persona del plural llevan acento escrito.

    toma~~ron~~ → tomara
    prometie~~ron~~ → prometiera
    insistie~~ron~~ → insistiera

■ Todos los verbos que tienen cambios ortográficos o cambios en la raíz o que tienen raíces irregulares en la tercera persona del plural del pretérito mantienen esas mismas irregularidades en el imperfecto de subjuntivo. (Consúltese *Unidad 2, p. G38.*)

    leer:
    le**y**eron   → le**y**era, le**y**eras, le**y**era, le**y**éramos, le**y**erais, le**y**eran

    dormir:
    d**u**rmieron → d**u**rmiera, d**u**rmieras, d**u**rmiera, d**u**rmiéramos, d**u**rmierais, d**u**rmieran

    estar:
    estuvieron → **estuv**iera, **estuv**ieras, **estuv**iera, **estuv**iéramos, **estuv**ierais, **estuv**ieran

Otros verbos que siguen este modelos son:

Cambios ortográficos
creer: cre**y**eron → cre**y**era
oír: o**y**eron → o**y**era

Verbos irregulares
decir: **dij**eron → **dij**era
haber: **hubie**ron → **hubie**ra
hacer: **hicie**ron → **hicie**ra
ir/ser: **fue**ron → **fue**ra
poder: **pudie**ron → **pudie**ra
poner: **pusie**ron → **pusie**ra
querer: **quisie**ron → **quisie**ra
saber: **supie**ron → **supie**ra
tener: **tuvie**ron → **tuvie**ra
venir: **vinie**ron → **vinie**ra

Cambios en la raíz
mentir: m**i**ntieron → m**i**ntiera
pedir: p**i**dieron → p**i**diera

■ El imperfecto de subjuntivo tiene dos grupos de terminaciones: en **-ra** y en **-se.** Las terminaciones en **-ra,** que se han presentado en esta lección, son las más comunes a través de todo el mundo hispanohablante. Las terminaciones en **-se (-se, -ses, -se, semos, -seis, -sen)** se usan con relativa frecuencia en España y con menor frecuencia en Hispanoamérica.

Imperfecto de subjuntivo en las cláusulas con si

■ Un uso importante del imperfecto de subjuntivo es en oraciones que expresan situaciones que son hipotéticas, improbables o completamente contrarias a la realidad. En estos casos, la cláusula con **si** en imperfecto de subjuntivo expresa la condición y la cláusula principal en condicional expresa el resultado de la condición. Tanto la cláusula principal en condicional como la cláusula con **si** en imperfecto de subjuntivo pueden comenzar la oración.

Si el precio del petróleo **subiera**, mejoraría la economía venezolana.
Los problemas de la circulación de vehículos serían mucho peores si Caracas no **tuviera** un metro.

Ahora, ¡a practicar!

A. Recomendaciones. Di lo que les recomendarías a tus compañeros que hicieran o no hicieran.

MODELO   **Les recomendaría que estudiaran más.**

B. **Deseos.** Cuando les preguntas a tus amigos caraqueños si les gusta la ciudad, todos te dicen que sí. Pero todos dicen también que les gustaría más la ciudad si tuviera otras cualidades. ¿Cuáles son algunas de esas cualidades?

MODELO   aumentar las líneas del metro
           Dicen que les gustaría más si aumentaran las líneas del metro.

1. controlar mejor el crecimiento de la ciudad
2. solucionar los embotellamientos del tráfico
3. estar más cerca las playas
4. mantener mejor las autopistas
5. no permitir tantos vehículos en las autopistas
6. crear más áreas verdes en la ciudad

C. **Planes remotos.** Di lo que a ti te gustaría hacer si pudieras visitar Venezuela.

MODELO   ir a Venezuela / visitar la zona amazónica
           Si fuera a Venezuela, visitaría la zona amazónica.

1. viajar a Venezuela / sobrevolar el Salto Ángel, la catarata más alta del mundo
2. visitar Maracaibo / ver las torres de perforación petroleras
3. hacer buen tiempo / tomar sol en las playas del Litoral
4. tener tiempo / admirar los llanos venezolanos
5. estar en Mérida / subirme en el teleférico más alto y más largo del mundo
6. poder / pasearme por la ciudad colonial de Coro
7. estar en Caracas / entrar al Museo Bolivariano y a la Casa Natal del Libertador
8. en Caracas, querer comprar algo / ir a las tiendas de Sabana Grande

UNIDAD 6

INTERNET
Prueba interactiva
www.mcdougallittell.com

D. Poniendo condiciones. Di bajo qué condiciones harías lo siguiente en Caracas.

MODELO   Visitaría la iglesia colonial de San Francisco si . . .
                      Visitaría la iglesia colonial de San Francisco si me interesara la historia o la arquitectura.

1. Usaría el metro si . . .
2. Manejaría por las autopistas si . . .
3. Subiría al teleférico del Ávila si . . .
4. Pasaría unas horas en el zoológico de Caricuao si . . .
5. Correría en el Parque del Este si . . .
6. Iría al inmenso y moderno Centro Comercial Ciudad Tamanaco si . . .

Lección 1

7.1 Imperfecto de subjuntivo: Cláusulas nominales y adjetivales

El imperfecto de subjuntivo se usa en cláusulas nominales o adjetivales cuando el verbo de la cláusula principal está en un tiempo verbal del pasado o en el condicional y cuando se dan las mismas circunstancias que requieren el uso del presente de subjuntivo.

Usos en las cláusulas nominales

El imperfecto de subjuntivo se usa en una cláusula nominal cuando:

- el verbo o la expresión impersonal de la cláusula principal indica deseo, recomendación, sugerencia o mandato y el sujeto de la cláusula nominal es diferente del sujeto de la oración principal. Se usa un infinitivo en la cláusula subordinada cuando los dos sujetos son idénticos.

  El pueblo **quería** que el gobierno **cumpliera** sus promesas.
  Me **recomendaron** que **tomara** té para aliviar el soroche.
  Desearíamos que **leyeras** ese libro sobre los incas.
  Desearíamos leer ese libro sobre los incas.

- el verbo o la expresión impersonal de la cláusula principal indica duda, incertidumbre, incredulidad o negativa. Cuando se usa el opuesto de estos verbos y expresiones, el verbo de la cláusula subordinada va en indicativo porque indican certeza.

  Durante las últimas elecciones presidenciales, muchos **dudaban** que Alberto Fujimori **pudiera** vencer a Mario Vargas Llosa.
  A la llegada de los españoles, **parecía imposible** que éstos **dominaran** a los incas.
  Pizarro **estaba seguro** de que **había** mucho oro en el Perú.

- el verbo o la expresión impersonal de la cláusula principal se refiere a emociones, opiniones y juicios de valor y hay cambio de sujeto. Si no hay cambio de sujeto, se usa el infinitivo.

  A comienzos de la colonia, los peruanos **estaban orgullosos** de que Lima **fuera** una de las principales ciudades del imperio español.
  Atahualpa **temía** que Pizarro no **cumpliera** su promesa.
  Atahualpa **temía morir** a manos de los españoles.

Usos en las cláusulas adjetivales

- Se usa el subjuntivo en una cláusula adjetival (cláusula subordinada) cuando describe a alguien o algo en la cláusula principal cuya existencia es desconocida o incierta.

  Necesitábamos un guía que **conociera** bien la época colonial peruana.
  La gente pedía un gobierno que **impulsara** reformas sociales.

UNIDAD 7

■ Cuando la cláusula adjetival se refiere a alguien o algo que sí existe, se usa el indicativo.

Encontré un guía que **conocía** muy bien la arquitectura colonial.

A fines del siglo XVIII, Túpac Amaru dirigió una revuelta que las autoridades españolas **suprimieron** violentamente.

Ahora, ¡a practicar!

A. **Los pedidos de la víbora.** Di lo que la víbora le pidió al hombre en la leyenda "El hombre y la víbora."

MODELO   salvarla
La víbora le pidió al hombre que la salvara.

1. no irse
2. escucharla con atención
3. ser bueno con ella
4. hacerle un favor
5. librarla de morir
6. impedir que la piedra la matara
7. quitar la piedra

B. **Las quejas del buey.** Menciona las quejas que tiene el buey contra su amo en la leyenda quechua.

MODELO   no tratarlo bien
El buey se lamentó de que su amo no lo tratara bien.

1. no darle una recompensa
2. no alimentarlo
3. no agradecerle su trabajo
4. no recompensarlo debidamente
5. no ser justo
6. hacerlo trabajar demasiado
7. no preocuparse por su salud

C. **Reacciones.** Describe las diversas reacciones de algunos personajes a lo largo de la leyenda quechua.

MODELO   hombre / temer / víbora / picarlo
El hombre temió (temía) que la víbora lo picara.

1. hombre / querer / ayudar a / víbora
2. víbora / pedir / hombre / dejarla libre
3. buey / no pensar / problemas del hombre / ser / importantes
4. hombre / lamentar / caballo / no entender su queja
5. víbora / alegrarse de / dos jueces / darle la razón
6. hombre / temer / encontrar a un tercer juez como los anteriores
7. el zorro / querer / ayudar al hombre

D. Deseos y realidad. Di primeramente qué tipo de gobernante pedía la gente durante las últimas elecciones presidenciales del Perú. En seguida, di si, en tu opinión, la gente obtuvo o no ese tipo de gobernante.

MODELO   crear empleos
              La gente pedía un gobernante que creara empleos.
              La gente eligió un gobernante que (no) creó empleos.

1. reducir la inflación
2. eliminar la violencia
3. continuar el desarrollo de la agricultura
4. atender a la clase trabajadora
5. obedecer la constitución
6. dar más recursos para la educación
7. hacer reformas económicas
8. construir más carreteras

INTERNET
Prueba interactiva
www.mcdougallittell.com

Lección 2

7.2 Imperfecto de subjuntivo: Cláusulas adverbiales

El imperfecto de subjuntivo se usa en cláusulas adverbiales cuando el verbo de la cláusula principal está en un tiempo del pasado o en el condicional y cuando existen las mismas condiciones que requieren el uso del presente de subjuntivo.

■ Las cláusulas adverbiales siempre usan el subjuntivo cuando son introducidas por las siguientes conjunciones:

a fin (de) que	con tal (de) que	para que
a menos (de) que	en caso (de) que	sin que
antes (de) que		

Mis padres visitaron las islas Galápagos **antes de que** se **estableciera** un parque nacional.
Una ley de 1971 decretó que no se podía visitar el Parque Nacional de las islas Galápagos **a menos que** un guía capacitado **dirigiera** la visita.

■ Las cláusulas adverbiales siempre usan el indicativo cuando son introducidas por conjunciones tales como **porque, como, ya que** y **puesto que.**

A partir de la década de 1970 la economía de Ecuador mejoró mucho **porque** se **comenzó** a explotar el petróleo.

■ Las cláusulas adverbiales pueden estar en subjuntivo o en indicativo cuando son introducidas por conjunciones de tiempo como **cuando, después (de) que, en cuanto, hasta que, mientras que** y **tan pronto como.** Se usa el subjuntivo cuando la cláusula adverbial se refiere a un acontecimiento anticipado que no ha tenido lugar todavía. Se usa el indicativo cuando la cláusula adverbial se refiere a una acción pasada acabada o habitual o a la afirmación de un hecho.

> Una amiga mía me dijo que visitaría Ecuador tan pronto como **terminara** sus estudios.
> Darwin concibió su teoría acerca del origen de las especies cuando **visitó** las islas Galápagos.
> Antes, cuando **iba** a Quito, siempre me paseaba por la Plaza San Francisco.

■ Una cláusula adverbial introducida por **aunque** puede estar en subjuntivo o indicativo. Se usa el subjuntivo cuando la cláusula adverbial expresa posibilidad o conjetura. Si la cláusula adverbial expresa un hecho, el verbo está en indicativo.

> Aunque **tuviera** tiempo y dinero, no visitaría la selva amazónica.
> Aunque **pasé** varias semanas en Ecuador, nunca pude ir a las islas Galápagos.

Ahora, ¡a practicar!

A. Los planes de tu amigo(a). Un(a) amigo(a) te habló de sus planes de pasar un semestre en Quito. ¿Qué te dijo?

> MODELO   a menos que / no reunir el dinero necesario
> **Me dijo que pasaría el próximo semestre en Quito a menos que no reuniera el dinero necesario.**

1. con tal que / encontrar una buena escuela donde estudiar
2. siempre que / aprobar todos los cursos que tiene este semestre
3. a menos que / tener problemas económicos
4. a fin de que / su español mejorar
5. en caso de que / poder vivir con una familia

B. Primer día. Tu amigo(a) imagina cómo sería su primer día en la capital ecuatoriana. ¿Cómo piensa que sería su viaje?

> MODELO   llegar al aeropuerto / tomar un taxi al hotel
> **Tan pronto como (En cuanto) yo llegara al aeropuerto Mariscal Sucre, tomaría un taxi al hotel.**

1. entrar en mi cuarto de hotel / ponerse ropa y zapatos cómodos
2. estar listo(a) / ir a la Plaza de la Independencia y entrar en la Catedral
3. salir de la Catedral / mirar las tiendas de los alrededores
4. cansarse de mirar tiendas / caminar hacia la Plaza San Francisco
5. alcanzar la Plaza San Francisco / buscar la iglesia del mismo nombre
6. terminar de admirar el arte de la iglesia / volver al hotel, seguramente cansadísimo(a)

C. El petróleo ecuatoriano. Completa la siguiente narración acerca de la economía ecuatoriana en el pasado reciente.

Antes de que se ___1___ (descubrir) el petróleo, Ecuador tenía una economía predominantemente agrícola basada en el cultivo de bananas, café y cacao. A partir de 1972, cuando la producción petrolera ___2___ (alcanzar) cantidades considerables, la importancia de la agricultura empezó a declinar, aunque todavía ___3___ (tener) importancia. Todo iba bien, a menos que ___4___ (bajar) los precios mundiales del petróleo. Era una economía inestable porque todos ___5___ (saber) que, en el futuro, tan pronto como ___6___ (bajar) los precios del petróleo, la economía nacional sufriría. Afortunadamente, antes de que se ___7___ (producir) el temido colapso económico, la economía comenzó a diversificarse, tendencia que continúa hasta nuestros días.

INTERNET
Prueba interactiva
www.mcdougallittell.com

Lección 3

7.3 Presente perfecto: Indicativo y subjuntivo

Presente perfecto de indicativo	Presente perfecto de subjuntivo
he terminado	**haya** recibido
has terminado	**hayas** recibido
ha terminado	**haya** recibido
hemos terminado	**hayamos** recibido
habéis terminado	**hayáis** recibido
han terminado	**hayan** recibido

Formas

■ Para formar el presente perfecto de indicativo y de subjuntivo se combinan el verbo auxiliar **haber** en el presente de indicativo o presente de subjuntivo y el participio pasado de un verbo.

■ Los pronombres de objeto directo e indirecto y los pronombres reflexivos deben preceder la forma conjugada del verbo **haber.**

Víctor Paz Estenssoro **se ha** distinguido en la política boliviana.

■ Como se mencionó en la *Unidad 4,* el participio pasado se forma agregando **-ado** a la raíz de los verbos terminados en **-ar** e **-ido** a la raíz de los verbos terminados en **-er** e **-ir**: terminar → **terminado**, aprender → **aprendido**, recibir → **recibido.** El participio pasado es invariable; siempre termina en **-o.**

■ La siguiente es una lista de participios pasados irregulares de uso frecuente:

abierto	escrito	puesto	visto
cubierto	hecho	resuelto	vuelto
dicho	muerto	roto	

Uso del presente perfecto de indicativo

■ El presente perfecto de indicativo se usa para referirse a acciones o acontecimientos que comenzaron en el pasado y que se continúan o se espera que continúen en el presente o que tienen repercusiones en el presente.

> Desde el siglo XVI y hasta ahora el quechua y el aymara **han sido** las dos lenguas indígenas principales de Bolivia.
>
> En los últimos años, Bolivia **ha logrado** muchos avances sociales. Los habitantes de oriente **han visto** un mayor desarrollo económico.
>
> Te **he despachado** un mapa de La Paz. ¿Te **ha llegado** ya?

Uso del presente perfecto de subjuntivo

■ El presente perfecto de subjuntivo se usa en cláusulas subordinadas que requieren el subjuntivo y que se refieren a acciones o acontecimientos pasados que comenzaron en el pasado y que se continúan en el presente. El verbo de la cláusula principal puede estar en el presente o en el presente perfecto de indicativo, el futuro o puede ser un mandato.

> Mis padres no han regresado todavía. Es posible que **hayan decidido** pasar más días en Bolivia.
>
> Hasta ahora no he conocido a nadie que **haya estado** en Sucre.
>
> Me ha decepcionado que no **haya podido** ir a un espectáculo folklórico durante mi última visita a La Paz.
>
> Preguntaré cómo ir a Tiahuanaco tan pronto como **haya llegado** a mi hotel en La Paz.
>
> En tu próxima visita, ve a un lugar donde no **hayas estado** antes.

Ahora, ¡a practicar!

A. Cambios recientes. Menciona algunos cambios que han ocurrido en Bolivia últimamente.

> MODELO   introducir reformas agrarias
> **Se han introducido reformas agrarias.**

1. nacionalizar algunas empresas
2. repartirles tierras a los campesinos
3. promover el desarrollo de la zona oriental
4. tratar de estabilizar la economía
5. crear una nueva moneda, el boliviano
6. escoger como presidente al candidato del Movimiento Nacionalista Revolucionario

B. La Puerta del Sol. Tú y tus compañeros especulan acerca del origen y la función de la Puerta del Sol de Tiahuanaco.

MODELO   formar parte de un templo
Es posible que la Puerta del Sol haya formado parte de un templo.

1. ser la puerta de entrada de un palacio
2. constituir el centro religioso de un imperio
3. ser construida hace más de veinticinco siglos
4. tener un significado político y religioso
5. señalar las tumbas de los reyes

C. Quejas. Un(a) amigo(a) que visitó La Paz con un grupo de compañeros se lamenta de que no hayan podido hacer todas las cosas que habían planeado.

MODELO   ir a Tiahuanaco
Mi amigo(a) siente que ellos no hayan ido a Tiahuanaco.

1. visitar el Museo de Instrumentos Nativos
2. poder ver el Festival del Gran Poder
3. comer empanadas en el Mercado Camacho
4. asistir a un festival de música andina
5. subir al Parque Mirador Laykacota
6. ver la colección de objetos de oro en el Museo de Metales Preciosos

D. ¿Cuánto sabes? Un(a) compañero(a) te hace preguntas acerca de la cultura boliviana.

MODELO   estar en La Paz
Compañero(a):   **¿Has estado en La Paz?**
Tú: **No, nunca he estado en La Paz. (o Sí, he estado allí dos veces.)**

1. escuchar música andina
2. leer acerca de las culturas preincaicas
3. visitar Sucre, la capital legal de Bolivia
4. estudiar quechua
5. dar un paseo en barco por el Lago Titicaca
6. tocar la quena o el charango
7. sufrir de soroche
8. oír la canción "El cóndor pasa"

INTERNET
Prueba interactiva
www.mcdougallittell.com

8

8.1 Otros tiempos perfectos

Los tiempos perfectos se forman combinando el tiempo apropiado del verbo auxiliar **haber** con el participio pasado de un verbo. En la Unidad 7 aprendiste a combinar el presente de indicativo y el presente de subjuntivo de **haber** con el participio pasado para formar el presente perfecto de indicativo y el presente perfecto del subjuntivo. De modo semejante, el futuro perfecto y el condicional perfecto se forman usando el futuro y el condicional de **haber** con participios pasados. El imperfecto de indicativo y de subjuntivo de **haber** seguidos del participio pasado se usan para formar el pluscuamperfecto de indicativo y de subjuntivo.

El pluscuamperfecto de indicativo y el pluscuamperfecto de subjuntivo

El pluscuamperfecto de indicativo	El pluscuamperfecto de subjuntivo
había aceptado	**hubiera** aceptado
habías aceptado	**hubieras** aceptado
había aceptado	**hubiera** aceptado
habíamos aceptado	**hubiéramos** aceptado
habíais aceptado	**hubierais** aceptado
habían aceptado	**hubieran** aceptado

■ El pluscuamperfecto de indicativo se usa para mostrar que una acción pasada tuvo lugar antes de otra acción pasada o antes de un tiempo específico en el pasado.

Cuando Perón asumió la presidencia de Argentina en 1973, ya **había sido** presidente dos veces antes.
Antes de Isabel Perón, ninguna mujer latinoamericana **había ocupado** el cargo de presidente.

■ El pluscuamperfecto de subjuntivo se usa cuando se cumplen las condiciones para el uso del subjuntivo y una acción pasada tiene lugar antes de un punto anterior en el tiempo. El verbo principal de la oración puede estar en el pasado (pretérito, imperfecto, pluscuamperfecto), en el condicional o en el condicional perfecto.

Cuando visitamos Uruguay hace unos años, todos se quejaban de que el gobierno no **hubiera podido** controlar la inflación.
Antes de que se **hubiera construido** una red de caminos extensa en Argentina, existía una excelente red ferroviaria.

Futuro perfecto y condicional perfecto

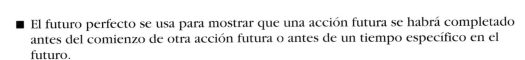

Futuro perfecto	Condicional perfecto
habré comprendido	**habría** comprendido
habrás comprendido	**habrías** comprendido
habrá comprendido	**habría** comprendido
habremos comprendido	**habríamos** comprendido
habréis comprendido	**habríais** comprendido
habrán comprendido	**habrían** comprendido

■ El futuro perfecto se usa para mostrar que una acción futura se habrá completado antes del comienzo de otra acción futura o antes de un tiempo específico en el futuro.

> La próxima semana ya **habremos terminado** nuestra visita a Buenos Aires.
> Cuando tú llegues a la Patagonia, yo ya **habré salido** de Argentina.

■ El condicional perfecto expresa conjetura o lo que habría o podría haber ocurrido en el pasado. Aparece a menudo en oraciones que tienen una cláusula con la conjunción **si**.

> No sé qué **habrían hecho** ellos en esa situación.
> Si hubieras viajado a Colonia, cerca de Montevideo, **habrías visto** bellísimas construcciones del siglo XVII.

Ahora, ¡a practicar!

A. Investigación. Los detectives están investigando la muerte del hombre sentado en el sillón de terciopelo verde. Uno de los trabajadores de la finca menciona las preguntas que le hicieron.

MODELO   notar algo especial
Me preguntaron si había notado algo especial.

1. estar en casa todo el día
2. ver a alguien en la casa
3. oír ladrar los perros
4. escuchar ruidos extraños
5. llamar a la policía de inmediato
6. hablar recientemente con la esposa del hombre muerto

B. Quejas. En los años ochenta los argentinos se quejaban de muchas cosas que habían ocurrido la década anterior. ¿Qué lamentaba la gente?

MODELO   la deuda externa / aumentar drásticamente
La gente lamentaba que en los años anteriores la deuda externa hubiera aumentado drásticamente.

1. la productividad del país / disminuir
2. los precios de la ropa y de los comestibles / subir mucho
3. la inflación / no controlarse
4. el estándar de vida / declinar
5. la guerra de las Malvinas / perderse
6. miles de personas / desaparecer

C. Predicciones. Los uruguayos son muy optimistas. ¿Qué opiniones expresan acerca de lo que creen que habrá ocurrido antes de que termine el siglo XXI?

MODELO   el país / modernizarse completamente
Antes de que termine el siglo XXI, el país ya se habrá modernizado completamente.

1. el desempleo / bajar
2. la economía / estabilizarse
3. la deuda externa / pagarse
4. el país / convertirse en una potencia agrícola
5. la energía hidroeléctrica / desarrollarse
6. la red caminera / aumentar
7. el país / llegar a ser una nación industrializada

D. Vacaciones muy cortas. Después de una corta estadía en Montevideo, les dices a tus amigos lo que habrías hecho en caso de que hubieras podido quedarte más tiempo.

MODELO   ir a la playa de Pocitos
Habría ido a la playa de Pocitos.

1. pasearme por las ramblas
2. mirar más tiendas de la avenida 18 de Julio
3. admirar los cincuenta y cinco colores del mármol del Palacio Legislativo
4. ver el Monumento a la Carreta
5. asistir a un partido de fútbol en el Estadio Centenario
6. volver muchas veces más a la Plaza de la Independencia
7. tomar té en una confitería
8. escuchar tangos en una tanguería

INTERNET
Prueba interactiva
www.mcdougallittell.com

Lección 2

8.2 Secuencia de tiempos: Indicativo

La secuencia de tiempos se refiere al hecho de que en una oración con una cláusula subordinada tiene que haber correlación entre el tiempo del verbo principal y el tiempo del verbo subordinado. Los siguientes tiempos pueden usarse cuando tanto la cláusula principal como la subordinada están en indicativo.

Tiempos simples		Tiempos perfectos	
Presente	acepto	**Presente perfecto**	he aceptado
Futuro	aceptaré	**Futuro perfecto**	habré aceptado
Imperfecto	aceptaba	**Pluscuamperfecto**	había aceptado
Pretérito	acepté	**Pretérito perfecto**	hube aceptado*
Condicional	aceptaría	**Condicional perfecto**	habría aceptado

■ Cuando los verbos de la cláusula principal y de la cláusula subordinada están en indicativo, no hay restricciones en la manera como se pueden combinar los tiempos verbales con tal de que las oraciones tengan sentido.

Los guaraníes de Paraguay **son** miembros de una familia lingüística que **incluye** a muchos grupos indígenas que **habitaban** grandes extensiones de Sudamérica.

Unos amigos míos me contaron que se **habían divertido** inmensamente cuando **visitaron** Asunción.

Cuando **viajaron** a un pueblecito donde hacen arpas, todos **querían** comprar una.

■ La misma regla se aplica cuando el verbo principal es un mandato.

Dime qué **quieres** hacer hoy; no me **digas** lo que **querías** hacer ayer.
Pregúntame adónde iré esta tarde.
Explíquenme lo que **habrían hecho** Uds. en esa situación.

---

* El pretérito perfecto no se usa en la lengua hablada y se usa raramente en la lengua escrita.

A. Lecturas. Menciona algunos de los datos que recuerdas de tus lecturas sobre Paraguay.

> MODELO   la guerra del Chaco / tener lugar entre 1932 y 1935
> **Leí que la guerra del Chaco tuvo lugar entre 1932 y 1935.**

1. Juan Salazar de Espinosa / fundar Asunción en 1537
2. los jesuitas / organizar misiones en el siglo XVII
3. José Gaspar Rodríguez de Francia / gobernar el país desde 1814 hasta 1840
4. Augusto Roa Bastos / publicar su novela *Yo, el supremo* en 1974
5. Josefina Plá / escribir un ensayo sobre el barroco hispano-guaraní en 1975
6. el general Stroessner / ser derrocado en 1989
7. el general Andrés Rodríguez / ser elegido presidente en 1989
8. Juan Carlos Wasmosy / ganar las elecciones presidenciales en 1993

B. Recuerdos. Un señor paraguayo te cuenta cómo era su vida cuando supo de la declaración de guerra entre Paraguay y Bolivia en 1932.

> MODELO   tener dieciocho años
> **Cuando comenzó la guerra, yo tenía dieciocho años.**

1. vivir en Misiones con mi familia
2. no estar casado
3. no trabajar
4. estar todavía en la escuela
5. no estar inscrito en el servicio militar
6. creer que no sería un conflicto muy serio

C. Futuro inmediato. ¿Cómo ves la situación en Paraguay en los próximos veinte años?

> MODELO   haber estabilidad política
> **Opino que habrá estabilidad política.** o
> **(Opino que no habrá estabilidad política.)**

1. enseñarse el guaraní en las escuelas privadas
2. desarrollarse proyectos económicos con países vecinos
3. publicarse libros y periódicos en guaraní
4. cultivarse algodón y maní
5. construirse vías férreas

D. ¿Qué pasará? ¿Habrá cambios en Paraguay antes del fin del siglo XXI?

> MODELO   la constitución / cambiar
> **Me imagino que antes del fin del siglo XXI la constitución (no) habrá cambiado.**

1. la población / alcanzar diez millones
2. el país / participar en una guerra con sus vecinos
3. los paraguayos / poblar el norte del país
4. la gente / destruir la jungla
5. la lengua guaraní / desaparecer
6. el aislamiento del país / ser superado

E. **¡Ahora sé más!** Di lo que pensabas acerca de Paraguay antes de leer la lección y después de leerla.

MODELO   el país más pequeño de Sudamérica
Pensaba que Paraguay era el país más pequeño de Sudamérica, pero ahora sé que no es el más pequeño.

1. estar al norte de Bolivia
2. tener salida al mar
3. exportar café principalmente
4. no tener grupos indígenas
5. no producir energía hidroeléctrica

Lección 3

8.3   Secuencia de tiempos: Indicativo y subjuntivo

■ Si el verbo principal de una oración está en presente, presente perfecto, futuro, futuro perfecto o es un mandato, el verbo de la cláusula subordinada aparece normalmente en presente o presente perfecto del subjuntivo.

Verbo principal (indicativo)	Verbo subordinado (subjuntivo)
Presente Presente Perfecto Futuro Futuro Perfecto Mandato	Presente Presente Perfecto

La gente **espera** que el nuevo presidente les **resuelva** todos sus problemas.
Sé que el profesor me **aconsejará** que **lea** los poemas de Pablo Neruda.
Queremos conversar con alguien que **haya estado** en Chile recientemente.

■ La cláusula subordinada también puede estar en el imperfecto o pluscuamperfecto de subjuntivo cuando la acción a que se refiere la cláusula subordinada ha ocurrido antes de la acción a que se refiere la cláusula principal.

Siento que tu viaje a la Patagonia no se **realizara.**
No creo que Chile **hubiera declarado** su independencia antes de 1800.

■ Si el verbo principal está en cualquiera de los tiempos del pasado, en el condicional o en el condicional perfecto, el verbo de la cláusula subordinada debe estar ya sea en imperfecto o en pluscuamperfecto de subjuntivo. El pluscuamperfecto de subjuntivo indica que la acción de la cláusula subordinada es anterior a la de la cláusula principal.

Verbo principal (Indicativo)	Verbo subordinado (Subjuntivo)
Imperfecto Pluscuamperfecto Pretérito Condicional Condicional Perfecto	Imperfecto Pluscuamperfecto

¿**Deseabas** visitar un pueblo que **tuviera** un buen mercado de artesanías?
Al no verte en el aeropuerto, todos **temimos** que **hubieras perdido** el vuelo.
Sería bueno que **aumentaran** el presupuesto para la educación.
Le dije a mi compañera que me **había molestado** que nadie **hubiera querido** acompañarme al Museo de Arte Precolombino.

Ahora, ¡a practicar!

A. Cosas sorprendentes. Les mencionas a tus amigos datos de Chile que te han sorprendido.

MODELO   ser país largo y estrecho
Me ha sorprendido que Chile sea un país tan largo y estrecho.

1. poseer una parte de la Antártida
2. tener posesiones en el océano Pacífico, como la Isla de Pascua
3. concentrar la población en la parte central de su territorio
4. gozar, en la zona central, de un clima y paisaje semejantes a los de California
5. disponer de canchas de esquí de renombre mundial
6. producir vinos famosos en el mundo entero

B. Posible visita. Tú y tus amigos dicen cuándo o bajo qué condiciones visitarán Chile.

MODELO   antes de que / terminar el año escolar
Visitaré Chile antes de que termine el año escolar.

1. tan pronto como / reunir dinero
2. con tal (de) que / poder quedarme allí tres meses por lo menos
3. después (de) que / graduarme
4. cuando / estar en mi tercer año de la universidad
5. en cuanto / aprobar mi curso superior de español

C. Cosas buenas. Éstas son algunas de las respuestas que te dan tus amigos chilenos cuando les preguntas qué cambios desean en el país.

> MODELO   la economía / no depender de los precios del cobre
> **Sería bueno que la economía no dependiera de los precios del cobre.**

1. el país / tener otros centros económicos importantes, además de Santiago
2. el gobierno / proteger la industria nacional
3. la carretera panamericana / estar mejor mantenida
4. el gobierno / preocuparse más de la preservación de las riquezas naturales
5. nosotros / explotar más los recursos minerales del desierto de Atacama
6. el presidente / (no) poder ser reelegido

D. Recuerdos de años difíciles. Algunos amigos chilenos te hablan de lo que le gustaba y no le gustaba a la gente durante los años ochenta.

> MODELO   las libertades individuales / desaparecer
> **A la gente no le gustaba que las libertades individuales hubieran desaparecido.**

1. la exportación de fruta / aumentar
2. el orden público / restablecerse
3. la economía / mejorar un poco
4. los latifundios / no eliminarse
5. el costo de la educación / subir mucho
6. muchos profesionales / abandonar el país

Cláusulas condicionales con si

La secuencia de tiempos en las cláusulas condicionales con **si** no se ajusta totalmente a las reglas dadas en la sección anterior. Las siguientes son las estructuras usadas más frecuentemente.

■ Con acciones que seguramente tendrán lugar en el presente o en el futuro, la cláusula que contiene **si** se usa en el presente de indicativo y la cláusula que contiene el resultado en el presente de indicativo o en el futuro, o es un mandato.

Cláusula que contiene si	Cláusula que contiene el resultado
si + presente de indicativo	presente de indicativo futuro mandato

> Si **podemos, queremos** ver el nuevo edificio del Congreso Nacional en Valparaíso.
> Si **voy** a Viña del Mar, **tomaré** sol en una de las playas.
> Si **estás** en Valparaíso, no **dejes** de subir a uno de los cerros en ascensor.

■ Con acciones o situaciones inciertas o contrarias a la realidad en el presente o en el futuro, la cláusula que contiene **si** está en el imperfecto de subjuntivo y la cláusula que contiene el resultado está en el condicional.

Cláusula que contiene si	Cláusula que contiene el resultado
si + imperfecto de subjunctivo	condicional

Si mis padres **fueran** a la isla de Pascua, **sacarían** muchas fotografías de los *moais*.

■ con acciones que no se realizaron en el pasado, y que por lo tanto son contrarias a la realidad, la cláusula que contiene **si** está en el pluscuamperfecto de subjuntivo y la cláusula que contiene el resultado está en el condicional perfecto.

Cláusula que contiene si	Cláusula que contiene el resultado
si + pluscuamperfecto de subjuntivo	condicional perfecto

Si hubiera ido a Chillán, **habría visto** los murales del artista mexicano Siqueiros en la Escuela México.

Ahora, ¡a practicar!

A. Planes. ¿Qué planes tienes para los días que vas a pasar en Santiago?

MODELO   ir al parque de atracciones de Fantasilandia
          Si tengo tiempo, iré al parque de atracciones de Fantasilandia.

1. subir al cerro San Cristóbal
2. entrar en La Chascona, una de las casas de Pablo Neruda en Santiago
3. esquiar en Farellones
4. salir para el pueblo de Pomaire para ver trabajar a los artesanos
5. ver el glaciar del Parque Nacional El Morado

B. En el sur. ¿Qué harías en el sur de Chile si pudieras ir allí también?

MODELO   bajar a las minas subterráneas de carbón de Lota
          Si pudiera ir al sur de Chile, bajaría a las minas subterráneas de carbón de Lota.

1. navegar en el río Bío-Bío
2. recorrer algunos pueblos mapuches cerca de Temuco
3. ver los fuertes españoles del siglo XVII cerca de Valdivia
4. pasearme por los densos bosques del Parque Nacional Puyehue cerca de Osorno
5. alquilar un bote en el lago Llanquihue

C. **¡Qué lástima!** Chile es un país tan largo que no pudiste visitar todo lo que querías. Di lo que habrías hecho si hubieras tenido tiempo.

MODELO   visitar el desierto de Atacama
Si hubiera tenido tiempo, habría visitado el desierto de Atacama.

1. pasar unos días en Arica, cerca de la frontera con el Perú
2. ver los edificios coloniales de La Serena
3. entrar en iglesias del siglo XVIII en la isla de Chiloé
4. volar a Punta Arenas, la ciudad más austral del mundo
5. hacer una visita a la Isla de Pascua

8.4 Imperfecto de subjuntivo en las cláusulas principales

■ El imperfecto de subjuntivo y el condicional de los verbos **poder, querer** y **deber** se usan para hacer recomendaciones o aseveraciones que muestran cortesía. Con otros verbos, el condicional se usa más frecuentemente para este propósito.

—**Debieras (Deberías)** visitar Chile en febrero, cuando hace calor.
—No me gusta el calor. **Quisiera (Querría)** ir en octubre.

■ El imperfecto de subjuntivo se usa detrás de **ojalá (que)** para expresar deseos hipotéticos que seguramente no se cumplirán o que no pueden cumplirse.

¡Ojalá que me sacara la lotería y **pudiera** viajar por toda Sudamérica!
¡Ojalá **estuviera** esquiando en Chile en este momento!

Ahora, ¡a practicar!

A. **Recomendaciones.** Un amigo te hace amables recomendaciones acerca de tu próximo viaje a Chile.

MODELO   consultar a un agente de viajes
Pudieras (Podrías) consultar a un agente de viajes.

1. viajar durante los meses calurosos de verano
2. llevar dólares en vez de pesos chilenos
3. leer una guía turística
4. comprar tu billete de avión con anticipación
5. pasar más de cinco días en Santiago
6. ver la región de los lagos

B. **Soñando.** Tú y tus compañeros expresan deseos que seguramente no se cumplirán.

MODELO   no tener que estudiar para el examen de mañana
Ojalá no tuviera que estudiar para el examen de mañana.

1. estar tomando el sol en una playa en estos momentos
2. andar de viaje por el cono Sur
3. ganar un viaje a Chile
4. aprobar todos mis cursos sin asistir a clase
5. tener un empleo interesante
6. poder jugar al tenis más a menudo

Materias de consulta

APÉNDICE A

EL ABECEDARIO

El alfabeto o abecedario en español consta de veintiocho letras. Dos de las letras no se encuentran en el alfabeto del inglés: **ñ, rr.*** Al alfabetizar en español, o al buscar palabras en un diccionario viejo, las palabras o sílabas que empiezan con **ch, ll** y **ñ** siguen a las palabras o sílabas que empiezan con **c, l** y **n.** No hay palabras que comiencen con **rr.**

a	*a*	ñ	*eñe*
b	*be* (*be* grande, *be* larga, *be* de burro)	o	*o*
		p	*pe*
c	*ce*	q	*cu*
d	*de*	r	*ere*
e	*e*	rr	*erre*
f	*efe*	s	*ese*
g	*ge*	t	*te*
h	*hache*	u	*u*
i	*i*	v	*ve, uve* (*ve* chica, *ve* corta, *ve* de vaca)
j	*jota*		
k	*ka*	w	doble *ve,* doble *uve*
l	*ele*	x	*equis*
m	*eme*	y	*i griega, ye*
n	*ene*	z	*zeta*

- ■ La **h** es muda; nunca se pronuncia en español.
- ■ La **k** se encuentra solamente en palabras de origen extranjero.

* En 1994, la Real Academia Española decidió eliminar las letras **ch** y **ll** del alfabeto. Sin embargo, los estudiantes deben estudiarlas ya que existen numerosos recursos alfabetizados con estas letras. Este cambio no afecta la pronunciación, el uso o el deletreo.

ACENTUACIÓN

El "golpe"

En español, todas las palabras de más de una sílaba llevan una sílaba que se pronuncia con más fuerza o énfasis que las demás. Esta fuerza de pronunciación se llama acento prosódico o "golpe". Hay dos reglas o principios generales que indican dónde llevan el golpe la mayoría de las palabras de dos o más sílabas.

1. Las palabras que terminan en **a, e, i , o, u, n** o **s**, llevan el golpe en la penúltima sílaba.

   me - sa   pro - fe - **so** - res   ca - **mi** - nan

2. Las palabras que terminan en consonante, excepto **n** o **s**, llevan el golpe en la última sílaba.

   na - **riz**   u - ni - ver - si - **dad**   ob - ser - **var**

Acento escrito

Todas las palabras que no siguen las dos reglas anteriores llevan acento ortográfico o escrito. El acento se coloca sobre la vocal de la sílaba que se pronuncia con más fuerza o énfasis.

   ma - **má**   in - for - ma - **ción**   Ro - **drí** - guez

Diptongos

Un diptongo es la combinación de una vocal débil (**i, u**) con cualquier vocal fuerte (**a, e, o**) en una sílaba. Los diptongos se pronuncian como un solo sonido en las sílabas donde ocurren.

   gra - c**ia**s   a - c**ei** - te   en - c**ue**n - tro

Un acento escrito sobre una vocal débil (**i, u**) en un diptongo rompe el diptongo y forma dos sílabas.

   Ma - **rí** - **a**   pa - **í** - ses   Ra - **úl**

APÉNDICE B

Conjugaciones de los verbos

Verbos regulares	Verbos en *-ar*	Verbos en *-er*	Verbos en *-ir*
Infinitivo	hablar	comer	vivir
Gerundio	hablando	comiendo	viviendo
Participio pasado	hablado	comido	vivido

Tiempos simples			
Presente de indicativo	hablo	como	vivo
	hablas	comes	vives
	habla	come	vive
	hablamos	comemos	vivimos
	habláis	coméis	vivís
	hablan	comen	viven
Imperfecto	hablaba	comía	vivía
	hablabas	comías	vivías
	hablaba	comía	vivía
	hablábamos	comíamos	vivíamos
	hablabais	comíais	vivíais
	hablaban	comían	vivían
Pretérito	hablé	comí	viví
	hablaste	comiste	viviste
	habló	comió	vivió
	hablamos	comimos	vivimos
	hablasteis	comisteis	vivisteis
	hablaron	comieron	vivieron
Futuro	hablaré	comeré	viviré
	hablarás	comerás	vivirás
	hablará	comerá	vivirá
	hablaremos	comeremos	viviremos
	hablaréis	comeréis	viviréis
	hablarán	comerán	vivirán
Condicional	hablaría	comería	viviría
	hablarías	comerías	vivirías
	hablaría	comería	viviría
	hablaríamos	comeríamos	viviríamos
	hablaríais	comeríais	viviríais
	hablarían	comerían	vivirían

Presente de subjuntivo	hable	coma	viva
	hables	comas	vivas
	hable	coma	viva
	hablemos	comamos	vivamos
	habléis	comáis	viváis
	hablen	coman	vivan
Imperfecto de subjuntivo	hablara	comiera	viviera
(-ra)	hablaras	comieras	vivieras
	hablara	comiera	viviera
	habláramos	comiéramos	viviéramos
	hablarais	comierais	vivierais
	hablaran	comieran	vivieran
Mandatos **(tú)**	habla, no hables	come, no comas	vive, no vivas
(vosotros)	hablad, no habléis	comed, no comáis	vivid, no viváis
(Ud.)	hable, no hable	coma, no coma	viva, no viva
(Uds.)	hablen, no hablen	coman, no coman	vivan, no vivan

Tiempos perfectos

Presente perfecto de indicativo	he hablado	he comido	he vivido
	has hablado	has comido	has vivido
	ha hablado	ha comido	ha vivido
	hemos hablado	hemos comido	hemos vivido
	habéis hablado	habéis comido	habéis vivido
	han hablado	han comido	han vivido
Pluscuamperfecto de indicativo	había hablado	había comido	había vivido
	habías hablado	habías comido	habías vivido
	había hablado	había comido	había vivido
	habíamos hablado	habíamos comido	habíamos vivido
	habíais hablado	habíais comido	habíais vivido
	habían hablado	habían comido	habían vivido
Futuro perfecto	habré hablado	habré comido	habré vivido
	habrás hablado	habrás comido	habrás vivido
	habrá hablado	habrá comido	habrá vivido
	habremos hablado	habremos comido	habremos vivido
	habréis hablado	habréis comido	habréis vivido
	habrán hablado	habrán comido	habrán vivido
Condicional perfecto	habría hablado	habría comido	habría vivido
	habrías hablado	habrías comido	habrías vivido
	habría hablado	habría comido	habría vivido
	habríamos hablado	habríamos comido	habríamos vivido
	habríais hablado	habríais comido	habríais vivido
	habrían hablado	habrían comido	habrían vivido

Apéndice B (continuación)

	Verbos en -*ar*	Verbos en -*er*	Verbos en -*ir*
Presente perfecto de subjuntivo	haya hablado	haya comido	haya vivido
	hayas hablado	hayas comido	hayas vivido
	haya hablado	haya comido	haya vivido
	hayamos hablado	hayamos comido	hayamos vivido
	hayáis hablado	hayáis comido	hayáis vivido
	hayan hablado	hayan comido	hayan vivido
Pluscuamperfecto de subjuntivo	hubiera hablado	hubiera comido	hubiera vivido
	hubieras hablado	hubieras comido	hubieras vivido
	hubiera hablado	hubiera comido	hubiera vivido
	hubiéramos hablado	hubiéramos comido	hubiéramos vivido
	hubierais hablado	hubierais comido	hubierais vivido
	hubieran hablado	hubieran comido	hubieran vivido

APÉNDICE C

Verbos con cambios en la raíz

---

1. Verbos con cambios en la raíz que terminan en *-ar* y *-er*
 e → ie: pensar

Presente de indicativo	pienso, piensas, piensa, pensamos, pensáis, piensan
Presente de subjuntivo	piense, pienses, piense, pensemos, penséis, piensen
Mandatos	piensa, no pienses (tú) pensad, no penséis (vosotros)
	piense, no piense (Ud.) piensen, no piensen (Uds.)

VERBOS ADICIONALES	cerrar	empezar	perder
	comenzar	entender	sentarse

---

o → ue: volver

Presente de indicativo	vuelvo, vuelves, vuelve, volvemos, volvéis, vuelven
Presente de subjuntivo	vuelva, vuelvas, vuelva, volvamos, volváis, vuelvan
Mandatos	vuelve, no vuelvas (tú) volved, no volváis (vosotros)
	vuelva, no vuelva (Ud.) vuelvan, no vuelvan (Uds.)

VERBOS ADICIONALES	acordarse	demostrar	llover
	acostarse	encontrar	oler (**o → hue**)
	colgar	jugar (**u → ue**)	mover
	costar		

---

2. Verbos con combios en la raíz que terminan en *-ir*
 e → ie, i: sentir

Gerundio	sintiendo
Presente de indicativo	siento, sientes, siente, sentimos, sentís, sienten
Presente de subjuntivo	sienta, sientas, sienta, sintamos, sintáis, sientan
Pretérito	sentí, sentiste, sintió, sentimos, sentisteis, sintieron
Imperfecto de subjuntivo	sintiera, sintieras, sintiera, sintiéramos, sintierais, sintieran
Mandatos	siente, no sientas (tú) sentid, no sintáis (vosotros)
	sienta, no sienta (Ud.) sientan, no sientan (Uds.)

VERBOS ADICIONALES	adquirir (**i → ie, i**)	convertir	herir	preferir
	consentir	divertir(se)	mentir	sugerir

---

e → i, i: servir

Gerundio	sirviendo
Presente de indicativo	sirvo, sirves, sirve, servimos, servís, sirven
Presente de subjuntivo	sirva, sirvas, sirva, sirvamos, sirváis, sirvan
Pretérito	serví, serviste, sirvió, servimos, servisteis, sirvieron
Imperfecto de subjuntivo	sirviera, sirvieras, sirviera, sirviéramos, sirvierais, sirvieran
Mandatos	sirve, no sirvas (tú) servid, no sirváis (vosotros)
	sirva, no sirva (Ud.) sirvan, no sirvan (Uds.)

VERBOS ADICIONALES	concebir	elegir	reír	seguir
	despedir(se)	pedir	repetir	vestir(se)

o → ue, u: dormir

Gerundio	durmiendo
Presente de indicativo	duermo, duermes, duerme, dormimos, dormís, duermen
Presente de subjuntivo	duerma, duermas, duerma, durmamos, durmáis, duerman
Pretérito	dormí, dormiste, durmió, dormimos, dormisteis, durmieron
Imperfecto de subjuntivo	durmiera, durmieras, durmiera, durmiéramos, durmierais, durmieran
Mandatos	duerme, no duermas (tú) dormid, no durmáis (vosotros)
	duerma, no duerma (Ud.) duerman, no duerman (Uds.)

VERBOS ADICIONALES	morir(se)

Verbos con cambios ortográficos

1. Verbos que terminan en *-ger* o *-gir*
g → j antes de **o, a: escoger**

Presente de indicativo	escojo, escoges, escoge, escogemos, escogéis, escogen
Presente de subjuntivo	escoja, escojas, escoja, escojamos, escojáis, escojan
Mandatos	escoge, no escojas (tú) escoged, no escojáis (vosotros)
	escoja, no escoja (Ud.) escojan, no escojan (Uds.)

VERBOS ADICIONALES	coger	dirigir	escoger	proteger
	corregir (i)	elegir (i)	exigir	recoger

2. Verbos que terminan en *-gar*
g → gu antes de **e: pagar**

Pretérito	pagué, pagaste, pagó, pagamos, pagasteis, pagaron
Presente de subjuntivo	pague, pagues, pague, paguemos, paguéis, paguen
Mandatos	paga, no pagues (tú) pagad, no paguéis (vosotros)
	pague, no pague (Ud.) paguen, no paguen (Uds.)

VERBOS ADICIONALES	entregar	jugar (ue)	llegar	obligar

3. Verbos que terminan en *-car*
c → qu antes de **e: buscar**

Pretérito	busqué, buscaste, buscó, buscamos, buscasteis, buscaron
Presente de subjuntivo	busque, busques, busque, busquemos, busquéis, busquen
Mandatos	busca, no busques (tú) buscad, no busquéis (vosotros)
	busque, no busque (Ud.) busquen, no busquen (Uds.)

VERBOS ADICIONALES	acercar	indicar	tocar
	explicar	sacar	

4. Verbos que terminan en *-zar*
z → c antes de **e: empezar (ie)**

Pretérito	empecé, empezaste, empezó, empezamos, empezasteis, empezaron
Presente de subjuntivo	empiece, empieces, empiece, empecemos, empecéis, empiecen
Mandatos	empieza, no empieces (tú) empezad, no empecéis (vosotros)
	empiece, no empiece (Ud.) empiecen, no empiecen (Uds.)

VERBOS ADICIONALES	almorzar (ue)	comenzar (ie)	cruzar	organizar

5. Verbos que terminan en un consonante + -cer o -cir
c → z antes de o, a: **convencer**

Presente de indicativo	convenzo, convences, convence, convencemos, convencéis, convencen
Presente de subjuntivo	convenza, convenzas, convenza, convenzamos, convenzáis, convenzan
Mandatos	convence, no convenzas (tú) convenced, no convenzáis (vosotros)
	convenza, no convenza (Ud.) convenzan, no convenzan (Uds.)

VERBOS ADICIONALES	ejercer	esparcir	vencer

6. Verbos que terminan en un vocal + -cer o -cir
c → zc antes de o, a: **conocer**

Presente de indicativo	conozco, conoces, conoce, conocemos, conocéis, conocen
Presente de subjuntivo	conozca, conozcas, conozca, conozcamos, conozcáis, conozcan
Mandatos	conoce, no conozcas (tú) conoced, no conozcáis (vosotros)
	conozca, no conozca (Ud.) conozcan, no conozcan (Uds.)

VERBOS ADICIONALES	agradecer	ofrecer	pertenecer
	conducir[1]	obedecer	producir
	desconocer	parecer	reducir
	establecer	permanecer	traducir

7. Verbos que terminan en -guir
gu → g antes de o, a: **seguir (i)**

Presente de indicativo	sigo, sigues, sigue, seguimos, seguís, siguen
Presente de subjuntivo	siga, sigas, siga, sigamos, sigáis, sigan
Mandatos	sigue, no sigas (tú) seguid, no sigáis (vosotros)
	siga, no siga (Ud.) sigan, no sigan (Uds.)

VERBOS ADICIONALES	conseguir	distinguir	perseguir	proseguir

8. Verbos que terminan en -guar
gu → gü antes de e: **averiguar**

Pretérito	averigüé, averiguaste, averiguó, averiguamos, averiguasteis, averiguaron
Presente de subjuntivo	averigüe, averigües, averigüe, averigüemos, averigüéis, averigüen
Mandatos	averigua, no averigües (tú) averiguad, no averigüéis (vosotros)
	averigüe, no averigüe (Ud.) averigüen, no averigüen (Uds.)

VERBOS ADICIONALES	apaciguar	atestiguar

9. Verbos que terminan en -uir
i sin golpe → y entre vocales: **construir**

Gerundio	construyendo
Presente de indicativo	construyo, construyes, construye, construimos, construís, construyen
Pretérito	construí, construiste, construyó, construimos, construisteis, construyeron
Presente de subjuntivo	construya, construyas, construya, construyamos, construyáis, construyan
Imperfecto de subjuntivo	construyera, construyeras, construyera, construyéramos, construyerais, construyeran
Mandatos	construye, no construyas (tú) construid, no construyáis (vosotros)
	construya, no construya (Ud.) construyan, no construyan (Uds.)

VERBOS ADICIONALES	concluir	destruir	instruir
	contribuir	huir	sustituir

[1] Ver **conducir** en la sección de verbos irregulares para más irregularidades de verbos que terminan en **-ducir**.

10.	Verbos que terminan en *-eer*

i sin golpe → **y** entre vocales: **creer**

Gerundio	creyendo
Pretérito	creí, creíste, creyó, creímos, creísteis, creyeron
Imperfecto de subjuntivo	creyera, creyeras, creyera, creyéramos, creyerais, creyeran

VERBOS ADICIONALES	leer	poseer

11.	Algunos verbos que terminan en *-iar* and *-uar*

i → **í** cuando lleva el golpe: **enviar**

Presente de indicativo	envío, envías, envía, enviamos, enviáis, envían
Presente de subjuntivo	envíe, envíes, envíe, enviemos, enviéis, envíen
Mandatos	envía, no envíes (tú) enviad, no enviéis (vosotros)
	envíe, no envíe (Ud.) envíen, no envíen (Uds.)

VERBOS ADICIONALES	ampliar	enfriar	situar
	confiar	guiar	variar

u → **ú** cuando lleva el golpe: **continuar**

Presente de indicativo	continúo, continúas, continúa, continuamos, continuáis, continúan
Presente de subjuntivo	continúe, continúes, continúe, continuemos, continuéis, continúen
Mandatos	continúa, no continúes (tú) continuad, no continuéis (vosotros)
	continúe, no continúe (Ud.) continúen, no continúen (Uds.)

VERBOS ADICIONALES	acentuar	efectuar	graduar(se)

APÉNDICE D
Verbos irregulares

1. abrir

Participio pasado	abierto
VERBOS ADICIONALES	cubrir descubrir

2. andar

Pretérito	anduve, anduviste, anduvo, anduvimos, anduvisteis, anduvieron
Imperfecto de subjuntivo	anduviera, anduvieras, anduviera, anduviéramos, anduvierais, anduvieran

3. caer

Gerundio	cayendo
Participio pasado	caído
Presente de indicativo	caigo, caes, cae, caemos, caéis, caen
Pretérito	caí, caíste, cayó, caímos, caísteis, cayeron
Presente de subjuntivo	caiga, caigas, caiga, caigamos, caigáis, caigan
Imperfecto de subjuntivo	cayera, cayeras, cayera, cayéramos, cayerais, cayeran

4. conducir[1]

Presente de indicativo	conduzco, conduces, conduce, conducimos, conducís, conducen
Pretérito	conduje, condujiste, condujo, condujimos, condujisteis, condujeron
Presente de subjuntivo	conduzca, conduzcas, conduzca, conduzcamos, conduzcáis, conduzcan
Imperfecto de subjuntivo	condujera, condujeras, condujera, condujéramos, condujerais, condujeran
VERBOS ADICIONALES	introducir producir reducir traducir

5. dar

Presente de indicativo	doy, das, da, damos, dais, dan
Pretérito	di, diste, dio, dimos, disteis, dieron
Presente de subjuntivo	dé, des, dé, demos, deis, den
Imperfecto de subjuntivo	diera, dieras, diera, diéramos, dierais, dieran

6. decir

Gerundio	diciendo
Participio pasado	dicho
Presente de indicativo	digo, dices, dice, decimos, decís, dicen
Pretérito	dije, dijiste, dijo, dijimos, dijisteis, dijeron
Futuro	diré, dirás, dirá, diremos, diréis, dirán
Condicional	diría, dirías, diría, diríamos, diríais, dirían
Presente de subjuntivo	diga, digas, diga, digamos, digáis, digan
Imperfecto de subjuntivo	dijera, dijeras, dijera, dijéramos, dijerais, dijeran
Mandato afirmativo familiar[2]	di
VERBOS ADICIONALES	desdecir predecir

[1] Todos los verbos que terminan en **-ducir** siguen este patrón.
[2] Las demás formas imperativas (mandatos) son idénticas a las formas del presente de subjuntivo.

7. escribir

Participio pasado	escrito

VERBOS ADICIONALES	inscribir	proscribir	transcribir
	prescribir	subscribir	

8. estar

Presente de indicativo	estoy, estás, está, estamos, estáis, están
Pretérito	estuve, estuviste, estuvo, estuvimos, estuvisteis, estuvieron
Presente de subjuntivo	esté, estés, esté, estemos, estéis, estén
Imperfecto de subjuntivo	estuviera, estuvieras, estuviera, estuviéramos, estuvierais, estuvieran

9. haber

Presente de indicativo	he, has, ha, hemos, habéis, han
Pretérito	hube, hubiste, hubo, hubimos, hubisteis, hubieron
Futuro	habré, habrás, habrá, habremos, habréis, habrán
Condicional	habría, habrías, habría, habríamos, habríais, habrían
Presente de subjuntivo	haya, hayas, haya, hayamos, hayáis, hayan
Imperfecto de subjuntivo	hubiera, hubieras, hubiera, hubiéramos, hubierais, hubieran

10. hacer

Participio pasado	hecho
Presente de indicativo	hago, haces, hace, hacemos, hacéis, hacen
Pretérito	hice, hiciste, hizo, hicimos, hicisteis, hicieron
Futuro	haré, harás, hará, haremos, haréis, harán
Condicional	haría, harías, haría, haríamos, haríais, harían
Presente de subjuntivo	haga, hagas, haga, hagamos, hagáis, hagan
Imperfecto de subjuntivo	hiciera, hicieras, hiciera, hiciéramos, hicierais, hicieran
Mandato afirmativo familiar	haz

VERBOS ADICIONALES	deshacer	rehacer	satisfacer

11. ir

Gerundio	yendo
Presente de indicativo	voy, vas, va, vamos, vais, van
Imperfecto de indicativo	iba, ibas, iba, íbamos, ibais, iban
Pretérito	fui, fuiste, fue, fuimos, fuisteis, fueron
Presente de subjuntivo	vaya, vayas, vaya, vayamos, vayáis, vayan
Imperfecto de subjuntivo	fuera, fueras, fuera, fuéramos, fuerais, fueran
Mandato afirmativo familiar	ve

12. morir (ue)

Participio pasado	muerto

13. oír

Gerundio	oyendo
Participio pasado	oído
Presente de indicativo	oigo, oyes, oye, oímos, oís, oyen
Pretérito	oí, oíste, oyó, oímos, oísteis, oyeron
Presente de subjuntivo	oiga, oigas, oiga, oigamos, oigáis, oigan
Imperfecto de subjuntivo	oyera, oyeras, oyera, oyéramos, oyerais, oyeran

14. poder

Gerundio	pudiendo
Presente de indicativo	puedo, puedes, puede, podemos, podéis, pueden
Pretérito	pude, pudiste, pudo, pudimos, pudisteis, pudieron
Futuro	podré, podrás, podrá, podremos, podréis, podrán
Condicional	podría, podrías, podría, podríamos, podríais, podrían
Presente de subjuntivo	pueda, puedas, pueda, podamos, podáis, puedan
Imperfecto de subjuntivo	pudiera, pudieras, pudiera, pudiéramos, pudierais, pudieran

15. poner

Participio pasado	puesto
Presente de indicativo	pongo, pones, pone, ponemos, ponéis, ponen
Pretérito	puse, pusiste, puso, pusimos, pusisteis, pusieron
Futuro	pondré, pondrás, pondrá, pondremos, pondréis, pondrán
Condicional	pondría, pondrías, pondría, pondríamos, pondríais, pondrían
Presente de subjuntivo	ponga, pongas, ponga, pongamos, pongáis, pongan
Imperfecto de subjuntivo	pusiera, pusieras, pusiera, pusiéramos, pusierais, pusieran
Mandato afirmativo familiar	pon

VERBOS ADICIONALES

componer	proponer	sobreponer
descomponer	reponer	suponer
oponer		

16. querer

Presente de indicativo	quiero, quieres, quiere, queremos, queréis, quieren
Pretérito	quise, quisiste, quiso, quisimos, quisisteis, quisieron
Futuro	querré, querrás, querrá, querremos, querréis, querrán
Condicional	querría, querrías, querría, querríamos, querríais, querrían
Presente de subjuntivo	quiera, quieras, quiera, queramos, queráis, quieran
Imperfecto de subjuntivo	quisiera, quisieras, quisiera, quisiéramos, quisierais, quisieran

17. reír (i)

Gerundio	riendo
Pretérito	reí, reíste, rió, reímos, reísteis, rieron
Imperfecto de subjuntivo	riera, rieras, riera, riéramos, rierais, rieran

VERBOS ADICIONALES

freír	reírse	sonreír(se)

18. romper

Participio pasado	roto

19. saber

Presente de indicativo	sé, sabes, sabe, sabemos, sabéis, saben
Pretérito	supe, supiste, supo, supimos, supisteis, supieron
Futuro	sabré, sabrás, sabrá, sabremos, sabréis, sabrán
Condicional	sabría, sabrías, sabría, sabríamos, sabríais, sabrían
Presente de subjuntivo	sepa, sepas, sepa, sepamos, sepáis, sepan
Imperfecto de subjuntivo	supiera, supieras, supiera, supiéramos, supierais, supieran

20. salir

Presente de indicativo	salgo, sales, sale, salimos, salís, salen
Futuro	saldré, saldrás, saldrá, saldremos, saldréis, saldrán
Condicional	saldría, saldrías, saldría, saldríamos, saldríais, saldrían
Presente de subjuntivo	salga, salgas, salga, salgamos, salgáis, salgan
Mandato afirmativo familiar	sal

21. ser

Presente de indicativo	soy, eres, es, somos, sois, son
Imperfecto de indicativo	era, eras, era, éramos, erais, eran
Pretérito	fui, fuiste, fue, fuimos, fuisteis, fueron
Presente de subjuntivo	sea, seas, sea, seamos, seais, sean
Imperfecto de subjuntivo	fuera, fueras, fuera, fuéramos, fuerais, fueran
Mandato afirmativo familiar	sé

22. tener

Presente de indicativo	tengo, tienes, tiene, tenemos, tenéis, tienen
Pretérito	tuve, tuviste, tuvo, tuvimos, tuvisteis, tuvieron
Futuro	tendré, tendrás, tendrá, tendremos, tendréis, tendrán
Condicional	tendría, tendrías, tendría, tendríamos, tendríais, tendrían
Presente de subjuntivo	tenga, tengas, tenga, tengamos, tengáis, tengan
Imperfecto de subjuntivo	tuviera, tuvieras, tuviera, tuviéramos, tuvierais, tuvieran
Mandato afirmativo familiar	ten

VERBOS ADICIONALES	detener	contener	retener

23. traer

Gerundio	trayendo
Participio pasado	traído
Presente de indicativo	traigo, traes, trae, traemos, traéis, traen
Pretérito	traje, trajiste, trajo, trajimos, trajisteis, trajeron
Presente de subjuntivo	traiga, traigas, traiga, traigamos, traigáis, traigan
Imperfecto de subjuntivo	trajera, trajeras, trajera, trajéramos, trajerais, trajeran

VERBOS ADICIONALES	distraer	contraer

24. valer

Presente de indicativo	valgo, vales, vale, valemos, valéis, valen
Futuro	valdré, valdrás, valdrá, valdremos, valdréis, valdrán
Condicional	valdría, valdrías, valdría, valdríamos, valdríais, valdrían
Presente de subjuntivo	valga, valgas, valga, valgamos, valgáis, valgan
Mandato afirmativo familiar	val

25. venir

Gerundio	viniendo
Presente de indicativo	vengo, vienes, viene, venimos, venís, vienen
Pretérito	vine, viniste, vino, vinimos, vinisteis, vinieron
Futuro	vendré, vendrás, vendrá, vendremos, vendréis, vendrán
Condicional	vendría, vendrías, vendría, vendríamos, vendríais, vendrían
Presente de subjuntivo	venga, vengas, venga, vengamos, vengáis, vengan
Imperfecto de subjuntivo	viniera, vinieras, viniera, viniéramos, vinierais, vinieran
Mandato afirmativo familiar	ven

VERBOS ADICIONALES	convenir	intervenir

26. ver

Participio pasado	visto
Presente de indicativo	veo, ves, ve, vemos, veis, ven
Imperfecto de indicativo	veía, veías, veía, veíamos, veíais, veían
Pretérito	vi, viste, vio, vimos, visteis, vieron
Presente de subjuntivo	vea, veas, vea, veamos, veáis, vean

27. volver (ue)

Participio pasado	vuelto

VERBOS ADICIONALES	envolver	devolver	resolver

VOCABULARIO
español–español

VOCABULARIO
español–español

Este **Vocabulario** incluye palabras y frases que se presentan en *Nuestro mundo.* La mayoría tiene números entre paréntesis que indican la unidad y lección donde se introduce la palabra o frase. El número **(3.1)**, por ejemplo, se refiere a **Unidad 3, Lección 1.**

El género de los sustantivos se indica como *m.* (masculino) o *f.* (femenino). Cuando el sustantivo señala a una persona, se da las dos formas —masculina y femenina.

Los adjetivos que terminan en **-o** se dan en la forma masculina singular con la terminación femenina **(a)** entre paréntesis. Los verbos se dan en la forma infinitiva.

Se usan las siguientes abreviaturas:

adj.	adjetivo	*m.*	masculino
inf.	infinitivo	*adv.*	adverbio
f.	femenino	*fig.*	figurativo

a

a ciegas   expresión que significa "sin tener conocimiento" **(4.1)**

a duras penas   con dificultad **(7.1)**

a la vanguardia   estar más avanzado que los demás **(2.2)**

a lo largo y a lo ancho   por todos lados **(1.2)**

a perpetuidad   para siempre **(6.2)**

a pesar de todo   sin embargo **(5.2)**

a tientas   a ciegas **(6.1)**

a tontas y a locas   expresión que significa "sin pensar" **(4.1)**

a últimas y a tiempo   expresión que significa "a los apurones" **(4.1)**

abanicar *inf.*   hacer viento **(5.1)**

abdicar *inf.*   renunciar al trono **(2.1)**

abotonar *inf.*   abrochar los botones de una camisa o chaqueta **(6.1)**

abstraer *inf.*   separar algo en partes **(7.2)**

academia *f.*   escuela, colegio **(4.2)**

acariciar *inf.*   tocar suavemente con la mano **(8.1)**

acarreo *m.*   acción de llevar cosas de un lugar a otro **(4.2)**

acaso *adv.*   probablemente **(1.1)**; por casualidad **(7.1)**

aceite *m.*   líquido graso **(7.2)**

acelerado(a) *adj.*   muy rápido **(1.1)**; rápido **(5.3)**

aclamado(a) *adj.*   aplaudido, considerado **(4.1)**

acomodado(a) *adj.*   con dinero **(4.1)**

activista *m. f.*   persona que participa en organizaciones que ayudan a la gente **(1.2)**

acudir *inf.*   ir **(2.2)**

acueducto *m.*   vía artificial por donde se lleva agua de un lugar a otro **(2.1)**

acuerdo *m.*   resolución **(2.2)**

adaptado(a) *adj.*   tomado y modificado **(7.1)**

admirar *inf.*   observar con asombro **(LP)**

admitir *inf.*   reconocer **(1.1)**

adobe *m.*   barro **(7.1)**

adolescencia *f.*   edad que transcurre entre los 12 y 18 años, aproximadamente **(LP)**

adquirir *inf.*   obtener **(2.2)**

adversario *m.*, **adversaria** *f.*   rival **(4.2)**

advertir *inf.* avisar **(2.1)**

afectar *inf.* perjudicar **(1.1) (3.2)**

  afecto *m.* cariño

    caro a mi afecto querido por mí **(8.2)**

aferrarse *inf.* agarrarse **(6.1)**

afianzarse *inf.* establecerse **(4.1)**

afluente *adj.* río que desemboca en otro mayor **(7.2)**

afroantillano(a) *adj.* que tiene mezcla de elementos de África y de las Antillas **(6.2)**

agazapado(a) *adj.* escondido **(8.1)**

agobiar *inf.* ahogar **(7.1)**

agrario(a) *adj.* relativo al campo

  reforma agraria acción política que beneficia a los campesinos **(3.2)**

aguantarse *inf.* tolerar **(1.1) (5.1)**

agujero *m.* pozo **(5.1)**

aisladamente *adv.* solo

  perecer aisladamente morir solitariamente **(LP)**

al

  al alcance cerca **(8.1)**

  al borde en el límite **(2.3)**

  al día informado

    estar al día estar informado **(3.1)**

  al fin y al cabo después de todo **(7.1)**

  al margen además **(3.2)**

albañil *m.* persona que construye casas **(4.1)**

alcalde *m.*, **alcaldesa** *f.* intendente **(6.1)**

alcance: al alcance cerca **(8.1)**

alcanzado(a) *adj.* obtenido **(5.2)**

aldea *f.* pueblo **(3.2)**

alentar *inf.* animar, convencer **(6.2)**

alga *f.* planta acuática **(7.2)**

aliado *m.*, **aliada** *f.* cómplice **(6.1)**

alimento *m.* comida **(7.2)**

allegar *inf.* acercarse **(4.1)**

alma *f.* espíritu **(1.1)**

almohade *adj.* musulmán **(2.1)**

alpaca *f.* animal mamífero de América del Sur **(LP)**

alternar *inf.* ir de un sitio a otro y volver dentro de un tiempo **(4.1)**

alternativa *f.* opción **(4.3)**

aludir *inf.* referirse **(4.1) (6.2)**

alzar *inf.* poner en su lugar **(1.1)**

amansar *inf.* domesticar **(4.1)**

amante *m. f.* el hombre o la mujer de una pareja **(8.1)**

amargo(a) *adj.* lo contrario a dulce **(5.3) (6.1)**

ambicioso(a) *adj.* ansioso por conseguir algo **(3.2)**

ámbito *m.* ambiente, lugar **(6.2)**

amenaza *m.* peligro **(2.2)**

amnistiado(a) *adj.* perdonado políticamente **(4.1)**

amo *m.*, **ama** *f.* dueño, jefe **(2.1)**

amor divino amor a Dios **(2.2)**

amostazado(a) *adj.* enojado(a) **(5.1)**

amplio margen gran diferencia **(5.3)**

analfabetismo *m.* sector de la población que no sabe leer ni escribir **(5.3)**

análisis *m.* estudio

  análisis crítico *m.* estudio preciso y exacto **(LP)**

ancestral *adj.* relativo a los antepasados o ancestros **(3.2)**

ancho: a lo largo y a lo ancho por todos lados **(1.2)**

anclarse *inf.* quedarse *fig.* **(4.2)**

andino(a) *adj.* perteneciente a la Cordillera de los Andes **(LP)**; relativo a los Andes **(7.1)**

anexión *f.* unión **(4.2)**

anexo(a) *adj.* que está al lado, unido o que depende de otro **(2.2)**

anfiteatro *m.* teatro de forma semicircular **(2.1)**

anfitrión *m.*, **anfitriona** *f.* persona que guía a otras en una reunión **(3.3)**

angloamericano(a) *adj.* norteamericanos descendientes de los sajones **(1.1)**

angular *adj.* formado por ángulos **(7.1)**

anhelante *adj.* expectante **(8.1)**

animar *inf.* dar vida **(4.1)**

ánimo *m.* energía **(2.2)**

aniquilado(a) *adj.* destruido **(5.2)**

anónimo(a) *adj.* cuyo autor se desconoce **(7.3)**

antagonista *adj.* rival **(5.2)**

antibrasileño(a) *adj.* que se opone a los brasileños o a Brasil **(8.1)**

antología *f.* selección de obras literarias **(5.3)**

antropología *f.* ciencia que estudia el origen del hombre **(3.1)**

anulación *f.* cancelación **(5.3)**

añadir *inf.* agregar **(2.2)**

añil *m.* especie de planta de la que se obtiene una pasta de color **(5.2)**

apacible *adj.* tranquilo **(1.1)**

aparcería *f.* contrato laboral **(8.1)**

apartar *inf.* separar

   apartar el ganado separar las vacas de los novillos **(1.1)**

apellido *m.* nombre de familia **(6.2)**

apenas *adv.* un poquito **(8.1)**

apeñuzcado(a) *adj.* apretado **(3.1)**

apertura *f.* puerta **(2.1)**

aplastado(a) *adj.* destruido por pararse encima **(7.1)**

aplastar *inf.* pisar fuertemente **(5.1)**

aplicar *inf.* poner en práctica **(5.2)**

apoderado *m.*, **apoderada** *f.* administrador **(8.1)**

apolítico(a) *adj.* que no tiene ninguna preferencia política **(5.1)**

apoyado(a) *adj.* sostenido **(6.1)**

apoyo *m.* ayuda **(3.2)**

apreciación *m.* el hecho de ver algo con el valor que se merece **(1.1)**

apresurarse *inf.* darse prisa **(6.1)**

apretar *inf.* comprimir, estrechar **(6.1)**

aprovechado(a) *adj.* oportunista **(1.1)**

apuesto(a) *adj.* guapo **(6.2)**

aquejar *inf.* afectar **(3.2)**

arder *inf.* quemar **(5.1)**

argentino(a) *adj.* natural de Argentina **(8.1)**

aristócrata *adj.* perteneciente a la aristocracia o clase alta **(7.1)**

armadas: fuerzas armadas *f.* militares **(1.1)**

armamento *m.* armas de guerra **(1.1)**

arqueólogo *m.*, **arqueóloga** *f.* científico que estudia los restos de objetos y seres antiguos **(7.1)**

arquitectónico(a) *adj.* relativo a la arquitectura **(LP)**

arzobispo *m.* obispo de una iglesia metropolitana **(5.1)**

arrancar *inf.* empezar **(2.2)**

arrastrar *inf.* transportar **(7.2)**

arrellanado(a) *adj.* extendido cómodamente **(8.1)**

arremeter *inf.* atacar **(2.1)**

arrogante *adj.* despreciativo, soberbio **(1.1)**

as *m.* campeón **(6.2)**

ascendencia *f.* antepasados **(1.1)**

asegurar *inf.* consolidar **(4.1)**

asentado(a) *adj.* fundado **(3.2)**

asimilarse *inf.* adaptarse **(3.2)**

asistir *inf.* ir **(1.1)**

aspa *f.* brazo de metal o madera que hacen funcionar a los molinos **(2.1)**

aspirar *inf.* tener intenciones de lograr algo **(1.2)**

astilla *f.* trozo pequeño de madera

   de tal palo, tal astilla refrán que se refiere al parecido que suele haber entre padres e hijos o entre hermanos **(1.2)**

astronomía *f.* ciencia que estudia las estrellas y los astros **(2.1)**

asumir *inf.* tomar

asumir el cargo aceptar el puesto
(5.2)

asustado(a) *adj.* con miedo (3.1)

atado(a) *adj.* unido (8.1)

atención: llamar la atención interesar
(4.2)

atender *inf.* escuchar (7.1)

atentado *m.* ataque (6.3)

aterrizar *inf.* llegar a tierra por avión (2.2)

atizar *inf.* avivar
   atizar el fuego echar aire al fuego para
   que aumente (4.1)

atleta *m. f.* deportista (6.2)

atrevido(a) *adj.* audaz (1.1)

auge *m.* punto culminante
   auge de la sedición punto más activo
   de la rebelión (3.2)

auspicio *m.* protección (4.2)

austeridad *f.* severidad, rigor (5.2)

autodeterminación *f.* gobierno propio
(3.2)

autodidacto(a) *adj.* que se educa a sí
misma (3.2)

automático(a) *adj.* que funciona
mecánicamente
   cajero automático máquina para
   sacar dinero del banco (4.3)

autónomo(a) *adj.* que tiene poder
propio (2.2)

avance *m.* logro (1.2)

avenida *f.* calle ancha (3.3)

aviación *f.* cuerpo militar aéreo (2.2)

azada *f.* especie de pala para cavar la
tierra (5.3)

azar *m.* circunstancia (8.1)

azotar *inf.* castigar (4.3)

azteca *adj.* relativo al antiguo pueblo
azteca, en el actual México (3.3)

azucarero(a) *adj.* relativo al azúcar (4.1)

bachata *f.* estilo musical del Caribe (4.2)

baja *f.* descenso (6.3)

ballenero *m.* cazador de ballenas (7.2)
mar o del río (8.1)

bananero(a) *adj.* relativo a la banana
(5.3)

bancarrota *f.* quiebra (8.1)

bando *m.* grupo (3.1) (6.1)

bárbaro(a) *adj.* violento (2.1)
   bárbaro bombardeo ataque con
   armas muy violento (2.2)

barriada: viñeta de barriada escena de
barrios (6.2)

barricada *f.* barrera que se hace para
evitar el paso (5.2)

bastión *m.* fortaleza (4.3)

batalla *f.* guerra (6.1)

beber *inf.* tomar líquido (5.1)

beca *f.* dinero que se recibe para seguir
estudiando (4.2)

becerro *m.* toro de menos de un año
(1.1)

bello(a) *adj.* lindo (5.1)

beneficiar *inf.* ayudar (1.2)

bibliotecario *m.*, **bibliotecaria** *f.*
persona que trabaja en una biblioteca
(8.1)

biológico(a) *adj.* relativo a la naturaleza
(5.3)

bisonte *m.* animal mamífero parecido al
toro (2.1)

blanqueador *m.* jabón (3.1)

bloqueado(a) *adj.* detenido (3.2)

boceto *m.* muestra de una pintura o
dibujo (2.2)

boda *f.* casamiento (7.3)

bolero *m.* estilo de música romántica (3.1)

boliviano(a) *adj.* natural de Bolivia (7.3)

bongosero *m.*, **bongosera** *f.* músico que
toca el bongó (6.2)

bordado *m.* tela con dibujos hechos en
hilo (6.2)

borde *m.* diente del serrucho (4.1)
   al borde en el límite (2.3)

boricua *adj.* puertorriqueño (1.2)

borrachera *f.* el tomar demasiado alcohol **(1.1)**

borrego *m.* **borrega** *f.* cría de la oveja **(7.1)**

botado(a) *adj.* expulsado **(7.1)**

bravía *f.* valentía, valor **(1.2)**

breve *adj.* corto **(5.2)**

brillantemente *adv.* muy bien **(2.2)**

bronce *m.* metal precioso **(7.3)**

brujo m., **bruja** *f.* persona con poderes mágicos

   caza de brujas *fig.* atrapar al enemigo **(3.2)**

bruma malva neblina violeta **(8.1)**

bucanero *m.* pirata **(4.2)**

buche: hacer buches llenarse la boca con agua para remojar el paladar y los dientes **(6.1)**

buey *m.* animal parecido al toro **(7.1)**

bullicio *m.* ruido **(4.2)**

bursátil *adj.* financiero, comercial **(3.1)**

caballeriza *f.* lugar destinado a guardar los caballos **(1.1)**

cabeza *m.* cráneo **(6.1)**

cabezal *m.* parte superior de algunas sillas para apoyar la cabeza **(6.1)**

cabildo *m.* edificio donde se reunían los políticos de la época colonial **(4.2)**

cabo: al fin y al cabo después de todo **(7.1)**

cabra *f.* animal mamífero que habita en las montañas **(7.2)**

cacao *m.* cultivo del que se obtiene el chocolate **(5.1)**

cacique *m.* jefe de una tribu **(5.2)**

cacumen *m.* inteligencia **(5.1)**

cafetalera *adj.* relativo a las plantaciones de café **(5.3)**

cajero *m.,* **cajera** *f.* persona que trabaja en la caja registradora de un comercio o de un banco **(8.1)**

cajero automático máquina para sacar dinero del banco **(4.3)**

cajita *f.* caja pequeña

   cajita de cartón caja pequeña de papel duro **(6.1)**

calma *f.* tranquilidad

   con toda calma despacio **(3.1)**

calzada *f.* vía, camino **(4.1)**

campanario *m.* sector de los templos e iglesias donde se ubican las campanas **(2.1), (5.1)**

campánula *f.* especie de flor **(5.1)**

campaña *f.* acción militar **(1.2)**

   tienda de campaña carpa que usan los soldados **(5.1)**

campesino *m.,* **campesina** *f.* trabajador del campo **(3.2);** del campo **(5.2)**

camuflarse *inf.* tomar otra apariencia para no ser reconocido **(7.2)**

canal *m.* paso que se hace en la tierra para dejar pasar el agua del mar **(6.1)**

cancel *m.* división de las ventanas **(6.1)**

candidatura *f.* campaña que hace una persona para alcanzar un cargo político **(3.2)**

canela *f.* condimento que se utiliza en la preparación de postres **(7.2)**

canoa *m.* bote a remo, pequeño y angosto **(LP)**

canonizar *inf.* dar el título de santo **(2.1)**

cantimplora *f.* recipiente para llevar agua **(5.1)**

caos *m.* desorden **(1.1)**

capacitación *f.* instrucción **(7.2)**

capacitado(a) *adj.* competente **(7.2)**

capilla *f.* iglesia pequeña **(7.1)**

capital *adj.* esencial, principal **(2.2)**

capitanía *f.* territorio dominado por el invasor **(3.2)**

capote *m.* interior **(5.1)**

captura *f.* caza **(7.1)**

capturado(a) *adj.*   hecho prisionero **(4.1)**

cárcel *f.*   prisión **(1.1)**

carecer *inf.*   no tener **(4.2)**

cargador *m.*   tirador elástico para sostener los pantalones **(6.1)**

cargo *m.*   puesto

   asumir el cargo   aceptar el puesto **(5.2)**

caribeño(a) *adj.*   relativo al Caribe **(4.1)**

caricatura *f.*   dibujo, retrato gracioso **(6.2)**

carismático(a) *adj.*   que tiene la cualidad de atraer a la gente **(1.1)**

carmelita *adj.*

   convento carmelita   convento perteneciente a la orden del Carmen **(2.1)**

caro(a) *adj.*   querido

   caro a mi afecto   querido por mí **(8.2)**

cartel *m.*   organización que se dedica a la producción y tráfico de drogas **(6.1)**

cartón *m.*   papel duro

   cajita de cartón   caja pequeña de papel duro **(6.1)**

casa: quedarse en casa   no ir **(4.2)**

castellano(a) *adj.*   natural de Castilla, España **(2.1)**

cataclismo *m.*   desastre **(3.3)**

catalán *m.*   idioma de Cataluña **(2.2)**

catastrófico(a) *adj.*   desastroso **(4.2)**

catedral *f.*   iglesia principal de una ciudad **(4.2)**

caucho *m.*   sustancia extraída de los árboles para fabricar goma **(7.2)**

causar *inf.*   provocar

   causar sensación   atraer la atención de la gente **(4.2)**

cauteloso(a) *adj.*   moderado **(6.1)**

caza *f.*   acción de atrapar un animal

   caza de brujas   atrapar al enemigo *fig.* **(3.2)**

cazar *inf.*   atrapar **(5.1)**

ceder *inf.*   dar **(3.1)**

celebración *f.*   fiesta **(LP)**

celta *adj.*   originario de las Islas Británicas **(LP)**

censo *m.*   estudio de estadísticas **(1.1)**

centelleante *adj.*   brillante **(5.1)**

centenario *m.*   aniversario de cien años **(LP)**; cien años **(7.2)**

céntrico(a) *adj.*   que se encuentra en el centro de la ciudad **(LP)**

cercanías *f.*   alrededores **(6.1)**

cerdo *m.*   puerco **(7.2)**

cerebro *m.*   órgano del cuerpo humano con que se piensa **(5.1)**

ceremonial *adj.*   relativo a las ceremonias o fiestas

   edificio ceremonial   lugar donde se realizaban ceremonias **(3.3)**

cerro *m.*   colina **(7.1)**

charretera *f.*   adorno que llevan los militares en el hombro **(5.1)**

checo(a) *adj.*   checoslovaco, natural de Checoslovaquia **(8.3)**

chica *f.*   muchacha **(2.3)**

chico *m.*   niño **(7.2)**

chicotazo *m.*   golpe **(8.1)**

chileno(a) *adj.*   natural de Chile **(8.3)**

chirriar *inf.*   hacer ruido **(5.1)**

ciegas: a ciegas   expresión que significa "sin tener conocimiento" **(4.1)**

cifra *f.*   cantidad **(1.3)**

cilantro *m.*   hierba que se usa como condimento en las comidas **(1.1)**

cineasta *m.*   persona que se dedica a filmar y dirigir películas para cine **(2.3)**

cintura *f.*   parte del cuerpo entre las piernas y el tórax **(3.1)**

cipote *m.*   niño **(5.1)**

citado(a) *adj.*   nombrado **(2.2)**

ciudad natal   ciudad donde se nace **(2.2)**

   ciudad-estado *f.*   ciudad de la antigüedad que tenía gobierno propio **(3.2)**

cívico(a) *adj.* relativo a la ciudad o pueblo

   organización cívica *f.* institución de una ciudad o pueblo que ofrece servicios gratis a sus habitantes **(1.1)**

civilización *f.* población con cultura propia **(3.3)**

clandestino(a) *adj.* oculto, ilegal **(4.1)**

clasificado(a) *adj.* seleccionado **(8.1)**

clausura *f.* final **(2.2)**

climatológico(a) *adj.* relativo al clima **(7.1)**

co-presidente *m.,* **co-presidenta** *f.* persona que comparte la presidencia con otra **(1.3)**

coalición *f.* grupo **(1.3)**

coartada *f.* excusa **(8.1)**

códice *m.* libro antiguo escrito a mano **(3.2)**

codo *m.* parte media del brazo **(3.1)**

cofre *m.* arcón, baúl **(7.1)**

colapso *m.* debilitación **(3.3)**

colección *f.* conjunto de obras de arte **(1.1)**

colgar *inf.* poner el teléfono en su lugar después de hablar **(3.1)**

colono *m.* el que coloniza o toma posesión de un territorio **(3.1)**

colorido *m.* color **(1.1)**

colosal *adj.* enorme, extraordinario **(3.1)**

comandar *inf.* dirigir **(3.1)**

comarca *f.* aldea, pueblo **(6.2)**

comentar *inf.* decir **(5.1)**

cómico(a) *adj.* gracioso **(5.2)**

comisionado(a) *adj.* enviado, representante **(5.2)**

comité *m.* oficina donde trabaja un partido político **(3.2)**

comparsa *f.* grupo de danza y música que participa en desfiles **(1.2)**

compartir *inf.* dividir con otras personas **(4.2)**

compensación *f.* indemnización, equilibrio **(6.1)**

complejo *adj.* complicado **(3.3) (6.2)**

complicidad *f.* conspiración **(3.2)**

compromiso *m.* obligación **(4.1)**

comunitario(a) *adj.* de la comunidad **(LP)**

con toda calma despacio **(3.1)**

concentración *f.* grupo **(1.1)**

concentrarse *inf.* vivir en el mismo lugar o área una cierta cantidad de personas **(1.1)**

concepción *f.* concepto **(8.1)**

concertar *inf.* establecer **(8.1)**

concesión *f.* entrega **(3.1);** otorgamiento **(5.3)**

concordia *f.* unión

   alcanzar la concordia conseguir la unión **(3.2)**

condecorado(a) *adj.* premiado **(1.2)**

condenado(a) *adj.* destinado

   condenado al fracaso destinado a salir mal **(3.2)**

cóndor *m.* ave similar al buitre, que habita en los Andes **(LP)**

confederación *f.* población establecida en un pequeño estado **(6.1)**

conflicto *m.* problema entre dos personas o regiones **(LP)**

confrontar *inf.* hacer frente a algo **(1.3)**

conguero *m.,* **conguera** *f.* persona que toca las congas **(6.2)**

conmemorar *inf.* celebrar **(6.1)**

conmocionar *inf.* conmover **(4.1)**

conmovedor(a) *adj.* emocionante **(6.2)**

consagración *m.* reconocimiento **(6.1)**

consagrarse *inf.* hacerse famoso **(4.2);** triunfar **(6.2)**

considerable *adj.* importante **(5.1)**

consolidado(a) *adj.* firme **(2.2)**

consolidar *inf.* fortalecer **(6.2)**

consorcio *m.* grupo **(7.2)**

constante *adj.* continua **(2.1)**

constituir *inf.* significar **(1.3)**

consultorio *m.* oficina de un médico **(LP)**

contemplar *inf.* observar **(LP)**

contemporáneo(a) *adj.* actual **(LP)**

contrarrevolucionario(a) *adj.* que lucha contra la revolución **(5.2)**

contraste *m.* diferencia **(LP)**

contribuir *inf.* colaborar **(3.2)**

controversia *f.* discusión **(4.3)**

controvertido(a) *adj.* que merece diferentes opiniones **(4.1)**

convento *m.* escuela para monjas
  convento carmelita convento perteneciente a la orden del Carmen **(2.1)**

converger *inf.* juntarse **(6.1)**

convertir *inf.* transformar **(4.3)**

convivencia *f.* coexistencia **(8.2)**

convocar *inf.* invitar **(5.3)**

copa *f.* premio deportivo **(8.1)**

corazón: encomendándose de todo corazón confiando completamente **(2.1)**

cordal *f.* tipo de muela **(6.1)**

coronado(a) *adj.* nombrado rey **(2.2)**

corporación *f.* conjunto de empresas **(4.3)**

corte *f.* juzgado **(6.2)**
  del corte de la forma **(4.2)**

corresponder *inf.* devolver **(6.1)**

corretear *inf.* correr **(1.1)**

corrido *m.* estilo de música mexicana **(3.1)**

corrupto(a) *adj.* sobornado, que cambia de actitud por dinero **(4.2)**

cosecha *m.* recolección de frutos que se cultivaron **(3.2)**

cosmopolita *adj.* internacional **(5.2)**

cosmos *m.* universo **(3.1)**

costarricense *adj.* natural de Costa Rica **(5.3)**

costeño(a) *adj.* relativo a la costa del mar o del río **(3.1)**

costero(a) *adj.* cercano a la costa **(7.1)**

creciente *adj.* en aumento **(6.1)**

credo *m.* religión **(LP)**

crepúsculo *m.* anochecer **(8.1)**

criar *inf.* cuidar a alguien desde pequeño
  criar cuervos *fig.* ayudar a alguien para que luego te perjudique **(1.1)**

criollo(a) *adj.* americanos descendientes de europeos **(3.1)**

crisol *m.* mezcla **(1.1)**

cristianismo *m.* religión cristiana **(2.1)**

crítico(a) *adj.* preciso
  análisis crítico *m.* estudio preciso y exacto **(LP)**

crujido *m.* sonido de rotura **(6.1)**

cuadruplicar *inf.* multiplicar por cuatro **(6.3)**

cubanidad *f.* cultura cubana **(4.1)**

cubismo *m.* estilo de pintura artística **(2.2)**

cuenca *f.* lugar donde se juntan las aguas de varios ríos
  cuenca del Pacífico salida de los ríos al océano Pacífico **(LP)**

cuenta: darse cuenta *inf.* saber **(3.1);** reconocer **(5.2)**

cuervo *m.* ave rapaz
  criar cuervos *fig.* ayudar a alguien para que luego te perjudique **(1.1)**

cuestionar *inf.* quejarse de algo **(2.2)**

culebra *f.* serpiente **(5.1) (7.1)**

culminante *adj.* más alto **(6.1)**

culpa *f.* falta
  echar la culpa acusar **(5.2)**

cumbre *f.* punto máximo **(2.1)**

cumplir *inf.* hacer **(1.2)**

cuna *f.* base **(4.2)**

curativo(a) *adj.* que cura o sana **(1.2)**

D

danés(esa) *adj.*   natural de Dinamarca **(2.2)**

daño *m.*   mal **(4.1)**

dar de espuelas   pinchar al caballo con las ruedas dentadas de las botas **(2.1)**

darse calabazas *inf.*   rechazar **(5.1)**

darse cuenta *inf.*   reconocer **(5.2) (3.1)**

darse por vencido *inf.*   rendirse **(6.1)**

de

　de esta suerte   de esta manera **(2.2)**

　de hecho   en realidad **(4.1)**

　de ningún modo   definitivamente no **(7.1)**

debate *m.*   discusión **(LP)**

debido(a) *adj.*   apropiado **(1.1)**

debilidad *f.*   fragilidad **(5.1)**

debutar *inf.*   iniciar una carrera artística **(3.1)**

década *f.*   conjunto de diez años **(1.1)**

decadencia *m.*   deterioro **(2.1)**

decretar *inf.*   establecer por decreto **(4.1)**

deformar *inf.*   quitar forma **(7.2)**

delirar *inf.*   sentir mucha atracción *fig.* **(4.2)**

demás *m. f.*   otros **(LP)**

densamente *adv.*   con gran número **(5.1)**

dentadura *f.*   conjunto de dientes

　dentadura postiza   dientes artificiales **(6.1)**

denuncia *f.*   protesta **(6.1)**

depender *inf.*   estar sujeto a las órdenes de alguien **(3.2)**

depresión *f.*   período de problemas económicos **(4.3)**

derecho *m.*   abogacía **(6.1)**

derivar *inf.*   provenir **(6.1)**

derretir *inf.*   disolver **(5.1)**

derrocar *inf.*   quitar del gobierno por la fuerza **(3.2)**

derrotar *inf.*   vencer **(1.2)**

derrumbado(a) *adj.*   caído **(8.2)**

desabotonarse *inf.*   abrirse una camisa o chaqueta **(6.1)**

desacuerdo *m.*   diferencia de opiniones **(6.1)**

desafío *m.*   oposición **(LP)**

desangrado(a) *adj.*   que pierde sangre **(4.3)**

descamisado(a) *adj.*   sin camisa **(8.1)**

descargar *inf.*   bajar **(6.1)**

descendiente *m. f.*   sucesor de una familia, como los hijos y los nietos **(1.1)**

descontento *m.*   desilusión **(7.3)**

desembarcar *inf.*   bajar de un barco **(4.2)**

desembocar *inf.*   fluír hacia, resultar en **(3.2)**

desempeñar *inf.*   realizar **(2.2)**

desempleado(a) *adj.*   que no tiene trabajo **(5.2)**

desestabilizar *inf.*   hacer caer **(3.2)**

desforestación *f.*   acción de cortar los árboles de los bosques y selvas **(5.3)**

desgajar *inf.*   separar **(8.1)**

deshacer *inf.*   destruir **(4.1)**

desierto *m.*   zona geográfica sin vegetación **(7.1)**

desigual *adj.*   despareja **(2.1)**

desilusión *f.*   decepción **(4.1)**

deslumbramiento *m.*   iluminación **(8.2)**

desmitificar *inf.*   desmentir **(5.2)**

despaldado(a) *adj.*   con la espalda rota **(2.1)**

despiadado(a) *adj.*   cruel **(8.1)**

desplegar *inf.*   comenzar **(1.2)**; desparramar **(6.1)**

desplomarse *inf.*   caerse **(3.1)**

despoblar *inf.*   dejar sin habitantes **(4.3)**

despojo *m.*   resto **(4.1)**

desprevenido(a) *adj.*   descuidado **(5.1)**

destacarse *inf.*   sobresalir **(LP)**

destemplado(a) *adj.* disonante **(6.1)**

destino *m.* futuro **(5.3)**

destituir *inf.* quitar de un cargo o posición **(6.1)**

desvalimiento *m.* fragilidad **(4.1)**

desventaja *f.* contra **(4.3)**

desviar *inf.* alejar **(5.1)**

detalle *m.* parte específica de algo **(3.1)**

detectar *inf.* registrar, notar **(4.3)**

detenerse *inf.* parar **(7.1)**

deterioro *m.* daño **(5.3)**

determinar *inf.* disponer **(5.1)**

devastado(a) *adj.* destruido **(2.2)**

día: estar al día estar informado **(3.1)**

dialecto *m.* variación de un idioma que se habla en una región **(3.2)**

diáspora *f.* dispersión **(1.2) (8.2)**

dictador *m.* el que toma el poder por la fuerza **(3.1)**; persona que gobierna por la fuerza **(6.1)**

dieta *f.* alimentación **(1.2)**

diferido(a) *adj.* presentado más tarde **(1.2)**

digno(a) *adj.* decente **(5.1)**

dilema *m.* problema **(4.1)**

dinámico(a) *adj.* activo **(2.2)**

Dios: válgame Dios expresión que significa *¡Dios mío!* **(2.1)**

diplomático *m.* persona que representa a su país en el extranjero **(LP)**

directivo *m.*, **directiva** *f.* persona que ejerce la dirección de una empresa o compañía **(2.2)**

discurso *m.* lectura oral que se hace ante muchas personas **(LP)**

disidente *adj.* opositor **(3.2)**

disolver *inf.* desintegrar **(5.3)**

displicente *adj.* indiferente **(6.1)**

disputado(a) *adj.* peleado, que origina discusión **(5.2)**

disputar *inf.* pelear por algo **(8.1)**

disquera *adj.* de discos **(6.2)**

distinción *f.* honor **(5.2)**

distinguirse *inf.* sobresalir, destacarse **(LP)**

distrito *m.* área **(1.3)**

disyuntiva *f.* problema

    sórdida disyuntiva problema indecente **(8.1)**

diversidad *f.* variedad **(LP)**

    diversidad multicultural variedad de culturas **(LP)**

diverso(a) *adj.* distinto **(4.1)**; variado **(8.2)**

divino(a) *adj.* relativo a los dioses

    amor divino amor a Dios **(2.2)**

docena *f.* doce **(8.1)**

doméstico(a) *adj.* relativo al hogar

    servicio doméstico tareas que se hacen en el hogar **(3.2)**

donaire *m.* elegancia **(5.1)**

dondequiera *adv.* cualquier lugar **(1.1)**

dramaturgo *m.*, **dramaturga** *f.* persona que escribe obras de teatro **(1.1)**

drástico(a) *adj.* fuerte, enérgico **(7.1)**

duro(a) *adj.* rígido

    a duras penas con dificultad **(7.1)**

E

echar la culpa acusar **(5.2)**

ecuatoriano(a) *adj.* natural de Ecuador **(7.2)**

efervescencia *f.* furor **(1.1)**

eficaz *adj.* exitosa **(2.1)**

ejemplificar *inf.* poner como ejemplo o modelo **(5.1)**

elaborar *inf.* desarrollar **(5.3)**

elección *f.* acción de votar a alguien

    elecciones libres libertad de votar al candidato que uno quiera **(4.2)**

elevar *inf.* presentar **(3.1)**

elite *f.* clase social alta **(3.3)**

elocuente *adj.* fuerte **(1.2)**

embarcadura *f.*   transporte de ganado **(1.1)**

embargo *m.*   retención de bienes **(4.1)**

emigrar *inf.*   salir de un país **(1.2)**

emisora *f.*   estación **(1.2)**

emperador *m.*, **emperatriz** *f.*   jefe supremo del imperio **(2.1)**

empleado *m.*, **empleada** *f.*   persona quien trabaja para otra

   empleado público   persona quien trabaja en oficinas del estado **(8.1)**

emplumado(a) *adj.*   que tiene plumas **(3.3)**

emplumar *inf.*   castigar **(5.1)**

en

   en favor de   para ayudar a **(LP)**

   en sí   propiamente **(1.2)**

   en vivo   en directo, que no está grabado **(1.2)**

enaltecer *inf.*   exaltar **(8.2)**

encabezar *inf.*   dirigir **(1.2)**

encantado(a) *adj.*   hechizado **(7.2)**

encarcelado(a) *adj.*   preso **(7.3)**

encogerse *inf.*   achicarse **(7.1)**

encomendarse *inf.*   confiar

   encomendándose de todo corazón   confiando completamente **(2.1)**

encrucijada *f.*   cruce de caminos **(4.1)**

encuentro *m.*   reunión **(LP)**

enfatizar *inf.*   poner énfasis **(1.1)**

enfocar *inf.*   apuntar una cámara fotográfica o filmadora hacia un lugar en particular **(2.3)**

enfrentar *inf.*   tener **(5.2)**

enjuto(a) *adj.*   delgado **(6.1)**

enlazar *inf.*   unir **(8.2)**

enredar *inf.*   atar desordenadamente **(8.1)**

enriquecer *inf.*   darle más valor **(1.2)**

entibiar *inf.*   calentar **(8.1)**

entrar en vigor   entrar en vigencia **(4.3)**

entrega.   cosa que se lleva de un lugar para dejar en otro

hacer entregas *inf.*   llevar compras a los compradores **(1.1)**

entretanto *adv.*   mientras tanto **(1.1)**

épico(a) *adj.*   heroico, relativo a los héroes **(2.1)**

episodio *m.*   suceso **(LP)**

equivocarse *inf.*   errar **(6.2)**

erupción *f.*   explosión de un volcán **(3.2)**

escala *f.*   parada **(6.2)**

escalar *inf.*   subir una montaña **(LP)**

escalera *f.*   conjunto de escalones para subir de un piso a otro **(8.1)**

escaso(a) *adj.*   poco **(4.1)**

escéptico(a) *adj.*   desconfiado **(5.3)**

escudero *m.*   ayudante de los caballeros **(2.1)**

escultura *f.*   obra de arte hecha en piedra o madera **(6.1)**

escupidera *f.*   recipiente para escupir **(6.1)**

esmeralda *f.*   piedra preciosa de color verde **(6.1)**

espacioso(a) *adj.*   amplio **(1.2)**

espada *m.*   arma blanca con filo muy grande **(2.1)**

esplendor *m.*   brillo, fama **(3.2)**

espuela *f.*   rueda de metal con dientes que tienen las botas para pinchar a los caballos

   dar de espuelas   pinchar al caballo con las ruedas dentadas de las botas **(2.1)**

esquinero *m.*   persona que se la pasa en las esquinas **(6.2)**

estabilizar *inf.*   nivelar **(5.2)**

estado: golpe de estado   toma a la fuerza del poder político por los militares **(3.1)**

estallar *inf.*   comenzar de golpe **(4.1)**

estar al día   estar informado **(3.1)**

estar al servicio   trabajar para alguien **(2.1)**

estereotipo *m.*   modelo general, generalización **(1.2)**

estirar *inf.*   extender **(6.1)**

estirarse *inf.* alargarse **(7.1)**

estrellato *m.* fama **(2.2)**

estrepitosamente *adv.* con mucho ruido **(3.1)**

estructurar *inf.* dar forma **(2.2)**

etapa *f.* fase **(6.2)**

etiqueta *f.* rótulo, marca **(7.1)**

étnico(a) *adj.* relativo a la raza **(1.1)**

euforia *f.* entusiasmo **(2.2)**

evangelización *f.* proceso de evangelizar o enseñar el Evangelio a los pueblos **(8.2)**

evidente *adj.* obvio, claro **(6.1)**

exagerar *inf.* aumentar **(6.1)**

excavación *f.* pozo que se hace en la tierra **(3.3)**

excepcional *adj.* que no ocurre a menudo **(2.2)**

exclamar *inf.* decir algo con énfasis **(LP)**

excluir *inf.* eliminar **(LP)**

exhausto(a) *adj.* sin fuerza **(6.1)**

exhibición *f.* exposición **(LP)**

éxodo *m.* salida **(4.1)**

exótico(a) *adj.* raro **(7.1)**

expansión *f.* difusión **(1.3)**; crecimiento **(5.3)**

explícito(a) *adj.* claro **(6.1)**

explotar *inf.* hacer trabajar a alguien con una paga injusta o sin ella **(3.1)**

expo *f.* exposición **(2.2)**

exponente *m. f.* representante **(3.1)**

exportación *f.* venta de productos a otros países **(5.3)**

extensión *f.* territorio **(1.1)**

extenso(a) *adj.* amplio **(3.1)**

exterminado(a) *adj.* destruido **(4.1)**

exuberante *adj.* abundante **(4.1)**

F

fabulosamente *adv.* increíblemente **(6.1)**

facción *f.* bando, grupo **(3.3)**

falda *f.* ladera **(5.1)**

falla *f.* error **(5.2)**

fallido(a) *adj.* sin éxito **(6.2)**

familia: numerosa familia familia con muchos integrantes **(1.2)**

farmacéutico(a) *adj.* relativo a los medicamentos **(4.3)**

faro *m.* torre con luces situada en los puertos para dirigir a los barcos **(5.1)**

farsa *f.* mentira, engaño **(5.2)**

fascinante *adj.* asombroso **(2.1)**; apasionante **(3.3)**

fatal *adj.* que ocasiona la muerte **(3.1)**

fatídico(a) *adj.* fatal **(5.1)**

fauna *f.* animales **(5.3) (7.2)**

favor: en favor de para ayudar a **(LP)**

faz *f.* superficie **(2.1)**

felicitar *inf.* darle a alguien felicitaciones por algún logro **(5.2)**

fenicio(a) *adj.* perteneciente al antiguo pueblo de Fenicia, en Asia **(2.1)**

fértil *adj.* que puede ser cultivado **(3.1)**

fertilizante *m.* abono para la tierra **(7.1)**

festejar *inf.* celebrar **(3.2)**

fiar *inf.* dar con confianza **(4.1)**

fiebre *f.* temperatura alta del cuerpo **(5.3)**; ambición **(8.1)**

  fiebre del oro deseo loco por oro; época en que la gente viajaba muchas millas para buscar oro **(7.2)**

fiel *adj.* leal, constante

  ser fiel seguir **(3.2)**

fiera *f.* feroz **(2.1)**

figurilla *f.* figura u objeto pequeño **(7.1)**

filo *m.* borde, corte **(4.1)**

fin: al fin y al cabo después de todo **(7.1)**

finalista *m. f.* persona que llega al final de un campeonato **(2.2)**

finca *f.* casa de campo **(8.1)**

flaquear *inf.* doblar **(3.1)**

flora *f.* plantas **(7.2)**

florecimiento *m.* nacimiento **(1.1)**

florido *adj.* con flores **(3.3)**

formato *m.* forma **(1.3)**

fortificado *adj.* convertido en fortaleza **(4.3)**

forzado(a) *adj.* por la fuerza
   trabajo forzado trabajo que les obligaban hacer a los esclavos sin pagarles **(4.2)**

fragmento *m.* sección **(LP)**

franja *f.* sector **(6.2)**

fraudulento(a) *adj.* tramposo **(5.1) (6.2)**

frecuente *adj.* continuo **(5.1)**

fregado(a) *adj.* terco **(1.1)**

fresa *f.* instrumento que usan los dentistas **(6.1)**

frontal *adj.* de golpe **(4.1)**

frontera *f.* límite **(LP)**

fuego: atizar el fuego echar aire al fuego para que aumente **(4.1)**

fuelle *m.* artefacto de goma para producir aire **(4.1)**

fuerzas armadas *f.* militares **(1.1)**

fuerzas represivas *f.* opresores **(3.2)**

fugitivo(a) *adj.* que está escapando **(6.1)**

fumarola *f.* humo **(5.1)**

fundado(a) *adj.* establecido **(1.1)**

fundador(a) *adj.* persona que establece una empresa o institución **(4.1)**

fundamentar *inf.* establecer **(7.2)**

furibundo(a) *adj.* furioso **(5.1)**

fusil *m.* rifle **(5.3)**

fusilado(a) *adj.* ejecutado **(2.2)**

gabinete *m.* grupo de personas que ayudan a un gobernante **(1.1)**; oficina **(6.1)**

gafas *f.* anteojos **(4.1)**

galán *m.* hombre bien parecido **(1.1)**

galardonar *inf.* premiar **(LP)**

gama *f.* variedad **(LP)**

ganadero *m.*, **ganadera** *f.* dueño de ganados **(1.1)**

ganado *m.* conjunto de animales, como las vacas, toros, ovejas, etc. **(1.1)**
   apartar el ganado separar las vacas de los novillos **(1.1)**

garantizar *inf.* prometer **(5.1)**

garza *f.* ave de patas largas y de pico largo que vive en los pantanos **(4.3)**

gatillo *m.* pinza **(6.1)**

gaveta *f.* cajón **(6.1)**

general *m.* grado militar **(4.2)**

Génesis *m.* primer libro de los libros sagrados que forman la Biblia, en el que se explica la creación del hombre **(3.2)**

germánico(a) *adj.* originario de Germania **(LP)**

gestación *f.* formación **(2.2)**

gestión *f.* esfuerzo **(2.2)**

gigantesco(a) *adj.* grande **(2.2)**

gira *f.* viaje **(2.2)**; excursión **(6.2)**

girar *inf.* rotar **(6.1)**

gitano *m.*, **gitana** *f.* nómade que desciende de los egipcios **(LP)**

glacial *adj.* frío
   olor glacial aroma frígido **(6.1)**

golpe de estado toma a la fuerza del poder político por los militares **(3.1)**

gótico(a) *adj.* relativo al arte que se desarrolló en Europa a partir del siglo XII **(2.2)**

gozar *inf.* aprovechar, divertirse **(5.2)**; gustar **(8.1)**

grabación *f.* sesión de música para grabar un disco **(6.2)**

grabado *m.* obra de arte hecha con la técnica de grabar **(1.2)**

grama *f.* hierba **(4.2)**

griego(a) *adj.* relativo a Grecia **(3.3)**

gringuito *m.*, **gringuita** *f.* estadounidense *(familiar)* **(1.1)**

guapo(a) *adj.* elegante **(1.3)**

Guardia Nacional una de las divisiones del ejército **(6.2)**

guatemalteco(a) *adj.* natural de Guatemala **(3.2)**

guerrera *f.* chaqueta militar **(6.1)**

guerrilla *f.* pequeños grupos de personas armadas que atacan al enemigo **(2.2)**

guiñar el ojo *inf.* cerrar el ojo **(1.1)**

habéis forma del verbo *haber*
me lo habéis de pagar tendrás que pagármelo **(2.1)**

habilidad *f.* destreza **(LP)**

hacer buches llenarse la boca con agua para remojar el paladar y los dientes **(6.1)**
hacer entregas llevarles a los clientes lo que compraron **(1.1)**
hacer pedazos romper **(2.1)**

hada madrina espíritu bondadoso y mágico que ayuda y da buenos consejos **(7.1)**

haitiano(a) *adj.* relativo a Haití **(4.2)**

hallar *inf.* encontrar **(7.2)**

hazaña *f.* acción **(5.3)**

hechizar *inf.* embrujar **(5.1)**

hecho: de hecho en realidad **(4.1)**
hecho un energúmeno furioso **(5.1)**

helado(a) *adj.* frío
vacío helado sensación de malestar **(6.1)**

hemisferio *m.* cada mitad del globo terráqueo **(LP)**

hervidero *m.* centro activo **(6.2)**

hervir *inf.* poner en agua hirviendo **(6.1)**

hidalgo *m.* persona de clase noble y distinguida **(2.2)**

hidrocarburo *m.* combustible **(6.3)**

hilar *inf.* conectar **(3.1)**

hilo *m.* materia textil muy delgada que se usa para coser **(4.1)**

hinchado(a) *adj.* inflamado **(6.1)**

hipogrifo *m.* animal imaginario **(4.1)**

hombre de letras *m.* una persona con educación **(5.1)**

honoris causa grado honorífico **(8.2)**

hormiga *f.* insecto que vive en los jardines **(3.1)**

hostil *adj.* agresivo **(7.1)**

huir *inf.* escapar **(3.1)**; irse **(5.1)**

humilde *adj.* pobre **(5.1)**

humo *m.* vapor **(5.1)**

humor negro *m.* broma que consiste en burlarse de lo trágico **(6.1)**

ibérico(a) *adj.* originario de la Península Ibérica **(LP)**

ibero(a) *adj.* los primeros habitantes de España; de sangre indígena y española **(LP)**

ídolo *m.* estatua gigante que representa a un dios **(6.1)**

ilustre *adj.* destacado **(1.2)**

implementar *inf.* implantar **(3.2)**

implicación *f.* efecto **(4.3)**

importar *adj.* comprar productos de otros países **(6.1)**

impostergable *adj.* que no se puede dejar para lo último **(3.2)**

impulsar *inf.* empujar **(3.2)**, promover **(5.3)**

inagotable *adj.* interminable **(6.2)**

inapreciable *adj.* que no se puede medir **(2.2)**

inaugurado(a) *adj.* iniciado **(1.2)**

incalificable *adj.* sin medida **(4.1)**

incidente *m.* hecho **(1.2)**

incluir *inf.* incorporar **(LP)**

incomparable *adj.* que no tiene comparación con nadie **(4.2)**

incorporar *inf.* incluir **(LP)**; introducir **(1.1)**

incrementarse *inf.*   crecer **(5.1)**

independentista *adj.*   que lucha por la independencia **(4.1)**

individual *adj.*   relativo a un individuo

  libertades individuales   derechos de las personas **(4.1)**

indocumentado(a) *m.*   persona que vive en un país ilegalmente **(1.1)**

inequívoco(a) *adj.*   que no está equivocado **(2.2)**

inexplicable *adj.*   que no tiene explicación **(4.1)**

infatigable *adj.*   incansable **(8.2)**

infinito(a) *adj.*   que no tiene fin **(3.1)**

influencia *f.*   peso, fuerza, dominio **(3.3)**

informalismo *m.*   corriente artística de la pintura **(7.2)**

infrahumano(a) *adj.*   que está por debajo del nivel humano **(7.2)**

ingreso *m.*   salario **(1.1)**

inmenso(a) *adj.*   enorme **(5.1)**

innato(a) *adj.*   que se posee de nacimiento **(3.2)**

inquieto(a) *adj.*   intranquilo **(3.1)**

instaurar *inf.*   implantar, poner en vigencia **(2.2)**

instrumento *m.*   elemento para provocar sonidos

  instrumento de viento   instrumento musical que se ejecuta soplando, como la flauta **(7.3)**

  instrumento de percusión   instrumento musical que se ejecuta por medio de golpes, como el tambor o las congas **(7.3)**

insurrección *f.*   rebelión **(3.1) (5.1)**

intacto(a) *adj.*   sin daño, completo **(4.3)**

integracionista *adj.*   de unificación **(3.2)**

integrado(a) *adj.*   incluido **(5.3)**

intenso(a) *adj.*   fuerte **(2.2)**

intentar *inf.*   tratar **(2.1)**

interludio *m.*   intermedio **(8.3)**

interrumpir *inf.*   detener **(5.2)**

intersección *f.*   unión **(2.1)**

íntimamente *adv.*   en profundidad **(LP)**

invertir *inf.*   cambiar de lugar **(4.3)**

ir *inf.* **rodando**   rodar, avanzar girando sobre sí mismo **(2.1)**

ironía *f.*   sarcasmo **(5.3)**

irreal *adj.*   ilusorio **(5.2)**

irreverente *adj.*   irrespetuoso, directo **(5.3)**

islam *m.*   religión mahometana **(2.1)**

istmo *m.*   parte de tierra que une dos continentes **(6.1)**

jadeante *adj.*   que respira fuertemente **(6.1)**

japonés(esa) *adj.*   natural de Japón **(7.1)**

jaspe *m.*   piedra opaca de varios colores **(2.1)**

jefatura *f.*   jefes **(6.2)**

jeroglífico *m.*   escritura antigua hecha con signos y figuras **(3.2)**

jitomate *m.*   ají **(1.1)**

júbilo *m.*   alegría **(3.2)**

juez *m.*   persona que decide si algo es bueno o malo legalmente **(7.1)**

jurídico(a) *adj.*   relativo a las leyes **(2.2)**

justo *adj.*   exacto **(4.1)**

labor *f.*   tarea **(LP)**

lado: ponerse de lado   acostarse **(7.1)**

ladrar *inf.*   emitir sonido los perros **(8.1)**

lágrima *f.*   sustancia que sale por los ojos al llorar **(6.1)**

lanzar *inf.*   sacar **(6.2)**

largo: a lo largo y a lo ancho   por todos lados **(1.2)**

latido *m.*   palpitación **(8.2)**

latín *m.*   idioma antiguo de Roma **(LP)**

latir *inf.*   palpitar **(8.1)**

lava *f.* sustancia caliente que despiden los volcanes **(5.3)**

lazo *m.* unión **(5.2)**

legado *m.* donación **(2.2)**

legal *adj.* relativo a las leyes
práctica legal ejercer la profesión de abogado **(1.3)**

legendario(a) *adj.* tradicional **(5.2)**

legua *f.* aproximadamente tres millas **(2.1)**

lema *m.* eslogan **(4.3)**

letra *f.* texto de una canción **(4.2)**

levantamiento *m.* rebelión **(2.2)**

levantarse *inf.* atacar **(2.2)**

leyenda *m.* cuento popular **(LP) (5.1)**

liberación *f.* independencia **(4.3)**

liberalizar *inf.* abrir **(2.2)**

libertades individuales derechos de las personas **(4.1)**

librar de que muera salvar **(7.1)**

libre: elecciones libres libertad de votar al candidato que uno quiera **(4.2)**

licenciarse *inf.* obtener una licenciatura (título universitario) **(4.1)**

líder *m. f.* jefe de un grupo **(1.3)**

lienzo *m.* cuadro **(2.2)**

lirismo *m.* poesía **(7.1)**

listo(a) *adj.* inteligente **(1.1)**

llamar la atención interesar **(4.2)**

llanero *m.* habitante de la llanura **(6.3)**

llorar *inf.* salir lágrimas de los ojos **(1.1)**

localidad *f.* ciudad pequeña **(3.2)**

locas: a tontas y a locas expresión que significa "sin pensar" **(4.1)**

loza *f.* material similar al vidrio y a la cerámica **(6.1)**

lucha *f.* combate **(LP)**; batalla **(3.2)**

lujoso(a) *adj.* espléndido **(4.2)**

luminoso(a) *adj.* brillante **(5.2)**

macarrón(ona) *adj.* mal hablado **(1.1)**

macho *m.* varón **(1.1)**

machucar *inf.* golpear y abollar **(7.1)**

madrastra *f.* segunda esposa del padre **(3.1)**

madrugador(a) *adj.* persona que se levanta temprano **(6.1)**

magia: tener la magia tener el encanto **(2.3)**

magno(a) *adj.* magnífico **(1.2)**

majestuoso *adj.* de gran belleza **(3.2)**

mal paso *m.* mala acción **(5.1)**

malagradecimiento *m.* falta de gratitud **(7.1)**

malestar *m.* intranquilidad **(3.1)**

maltrecho(a) *adj.* herido **(2.1)**

mambo *m.* estilo de música tropical **(1.3)**

manada *f.* grupo **(7.2)**

mancharse *inf.* ensuciarse **(3.1)**

mandíbula *f.* parte inferior de la cara **(6.1)**

mano *f.* parte del cuerpo donde termina el brazo
meter mano trabajar **(6.2)**

mantener *inf.* ayudar con dinero **(7.1)**

manufacturado(a) *adj.* hecho a mano **(6.1)**

manuscrito *m.* documento escrito a mano **(3.2)**

marcar *inf.* **con sus huellas** dejar su impresión en **(5.2)**

marchar *inf.* ir **(5.1)**

marchito(a) *adj.* debilitado **(6.1)**

mareo *m.* sensación de desmayo **(3.1)**

margen *m. f.* borde
al margen además **(3.2)**
amplio margen gran diferencia **(5.3)**

marginación *f.* separación **(5.3)**

mariscal *m.* antiguo grado militar **(1.2)**

marítimo(a) *adj.* relativo al mar
tráfico marítimo comercio que se realiza a través del mar **(4.2)**

masacre *f.* matanza **(3.1)**

máscara *f.* careta, disfraz para la cara **(4.1)**

masiva *adj.* en gran cantidad **(5.2)**

máximo(a) *adj.* el más alto **(4.3)**

mayordomo criado principal de una casa o hacienda **(8.1)**

mediación *f.* intervención **(7.1)**

medieval *adj.* relativo a la Edad Media **(2.2)**

medir *inf.* determinar la cantidad **(4.1)**

mejilla *f.* cada uno de los lados de la cara **(6.1) (8.1)**

mellizos(as) *adj.* hermanos que nacen al mismo tiempo **(4.2)**

memorias *f.* escritos con vivencias personales **(7.3)**

menjunje *m.* mezcla **(4.1)**

mensajero *m.*, **mensajera** *f.* persona que lleva mensajes **(6.2)**

mente *f.* cerebro **(4.2)**

mercancía *f.* mercadería, objetos para vender **(6.2)**

merecedor(a) *adj.* que merece recibir algo **(1.2)**

merengue *m.* estilo musical del Caribe **(4.2)**

mesías *m.* enviado, mensajero **(4.2)**

mesoamericano(a) *adj.* relativo a mesoamérica, la región donde vivían los aztecas y los mayas **(LP)**

mestizaje *m.* cruza de razas indígenas con europeas **(4.1)**

mestizo(a) *adj.* descendiente de indígenas y españoles **(3.1)**

meta *m.* fin **(1.3)**

metálico(a) *adj.* de metal
red metálica rejilla de metal **(6.1)**

metalúrgico(a) *adj.* relativo a los metales **(6.1)**

meteorológico(a) *adj.* relativo al clima **(4.1)**

meter *inf.* introducir
meter mano trabajar **(6.2)**

metrópoli *f.* ciudad **(LP)**

mezquita *f.* templo musulmán **(2.1)**

miembro *m.* integrante, participante **(LP)**

migratorio(a) *adj.* que se traslada de un lugar a otro **(1.1)**

militar *inf.* participar **(6.2)**

mina *f.* lugar de donde se extraen minerales **(4.3)**

miniatura *f.* algo muy pequeño **(2.1)**

miniserie *f.* película que se emite por TV en varios capítulos **(1.2)**

minucia *f.* cosa pequeña **(4.1)**

misil *m.* proyectil **(4.1)**

mística *f.* estudio de la vida espiritual **(2.1)**

mítico(a) *adj.* legendario **(8.2)**

mito *m.* creencia popular **(3.1)**

mitología *m.* historia de los dioses y los héroes de la Antigüedad **(1.1)**

mitológico(a) *adj.* relativo a la mitología **(5.2)**

moderado(a) *adj.* simple **(4.2)**

modernismo *m.* movimiento literario **(5.2)**

modernizador(a) *adj.* renovador **(5.1)**

modo *m.* manera **(5.2)**
de ningún modo definitivamente no **(7.1)**

molestado(a) *adj.* irritado **(8.1)**

molesto(a) *adj.* de mal humor **(3.1)**

molino *m.* aparato mecánico que sirve para moler ciertas materias
molino de viento molino cuyas aspas son movidas por el viento **(2.1)**

momia *f.* muerto envuelto en tela para que se conserve entero **(7.1)**

monarquía *f.* sistema de gobierno encabezado por reyes
monarquía parlamentaria sistema de gobierno donde hay reyes y parlamento **(2.2)**

monasterio *m.* casa donde viven los monjes **(2.1)**

monolito *m.* monumento de piedra de una sola pieza **(3.1)**

morada *f.* vivienda **(2.1)**

mortalidad *f.* sector de la población que muere

    mortalidad infantil total de niños que mueren **(5.3)**

mosaico *m.* combinación **(LP)**

mostrenco(a) *adj.* que no tiene dónde vivir **(1.1)**

motivado adj. impulsado **(1.1)**; originado **(5.2)**

movedizo *adj.* inquieto **(LP)**

muela *f.* molar **(6.1)**

muestra *f.* exhibición **(2.2)**

multicolor *adj.* de muchos colores **(6.2)**

multicultural *adj.* que reúne muchas culturas

    diversidad multicultural variedad de culturas **(LP)**

multifacético(a) *adj.* que hace muchas tareas **(6.2)**

multirracial *adj.* que reúne muchas razas

    diversidad multirracial variedad de razas **(LP)**

multitudinario *adj.* de toda la gente **(8.2)**

municipio *m.* municipalidad, ayuntamiento **(6.1)**

muñeca *m.* la parte que une el brazo con la mano **(6.1)**

mural *m.* obra de arte pintada en una pared **(1.1)**

muralla *f.* pared alta **(4.3) (7.1)**

musa *f.* inspiración **(4.2)**

mutismo *m.* silencio **(4.1)**

mutualista *adj.* que trabaja por los derechos de un grupo determinado de personas **(1.1)**

mutuo(a) *adj.* que se comparte entre dos partes por partes iguales **(7.1)**

N

nacionalizar *inf.* acción política por la que las propiedades privadas pasan a ser del estado **(4.1)**

nacional *adj.* relativo a la nación

    a nivel nacional que se emite en toda la nación **(1.2)**

    Guardia Nacional una de las divisiones del ejército **(6.2)**

nada: no servir para nada no ser útil **(4.1)**

narcotraficante *m. f.* el que se dedica al tráfico de drogas **(6.1)**

narcotráfico *m.* acción de traficar drogas **(6.1)**

narrativa *f.* obras literarias escritas en prosa **(5.3)**

natal *adj.* relativo al nacimiento

    ciudad natal ciudad donde se nace **(2.2)**

navaja *f.* cuchilla para afeitar **(4.1)**

naval *adj.* relativo al mar **(2.1)**

nave *f.* barco **(7.2)**

negociar *inf.* llegar a un acuerdo **(5.1)**

negro: humor negro *m.* broma que consiste en burlarse de lo trágico **(6.1)**

neoclásico(a) *adj.* perteneciente a una corriente artística llamada *neoclasicismo* **(2.2)**

neoyorquino(a) *adj.* natural de Nueva York **(2.2)**

nevado *m.* cerro cubierto de nieve **(7.2)**

nicaragüense *adj.* natural de Nicaragua **(5.2)**

nieto *m.*, **nieta** *f.* hijo del hijo o de la hija **(2.1)**

ningún: de ningún modo definitivamente no **(7.1)**

nitrato *m.* tipo de mineral **(7.1)**

nivel: a nivel nacional   que se emite en toda la nación **(1.2)**

no obstante   sin embargo **(2.2)**

no

  no se trata   no significa **(5.2)**

  no servirse *inf.*   no usar **(6.1)**

  no servir para nada   no ser útil **(4.1)**

  no soltar   no hacer **(6.1)**

nominar *adj.*   elegir a alguien para darle un premio **(1.2)**

notable *adj.*   persona destacada **(6.2)**

numerosa familia   familia con muchos integrantes **(1.2)**

obelisco *m.*   monolito que identifica las grandes ciudades **(8.1)**

obstaculizado(a) *adj.*   detenido **(5.2)**

ocasión *f.*   oportunidad **(2.2)**

occidental *adj.*   del Oeste **(LP)**

oculto(a) *adj.*   que no se puede ver fácilmente **(4.2)**

oficio *m.*   profesión **(5.1)**

oftalmólogo *m.*, **oftalmóloga** *f.*   médico que se especializa en los ojos **(4.2)**

ojo *m.*   órgano del cuerpo humano que sirve para ver

  guiñar el ojo *inf.*   cerrar el ojo **(1.1)**

  ojo del huracán   centro del huracán **(4.1)**

ola *f.*   grupo muy grande **(1.1)**

oligarquía *f.*   clase social alta **(3.2)**

olor *m.*   aroma

  olor glacial   aroma frígido **(6.1)**

ombligo *m.*   cicatriz que se forma en el medio del vientre después de nacer **(1.1)**

ópera *f.*   estilo de música clásica **(4.2)**

opresión *f.*   injusticia **(3.2)**

oprobioso(a) *adj.*   humillante **(8.2)**

opulento(a) *adj.*   rico **(5.3)**

oración *f.*   rezo **(2.1)**

oratoria *f.*   discurso **(8.1)**

ordeñar *inf.*   sacar la leche de las vacas **(1.1)**

ordinario(a) *adj.*   común **(3.1)**

organización *f.*   institución

  organización cívica *f.*   institución de una ciudad o pueblo que ofrece servicios gratis a sus habitantes **(1.1)**

orgulloso(a) *adj.*   que siente admiración **(1.1)**

orilla *f.*   costa **(7.3)**

oro *m.*   metal precioso

  fiebre del oro   deseo loco por oro; época en que la gente viajaba muchas millas para buscar oro **(7.2)**

otros tales   los mismos **(2.1)**

pabellón *m.*   sección de una exposición **(2.2)**

pactar *inf.*   hacer tratos **(6.1)**

pacto *m.*   alianza **(2.2)**

padecer *inf.*   sufrir **(3.2)**

padrino *m.*, **madrina** *f.*   oficial honorario **(1.2)**

pagar *inf.*   dar dinero a cambio de algo

  me lo habéis de pagar   tendrás que pagármelo **(2.1)**

palo *m.*   trozo de madera largo y delgado

  de tal palo, tal astilla   refrán que se refiere al parecido que suele haber entre padres e hijos o entre hermanos **(1.2)**

panameño(a) *adj.*   natural de Panamá **(6.2)**

paño *m.*   trapo, trozo de tela **(4.1)**

panorama *m.*   vista **(7.1)**

panteón *m.*   parte de un cementerio donde se entierran varias personas de la misma familia **(8.2)**

parador *m.*   lugar en las carreteras donde los turistas paran a comer **(2.1)**

paraguayo(a) *adj.* natural de Paraguay (8.2)

paralelo(a) *adj.* que corre en el mismo sentido (7.2)

paralización *f.* detenimiento (8.1)

paramilitar *adj.* grupos militares que actúan clandestinamente (3.2)

parapetándose *inf.* protegiéndose (8.1)

parentesco *m.* relación familiar (1.1)

parlamentario(a) *adj.* relacionado con el parlamento de un gobierno

  monarquía parlamentaria sistema de gobierno donde hay reyes y parlamento (2.2)

partidario(a) *adj.* integrante (6.1)

pasaporte *m.* documento que les permite a las personas salir de un país a otro (LP)

paso: mal paso *m.* mala acción (5.1)

pastar *inf.* comer pasto (4.1)

pasto *m.* hierba (7.1)

pastura *f.* hierba que come el ganado (1.1)

patriota *adj.* persona que lucha por su patria (4.2)

patriótico(a) *adj.* relativo a la patria (6.1)

patrón *m.* **patrona** *f.* jefe (8.1); santo (1.2)

  santo patrón *m.* santo principal de una ciudad o pueblo (1.2)

pedalear *inf.* hacer funcionar una maquinaria por medio de pedales (6.1)

pedazo *m.* fragmento

  hacer pedazos romper (2.1)

pediatra *m.* médico de niños (4.3)

pegar un tiro *inf.* disparar un arma (6.1)

peldaño *m.* cada uno de los escalones de una escalera (8.1)

pelea *f.* lucha (1.1)

pelotero *m.* jugador de béisbol (4.2)

pena *f.* dolor (6.2)

  a duras penas con dificultad (7.1)

penalmente *adv.* con condena legal (8.1)

pendenciero(a) *adj.* peleador (1.1)

penetrante *adj.* profundo (1.3)

peón *m.* trabajador del campo (1.1)

per cápita por persona (5.3)

percusión *f.* golpe

  instrumento de percusión instrumento musical que se ejecuta por medio de golpes, como el tambor o las congas (7.3)

perdurar *inf.* mantenerse (7.1)

perecer *inf.* morir

  perecer aisladamente morir solitariamente (LP)

peregrino *m.,* **peregrina** *f.* caminante viajero (LP)

perezoso(a) *adj.* haragán (5.1)

perfil *m.* silueta, característica (LP)

periférico(a) *adj.* lejos del centro (4.2)

perpetuidad *f.* eternidad

  a perpetuidad para siempre (6.2)

perspectiva *f.* objetivo (8.1)

pertenecer a *inf.* ser propiedad de (2.2)

peruano(a) *adj.* natural de Perú (7.1)

pesado(a) *adj.* difícil (1.1)

pesar: a pesar de todo sin embargo (5.2)

petición *f.* pedido (1.1)

picar *inf.* morder (7.1)

picazón *f.* comezón (5.1)

pigmento *m.* materia básica que origina los colores (7.2)

pilote *m.* base de troncos (6.3)

pintoresco(a) *adj.* atractivo (1.2)

pinza *f.* tenaza (6.1)

pisotear *inf.* caminar fuertemente sobre algo (5.1)

plancha *f.* objeto que se usa para alisar la ropa (5.1)

planificación *f.* proyecto (5.2)

plátano *m.* banana (LP)

plomo *m.* metal pesado (5.1)

polaco(a) *adj.* natural de Polonia (3.1)

polarización *f.* división **(5.1)**

pómez *f.* roca volcánica **(3.1)**

pomo *m.* botella **(6.1)**

ponerse de lado acostarse **(7.1)**

ponerse de veinticinco alfileres *inf.* arreglarse **(5.1)**

populoso(a) *adj.* que está habitado por muchas personas **(3.3)**

por: darse por vencido *inf.* rendirse **(6.1)**

portada *f.* cubierta **(6.2)**

portavoz *m.* representante **(5.1)**

posición *f.* puesto en el que se realiza una función específica **(1.2)**

postizo(a) *adj.* artificial
dentadura postiza dientes artificiales **(6.1)**

postrimería *f.* último período de la vida **(4.1)**

práctica *f.* ejercicio **(1.3)**
práctica legal ejercer la profesión de abogado **(1.3)**

precedente *m.* referencia **(3.3)**
sin precedente sin igual **(3.3)**

precolombino(a) *adj.* anterior a la llegada de los conquistadores españoles **(6.1)**

precursor(a) *adj.* que va delante **(4.1)**

predilecto(a) *adj.* favorito **(1.1)**

preferencia *f.* gusto **(4.3)**

prematuro(a) *adj.* temprano **(8.1)**

prensa *m.* periodismo
rueda de prensa entrevista con periodistas **(4.2)**

presa *f.* represa, sitio para contener las aguas de un río **(8.2)**

prescindir *inf.* dejar de usar **(4.2)**

preservar *inf.* conservar **(1.1)**

prestigioso(a) *adj.* de mucha importancia **(3.3)**

presupuesto *m.* cantidad de dinero **(5.2)**

pretexto m. excusa **(4.1)**

previsible *adj.* que se sabe que va a suceder **(4.1)**

principio *m.* comienzo **(2.2)**

prioridad *f.* preferencia **(5.3)**

privar *inf.* despojar **(8.1)**

problemática *f.* conjunto de problemas **(1.2)**

proclamar *inf.* nombrar **(1.2)**

proferir *inf.* decir **(LP)**

profesorado *m.* docencia, enseñanza **(6.2)**

prolífico(a) *adj.* productivo **(8.1)**

prolongado(a) *adj.* largo **(8.2)**

promocionar *inf.* difundir **(4.2)**

promotor *m.*, **promotora** *f.* persona que se encarga de difundir algo **(5.2)**

promulgar *inf.* establecer **(2.2)**; publicar **(6.1)**

pronunciado(a) *adj.* marcado **(5.3)**

proponer *inf.* sugerir **(7.1)**

proporcionar *inf.* dar **(2.2)**

prosperidad *f.* crecimiento **(1.3)**

propositivo(a) *adj.* con una intención clara **(3.2)**

protagonizar *inf.* hacer un papel en una obra o película **(2.2)**

protectorado *m.* zona gobernada por otro país **(6.2)**

proteger *inf.* sostener **(5.2)**

protegido(a) *adj.* defendido **(2.2)**; abrigado **(8.1)**

protestantismo *m.* religión de los protestantes **(2.1)**

prototipo *m.* modelo **(2.1)**

proyección *f.* reconocimiento **(3.2)**

proyectar *inf.* planear **(LP)**

público: empleado(a) público(a) persona que trabaja en oficinas del estado **(8.1)**

pulido(a) *adj.* que tiene brillo **(4.1)**

pulir *inf.* sacar brillo **(6.1)**

puñado *m.* montón **(6.1)**

puñal *m.* cuchillo **(8.1)**

puro *m.* cigarro **(1.1)**

Q

quedarse en casa   no ir **(4.2)**

quehacer *m.*   responsabilidad **(1.1)**; tareas **(1.2)**

quejarse *inf.*   lamentarse **(5.2) (7.1)**

quemado(a) *adj.*   incendiado **(6.2)**

quetzal *m.*   moneda de Guatemala **(3.2)**

quídam *m.*   cualquiera **(5.1)**

R

radicalizar *inf.*   tener bases políticas fuertes **(2.2)**

ráfaga *f.*   movimiento violento del aire **(4.3)**

ranchito *m.*   casa pequeña y humilde **(6.3)**

ratificar *inf.*   afirmar **(6.1)**

rayado(a) *adj.*   pintado, combinado **(LP)**

reaccionario(a) *adj.*   opositor **(2.2)**

realce *m.*   importancia **(8.2)**

realizar *inf.*   hacer **(2.2) (3.2)**

reanudar *inf.*   continuar **(5.2)**

rebosar *inf.*   hacer que sea demasiado **(4.1)**

recaudar *inf.*   reunir **(2.2)**

receloso(a) *adj.*   temeroso **(8.1)**

recibimiento *m.*   acogida **(8.1)**

recio(a) *adj.*   fuerte **(1.1)**

reclamación *f.*   queja **(5.1)**

recluta *m.*   soldado **(1.2)**

reclutado(a) *adj.*   incorporado al ejército **(1.2)**

recobrar *inf.*   recuperar **(2.2)**

reconciliación *f.*   unión **(5.2)**

reconciliarse *inf.*   amigarse nuevamente **(2.1)**

reconquista *f.*   acción de conquistar nuevamente **(2.1)**

recopilar *inf.*   juntar información de distintas fuentes **(2.1)**

recreación *f.*   relato de un hecho real con algunas modificaciones **(1.1)**

recuento *m.*   resumen **(3.2)**

red *f.*   reja

   red metálica   rejilla de metal **(6.1)**

redactar *inf.*   decir algo para que se escriba **(2.2)**

reducción *f.*   disminución **(5.3)**

referéndum *m.*   voto popular **(8.3)**

refinado(a) *adj.*   fino **(7.1)**

reforma *f.*   cambio

   reforma agraria   acción política que beneficia los campesinos **(3.2)**

reglamentar *inf.*   poner reglas **(8.1)**

reivindicar *inf.*   reclamar **(2.2)**

relativo(a) *adj.*   no definitivo **(5.1)**

religar *inf.*   combinar **(8.2)**

relocalización *f.*   reubicación **(5.2)**

reluciente *adj.*   brillante **(1.2)**

remodelado(a) *adj.*   modificado **(1.1)**

remojar *inf.*   mojar **(5.1)**

remoto(a) *adj.*   lejano **(5.2) (7.1)**

rencor *m.*   resentimiento **(5.3)**

rendición *f.*   acción de entregarse en una batalla **(2.2)**

renegociar *inf.*   volver a negociar **(6.2)**

renovado(a) *adj.*   nuevo **(1.1)**

reparto *m.*   división **(8.2)**

repaso *m.*   revisión **(8.1)**

repatriar *inf.*   regresar a su país por la fuerza **(1.1)**

reposar *inf.*   descansar **(8.1)**

reprimido(a) *adj.*   contenido **(5.1)**

repudiar *inf.*   rechazar **(2.2)**

resentimiento *m.*   rencor, enojo **(1.2)**

resentir *inf.*   oponerse **(3.1)**

resguardar *inf.*   proteger **(4.1) (4.2)**

residencial: zona residencial   barrio con casas lujosas y caras **(4.2)**

residir *inf.*   vivir en un sitio determinado **(1.1)**; vivir en un lugar **(1.2)**

resistente *adj.* fuerte **(7.1)**

resistir *inf.* enfrentar **(6.2)**

respaldo *m.* parte trasera de una silla, donde se apoya la espalda **(8.1)**

respeto *m.* admiración **(3.3)**

respirar *inf.* inhalar **(6.1)**

restañar *inf.* detener **(8.1)**

restaurar *inf.* volver a establecer un régimen **(2.2)**

restringir *inf.* limitar **(4.1)**

retirar *inf.* alejar **(6.1)**

retirarse *inf.* moverse **(7.1)**

reto *m.* desafío **(3.2)**

retornar *inf.* volver **(3.1)**

retorno *m.* regreso **(8.3)**

revalidar *inf.* hacer válidos los estudios en otro país **(1.3)**

revalorar *inf.* dar valores nuevamente **(3.1)**

revitalización *m.* nuevo auge **(7.3)**

revitalizar *inf.* dar fuerzas nuevamente **(3.1)**

revuelta *f.* revolución **(8.2)**

rezar *inf.* orar **(7.1)**

riesgo *m.* peligro **(5.1)**

riñón *m.* órgano del cuerpo para purificar la sangre **(6.1)**

riqueza *f.* objeto de mucho valor **(5.1)**

rito *m.* actividad cotidiana de una tribu o pueblo **(3.2)**

rivalizar *inf.* pelear **(5.2) (7.3)**

roble *m.* especie de árbol **(8.1)**

rodar *inf.* mover **(6.1)**

  ir *inf.* **rodando** rodar, avanzar girando sobre sí mismo **(2.1)**

rodear *inf.* estar alrededor de **(5.2)**; poner alrededor **(8.1)**

rogar *inf.* suplicar **(7.1)**

rompimiento *m.* ruptura **(4.1)**

roquero(a) *adj.* relativo al rock **(4.3)**

rostro *m.* cara **(2.2)**

rueda de prensa entrevista con periodistas **(4.2)**

S

saborear *inf.* gozar **(6.2)**

sabrosura *f.* sabor **(6.2)**

sacerdote *m.* religioso **(3.2)**

sacralidad *f.* lo divino **(LP)**

sacro(a) *adj.* sagrado **(2.1)**

sacudir *inf.* mover **(5.1)**

salmo *m.* alabanza, canto religioso **(5.2)**

salpicar *inf.* mojar con algunas gotas **(7.2)**

salsa *f.* estilo de música centroamericana **(6.2)**

salsero(a) *adj.* músico que toca salsa **(6.2)**

saludable *adj.* que tiene buena salud **(4.2)**

salvadoreño(a) *adj.* natural de El Salvador **(5.1)**

sandinismo *m.* movimiento político nicaragüense que sigue el ideal de Sandino **(5.2)**

sangriento(a) *adj.* que provoca muchas muertes **(3.2)**

santo patrón *m.* santo principal de una ciudad o pueblo **(1.2)**

santuario *m.* iglesia **(LP)**

saquear *inf.* robar **(4.2)**

satélite *adj.* que gobierna desde otro sitio **(3.1)**

satirizar *inf.* representar una situación con burla y humor **(2.2)**

seco(a) *adj.* sin agua **(7.1)**

secular *adj.* espiritual **(8.1)**

segar *inf.* cortar **(4.1)**

segregación *f.* separación **(3.2)**

seguir vivo mantenerse **(8.1)**

semanario *m.* periódica que sale una vez por semana **(8.1)**

semilla *f.* grano pequeño del que nacen las plantas y flores **(2.1)**

semisilvestre *adj.* que crece en los

bosques y en los parques de la ciudad **(7.1)**

senda *f.*   caminito **(8.1)**

sendero *m.*   camino **(7.1)**; caminito **(8.1)**

señorito *m.*   persona rica **(1.1)**

sensación: causar sensación   atraer la atención de la gente **(4.2)**

sentenciar *inf.*   proclamar **(7.1)**

separatista *adj.*   que apoya la división de bandos **(6.2)**

ser fiel   seguir **(3.2)**

serie *f.*   conjunto **(LP)**

servicio: estar al servicio   trabajar para alguien **(2.1)**

servir: no servir para nada   no ser útil **(4.1)**

   no servirse *inf.*   no usar **(6.1)**

seto *m.*   mata, arbusto **(8.1)**

sí: en sí   propiamente **(1.2)**

sierra *f.*   montaña pequeña **(5.2)**

siglo *m.*   conjunto de cien años **(2.1)**

significativo(a) *adj.*   importante **(1.2)**

silvestre *adj.*   que crece en los bosques y en la selva **(7.1)**

simbolizar *inf.*   significar **(3.1)**

símbolo *m.*   signo **(1.1)**

simultaneidad *f.*   coexistencia **(LP)**

sin precedente   sin igual **(3.3)**

sinagoga *f.*   templo judío **(2.1)**

sindicato *m.*   organización que defiende a los trabajadores **(1.1)**

sintizarse *inf.*   sintetizar **(3.2)**

sistemático(a) *adj.*   regular, invariable **(5.3)**

sitial *m.*   trono **(8.2)**

sitio *m.*   ocupación de territorio **(3.1)**

soler *inf.*   acostumbrar **(2.1)**

sólido(a) *adj.*   firme **(4.1)**

soltar: no soltar   no hacer **(6.1)**

sonero *m.*   músico salsero **(6.2)**

sonrisa *f.*   mueca que se hace con la boca para mostrar amabilidad **(1.1)**

soplo *m.*   aire **(5.1)**

sórdido(a) *adj.*   indecente

   sórdida disyuntiva   problema indecente **(8.1)**

sordo(a) *adj.*   que no puede oír **(6.1)**

sospechar *adj.*   dudar, desconfiar **(4.2)**

subasta *f.*   venta pública **(1.1)**

sublevación *f.*   rebelión **(8.1)**

subsistencia *f.*   alimentación, supervivencia **(5.3)**

substancialmente *adv.*   considerablemente **(7.2)**

suburbio *m.*   barrio cercano a la ciudad **(3.1)**

sucesión *f.*   paso del poder de una persona a otra **(2.2)**

sucesor *adj.*   que sigue a alguien **(2.2)**

sudoroso(a) *adj.*   que transpira **(6.1)**

suelo *m.*   tierra **(4.2)**

suelto(a) *adj.*   libre **(8.1)**

suerte: de esta suerte   de esta manera **(2.2)**

sumamente *adv.*   muy **(7.3)**

sumergida *adj.*   envuelta **(2.2)**

sumergir *inf.*   meter en el agua **(6.1)**

superar *adj.*   ser más o tener más **(6.1)**

superficie *f.*   área **(7.2)**

supervivencia *f.*   sobrevivir **(LP)**

suplantar *inf.*   reemplazar **(8.1)**

supremacía *f.*   poder **(8.1)**

supremo(a) *adj.*   máximo **(6.1)**

suprimir *inf.*   eliminar **(2.2)**

surgir *inf.*   salir, nacer **(4.2)**

surrealista *adj.*   que transforma los elementos reales en ficticios **(2.1)**

sustentarse *inf.*   alimentarse **(3.2)**

sustituir *inf.*   reemplazar **(2.2) (6.1)**

T

tacón *m.*   taco alto de un zapato de mujer **(2.3)**

taíno(a) *adj.*   perteneciente a las tribus del Caribe **(1.2)**

tal como de la misma manera **(7.1)**

talentoso(a) *adj.* que tiene talento o destreza para hacer algo **(3.1)**

tales: otros tales los mismos **(2.1)**

talón *m.* parte posterior del pie **(6.1)**

taquigrafía *f.* sistema de escritura por medio de símbolos **(8.1)**

tasa *f.* porcentaje **(5.3)**

tataranieto *m.*, **tataranieta** *f.* nieto del nieto **(5.1)**

teatral *adj.* relativo al teatro **(5.2)**

telenovela *f.* serie de episodios románticos que se emiten por TV **(6.3)**

telón *m.* cortina gigante para cerrar el escenario de los teatros **(LP)**

temática *f.* tema principal de un suceso u obra **(3.1)**

temblar *inf.* moverse por el miedo o el frío **(6.1)**

temblor *m.* movimiento **(5.1)**

temido(a) *adj.* que provoca temor **(1.3)**

temporal *adj.* temporario, que dura cierto tiempo **(1.1)**

tenacidad *f.* constancia **(2.2)**

tener la magia tener el encanto **(2.3)**

teniente *m.* grado militar **(LP) (6.1)**

tenista *m. f.* persona o deportista que juega al tenis **(2.2) (8.1)**

teología *f.* estudio de la religión **(5.1)**

terciopelo *m.* tejido fino y suave **(8.1)**

ternura *f.* delicadeza **(6.1)**

terrible *adj.* muy fuerte **(3.1)**

terrorista *adj.* revolucionario **(6.1)**

testa *f.* cabeza **(4.1)**

testigo *m. f.* persona que presencia un hecho **(3.2)**

textil *adj.* relativo a la confección de ropa **(4.3)**

tibio(a) *adj.* ni frío ni caluroso **(6.1)**

tiempo: a últimas y a tiempo expresión que significa "a los apurones" **(4.1)**

tienda *f.* carpa

tienda de campaña carpa que usan los soldados **(5.1)**

tientas: a tientas a ciegas **(6.1)**

tinta *f.* sustancia que se utiliza para escribir **(3.1)**

tirado(a) *adj.* extendido en el suelo **(3.1)**

tiro *m.* disparo

pegar *inf.* **un tiro** disparar un arma **(6.1)**

tiznado(a) *adj.* sucio **(3.1)**

toda: con toda calma despacio **(3.1)**

todo: a pesar de todo sin embargo **(5.2)**

tofu *m.* pasta comestible hecha a base de frijoles de soya **(1.1)**

tolerancia *f.* paciencia **(2.1)**

tomar *inf.* conquistar **(2.1)**

tontas: a tontas y a locas expresión que significa "sin pensar" **(4.1)**

tormentoso(a) *adj.* con problemas, inestable **(3.1)**

torneo *m.* campeonato **(2.2)**

trabajo forzado trabajo que les obligaban hacer a los esclavos sin pagarles **(4.2)**

tradición *f.* costumbre **(1.1)**

tradicional *adj.* típico **(6.2)**

traductor *m.*, **traductora** *f.* persona que convierte escritos de un idioma a otro **(8.1)**

tráfico *m.* corriente

tráfico marítimo comercio que se realiza a través del mar **(4.2)**

tragar *inf.* comer **(1.1)**

tragar la píldora *inf.* aceptar una situación **(5.1)**

traicionarse *inf.* engañarse a sí mismo **(LP)**

traje *m.* uniforme **(5.1)**

trama *f.* tema **(1.2) (8.1);** asunto **(4.1)**

transcontinental *adj.* que pasa de un continente a otro **(1.1)**

transcribir *inf.* traducir y escribir nuevamente **(3.2)**

transferencia *f.* paso **(6.2)**

transición *f.* cambio **(2.2)**

trapo *m.* paño **(6.1)**

trasplantado(a) *adj.* trasladado de un lugar a otro **(2.1)**

tratar *inf.* relacionarse **(LP)**
　　no se trata no significa **(5.2)**

través: a través de por medio de **(1.1)**

tributo *m.* impuesto **(5.3)**

trigésimocuarto *adj.* que está en el lugar número treinta y cuatro **(1.2)**

triunfador(a) *adj.* ganador **(7.2)**

triza *f.* fragmento **(4.1)**

trocar *inf.* cambiar **(5.3)**

tronada *f.* tempestad de truenos **(4.3)**

tropa *f.* grupo de soldados **(2.1)**

trova *f.* canción poética **(4.1)**

tumba *f.* lugar donde se entierra a los muertos **(7.1)**

turco(a) *adj.* natural de Turquía **(2.1)**

últimas: a últimas y a tiempo expresión que significa "a los apurones" **(4.1)**

umbral *m.* entrada de una casa **(3.2)**, **(6.1)**

unicornio *m.* animal mitológico representado como un caballo con un cuerno **(4.1)**

unificación *f.* unión **(5.3)**

universitario(a) *adj.* relativo a la universidad **(LP)**

urbanismo *m.* desarrollo de las ciudades **(2.1)**

uruguayo(a) *adj.* natural de Uruguay **(8.1)**

utopía *f.* lugar ideal que nunca se realizará **(3.2)**, **(5.3)**

V

vacío helado sensación de malestar **(6.1)**

vaina *f.* cosa *(Colombia)* **(6.1)**

válgame Dios expresión que significa *¡Dios mío!* **(2.1)**

vanguardia: a la vanguardia estar más avanzado que los demás **(2.2)**

vasco(a) *adj.* natural del País Vasco, España **(8.3)**

vasto(a) *adj.* grande **(1.1)**

vecindario *m.* barrio **(4.2)**

vecinos *m.* personas de un pueblo **(3.2)**

vehículo *m.* medio **(1.1)**

venado *m.* ciervo **(5.1)**

vencido(a) *adj.* derrotado
　　darse por vencido *inf.* rendirse **(6.1)**

vencimiento *m.* victoria **(2.1)**

venezolano(a) *adj.* natural de Venezuela **(6.3)**

ventanal *m.* ventana grande **(8.1)**

ventisca *f.* tormenta de viento y nieve **(4.3)**

ventura *f.* buena fortuna **(2.1)**

ver *inf.* observar **(LP)**

versión *f.* interpretación **(LP)**

vértigo *m.* sensación de malestar que produce la velocidad o la altura **(4.2)**

vía *f.* camino **(2.2)**

víbora *f.* serpiente **(7.1)**

vibrar *inf.* retumbar **(LP)**; decir con emoción **(1.2)**

victorioso(a) *adj.* ganador **(5.2)**

vidriera *f.* estantería **(6.1)**

viento
　　instrumento de viento instrumento musical que se ejecuta soplando, como la flauta **(7.3)**
　　molino de viento molino cuyas aspas son movidas por el viento **(2.1)**

vigilia *f.* vigilancia **(1.1)**

vigor *m.* fuerza

entrar en vigor entrar en vigencia **(4.3)**

viñeta de barriada escena de barrios **(6.2)**

viraje *m.* cambio de dirección **(3.2)**

virreinato *m.* territorio gobernado por un virrey **(6.1)**

virrey *m.* enviado del rey para gobernar territorios conquistados **(6.1)**

visa *f.* documento que les permite a las personas entrar a un país **(1.2)**

visigótico(a) *adj.* relativo al pueblo visigodo **(2.1)**

vistoso(a) *adj.* atractivo **(1.2)**

vitalicio(a) *adj.* para siempre **(7.1)**

vivo: seguir vivo mantenerse **(8.1)**

vocación *f.* aptitud, inclinación hacia algo **(5.2)**

vocalista *m. f.* cantante **(4.3)**

voluntad *f.* deseo **(2.2)**

vuestra merced fórmula de cortesía **(2.1)**

yerno *m.* esposo de la hija **(1.1)**

yeso *m.* material compacto, blando y blanco usado generalmente para hacer esculturas y dentaduras **(6.1)**

zacate *m.* hierba, pasto **(3.1)**

zoncera *f.* tontería **(7.1)**

zona residencial barrio con casas lujosas y caras **(4.2)**

zorro *m.* animal mamífero al cual se le atribuye astucia **(7.1)**

ÍNDICE

Text Credits

Lección preliminar

"El encuentro con el otro" by Carlos Fuentes is reprinted from *El espejo enterrado: reflexiones sobre España y el Nuevo Mundo*, by permission of Fondo de Cultura Económica, México.

Unidad 1

"Adolfo Miller" by Sabine R. Ulibarrí is reprinted from *Primeros encuentros/First Encounters* by permission of Bilingual Press, Ypsilanti, MI.

"Todo listo para el desfile puertorriqueño de Nueva York" is adapted by permission from *La Prensa,* New York, NY.

"Conozcamos a Cristina Saralegui" is adapted from "Cristina Saralegui" by Diana Montané, with permission of *Más*, Univisión Publications, New York, NY.

Excerpt from "Iván Rodríguez" by Juan Vene, from www.majorleaguebaseball.com, posted on January 4, 2000. Copyright © 2000 by Major League Baseball. Reprinted by permission of Major League Baseball.

Excerpt from "Una publicación para los jóvenes hispanos" by Alisson Clark, The Gainesville Sun, October 13, 1999. Copyright © 1999 by *The Gainesville Sun*. Reprinted by permission.

Unidad 2

Excerpt from "La educación que viene" by Susana Pérez de Pablos, *El País,* January 17, 2000. Copyright © 2000 by El País. Reprinted by permission of El País.

Unidad 3

"Tiempo libre" by Guillermo Samperio is reprinted from *El muro y la intemperie* by permission of Ediciones del Norte, Hanover, NH.

Excerpt from "América Latina de cara al nuevo milenio" from www.rigobertamenchu.org. Copyright © Fundación Rigoberta Menchú Tum. Reprinted by permission of Fundación Rigoberta Menchú Tum.

Unidad 4

"Las herramientas todas del hombre" by Eliseo Diego is reprinted from *Entre la dicha y la tiniebla: antología poética, 1949-1985,* by permission of Fondo de Cultura Económica, México.

"Unicornio" by Silvio Rodríguez is reprinted by permission of BMI Records.

"Juan Luis Guerra: el poeta que canta al mundo" is adapted from "Juan Luis Guerra: poeta y músico del pueblo" by Marta Madina with permission of *Más*, Univisión Publications, New York, NY.

Excerpt from "La Serie del Caribe" by Juan Vene, from www.majorleaguebaseball.com, posted on February 17, 2000. Copyright © 2000 by Major League Baseball. Reprinted by permission of Major League Baseball.

Unidad 5

"Los perros mágicos de los volcanes" by Manlio Argueta is reprinted by permission of Children's Book Press, San Francisco, CA.

"Mis primeros versos," from *Cuentos completos* by Rubén Darío. Copyright © 1995, 1988, 1950, Fondo de Cultura Económica. Reprinted by permission of Fondo de Cultura Económica.

Unidad 6

"Un día de estos" by Gabriel García Márquez from *Los funerales de la Mamá Grande* is reprinted by permission of Editorial Sudamericana, Buenos Aires, Argentina.

"La encrucijada de Rubén Blades" by Enrique Fernández is adapted by permission from *Más,* Univisión Publications, New York, NY.

"Mafalda" by Quino J.S. Lavado is reprinted by permission of Editorial Patria, México.

Unidad 7

"El hombre y la víbora" is translated by Edmundo Bendezú and reprinted from *Literatura quechua* by permission of Biblioteca Ayacucho, Caracas, Venezuela.

"La papa" is adapted by permission from *Conocer y saber,* Editorial Atlántida, Buenos Aires, Argentina.

"Las islas Galápagos: gran zoológico del mundo" is adapted from "Las islas Galápagos" by Gustavo Vásconez from *Maravilloso Ecuador* by permission of Círculo de Lectores, Quito, Ecuador.

Unidad 8

"Continuidad de los parques" by Julio Cortázar is reprinted from *Ceremonias* by permission of Editorial Seix Barral, Barcelona, Spain.

"Mafalda" by Quino J.S. Lavado is reprinted by permission from *El País,* Madrid, Spain.

"Discurso de Augusto Roa Bastos en la entrega del Premio Cervantes 1989" is excerpted from *Augusto Roa Bastos: premio de literatura en lengua castellana "Miguel de Cervantes" 1989* by permission of Editorial Anthropos, Barcelona, Spain.

Source Reference: Enciclopedia Hispánica, Encyclopædia Britannica Publishers, Inc. 1991-1992.

Video Credits

Executive Producer	Associate Producers	Editor	Composer
Judith M. Webb	Kimberly Caviness Lilián Cueva-Dina	Stephen Bayes	Jonathan Deily

Illustration Credits

Atlas del Mundo 21
Maryland Cartographics, Inc.

Contenido
Hrana Janto, page **xviii**
Isaías Mata, page **xxi**

Lección preliminar
David Gothard, page **6**
Isaías Mata, pages **12, 14**

Unidad 1
Lamberto Álvarez, page **24**
David Gothard, pages **31, 35**

Unidad 2
Hrana Janto, pages **83, 87**
Lamberto Álvarez, page **78**

Unidad 3
Tim McGarvey. page **135**
Lamberto Álvarez, page **130**
Cynthia Von Buhler, page **138**

Unidad 4
Lamberto Álvarez, pages **171, 174,**
(Tools) **175, 176**

Unidad 5
Isaías Mata, pages **223, 226, 227,
230–231**
Stacey Schuett, pages **243, 245**

Unidad 6
Daniel Torres, pages **277, 280,
282**
David Shepherd, pages **284, 285**

Unidad 7
Melanie Hall, page **329**
Rick García, pages **331, 334, 335**
Lamberto Álvarez, page **363**

Unidad 8
Rudy Gutiérrez, pages **387, 389,
390**

Grammar
Tim McGarvey, page **G16**
Tim Jones, pages **G48, G78,
G100, G106**

Photography Credits

Photo collage located at the top of the following pages: **2–3; 22–23; 40–41; 58–59; 74–75; 92–93; 112–113; 120–121; 136–137; 154–155; 164–165; 180–181; 198–199; 214–215; 232–233; 252–253; 268–269; 286–287; 306–307; 322–323; 340–341; 358–359; 374–375; 394–395; 412–413** *(left to right):* D. Donne Bryant/DDB; Stuart Franklin/Magnum; Suzanne Murphy-Larronde; Bill Ballenberg © National Geographic Society; Suzanne Murphy-Larronde/DDB; Bruno Barbey/Magnum; Bruno Barbey/Magnum. **ii:** Robert Frerck/Odyssey/Chicago. **iii:** San Francisco Museum of Art, Albert M. Bender Collection, Gift of Albert M. Bender. **iv:** Robert Frerck/Odyssey/Chicago. **xvi:** *t* Robert Frerck/Odyssey/Chicago; *b* Courtesy of Alti Publishing. **xvii:** *l* Buck Campbell /FPG International. **xix:** *l* Filmteam/DDB. **xx:** Suzanne Murphy-Larronde. **xxii:** Luis Villota/The Stock Market. **xxiii:** *b* Buddy Mays/Travel Stock. **xxiv:** Mathias Oppersdorff/Photo Researchers, Inc.

Lección preliminar
xxvi: *t* Robert Frerck/Odyssey/Chicago; *b* Steven D. Elmore/The Stock Market. **xxvii:** *t* Bob Daemmrich/The Image Works; *tm, b tl* Robert Frerck/Odyssey/Chicago. **2:** *l* AP Photo/Michael S. Green; *r* AP Photo/Amy E. Conn. **3:** *l* AP Photo/John Riley; *r* AP Photo/Michel Euler. **4:** Andrea Brizzi/The Stock Market. **5:** *tl* Guner/Sipa Press; *bl* Rick Maiman/Sygma; *br* UPI/Bettmann/Corbis. **6:** *tl* Corbis/Bettmann; *cl* Ulrich Tutsch; *cr* Culver Pictures; *r* North Wind Picture Archives. **7:** *(clockwise from top left)* D. Donne Bryant/DDB; Richard Levine; Max & Bea Hann/DDB; Howell/Gamma-Liason; Robert Frerck/Odyssey/Chicago; Suzanne Murphy-Larronde; Ralph Gatti/Sygma. **8:** *(clockwise from top left)* E. Cornelius/Photo Researchers, Inc.; Courtesy of Isaías Mata; Robert Frerck/Odyssey/Chicago; Don Mason/The Stock Market; Luis Villota/The Stock Market; Schulle/DDB; Robert Frerck/The Stock Market. **11:** Courtesy of Houghton Mifflin; **16:** Comstock; **17:** *t* JamesPrigoff; *m* Fernando Botero, Los Músicos, 1979. Courtesy Marlborough Gallery, New York; *b* Musée National D'Art Moderne.

Unidad 1

20: James Prigoff. **21:** *t* James Prigoff; *b* Okoniewski/The Image Works. **22:** l Corbis; *r* AP Photo/Reed Saxon. **23:** *l* M. Toussaint/Liaison Agency, Inc.; *r* Jim Britt/LGI. **24–26** *(background):* Robin J. Dunitz. **24:** *l* Mirelle Vautier/Woodfin Camp & Associates. **25:** *l* The Institute of Texan Cultures, San Antonio, Texas; *tr* UPI/Bettmann/Corbis; *br* Corbis/Bettmann. **26:** *tl* UPI/Bettmann/Corbis; *bl* UPI/Bettmann/Corbis; *tr* Reuters/Bettmann/Corbis; *br* David Young-Wolfe/Photo Edit. **27:** James Prigoff. **28:** courtesy, Guy García. **30:** Painting by Juan Maldonado, courtesy of Sabine R. Ulibarrí. **37:** *tl* James Prigoff; *bl* Ray Hillstrom; *br* James Prigoff. **38:** *(a)* Gordon E. Smith/Rapho/Photo Researchers, Inc.; *(b-e)* Robert Fried; *t, b, br* Robert Fried; *bl* Al Assid/The Stock Market. **39:** Robert Fried. *bl* M. Domínguez/LGI; *br* AP/Wide World. **40:** *l* Photo by Frank Cautar, courtesy, Esmeralda Santiago; *r* AP Photo/Susan Sterner. **41:** *l* Melanie Edwards/Retna Ltd. USA; *r* M. Gerber/LGI. **42:** *l* Bill Wassman/The Stock Market; *c* Bill Cardoni; *r* Bill Cardoni. **43:** *l* UPI/Bettmann/Corbis; *r* Springer/Bettmann Film Archive/Corbis. **44:** *l* Photo courtesy of Puerto Rican Travelling Theater Company; *tr* Nick Elgar/LGI; *br* AP/Wide World. **45:** James Prigoff. **46:** AP Photo/John Todd. **47:** Richard Levine. **49:** *t* José Rosario; *b* Richard Levine. **50:** Richard Levine. **51:** AP Photo/Sandra Boulanger. **52:** Richard Levine. **53:** *t* Bill Cardoni; *b* Courtesy of the Museo del Barrio. **54:** Richard Levine. **58:** l AP/Wide World Photo; *r* Dirck Halstead/Liaison Agency, Inc. **59:** *l* AP/Wide World Photo; *r* AP Photo/George Nikitin. **60–62** *(background):* Okoniewski/The Image Works. **60:** *tl* Max & Bea Hann/DDB; *bl* Tony Arruza; *tr* Buck Campbell/FPG International; *br* Alex Quesada/Matrix; *br (inset)* Max & Bea Hann/DDB. **61:** Larry Mulvehill/Ray Hillstrom. **62:** *tl* AP/ Wide World Photo; *tm, tr* The Miami Herald; *br* Archive Photos. *tl* AP/WideWorld; *tm* The Miami Herald; *tr* The Miami Herald; *br* Mariene Karas/Atlanta Constitution/SABA. **63:** Okoniewski/The Image Works. **64:** courtesy, Generation Ñ magazine. **65:** Marice Cohn Band/The Miami Herald. **66–67:** A. Rodríguez-Duart/LGI.

Unidad 2

72: Robert Frerck/Odyssey/Chicago. **73:** *t* Ulrike Welsch; *b* Robert Frerck/Odyssey/Chicago. **74:** *l* Stock Montage; *r* Giraudon/Art Resource. **75:** *l* Giraudon/Art Resource; *r* North Wind Picture Archives. **76–77** *(background):* Robert Frerck/Odyssey /Chicago. **76:** *tl, bl* Robert Frerck/Odyssey/Chicago; *tr* North Wind Picture Archives; *mr* Daniel Aubry; *br* Everton/The Image Works. **77:** *(clockwise from top left)* David Barnes/The Stock Market; Robert Frerck/Odyssey/ Chicago; Robert Frerck/Odyssey/Chicago; Minamikawa/Sipa Press; Minamikawa/Sipa Press; Robert Frerck/Odyssey/Chicago; Robert Frerck/Odyssey/Chicago. **78:** *bl* Scala/Art Resource; *r* Stock Montage. **79:** Scala/ArtResource. **80:** *t* Robert Frerck/Odyssey/Chicago; *m* Rob Crandall/The Image Works; *b* Robert Frerck/Odyssey/Chicago. **89:** Robert Frerck/Odyssey/Chicago; Eric Lessing/Art Resource. **92:** *l* Snowdon/Camera Press, London; *r* Colita/Corbis. **93:** *l* AP Photo/Hermann J. Knippertz; *r* AP Photo/Lennox McLendon, File; **94–95** *(background):* G. Anderson/The Stock Market. **94:** *tl, bl* Scala/Art Resource; *r* StockMontage. **95:** *tl* M. Brodsky/DDB; *bl* Scala/Art Resource; *r* UPI/Bettmann/Corbis. **96:** *l* Popperfoto/Archive Photos; *r* AP/Wide World; **97:** *tl* Pool Villard/P. Aslan-Sipa Press; *bl* Daniel Aubry; **98:** School Division, Houghton Mifflin Company; **99:** Robert Frerck/Odyssey/Chicago. **100:** Giraudon/Art Resource. **101:** Ara Guler/Sipa Press. **102:** Giraudon/Art Resource. **103–105:** ©1994 Artists Rights Society (ARS), New York/SPADEM, Paris. **106:** Ralph Gatti/Sygma. **113:** AFP/Corbis.

Unidad 3

118: Robert Frerck/Odyssey/Chicago. **119:** *t* RobertFrerck/Odyssey Chicago; *b* Doug Vargas/The Image Works. **120:** *l* AP/Wide World Photos; *r* Gigi Kaeser. **121:** *l* Mary Powell/LGI; *r* Jeffery Boan/The Miami Herald. **122–123** *(background):* Robert Frerck/Odyssey/Chicago. **122:** *tl, tm, tr* Robert Frerck/Odyssey/Chicago; *mc* David Harvey/Woodfin Camp & Associates; *bl* Chip & Rosa Maria Peterson. **123:** *l* Robert Frerck/Odyssey/Chicago; *r* D. Donne Bryant/DDB. **124–125** *(background):* Emil Muench/Photo Researchers, Inc. **124:** *t* D. Donne Bryant/DDB; *bl, br* Robert Frerck/Odyssey/ Chicago. **125:** *tl, tr* Robert Frerck/Odyssey/Chicago; *br* D. Donne Bryant/DDB. **126:** AP/Wide World. **127:** Frida y Diego Rivera (cuadro de Frida Kahlo, 1931). San Francisco Museum of Art, Albert M. Bender Collection, Gift of Albert M. Bender. **129:** Russell M. Cluff. **133:** *t & l* Robert Frerck/Odyssey/Chicago; **136:** *l* AP/Wide World; *r* courtesy, Henry Stokes. **137:** *l* AP/ Wide World Photo; *r* Essy Ghavameddini/Allsport. **138–139** *(background):* Robert E. Daemmrich/Tony Stone Images. **139:** *l* Enrico Ferorelli; *r (inset)* Robert E. Daemmrich/Tony Stone Images. **140–141** *(background):* Suzanne Murphy-Larronde/DDB. **140:** *t, bl* AP/Wide World; *br* D. Donne Bryant/DDB. **141:** *l* Sherlyn Bjorkgren/DDB; *r* Sipa Press. **142:** The Newberry Library. **143:** Filmteam/DDB. **145:** Sipa Press. **146:** AP/Wide World Photo. **147:** Diego Goldberg/Sygma. **150:** Robert Frerck/Odyssey/ Chicago. **154:** Robert Frerck/Odyssey/Chicago. **155:** *t* Robert Frerck/Odyssey/Chicago; *b* M. Salaber/The Image Works. **156:** Figura de piedra. The Metropolitan Museum of Art, The Michael C. Rockefeller Memorial Collection, Bequest of Nelson A. Rockefeller, 1979. (1979.206.585) Photograph by Schecter Lee. **157:** The Fine Arts Museum of San Francisco, Bequest of Harald J. Wagner.

Unidad 4

162: *l* Tom Bean/The Stock Market; *r (inset)* Suzanne

Murphy-Larronde. **163:** *t* Robert Crandall/The Image Works; *bl* Suzanne Murphy-Larronde; *br* Robert Frerck/Odyssey/Chicago. **164:** *l* Osvaldo Salas, Courtesy, Center for Cuban Studies; *r* Reuters/ Bettmann/Corbis. **165:** *l* AP Photo/Findlay Kember; *r* Steve Azzara/Sygma. **166–167** *(background):* Robert Caputo / Matrix. **166:** *tl* John Kreul; *bl* North Wind Picture Archives; *br* Corbis/Bettmann. **167:** Corbis/ Bettmann. **168** *(background):* Robert Caputo/Matrix. **168:** *tl* AP/Wide World; *b* UPI/Bettmann/Corbis; *r* AP/Wide World. **169:** Robert Caputo/Matrix. **170:** *t* UPI/Bettmann/Corbis; *b* John Kreul. **173:** Kathleen Weaver. **178:** *t* Reuters/Christian Charisius/Archive Photos; *b* Bazah/Liaison Agency Inc. **180:** *l* UPI/Bettmann/Corbis; *r* Republished with permission of Globe Newspaper Company, Inc. **181:** *r* Bill Davila/Retna Ltd. **182–183** *(background):* Tom Bean/The Stock Market. **182:** *l* Giraudon/Art Resource; *r* D. Greco/The Image Works. **183:** OAS. **184** *(background):* R. Rowen/Photo Researchers, Inc.; *b* UPI/Bettmann/Corbis. **185:** Suzanne Murphy-Larronde. **186:** Corbis/Bettmann. **188:** Hector Gabino/Miami Herald. **189:** *t* Jaime Enrique de Marchena; *b* Martin Rogers/Woodfin Camp and Associates. **190:** Martin Rogers/Woodfin Camp and Associates. **191:** Gerardo Somoza/Outline. **192:** D. Greco/The Image Works. **194:** *l* AP Photo/John Riley; *r* Reuters/Blake Sell/Archive Photos. **198:** *l* Reuters/Anna Martinez/Archive Photos; *r* Kelly A. Swift/Retna Ltd. **199:** *l* Courtesy of Rosario Ferre, photo by Cecil Pedrosa; *r* John Bellissimo/ Corbis. **200–201** *(background):* LuisVillota/The Stock Market. **200:** *l* J. Sapinsky/The Stock Market; *r* Max & Bea Hann/DDB. **201:** Robert Frerck/Odyssey/Chicago. **202** *(background):* Harvey Lloyd/The Stock Market. **202:** Robert Frerck/Odyssey/ Chicago. **203:** Jean Miele/The Stock Market. **204:** AP/Wide World. **205:** Alex Quesada/Matrix. **206:** Photri.

Unidad 5

212: *t* Viviane Moos/The Stock Market; *bl* Byron Augustin/DDB; *br* David Sailors/The Stock Market. **213:** *tl* Alyx Kellington/Light Sources Stock; *tr* Crosby & Pogue/Courtesy Pueblo to People; *bl* Robert Fried/Gay Bumgarner/Tony Stone Images; *br* Bachmann/The Image Works. **214:** *l* UPI/Bettmann/Corbis; *r* Claude Urraca/Sygma. **215:** *l* Layle Silbert; *r* courtesy, Claribel Algería. **216–217** *(background):* Alyx Kellington/Light Sources Stock. **216:** *l* Rita Nannin/Photo Researchers, Inc.; *r* C. Carrion/Sygma. **217:** *r* Luis Villota/The Stock Market. **218** *(background):* Alyx Kellington/Light Sources Stock. **218:** *r* Claude Urraca/Sygma **219:** Luis Villota/The Stock Market. **220:** Robert Fried. **222:** LayleSilbert. **229:** School Division, Houghton Mifflin Company. **232:** *l* Andrew Kaufman/Contact Press Images. **233:** *l* courtesy, Iván Aguilar; *r* Paolo Bosio/Liaison Agency, Inc. **234–235** *(background):* Victor Englebert/Photo Researchers, Inc. **234:** *tl* Robert Daemmrich/The Image Works; *bl* Byron Augustin/DDB; *r* Wesley Bocxe/Photo Researchers, Inc. **235:** *l* D.

Donne Bryant/DDB; *r* Brenda J. Latvala/DDB. **237–239** *(background):* R. Kalman/The Image Works. **237:** *l* Bosio/Gamma-Liason; *r* Byron Augustin/DDB. **238:** *l* North Wind Picture Archives; *r* UPI/Bettmann/Corbis. **239:** *tl* UPI/Bettmann/Corbis; *bl* UPI/Bettmann/Corbis; *r* Iakta Uimonen/Sygma. **240:** R. Kalman/The Image Works. **242:** Godofoto. **248:** *l* Reuters/Bettmann /Corbis; *r* Peter Keely/Impact Visuals. **252:** *l* Sygma; *r* courtesy, Sonia Picado. **253:** *l* Craig Prentis/Allsport; *r* Bliebtreu/Sygma. **254–255** (background): Larry Hamill. **254:** *l* Larry Hamill; *r* Robert Fried. **255:** *l* D. Donne Bryant/DDB; *tr* Douglas Faulkner/Photo Researchers, Inc.; *br* James P. Rowan/Tony Stone Images. **256:** *l* UPI/Bettmann/Corbis; *r* AP Photo/Kent Gilbert. **257:** Larry Hamill. **259:** Hans Reinhard/Okapia/Photo Researchers, Inc. **260:** *t* Michael Fogden/DRK Photo; *b* Wendy Shattil/Bob Rozinski/Tom Stack & Associates. **261:** John Cancalosi/DRK Photo.

Unidad 6

266: Robert Frerck/Odyssey/Chicago. **267:** *tl* Luis Villota/The Stock Market; *tr* Michael Fogden/DRK; *ml* Harvey Lloyd/The Stock Market; *br* Robert Frerck/Odyssey/Chicago. **268:** *l* photo by Charlie Gross, courtesy Sylvana Paternostro; *r* Les Stone/Sygma. **269:** *l* Ledru/Sygma; *r* AP Photo/Darío Lopez-Mills. **270–271** *(background):* Carlos Humberto/The Stock Market. **270:** *l* Craig Duncan /DDB. **271:** *tl* Robert Frerck/The Stock Market; *tl (inset)* Joseph G. Standart/The Stock Market; *bl* AP/Wide World; *bl (two inset photos)* Craig Duncan/DDB; *r* Corbis/Bettmann. **272:** *(background):* Luis Villota/The Stock Market. **272:** *l* Craig Duncan/DDB; *m* Richard Emblin/Black Star/Timepix; *r* Les Stone/Sygma. **273:** Erik Svensson/The Stock Market. **274:** Corbis/Bettmann. **276:** AP/Wide World. **283:** Robert Frerck/Odyssey/Chicago. **286:** *l* Reuters/Ray Stubblebine/Archive Photos; *r* D. Fineman/Sygma. **287:** *l* John Kerr/TNC; *r* Photo by Zoe Anglesey, Ixok AmarGo, Central American Women's Poetry For Peace, ©1987 Granite Press. **288–289** *(background):* Robert Frerck/Odyssey/Chicago. **288:** North Wind Picture Archives. **289:** *l* North Wind Picture Archives. **290:** Stock Montage. **291:** *l* Dirk Halstead/Sygma; *r* Reuters NewMedia Inc./Corbis. **292:** Robert Frerck/Odyssey/Chicago. **293:** *t* Barry W. Barker/Odyssey/Chicago; *b* Suzanne L. Murphy/DDB. **294:** ©1991 Sony Music Entertainment, Inc., photo by Melina Freedman/© D.C. Heath & Company. **295:** Ralph Domínguez/Globe Photos. **296:** Trapper/Sygma. **297:** Richard Pasley/LGI. **298:** *l* Sygma; *r* Demmie Todd/Motion Picture & Television Photo Archive; **299:** Carlos Guardia/Sipa Press. **301:** Globe Photos. **302:** *t* Robert Frerck/Odyssey/ Chicago; *b* Max & Bea Hann/DDB. **306:** *l* Copyright de esta edición Biblioteca Ayacucho, courtesy of Monte Avila Editores C.A. *r* UPI/Bettmann/Corbis. **307:** *l* Oscar Sabetta/Sygma; *r* Steve Granitz/Retna Ltd. **308–309** *(background):* Ulrike Welsch/Photo Researchers, Inc. **308:** *l* Chip &

Rosa Maria Peterson. **309:** *l* Robert Crandall/The Image Works; *tm* Swarthout/The Stock Market; *bm* David Sailors/The Stock Market; *tr* Corbis/Bettmann. **310–311** *(background):* Luis Villota/The Stock Market. **310:** *t* Mark Antman/The Image Works; *bl* Ken O'Donoghue/© D.C. Heath & Company; *r* OAS. **311:** *l* Mark Antman/The Image Works; *r* Reuters/NewMedia Inc./Corbis. **312:** Ulrike Welsch/Photo Researchers, Inc. **313:** Robert Crandall/The Image Works. **314:** Robert Crandall/Image Works/D.C. Heath. **315:** Robert Crandall/Image Works/D.C. Heath.

Unidad 7

320: *t* Algaze/The Image Works; *b* Luis Villota/The Stock Market. **321:** *tl* Algaze/The Image Works; *tr, bl, br* Robert Frerck/Odyssey/Chicago. **322:** *l* A. Tannenbaum/Sygma; *r* Courtesy, JP Morgan; **323:** *l* Balaguer/Sygma; *r* AP Photo/Bernardo Rodriguez. **324–325** *(background):* Robert Frerck/Odyssey/Chicago. **324:** *tl & bl* Robert Frerck/Odyssey/Chicago; *tr & br* AP/Wide World. **325:** Robert Frerck/Odyssey/ Chicago. **326** *(background):* Robert Crandall/The Image Works. **326:** *br* AP Photo/Oscar Paredes. **327:** Wolfgang Kaehler. **328:** Nathan Benn/©National Geographic Society. **336:** Nathan Benn/©National Geographic Society. **337:** *t* Ulrike Welsch; *b* D. Donne Bryant/DDB. **338:** Graig Duncan/DDB. **339:** *t & b* Robert Frerck/Odyssey/Chicago; *m* Stewart Aitchison/DDB. **340:** *l* Courtesy of El Universo, El Mayor Diario Nacional, Ecuador; *r* Barry King/Liaison Agency, Inc. **341:** *l* Photo by Liliana Miraglia, courtesy of Gilda Holst; *r* Courtesy of the Trustees of the Boston Public Library. **342–343** *(background):* John E. Mason/The Stock Market. **342:** *tl* Robin J. Dunitz/DDB; *bl* Stewart Aitchison/DDB; *tr* Douglas Kirkland/Sygma. **343:** Stock Montage. **344** *(background):* John E. Mason/The Stock Market. **344:** *tl* Daniel I. Komer/DDB; *tr* James D. Nations/DDB; *br* Daniel I. Komer/DDB. **345:** John E. Mason/The Stock Market. **346:** *t* James D. Nations/DDB; *m* Kevin Schaefer/Martha Hill/Tom Stack & Associates; *b* Wolfgang Kaehler. **348:** Maravilloso Ecuador, ©Círculo de Lectores, S.A. Quito, Ecuador. **349:** *t* Inga Spence/DDB; *m* North Wind Picture Archives; *b* Inga Spence/DDB. **350:** *tl* Castellazzo/Latin Stock/DDB; *bm* Virginia Ferrero/DDB; *r* George Holton/Photo Researchers, Inc. **351:** *t* North Wind Picture Archives; *b* Adrienne T. Gibson/Earth Scenes. **353:** Adrienne T. Gibson/Earth Scenes. **354:** Buddy Mays/Travel Stock. **358:** *l* Carlos Reynosa; *r* Alejandro Balaguer/Sygma. **359:** *l* Sam Falk/NYT Pictures. *r* Alcides Arguedas, Raza de bronce by Wuata Wuara,.©De Esta Edicion, 1988. **360–361** *(background):* Robert Frerck/Odyssey/Chicago. **360:** *bl* Robert Frerck/Odyssey/ Chicago; *tr* Marcos Joly/Latin Stock/DDB; *br* Tina Manley. **361:** *tl* Robert Frerck/Odyssey/Chicago; *tr* Rob Cousins/Panos Pictures; *br* Robert Frerck/Odyssey/Chicago. **362:** Corbis/Bettmann. **363:** *b* UPI/Bettmann/Corbis. **364:** Ulrike Welsch. **365:** *t* Ulrike Welsch; *b* Jack Kerson/DDB. **366:** Ulrike Welsch.

Unidad 8

372: *tl* Robert Frerck/Odyssey/Chicago; *tr* Francois Gohier/Photo Researchers, Inc.; *bl, br* Luis Villota/The Stock Market. **373:** *t* Luis Villota/The Stock Market; *m* Robert Crandall/The Image Works; *br* Mathias Oppersdorff/Photo Researchers, Inc. **374:** *l* UPI/ Bettmann/Corbis; *r* Roy Round/Ballet Theater Foundation. **375:** *l* Reuters NewMedia/Corbis; *r* Courtesy of the Quarterly Review of Literature. **376–377** *(background):* Luis Villota/The Stock Market. **376:** Stock Montage. **377:** North Wind Picture Archives. **378** *(background):* Jeff Gnass/The Stock Market. **378:** *tl* UPI/Bettmann/Corbis; *tr* Reuters/ Bettmann/Corbis; *br* AP/Wide World. **379:** Luis Villota/The Stock Market. **380:** *t* AP/Wide World; *b* Bill Kaye/Motion Picture & Television Photo Archive. **381** *(background):* Luis Villota/The Stock Market. **381:** *l* Max & Bea Hann/DDB. **382:** *(background):* Ted Mahieu/The Stock Market. **382:** *l* Wolfgang Kaehler; *r* Carlos Goldin/DDB. **383:** Luis Villota/The Stock Market. **384:** Reuters NewMedia Inc./Corbis. **386:** UPI/Bettmann/Corbis. **391:** Ben Radford/Allsport. **394:** *l* Courtesy of the Ministerio de Educación y Culto, Paraguay; *r* AP/Wide World. **395:** *l* AP Photo/Wazlter Astrada; *r* courtesy Berta Rojas. **396–397** *(background):* Luis Villota/The Stock Market. **396:** *l* Luis Villota/The Stock Market. **397:** Chris R. Sharp/DDB. **398–399** *(background):* Cindy Reiman/Impact Visuals. **398:** *l* North Wind Picture Archives; *r* J. Halber/DDB. **399:** *t* AP/Wide World; *b* Chris Sharp/Impact Visuals. **400:** Luis Villota/The Stock Market. **401:** *t* Luis Villota/The Stock Market; *b* North Wind Picture Archives. **403 & 404:** Courtesy of Alfred A. Knopf, Inc. **408:** *t* Piburn/DDB; *b* AP/Wide World. **410:** "Juanito en la laguna", by Antonio Berni, Collage on canvas, 1974, 160 cm x 105 cm, photo courtesy of Ruth Benzacar Galería de Arte. **412:** *l* Sergio Larrain/Magnum Photos, Inc.; *r* Abilio Lope/Corbis. **413:** *l* musée des Arts décoratifs. Courtesy, Angel Parra; *r* UPI/Bettmann/Corbis. **414–415** *(background):* David Pollack/The Stock Market. **414:** *l* Robert Frerck/Odyssey/Chicago; *r* North Wind Picture Archives. **415:** North Wind Picture Archives. **416–417** *(background):* Luis Villota/The Stock Market. **416:** *l* Robert Frerck/Odyssey/Chicago; *r* UPI/Bettmann/Corbis. **417:** *l* Reuters/Bettmann/Corbis; *r* Francisco Arias/Sipa Press. **418:** Victor Englebert/Photo Researchers, Inc. **419:** *t* Elsa Peterson/DDB; *b* David Pollack/The Stock Market. **420:** Robert Crandall/The Image Works.